"十四五"职业教育国家规划教材

普通高等学校邮轮服务与管理专业系列教材

国际邮轮服务礼仪

鄢向荣　陈　琼　主编

U0359774

化学工业出版社
·北　京·

内容简介

本书是普通高等学校邮轮服务与管理专业系列规划教材之一。针对国际邮轮这一特殊的行业领域，根据邮轮上的不同部门、岗位开展服务工作所需要的礼仪知识和技能编写，包括礼仪概述、个人形象礼仪、会面礼仪、谈话礼仪、交往礼仪、主要客源国礼仪及禁忌、国际邮轮乘务礼仪、国际邮轮餐饮礼仪、国际邮轮客舱礼仪、国际邮轮娱乐礼仪、邮轮面试礼仪等内容。本书结合教学内容，精准挖掘了党的二十大报告中增强中华文明传播力影响力、建设现代化产业体系、深入实施人才强国战略等思政元素巧妙融入知识点，潜移默化地提高学生的礼仪素养和礼仪实务的运用水平。本书邀请邮轮行业的专家参与编写，突出邮轮服务工作的实际要求，传授礼仪知识的具体运用与操作技能，具有针对性和操作性强的特点。本书不仅适合高等学校邮轮服务与管理、国际邮轮乘务及海上酒店等专业使用，还适合各类培训机构作为邮轮乘务人员的培训用书。

图书在版编目（CIP）数据

国际邮轮服务礼仪/鄢向荣，陈琼主编 . —北京：
化学工业出版社，2017.7（2023.9重印）
ISBN 978-7-122-29906-2

Ⅰ.①国…　Ⅱ.①鄢…②陈…　Ⅲ.①旅游船-旅游服务-礼仪-教材　Ⅳ.①F590.7

中国版本图书馆 CIP 数据核字（2017）第 133246 号

责任编辑：王　可　蔡洪伟　于　卉　　　　　装帧设计：刘丽华
责任校对：王　静

出版发行：化学工业出版社（北京市东城区青年湖南街 13 号　邮政编码 100011）
印　　装：涿州市般润文化传播有限公司
787mm×1092mm　1/16　印张 17¾　字数 441 千字　　2023 年 9 月北京第 1 版第 9 次印刷

购书咨询：010-64518888　　　　　　　　售后服务：010-64518899
网　　址：http://www.cip.com.cn

凡购买本书，如有缺损质量问题，本社销售中心负责调换。

定　　价：38.00 元

编写人员名单

主　　编：鄢向荣　武汉交通职业学院

　　　　　陈　琼　武汉航海职业技术学院

副主编：罗　琳　武汉交通职业学院

　　　　　余晓玲　武汉交通职业学院

　　　　　岑人宁　广西国际商务职业技术学院

　　　　　詹秀秀　武汉交通职业学院

参　　编：任丽娜　武汉外语外事职业学院

　　　　　董　甜　广州航海学院

　　　　　章昀萱　武汉城市职业学院

　　　　　谢曼丽　武汉交通职业学院

　　　　　顾　敏　武汉交通职业学院

　　　　　徐彦明　美国 Kymaship Management 邮轮公司

邮轮被视为"漂浮在黄金水道上的黄金产业"。随着世界旅游业的飞速发展，中国已成为邮轮旅游的最大客源地之一，目前乃至今后一个时期，邮轮服务与管理人才需求缺口巨大，邮轮人才培养的数量和质量都远远不能满足行业发展的需要，尤其是教材建设亟待充实和完善。

邮轮，是游客消遣娱乐度假的海上移动酒店，来自世界各地不同国家、地区，不同民族的游客，在文化宗教、礼仪风俗、风土人情、习惯禁忌等方面存在着巨大的差异，如何为他们提供更优质、更具针对性、更具个性化的服务，是对邮轮服务人员的更高要求，为此，我们编写了《国际邮轮服务礼仪》一书。本教材的编写出版和发行是顺应时代发展要求，是经济腾飞、人们生活水平提高的必然需要，是世界大融合、各民族大团结、和睦友好相处、共同发展进步的需要，是邮轮经济、邮轮旅游更加兴旺的必然需要，也是邮轮人才培养的迫切需要。

本教材将党的二十大报告中增强中华文明传播力影响力、建设现代化产业体系、深入实施人才强国战略等要求与专业知识、技能有机融合，如通过"藏在中国传统礼仪中的防疫智慧"等内容讲好中国故事、传播好中国声音，展示可信、可爱、可敬的中国形象；通过"展示光辉灿烂的海洋文明——读《海上丝绸之路》"等内容深化文明交流互鉴，推动中华文化更好走向世界；通过"航运传奇——赵锡成"等内容表现尊重劳动、尊重知识、尊重人才、尊重创造，实施更加积极、更加开放、更加有效的人才政策；通过"赏船模 品船奇——国产首制大型邮轮""郑和下西洋起锚地建成长江流域首个堆场自动化集装箱码头"等内容，体现坚持把发展经济的着力点放在实体经济上，推动新型工业化。通过以上内容，帮助学生在学习专业知识与技能的同时，弘扬爱国情怀，树立民族自信心，提高道德素养，树立正确的世界观和价值观。

本教材的编写注重特色与创新，具体体现在以下三个方面。

（1）为国际邮轮乘务管理专业国家级教学资源库做配套教材

本教材是国际邮轮乘务管理专业国家级教学资源库课程体系中"国际邮轮服务礼仪"课程的配套教材，该课程依托本教材制作了包括视频、音频、动画、微课等千余条资源和题库素材，并以二维码的形式插入教材适当位置，立体、生动地呈现，方便学生重复观看和模拟训练。

（2）挖掘课程思政元素，精准融入教材知识点

本教材遵循国家专业教学标准和课程标准，在每章之首明确了素质目标，按照课程思政的理念结合学习内容有针对性地挖掘思政元素，弘扬职业道德、职业素质、职业精神，将立德树人理念及社会主义核心价值观有机融入相关章节中，实现了思政内容与礼仪知识和礼仪技能的无缝融合、同向同行。

（3）注重产教融合，校企合作"双元"开发

本教材特别注重校企合作、产教融合，邀请了长期在亚太及欧美数家邮轮公司从事邮轮服务与管理工作的行业专家如美国 Kymaship Management 邮轮公司总乘务长（chief purser）徐彦明先生参与本教材大纲的研讨和教材编写工作。行业专家加入教材编写团队，根据邮轮服务工作的实际要求，编写礼仪知识的具体运用与操作技能，具有很强的实用性和针对性。

本教材由鄢向荣和陈琼担任主编，提出总体设想和构架，撰写大纲和最后的统稿定稿。鄢向荣编写项目一；任丽娜编写项目二；董甜编写项目三；章昀萱编写项目四；余晓玲编写项目五；谢曼丽编写项目六；徐彦明编写项目七和项目十一；罗琳编写项目八；陈琼编写项目九；顾敏、岑人宁编写项目十；詹秀秀编写项目十二。

本书可作为高职高专国际邮轮乘务专业教材用书，也可作为旅游类专业邮轮服务方向的教材，同时还适合邮轮行业和各类培训机构作为邮轮乘务人员的岗位培训用书。

本教材在编写过程中参阅并借鉴了大量国内外专家学者的论文和著作等文献资料，引用了皇家加勒比等国际邮轮官网的相关内容。编写工作得到了相关院校及同仁的帮助和支持。中国交通运输协会游轮游艇分会副会长兼秘书长郑炜航高屋建瓴，对本教材的体系结构和内容悉心指导；《大洋上的绿洲——中国游轮这十年》作者皇家加勒比游轮全球高级副总裁、亚洲区主席刘淄楠博士及其团队成员倪贝琳、张森、李雪，以严谨的专业精神和丰富的专业知识对本教材进行审核并提供丰富的图文资料和多媒体资源；上海秀美模型有限公司总经理杨冯生为本教材提供专业视频资源；北京鑫裕盛船舶管理有限公司对本教材的编辑出版也给予了大力支持，在此一并表示最诚挚的谢意！

鉴于编者视野和水平有限，书中难免存在错误和不足之处，敬请专家和读者批评指正。

编　者

目录

项目一

认知礼仪

◄◄◄◄◄◄◄◄

1

【学习目标】

【素质目标】

1. 通过对礼仪的起源及中国礼仪的发展历史的学习使学生充满文化自信，自觉传承和弘扬中华优秀传统文化；

2. 通过学习东西方礼仪的差异和特点使学生增强面对来自不同民族与国度的游客能够不卑不亢的交往意识，具有民族自信和民族自豪感；

3. 通过国际礼仪基本原则的学习让学生理解规矩意识，增强尊重规律遵守规范观念。

【知识目标】

1. 了解礼仪的基本概念、礼仪的产生与发展；

2. 了解国际礼仪的概念与特征；

3. 掌握国际邮轮服务礼仪的概念。

【能力目标】

1. 熟练掌握东西方礼仪的特点及典型差异；

2. 能够将国际礼仪的基本原则运用在工作生活中。

任务一　了解礼仪

【任务导入】

人无礼则不生，事无礼则不成，国无礼则不宁；学礼仪，见贤思齐，见不贤而自省。中国是一个文化灿烂源远流长的文明古国，中华民族自古就有"礼仪之邦"的美誉，中国人以彬彬有礼著称于世。那么到底什么是礼仪？礼仪又是怎么产生和发展的？礼仪都有哪些作用呢？下面我们一起来学习。

【任务资讯】

一、何谓礼仪

礼仪，是对礼节、仪式的统称。指在人际交往之中，自始至终以一定的、约定俗成的程序方式来表现的律己、敬人的完整行为，是人们在社交活动中对他人表示尊重与友好的行为规范和处世准则，并为社会的广大公众所普遍认可。礼是仪的本质，而仪则是礼的外在表现。

从表象上看，礼仪涉及的无非是仪表、姿态、谈吐、举止等方面的小事小节，然而小节之中显精神。礼仪，作为一种社会文化，不仅涉及个人，有时甚至关系全局。礼仪不仅是对交往对象表示尊敬、善意与友好的行为体现，更是一个人道德品质、文化素质、教育良知等精神内涵的外在表现，是心灵美的外化。能否自觉遵守礼仪，不仅是衡量一个人道德修养的基本尺度，而且也是衡量一个国家文明水准的重要标志。

二、礼仪的产生与发展

现代礼貌礼仪源于礼。而礼的产生可追溯到远古时代，自从有了人，有了人与自然的关系，有了人与人的交往，礼便产生和发展起来。从理论上讲，礼首先起源于人类协调主客观矛盾的需要，为维持自然"人伦秩序"而产生礼，为"止欲制乱"而制礼，被人们普遍尊崇的"圣贤"黄帝、尧、舜、禹等，不仅为"止欲制乱"而制礼，而且还身体力行为民众做典范，因此人们才更加遵礼尚礼。其次，礼也起源于原始的宗教祭祀活动，从祭祀之礼扩展为各种礼仪。

M1-1　礼仪的起源

人类最初的礼仪主要是对自然物表示神秘不可知的敬畏和祈求，他们对自然现象充满了神秘感，充满敬畏和恐惧，于是各种宗教、原始崇拜便由此产生，如拜物教、图腾崇拜、祖先崇拜等。为了表达这种崇拜之意，人类生活中就有了祭祀活动，并在祭祀活动中逐渐完善了相应的规范和制度，正式成为祭祀礼仪。随着社会生产力水平的提高，人们的认识能力得以提高，对复杂的社会关系有了一定的认识，于是人们就将"万神致福"活动中的一系列行为，从内容到形式扩展到了各种人际交往活动中，从最初的祭祀之礼扩展到社会各个方面的各种礼仪。

M1-2　禮

从世界范围看，资产阶级登上历史舞台，在经济基础和上层建筑各个领域进行了深刻的变革，这是礼仪发展的一个重要阶段。今天国际上通行的一些外交礼仪绝大部分就是这个时期形成发展起来的。例如，鸣放礼炮起源于英国，迎送国家元首鸣放 21 响，政府首脑鸣放 19 响，副总理鸣放 17 响，已成为国际上通用的礼仪。

M1-3　握手礼

在中国则产生了由崇拜自然物转而崇拜人类自身的另一种模式，即由对"龙"的崇敬扩展到对君主的崇敬。从历史发展的角度看，我国古代礼仪演变可分为四个阶段。

礼的起源时期——夏朝以前。原始的政治礼仪、敬神礼仪、婚姻礼仪等已有了雏形。

M1-4　中国礼仪的发展

礼的形成时期——夏、商、西周三代。第一次形成了比较完整的国家礼仪与制度，提出了一些极为重要的礼仪概念，确立了崇古重礼的文化传统。

礼的变革时期——春秋战国时期。以孔子、孟子为代表的儒家学者系统地阐述了礼的起源、本质和功能。我国最早的三部礼书《周礼》《仪礼》《礼记》产生于这一时期。

礼的强化时期——秦汉到清末。其重要特点是尊神抑人、尊君抑臣、尊父抑子、尊夫抑妇。它逐渐成为妨碍人类个性自由发展、阻挠人类平等交往、窒息思想自由的精神枷锁。

辛亥革命以后，西方文化大量传入中国，传统的礼仪规范、制度逐渐被时代抛弃，科学、民主、自由、平等的观念日益深入人心，新的礼仪标准、价值观念得到推广和传播。新中国成立后，在马克思列宁主义、毛泽东思想、邓小平理论的指导下，新型人际关系、社会关系的确立，标志着中国的礼仪、礼学进入了一个新的历史时期。

三、礼仪的主要功能

礼仪之所以被提倡，是因为它具有很多功能，既利己又利人，有利于社会。礼仪的主要功能如下。

1. 沟通功能

古人讲的"世事洞明皆学问，人情练达即文章"，其实讲的就是交际很重要。人们在社会交往中发生各种关系，主要是经济关系、政治关系和道德关系。在人际交往中，无论体现的是哪种关系，只要各方都能自觉地遵循礼仪规范行事，就容易沟通相互间的感情，使交际往来得到成功，进而有助于人们所从事的各种事业得到发展。

2. 协调功能

有人讲，礼仪是人际关系和谐发展的调节器，这并非夸张，如果人们在交往中都能按礼仪规范去做，人们之间互相尊重、敬佩，充满友好与善意，互相理解与信任，就可以避免某些不必要的情感对立与障碍，形成一种和谐发展的新型关系。

3. 维护功能

一方面，礼仪是社会文明程度的反映和标志，文明程度越高，礼仪规范就越完善；另一方面，礼仪也反作用于社会，它对社会的文明建设产生广泛、持久和深远的影响，就是说，社会上讲礼仪的人越多，社会就越和谐稳定。可见，礼仪在维护社会秩序方面起着行政权力和法律法规所起不到的作用。

4. 教育功能

礼仪通过评价、劝阻、示范等教育形式，纠正人们不正确的行为习惯，倡导人们用礼仪规范自己的言行，协调人际关系，维护社会正常秩序。这些遵守礼仪的人们起着榜样的作用，无声地影响着周围的人。

M1-5 孔子教育
颜回的故事

四、礼仪的基本原则

学习、应用礼仪时，有一些带普遍性、规律性的礼仪原则是必须了解和掌握的，礼仪基本原则有以下几条。

1. 尊敬他人

尊敬人是礼仪的情感基础。只有尊敬别人，才能换得别人的尊敬。敬人本身包括自尊和敬人两个方面。孟子讲述："仁者爱人，有礼者敬人。爱人者人恒爱之。敬人者人敬之。"（《离娄下》），英国作家高尔斯华绥说："尊敬别人，就是尊敬自己。"这些名言告诉我们，人际交往遵循着情感等价交换原则。

2. 约束自我

礼仪是人际交往中一种具有约束力的行为规范，少不了自我克制。约束自我，就是要严格按照一定的道德标准和社交礼节规范自己的言行，并努力坚持"宁可让人待己不公，也不可自己非礼待人"的原则。

3. 诚实守信

人际交往中的品德因素，最重要的莫过于诚实守信。以诚待人是人际交往得以延续和深化的保证，也是社交礼仪的基本准则。诚实与守信有着密切的联系，真诚待人才能赢得别人的理解与信任，失去信用，人就失去朋友。

4. 平等友善

平等而友善待人，利群乐群，是中华民族的传统美德之一。一个人友善待人，人必友善待他，这样就会形成合力，成就事业。在当今，随着经济全球化，每个人都面临着更多的与人交往的机会，更需要以平等、友善的态度处理各种各样的人际关系。

5. 宽容豁达

这是一种博大的胸怀，是人的美德。在人际交往中，人与人的思想感情可以沟通，但人与人之间的差异不可能消除，因此就需要求同存异，相互宽容。"待人要丰，自奉要约，责己要厚，责人要薄。""处事让一步为高，待人宽一分是福。"这些格言告诉我们，与人交往，要有宽广豁达的胸怀，对非原则问题不要斤斤计较。做到严于律己，宽以待人。

6. 入乡随俗

礼源于俗。入乡随俗也是社交的一个原则。由于地域、民族、文化背景的不同，各国各地礼仪习俗有很大差异，这就要求施礼者要入乡随俗，与绝大多数人的礼俗保持一致，有助于人际关系的融洽和人际交往的扩大。

7. 恭谦有度

在人际交往中，沟通和理解是适应良好关系的重要条件，但如果不善于把握感情尺度，结果可能会适得其反。因此在交往中既要彬彬有礼，又不能低三下四；既要热情大方，又不能轻浮谄媚。在接待服务时，既要热情友好，殷勤服务，又要自尊自爱，端庄稳重，体现平等公正，不卑不亢。

8. 严守礼规

礼仪是人们在社交中的行为规范和准则，必须遵守，按规定的礼节、仪式行动，否则，就是失礼、违礼、无礼。严守礼规，一要守法循礼，二要守约重诺。

【工作任务】

认识何为礼仪并完成礼仪情景模拟训练。

【任务准备】

1. 复习礼仪的概念及功能，理解礼仪的内涵。
2. 学生之间交流讨论。
3. 学生分组确定角色，模拟情景，准备训练所需的道具。

【任务实施】

实训安排

实训时间	0.5 小时
实训目的	理解礼仪含义
实训要求	通过言行举止展示对礼仪的认识和理解

训练标准与要求

实训内容	操作标准	基本要求
礼仪展示	(1)以小组为单位,相互之间通过肢体动作或语言,在小组内部展示自己认为礼貌的行为; (2)以小组为单位,通过肢体动作或语言,在小组内部展示自己认为不礼貌的行为; (3)各小组派代表参加礼貌及不礼貌行为的展示	认真 自信 形象

【任务评价】

训练自测评分表

项目	考核标准	满分	评分
秀外	(1)良好的仪容仪表; (2)面带笑容主动问候,语言礼貌; (3)态度严谨,手势标准,信息明确; (4)不礼貌行为举止展示形象逼真,理解准确; (5)各种展示均来源于真实生活	50 分	
慧中	(1)自信勇敢,主动随和,举止自然; (2)角色扮演大方、热情、得体; (3)团队分工合理,扬长避短,合作气氛融洽; (4)准备充分,道具或情境编排设计合理; (5)对礼仪的内涵理解透彻,表达清楚,展示流畅	50 分	
满　　分		100 分	

【随堂测验】

一、单项选择题

1. 礼仪正式形成于（　　　）。

A. 原始社会　　　　B. 封建社会　　　　C. 奴隶社会　　　　D. 资本主义社会

2. 对一个国家来说,礼仪是一个国家（　　　）的重要标志。

A. 文化与传统　　　B. 文明程度　　　　C. 古老历史　　　　D. 整体实力

3. "人无礼而不生,事无礼则不成,国无礼则不宁"的提出者是（　　　）。

A. 孔子　　　　　　B. 荀子　　　　　　C. 孟子　　　　　　D. 韩非子

二、多项选择题

1. 我国被后世称道的周代"礼学三著作"指的是（　　　）。

A. 《周礼》　　　　B. 《仪礼》　　　　C. 《礼经》　　　　D. 《礼记》

2. 礼仪的功能是多方面的,其中最重要的功能集中体现为（　　　）。

A. 约束功能　　　　B. 教育功能　　　　C. 协调功能　　　　D. 创造功能

【拓展阅读】

我国航海始于何时

我国有漫长的海岸线，仅大陆海岸线就有18000多千米，又有6000多个岛屿环列于大陆周围，岛屿海岸线长14000多千米。它们绵延在渤海、黄海、东海、南海的辽阔水域并与世界第一大洋——太平洋紧紧相连，这就为我们的祖先进行海上活动、发展海上交通提供了极为有利的条件。因此，我国的航海有着悠久的历史。

20世纪70年代我国考古学者在浙江省余姚市的河姆渡遗址中发现了柄叶连体木桨（图1-1），经放射性碳判断，年代约为公元前5000年至公元前3300年，这说明当时我国已有船舶。早在战国时期，我们的祖先就已将指南针用于航海，为世界航海技术的发展做出了重大的贡献。

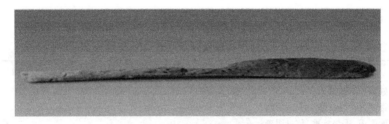

图 1-1　柄叶连体木桨

（资料来源：刘世伟，轮机通识导论.）

【明德强志】

藏在中国传统礼仪中的防疫的智慧

自从新冠疫情席卷世界，疫情防控成为人们日常生活和社交活动中的头等大事，专家提出了勤洗手、戴口罩、保持一米安全距离等要求。中国是礼仪之邦，在古代传统礼仪中，衣食住行，宴饮坐卧，礼仪无处不在，处处体现着防疫的智慧。在现代文明社会，尤其是疫情防控严峻的形势下，我们更应该自觉传承古代传统礼仪中科学合理的礼仪方式，在日常活动中运用古人的防疫智慧开展社交活动，既展示出待人热情友好，又达到防疫作用，保障社交活动的卫生安全。我们祖先的防疫意识和智慧令人折服和赞叹，进而激发了我们无限的民族自豪感和文化自信。

M1-6　藏在中国传统礼仪中的防疫智慧

任务二　识别东方礼仪与西方礼仪的异同

【任务导入】

我们今天生活的世界可谓千姿百态，200多个国家的50多亿人口分居于五洲四洋的不同角落，有不同的人种、不同的民族、不同的语言、不同的文字等，但都讲究礼仪，这是共同的，而且许多礼仪是世界通用的，比如：问候、打招呼、礼貌敬语、注重仪容、庆典仪式等。正是由于礼仪具有共通性，才形成了国际交往礼仪。但是，不同国家、不同民族由于其历史文化传统、语言、文字、活动、区域不同，以及在长期的历史发展过程中形成的心理素质特征不同，其礼仪都带有本国、本民族的特点。

【任务资讯】

一、东方礼仪及其特点

东方，是指地球东半球的东部，这里有数十个国家和地区，有数百个民族，人口众多，在数千年的历史发展过程中，各国、各民族之间交往频繁，关系密切。所谓东方礼仪，是指东方人在社会交往过程中制定或是历史形成并得到共同认可的律己、敬人的完整行为规范，由行为、表情、服饰器物这三大最基本的要素所构成。东方礼仪的形成大体上通过两种途径：一是由官方专门规定并要求人们遵守执行的行为规范，比如在中国，秦始皇为了显示皇帝的独尊和权威，以及皇帝同臣民的区别，做出了许多规定：臣僚上奏文书，开头必须称"臣昧死言"，结尾要说"稽首以闻"，公文中提及皇帝或皇帝的名字，必另起一行顶格书写等，还制定了一套"礼制""纲常礼教"。二是社会公众在长期社会交往过程中历史地、自发地形成的，即约定俗成的各种行为规范，这些行为规范在不同的历史时期、在不同的国家、地区、不同的民族，其内容各不相同。

东方礼仪内涵丰富，涉及面广，种类繁多，渗透在个人生活的每一个细节中，从识人到交人到工作，可以说处处都要应用礼仪。若要归类，大体可分以下几大类。

（1）个人形象礼仪。包括仪容仪态、服饰穿戴、谈吐表情、举止言行等。

（2）日常生活礼仪。包括见面礼仪、介绍礼仪、交谈礼仪、宴会礼仪、会客礼仪、舞会礼仪、馈赠礼仪、探病礼仪等。

（3）节俗节庆礼仪。包括春节礼仪、清明礼仪、端午礼仪、重阳礼仪、中秋礼仪、结婚礼仪、祝寿礼仪、殡葬礼仪等。

（4）涉外交际礼仪。包括迎宾礼仪、交谈礼仪、参观礼仪、会谈礼仪、拜访礼仪、宴会礼仪、送客礼仪等。

（5）商务礼仪。包括会见礼仪、会议礼仪、谈判礼仪、迎送礼仪以及谈判禁忌知识等。

（6）公共礼仪。包括爱护公物、保护环境、尊老爱幼、乐于助人、遵纪守法等。

（7）其他还有公关礼仪、公务礼仪、家居礼仪等。

与西方礼仪相比，东方礼仪的特点主要包括以下三点。

1. 恭谦

东方礼仪蕴藏着热情、亲切、谦逊、文雅。比如在中国正式场合，时常用"您""先生（小姐）"等，而对自己多用谦语"愚""鄙人""学生"等。接待客人时坚持用雅语，如用"贵姓"代替"你姓什么"，用"几位"代替"几个人"等。招待客人吃饭，喜欢谦虚地说："今天没有准备什么好吃的，请随便吃。"或者说："饭菜一般，招待不周，请多原谅。"向客人馈赠礼物时总要谦逊地说："小小礼物，不成敬意，请您笑纳。"又比如在日本，人们不仅注重礼节礼貌，而且文雅恭谦，与人接触时常用的寒暄语是："您好""请休息""晚安""拜托您了""请多关照"等，第一次见面时行问候礼是30度鞠躬，分手时行告别礼是45度鞠躬。人们对残疾人也相当尊重，忌谈别人的生理缺陷，称盲人为"眼睛不自由的人"，称哑巴为"嘴不自由的人"。又比如泰国人对交往对象友善亲近，与人交谈总是低声细语，若有尊者、长者在座，其他人就坐地或蹲跪，头部不得超过尊者、长者的头部。

2. 含蓄

东方人特别是中国人受传统文化的影响，在社交活动中注重人际关系，运用礼仪时往往表意含蓄，处事委婉，强调运用礼貌与客气的方式处理有关问题。一般不当面做出否定的回答，往往是"待研究研究再说"。这样，一来维护对方的面子，避免对方尴尬，二来也是保全自己的面子。例如，曾有一位比利时人到中国来谈生意，在两周时间里，他同中方伙伴谈了数次，还递呈了设想和计划，迫切地等待中方商量后给予答复，可是在他临上飞机前也未等到一个肯定或否定的回答，这使他感到纳闷。回国后，他的一位汉学家朋友告诉他，中方没有答复，十有八九是否定的。后来事实证明，这位汉学家朋友的判断是对的。

3. 深沉

东方礼仪的另一个特点就是深沉，包容着机灵与睿智，特别是在遇到一些棘手的问题时，既坚持礼节以礼相待，又运用智慧以理服人。比如有这样一个故事：一次，在一架上海飞往广州的班机上，两位金发碧眼的女郎一上飞机就态度傲慢，百般挑剔，甚至用英语骂娘。尽管如此，中国空中小姐仍是面带微笑地热情服务。飞机起飞后，空姐为乘客送饮料、点心。两位女郎

M1-7　白吃

各要了一杯可口可乐。哪想到还没喝，她们就说可口可乐味道有问题，几句话没说完，其中一个竟将可口可乐泼到了空姐身上，溅到空姐脸上。当时那位空姐强忍着愤怒，脸上仍报以微笑，把可口可乐递给女郎看，然后说："小姐，这可口可乐可能有问题，可是它是贵国的原装产品，也许贵国的这家公司出售的可口可乐都是有问题的，我很乐意效劳，将这瓶饮料连同你们的芳名及在贵国的住址一起寄到这家公司，我想他们肯定会登门道歉，并将此事在贵国的报纸上大加渲染的。"两位女郎目瞪口呆，她们感到这事闹大了，说不定回国后这家公司会走上法庭告她们诋毁公司名誉。在一阵沉默之后，她们只好向空姐赔礼道歉，并称中国空姐的服务是世界一流的。

又例如，某饭店，有一位外宾在退房离店时将客房的针织用品几乎席卷一空，提着塞得满满的编织袋要走。客房服务员清点物品发现后立即通知前厅部，当时前厅客人较多，为顾及影响，前厅服务员没有声张，而是走到这位客人面前，面带微笑地说："先生，您能下榻本店，已是我们的荣幸了，往洗衣房送这些东西，这是我们服务员做的，您就不必代劳了。"经这么一说，客人只得乖乖地交出了饭店的物品。问题解决了，外宾的面子也顾及了。

二、西方礼仪及其特点

西方，是指地球西半球和东半球的西部，主要指北美与欧洲。西方礼仪亦与东方礼仪一样，它是西方人在社会交往过程中，自始至终以一定的、约定俗成的程序方式来表达的律己敬人的完整行为规范。

西方礼仪起源于中古世纪的欧洲大陆，开始它只是封建社会宫廷中的产物，后来以国王为中心向社会上的高层人士传播，又辗转传入英国，经英国官方加以整合，去芜存菁后的礼仪规范又经由"五月花"号传到了美国。这些规范迅速成为殖民地家庭重要的人际关系行为标准典范，当时有人编著了一本名为《德行学校》的手册，受到大众的欢迎，成为当时殖民社会的礼仪经典。后来又有美国国父华盛顿等人著作生活礼仪相关手册，达到教化社会的目的，由此美国社会生活礼仪有了基本的遵循原则。而其中主要部分也成为今日世界国际礼仪

的重要内容的依据。

在西方礼仪文化中，尤其强调规范个人的行为，注重良好的教养，如尊重女性、绅士风度、淑女风范等，其特点是崇尚个性自由、遵时守信、遵守社会秩序、强调自由平等开放等，其主要特点有以下四点。

1. 大方

西方人讲究文明礼貌，思想开放，举止大方。比如美国人既讲文明礼貌，又不拘礼节，与人见面时常直呼对方的名字；有时只是笑一笑，说一声"嘿"或"哈罗"。又如意大利人热情、爽快，友人相见通常行拥抱礼，男女见面通常贴面颊。还有女士穿戴，不仅颈背全露，不少人连胸部也是半露着的。

2. 直率

西方大多数人性格开朗，秉性直率，待人处事一般情况下直来直去。比如美国人喜欢直率，对"拐弯抹角"反感。又如法国人喜欢直截了当，在办事、洽谈业务中善于直接触及主题。

3. 幽默

幽默是智慧、爱心和灵感的结晶，是一个人良好修养的表现，它能体现说话者的风度、素养，使人借助轻松活泼的气氛赢得对方的好感，完成公关任务。在西方，幽默一向为众人所欢迎，幽默是西方礼仪的一个鲜明特点，也是大多数西方人的性格特征。在社交场合，人们运用幽默这种高深的说话艺术手段，可以有效地打破僵局，化解矛盾，使看来难以解决的问题妥善解

M1-8 歌德的
幽默

决。曾经有人讲过一个"丝毫没有隐瞒"的故事：第二次世界大战期间，英国首相丘吉尔到美国首都华盛顿拜访罗斯福总统，要求美国对英国给予物资及军火方面的支援，共同对抗德国法西斯。然而，会谈进行的并不十分顺利，罗斯福没有立刻答应丘吉尔的请求。丘吉尔闷闷不乐地回到住处，打算洗个澡，舒缓一下情绪。刚躺进浴盆里，罗斯福突然不宣而至，他看见丘吉尔大腹便便，肚子露在水面上，嘴里还叼着那特大号的雪茄烟，一时间好不尴尬。丘吉尔不愧是一个沉着机智、风趣幽默、富有交际经验的政治家，他耸耸肩，对罗斯福说："总统先生，我这个大英帝国的首相在您面前可是丝毫没有隐瞒"。言毕，两人一阵大笑。丘吉尔的幽默之语真是一语双关，既掩饰着自己的窘态，又暗示出自己对罗斯福诚实坦白，并无欺瞒。再次会谈时，罗斯福作出决定，支援英国。丘吉尔不负使命，满载而归。

4. 尊女

"女士优先"，这是西方礼仪的重要特点之一。一般在比较正式一点的场合，"女士优先"这句话处处可以显现出来，无论是行走还是进餐，无论是进入轿车还是步入电梯，都体现出尊重女士的特点，而且男士都是自觉的、主动的、心甘情愿的。比如进入餐厅时，依序是：餐厅领位员——女士们——男士们。待侍者替女士们安顿好座位以后，男士们才可以坐下；若无侍者服务时，男士应先走到女士座位旁，替女士们拉出椅子，摆弄餐巾后，方才走回自己的座位再坐定。如果席间有女士要离席，其身旁的男士也应立即起身为其拉开椅子，以方便她离去，女士返回时也同样如此，这一点在东方人看来好像很麻烦，但在西方人看来，如果那位男士端坐不动的话，一定会被在场的人们视为粗鲁无礼，没有教养。

三、东西方礼仪的典型差异

东西方由于地理、气候、环境的不同，产生了一系列不同的哲学、宗教、审美、民俗等基本文化观念。东西方不同的文化传统，反映在礼仪上也产生了许多差异，对这些差异若没

有充分认识并加以消除，往往会影响到交往的效果。曾经有一对欧洲夫妇应邀到中国访问，中方热情好客，派翻译全程陪同，两周过去，访问似乎圆满。可在临行前谈及感受时欧洲夫妇却抱怨他们两周里失去了单独相处的自由时间与空间。这个事例说明，不同文化背景下的人在礼仪上有着不同的认识和需求，处理不好就会影响交际效果。因此了解东西方礼仪的差异，对我们开展涉外旅游服务是有益的。东西方礼仪的差异主要表现在以下方面（这里的"东方"主要以中国为例）。

1. 家族本位与个性本位

中国人有着很强的家族观念。在中国古代社会，人们以家族为本位，每个人作为家族中的一员，视家族利益为根本，可以说除了家族利益外并无个人独立的利益。在他们看来，"国"只不过是"家"的放大，所有的人际关系都是家族关系或者是这种关系的延伸。因此，在家"孝"父母，出外"忠"君主，这二者是一致的。了解了这个特点，也就掌握了中国古代礼仪的基本道理。时至今日，中国人仍然十分看重家庭的作用，家庭、家族观念在中国人民的心目中仍然占有很重要的地位。

在西方社会，个人本位的观念则占主导地位。他们信奉每个人都是独立的、不依靠任何人而存在，以及个人权利不得侵犯的信条，即使是夫妻关系，也只不过是男女双方订立契约的结果，当事人双方各自为个体，保持着各自的独立性，一般都不干涉对方的社交自由；父子关系的界限也划分明确，儿子帮父母干活，父母照样付给儿子报酬的事例并不鲜见。

可以说，中西价值、道德观念以及与此相适应的礼仪规范的主要区别就在于此，其他的许多差异都是由此派生出来的，即中国人比较重视整体关系，而西方人比较重视个人的独立性。

2. 重人情与求功利

由于上述原因，中国人十分看重人伦亲情，就像许多学者所指出的，中国实在是一个人情的社会。中国人一向把情义摆在利益之上，"君子喻于义，小人喻于利"成了中国人妇孺皆知、代代相传的道德信条。每逢四时节庆，亲朋好友之间总要相互走动，致意问候；遭遇天灾人祸，亲朋好友之间也常常相互扶持和周济。

西方人往往注重功利和实际效益，个人在法律允许的范围内追求各自的利益，绝不会认为这是不道德的，而对别人侵害自己利益的行为也决不姑息。该归我的，即使一个便士也不能少了；该给你的，再多也要算给你，这种"费厄泼赖（fair play）"的务实精神，一方面激发了人们自我奋斗的激情，但另一方面也导致人们内心的孤独。

3. 重视身份与追求平等

中国的礼仪历来都强调一个"分"字，名位、职责、权利的限度因人而异。"贵贱有等，长幼有序，贫富轻重皆有序"，曾是中国古人追求的一种理想社会境界，即使到了现代，许多人仍然习惯于以身份为据来区分不同人的高低贵贱。

西方社会的阶级、阶层的差异和对立是客观存在的，不同身份的人往往有着不同的社交圈子，但是，在日常交往活动中，每个人都很重视自己的尊严，不喜欢打听对方的身份，一些带有浓重等级色彩的礼仪形式已经被逐渐淘汰，而像自助餐、鸡尾酒会这样一些不讲等级身份的交际形式却日益流行起来。

4. 谦恭自制与情感外露

中国人一向视谦虚为一种美德，因此，在社会交往活动中，中国人很少夸夸其谈。同时，中国人还很善于控制自己的情感，"动于心、发于情、止于礼仪"被视为良好道德修养的体现，所以在交际生活中，中国的夫妻、恋人一般不会在他人面前表现得过于亲昵，即便是老友重逢，热烈拥抱的举动也是少见的。

绝大多数的西方人则与此相反，他们不喜欢过分的谦虚，不害怕锋芒毕露，他们大都性格豪爽、感情炽烈，拥抱礼、亲吻礼、吻手礼等礼仪形式都淋漓尽致地表现了他们民族的性格特征和文化心理。

5. 崇尚礼仪与法律至上

在中国历史上，礼仪的政治作用往往被提到了无以复加的高度，儒家德主刑辅、先德后刑的礼治主义长期受到统治阶级的青睐，把礼仪置于法律之上，或者说礼仪已经包含了法的成分。

相反，西方人虽然也重视礼仪的社会功能，但更强调法律的作用，特别是在资本主义社会，资产阶级在其革命时期就把建立法制社会作为自己政治活动的重要目标。所谓法律至上，就是说在一国范围内居于最高地位、享有最高权威、具有最高效力的是法律，任何社会主体都应遵守法律、依法办事。在西方国家，法制观念远较礼仪观念深入人心，这是西方文明的一个重要特点。

【工作任务】

了解东西方礼仪的差异并完成情景模拟训练。

【任务准备】

1. 复习东西方礼仪特征的异同。
2. 学生之间进行交流讨论。
3. 学生分组确定角色，模拟情景，准备训练所需的道具等器材。

【任务实施】

实训安排

实训时间	0.5 小时
实训目的	了解东西方礼仪表达的异同
实训要求	严格按照实训规范要求进行

训练标准与要求

实训内容	操作标准	基本要求
展示东西方不同礼仪行为	(1)仔细准备角色扮演所需道具器材等；(2)通过模拟中国人会面情境展示东方礼仪的特征；(3)通过模拟西方人会面情境展示西方礼仪的特征	热情，严肃，主动，准确

【任务评价】

训练自测评分表

项 目	考核标准	满分	评分
礼仪形象	(1)良好的仪容仪表；(2)面带笑容主动问候，语言礼貌；(3)态度积极、主动、热情	50分	
礼仪展示	(1)主动随和，举止自然、严肃；(2)剧情设计合理、角色表达准确，行为展示流畅完整；(3)团队分工合理，配合默契，体现团队合作精神	50分	
满分		100分	

【随堂测验】

一、不定项选择题

1. 当受到外宾的赞扬时，最不恰当的回答为（　　）。

A. Thank you.　　　B. I'm flattered.　　　C. No，I'm far from that.

2. 西方礼仪的特征有哪些？（　　）

A. 谦虚、含蓄　　　B. 崇尚个性自由

C. 遵时守信　　　D. 自由、平等　　　E. 简单实用

二、判断题

1. 东方礼仪是由官方专门规定并要求人们遵守执行而形成的一种行为规范。（　　）

2. 西方礼仪的主要特点是恭谦、大方、直率、幽默和尊女。（　　）

【明德强志】

筷子和刀叉中的中西方文化差异

M1-9　筷子和刀叉中的中西方文化差异

【拓展阅读】

邮轮的"邮"字可以休矣

　　早在 17 世纪中叶之前，拉丁文、荷兰语、英文里就有"游轮"。

　　中文里"邮轮"一词来自冠达轮船公司的 RMS（Royal Mai Ship）。冠达轮船公司把自己的船叫"皇家邮轮"是因为山姆·冠达（Samuel Cunard）在 1839 年，也就是"游轮"一词出现 200 年后，从英国皇家邮政拿到了跨大西洋航运邮件的合同，于是一口气订造了四艘蒸汽机船，往返于利物浦-哈利法克斯-波士顿之间运送邮件，顺便搭载 115 名乘客。从那时开始到 1950 年代民用航空业崛起之前的一个世纪里，跨洋班轮是唯一的国际长途客运手段，邮政运输只是捎带，就像现在的民航客运。在当时，冠达也不是唯一一家跨洋轮船公司，还有英国的白星轮船公司、德国的汉堡-美洲轮船公司、加拿大的加拿大-太平洋轮船公司等。跨洋班轮行业里除了冠达，没有公司把自己的船叫做"邮轮"。

　　跨洋班轮从来就不是 cruise ship，都产生位移，但功能和效用完全不同。1950 年代退役下来的跨洋班轮很难转型去做游轮，封闭狭小的船窗、没有休闲的阳光甲板和娱乐设施，深度吃水完全不适应加勒比港口的浅水靠泊。最成功的游轮公司如皇家加勒比另起炉灶，打造为巡游为目的新船。

　　"邮"字明白无误地在误导消费者"游轮是运输工具"，误导监管部门完全用规范运输业的条文去规范一个性质不完全一样的业态。何不从现在起，把所有在洋上、沿海、和内河上以巡游而不是运输为目的的船都叫做"游轮"，区别于"客轮"，而"邮轮"仅仅指特定历史

时期的以长途国际客运为目的的跨洋班轮？

让游轮充满魅力的是巡游，而不是运输。

（资料来源：刘淄楠．博士说游轮．）

现实版诺亚方舟启动建造

绿洲级第6艘邮轮在法国大西洋船厂开始建造，建成后将刷新目前由绿洲级第5艘游轮——"海洋奇迹"号保持的最大邮轮的世界纪录。

"海洋奇迹"号总吨23.7万吨，载客6988人，船员2300，船长362米，船宽64米，吃水9米，船速22节。

绿洲级第6艘游轮的建造将耗时30个月，于2024年建成，将被命名为"海洋乌托邦"号（Utopia of the Seas），是人类历史上建造的最大航行器，堪称现实版诺亚方舟，是泰坦尼克号的5倍。

（资料来源：刘淄楠．博士说游轮．）

任务三 熟知国际邮轮服务礼仪

【任务导入】

不同的国家有着各自不同的国家礼仪。如在古代中国，官员觐见皇帝要三叩九拜、三呼万岁，而在古代英国，官员在拜见英王则只需单腿跪地。两国不同的礼仪习惯在两国最早的国家交往活动中造成了麻烦。在国际交往中，为了顺利开展不同国家间的交往活动，避免因各自国家礼仪习俗的差异而造成误解和矛盾，逐渐形成了国际礼仪。

【任务资讯】

一、国际礼仪的概念与特征

1792 年，英国派使臣马戛尔尼到中国觐见乾隆皇帝，以便打开对华贸易的渠道。当马戛尔尼辗转 10 个多月到达热河时，清廷要求马戛尔尼在拜见乾隆皇帝时必须按照中国的礼仪行三叩九拜之礼，但马戛尔尼则认为自己是英王的代表，英国和中国就像兄弟一般，双方是平等的，因而拒绝清廷的要求，他告诉清朝官员，如果坚持要行中国的三叩九拜之礼才能见中国皇帝，那么清朝也应派一位与自己身份相同的大员，身穿礼服，在英王像前行同样的礼节，在双方僵持几天后，马戛尔尼准备放弃觐见乾隆皇帝打道回国，在这种情况下，乾隆皇帝才允许英使行觐见英王时所行的单腿跪地拜礼，但乾隆皇帝则讲，英国是蛮夷小国，教化未开，无福承受天朝恩典，为了表示宽大为怀，不与其计较。这个事例一方面反映了中国封建统治者唯我独尊、坐井观天、盲目自大的情绪，另一方面则说明了当时世界尚未形成各国通用的国际礼仪，造成不同国家礼仪制度的冲突。通过以上的例子分析，我们可以看出在自己本地区、本国、本民族通行的礼仪，即使这个国家很有国际影响力，它的礼仪习惯在一定范围内流传很广，只要没有被世界上大多数国家和人民认可接受，就不能称其为国际礼仪。只有当某种礼仪规范或形式为国际社会成员所普遍认可或遵守时，才能被认为是严格意义上的国际礼仪。如当今的握手礼、外交代表的优遇制度，在欢迎外国元首、政府首脑的仪式上检阅仪仗队、鸣放礼炮等都属于严格意义上的国际礼仪。再者，我们这里所指的国际社会成员不仅包括主权国家组成的国际组织，同时还包括不同主权国家的人民，在世界各国人民之间流行的、非官方的礼仪同样属于国际礼仪的范畴。

1. 国际礼仪的定义

所谓国际礼仪是指人们在国际交往中共同采用并遵守的一些通用的礼仪做法，或者说是与人际交往相关的国际惯例。遵循国际礼仪，可以有效避免因为各自的文化、历史差异而产生误会、隔阂与矛盾。它是在长期的国际交往中形成的，是人类文明的重要组成部分，也是国际法和国际规则的重要补充。实际上，有些国际礼仪已经被写进国际公约，例如《维也纳外交关系公约》所涉及的有关条款，已具有国际法的效力。当然，国际礼仪的大部分还是作为约定俗成的国际惯例或习惯性做法，对国家或个人在国际交往中的行为起某种约束作用。就此而言，较之一个国家内部的礼仪规范，国际礼仪更具有普遍性和国际性，适用范围更加广泛，其基本原则和主要规范模式已为世界各国所承认和采纳。只要是在国际场合，需要与在场诸人进行彼此间的沟通、互动、交谊等，就必须遵守这个已被国际社会所默认且依循的礼仪规范。

2. 国际礼仪的特征

国际礼仪，作为世界各国所普遍认同和遵守的行为规范，有它自己的一些鲜明特征。概括起来讲，国际礼仪一般具有普遍性、实用性、包容性、相对性、传承性、约束性和发展性七个基本特征。正确地了解这些特征，对于我们进一步认识和运用国际礼仪会有很大的帮助。

M1-10   国际礼仪的特征

第一，国际礼仪具有普遍性的特征。国际礼仪是世界各国所普遍认同的行为规范，在某一个国家或者某一些地区流行的礼仪，只要没有在世界范围内通用就不是真正意义上的国际礼仪。相反，在世界范围内通用的礼仪，即使没有被少数国家或者地区所接受，也不影响其国际礼仪的性质。尽管居住在地球上的人们相互隔绝，属于不同的国家和民族，语言不同，习俗各异，各种礼仪可谓是五花八门、千奇百怪。从穿戴服饰礼仪、举止言行礼仪、婚丧嫁娶礼仪到语言文字礼仪、风俗宗教礼仪等，在不同的国家、地区和民族以及不同的场合，礼仪的表现形式也各不相同。然而，许多礼仪礼节却是世界通用的，如人与人之间见面问候、打招呼，临别时说再见、预祝平安等；国与国之间交往相互给予对方国家来宾以各种礼遇和优遇，两国交兵不斩来使等。至于礼仪的内涵和作用，则更加相同。世界上无论哪个国家和民族，都以讲礼仪为荣，不讲礼仪为耻。这反映了人类文明的共同点，即人们追求真善美的心理和愿望是一致的。不论在世界任何地方，也不论任何民族和宗教信仰，甚至在两个完全对立的国家和集团以及完全对立的社会制度之间，国际礼仪都发挥着一定的制约作用，而被视为共同遵守的行为规范。这种共同性，既是国际礼仪能够形成的前提条件，也是国际礼仪得以普及的动力因素。

第二，国际礼仪具有实用性的特征。现代国际礼仪可以视为工业文明的产物。它是以西方礼仪为基础，在剔除了大量封建社会礼仪形式的糟粕和繁文缛节，并融合了世界大多数国家和地区礼仪和风俗习惯的优点和长处后不断演变发展起来的，是世界各国的共同财富。经过几百年的时间和多次的变革和改进，现代国际礼仪变得越来越规范、通俗、简捷、方便，更加具有可操作性和实用性。这主要是为了不断适应商品经济社会的发展和满足高节奏、高效率的政务活动和商务活动的需求。例如，在联合国等大型国际会议上经常使用的按字母排序；许多国际商务活动采用的冷餐会、酒会、自助餐等简便的就餐方式等。正是由于这种实用性，国际礼仪日益得到推广和普及，被世界大多数国家所认可和接受。

第三，国际礼仪具有包容性的特征。国际礼仪是世界各国人民在长期交往中逐步形成的、约定俗成的行为规范，并非是某个人、某个民族或者某一个国家所创造的，而是吸纳了世界不同国家和不同民族的礼仪形式和内容。当今世界流行的许多国际礼仪虽然带有十分明显的欧美礼仪的色彩，但是我们并不能认为国际礼仪就是欧美礼仪，即使国际礼仪含有许多英国早期的宫廷礼仪成分，但英国的这些礼仪也不全是英国人自己所独创，而是融合了欧洲其他国家的一些礼仪形式，将其编辑整理改造而成。现在世界通行的国际礼仪，不仅有欧洲、美国的礼仪，而且也包括世界其他国家的礼仪的精华部分。所以，国际礼仪与其他各国和各民族所具有的本国、本民族特色的礼仪并不是相对立和相排斥的。相反，二者是相互依存、相互补充和相互包容的关系。另外，从国际礼仪发展的趋势来看，它将越来越多地借鉴吸引世界各国礼仪中的优秀成分，而变成更加具有包容性和丰富多彩的礼仪规范体系。

第四，国际礼仪具有相对性的特征。所谓相对性是指国际礼仪虽然是国际社会成员所普遍认同和遵守的、在世界范围内通行的行为规范，但是它并不意味着世界所有国家和民族，无论任何人，在所有场合都必须无条件地按照国际礼仪的要求进行国际交往活动。一般来讲，国际礼仪适用于各种国际交往场合，但是，在有些国际交往场合中，并不一定非要千篇一律，刻板地按照国际礼仪来进行活动。往往以具有自己本国、本民族特色的礼仪形式欢迎、接待外国客人，会显得更加隆重和亲切。我们不能认为只有国际礼仪才能表示对客人的友好和尊重，以自己本土的礼仪来待人接物就是不懂国际礼仪或违反国际礼仪的行为。事实上，许多国家在欢迎外国贵宾的仪式上，除了采用国际通用的欢迎礼仪以外，同时还以自己本国、本民族的礼仪形式来表达对来宾的格外尊重和友好。国际礼仪虽然适用于各种国际交往场合，但同时它又受到许多条件和环境的限制。由于地理条件不同、民族构成不同、社会制度与文化背景不同，礼仪除了具有共同性特点之外，还不可避免地存在着差异性。没有人能说得清世界上究竟存在多少种不同的礼仪礼节。从仪容仪表到服装饰物，从言谈举止到送往迎来，从丧葬嫁娶到聚会庆典，各种礼仪形式可谓纷繁复杂。例如，在国际交往中，仅见面礼就有握手礼、拥抱礼、亲吻礼、合十礼、抚胸礼、鞠躬礼、脱帽礼，等等。此外，有些礼仪形式所表达的含义在不同的国家和地区完全相反，比如，多数国家都用点头表示肯定或同意，摇头表示否定或不同意。但也有少数国家则是"点头不行摇头行"。还比如在许多伊斯兰国家，国际通用的握手礼就不适用于所有人，特别是妇女。这种差异性实际上是世界多样性的体现。所以，对于某些特定的交往对象和特殊的交往环境，我们不能一律照搬、照用国际礼仪，对此，正确的态度应当是"求同存异""入乡随俗"。

　　第五，国际礼仪具有传承性特征。任何一种文化现象都具有很强的传承性，作为一种文化现象，当代世界各国的礼仪都是在继承自己本国礼仪文化传统的基础上发展起来的。礼仪是人类文明积累的成果，它的形成一般都经历了一个比较漫长的演变过程。某种礼仪规范一旦形成，便会深深地植入人们的头脑之中，而且会一代一代地传承下去，直到社会发生重大变革，人们思想观念发生重大变化时，旧的礼仪形式才会逐步被新的礼仪形式所取代而退出历史舞台。实际上，许多国家的礼仪都是在继承本国、本民族传统礼仪的基础上发展起来的，离开了对本国、本民族既往礼仪成果的继承，就不可能形成带有本国、本民族特征的现代礼仪规范，当代国际礼仪也就成了无源之水，无本之木。国际礼仪和世界各国的本土礼仪一样具有传承性的特征，当今世界所流行的许多国际礼仪规范也是在古代、近代国际礼仪的基础上发展而来的，仍然处在一个不断发展和完善的过程之中，它必将在继承以前的国际礼仪、充实和丰富自己的同时，将其中的优秀精华部分留传给人类的未来社会。取其精华，去其糟粕，在"扬弃"的基础上加以继承，对以往的传统礼仪规范简单地给予全盘接受也是不可取的。

　　第六，国际礼仪具有约束性特征。国际礼仪作为国际社会的一种行为规范，它和其他行为规范一样对其成员的行为具有一定的约束力。一般来讲，不遵守或者违反国际礼仪的行为，虽然不会受到国际法律的制裁，但会遭到国际舆论的谴责。所以，国际社会的成员在互相交往的过程中，需要按照礼仪规范的要求来约束自己的言行举止，使之合乎礼仪，这便是国际礼仪约束力的具体体现。特别在一些非常正式的外交场合，更需要人们尤其是外交人员自觉地遵守国际礼仪中的各项规范。在外交场合，外交人员一切言行举止都必须符合外交礼仪的要求，无论与交往国和交往对象的关系如何，一切行动都必须要严格地按照礼仪程序来进行。违反礼仪规范的行为，不仅是一种无礼的表现，而且还会损害国家的形象，影响两国的关系，甚至招致国际舆论的批评或谴责。最后，需要指出的是，有些国际礼仪的规范不仅具有约束力，而且具有国际法的强制力。例如，对外交人员的人身伤害和对外国使馆的侵犯，不仅违反了国际礼仪的规范，而且触犯了国际法。同时，有关国家必须承担一系列国际法律责任和后果。

第七，国际礼仪具有发展性特征。随着历史的发展和时代的进步，礼仪的内容和形式都会发生或大或小、或多或少的变化。在今天，由于科学技术的飞速发展，许多新的礼仪形式正如雨后春笋般出现，如通过电脑邮寄电子慰问信、贺卡、照片；通过电视、电报、电话等互致问候，等等。世界各国各民族之间相互往来和相互交流的不断加强，也会对各自的风俗习惯和礼仪形式发生重要影响，使之出现相互模仿、相互融合的现象，例如，茶和咖啡已成为许多国家接待宾朋的重要饮料。总之，礼仪的传承性和发展性是相辅相成的，那些繁琐和铺张的、与当代文明和价值观念相背离的礼仪形式迟早要被淘汰，而符合国际惯例、适应时代潮流、被大多数国家所认同的礼仪形式将被不断创造出来。

二、国际礼仪的基本原则

国际礼仪的基本原则是指在运用国际礼仪时所必须共同遵守的规则，即对运用国际礼仪所提出的最基本也是最重要的要求，它是对国际礼仪一般规律的高度概括，对在国际交往中如何运用国际礼仪具有普遍的指导意义。如果将国际礼仪的可操作性技巧称为具体做法的话，那么国际礼仪的基本原则则可称为宏观的指导方针。在任何情况下，了解并遵守国际礼仪的基本原则，既有助于深刻地理解国际礼仪，又有助于更好地运用国际礼仪。国际礼仪有如下一些基本原则。

1. 维护形象原则

在国际交往之中，人们普遍对交往对象的个人形象倍加关注，并且都十分重视遵照规范的、得体的方式塑造、维护自己的个人形象。在国际交往中，每个人都必须时时刻刻注意维护自身形象，特别是要注意维护自己在正式场合留给初次见面的外国友人的第一印象。

个人形象在构成上主要包括六个方面。它们亦称个人形象六要素。第一是仪容。仪容，是指一个人个人形体的基本外观。第二是表情。表情，通常主要是一个人的面部表情。第三是举止。举止，指的是人们的肢体动作。第四是服饰。服饰，是对人们穿着的服装和佩戴的首饰的统称。第五是谈吐。谈吐，即一个人的言谈话语。第六是待人接物。所谓待人接物，具体是指与他人相处时的表现，亦即为人处世的态度。

2. 不卑不亢原则

不卑不亢，是国际礼仪的一项基本原则。它的主要要求是：每一个人在参与国际交往时，都必须意识到自己在外国人的眼里代表着自己的国家，代表着自己的民族，代表着自己所在的单位。因此，其言行应当从容得体，堂堂正正。在外国人面前既不应该表现得畏惧自卑、低三下四，也不应该表现得自大狂傲、放肆嚣张。要做到不卑不亢，一要肯定自我，对自己的评价客观、公正、实事求是。二要展示实力，即将自身的实力尽可能地展示出来。三要突出业绩，对自己所取得的业绩进行肯定。四要表达敬意，应当敢于、善于对外方人士表达应有的敬意。

3. 求同存异原则

在国际交往中，究竟遵守哪一种礼仪为好呢？一般而论，目前大体有三种主要的可行方法。其一是"以我为主"。所谓"以我为主"即在涉外交往中，依旧基本上采用本国礼仪。其二是"兼及他方"。所谓"兼及他方"，即在涉外交往中基本采用本国礼仪的同时，适当地采用一些交往对象所在国现行的礼仪。其三是"求同存异"。所谓"求同存异"是指在涉外交往中为了减少麻烦，避免误会，最为可行的做法是既对交往对象所在国的礼仪与习俗有所了解并予以尊重，更要对于国际上所通行的礼仪惯例认真地加以遵守。在涉外交往中，重要的是要增进了解，求同存异，而不是要评判是非，鉴定优劣。

4. 入乡随俗原则

"入乡随俗"，是国际礼仪的基本原则之一，它的含意主要是：在国际交往中，要真正做到尊重交往对象，首先就必须尊重对方所独有的风俗习惯。之所以必须认真遵守"入乡随俗"原则，主要是出于以下两方面的原因。原因之一是因为世界上的各个国家、各个地区、各个民族，在其历史发展的具体进程中，形成了各自的宗教、语言、文化、风俗和习惯，并且存在着不同程度的差异。这种"十里不同风，百里不俗"的局面是不以人的主观意志为转移的，也是世间任何人都难以强求统一的。原因之二是因为在国际交往中注意尊重外国友人所特有的习俗，容易增进中外双方之间的理解和沟通，有助于更好地、恰如其分地向外国友人表达我方的亲善友好之意。在国际交往中坚持入乡随俗，既能够促进中外双方的理解与沟通，恰如其分地向外方人士表达我方人员与人为善之意，又能够尊重外方人士的礼仪和习俗，不冒犯对方在风俗习惯方面的特殊禁忌。

5. 信守约定原则

作为国际礼仪的基本原则之一，所谓"信守约定"的原则，是指在一切正式的国际交往之中，都必须认真而严格地遵守自己的所有承诺。说话务必要算数，许诺一定要兑现，约会必须要如约而至。在一切有关时间方面的正式约定之中，尤其需要恪守不怠。在国际交往中，要真正做到"信守约定"，对一般人而言，尤须在下列三个方面身体力行，严格地要求自己。第一，在人际交往中，许诺必须谨慎。第二，对于自己已经作出的约定，务必要认真地加以遵守。第三，万一由于难以抗拒的因素，致使自己单方面失约，或是有约难行，需要尽早向有关各方进行通报，如实地解释，并且还要郑重其事向对方致以歉意，并且主动地负担因此而给对方所造成的某些物质方面的损失。

6. 热情有度原则

"热情有度"是国际礼仪的基本原则之一。它的含意是人们在参与国际交往、直接同外国人打交道时，不仅待人要热情而友好，更为重要的是要把握好待人热情友好的具体分寸，否则就会事与愿违，过犹不及。

中国人在国际交往中要遵守好"热情有度"这一基本原则，关键是要掌握好下列四个方面的具体的"度"。第一，要做到"关心有度"。第二，要做到"批评有度"。第三，要做到"距离有度"。国际交往中，人与人之间的正常距离大致可以划分为以下四种，它们各自适用于不同的情况。其一是私人距离，其距离小于 0.5 米。它仅适用于家人、恋人与至交，因此有人称其为"亲密距离"。其二是社交距离，其距离为大于 0.5 米，小于 1.5 米。它适合于一般性的交际应酬，故亦称"常规距离"。其三是礼仪距离，其距离为大于 1.5 米，小于 3 米。它适用于会议、演讲、庆典、仪式以及接见，意在向交往对象表示敬意，所以又称"敬人距离"。其四是公共距离，其距离在 3 米开外，适用于在公共场合同陌生人相处。它也被叫做"有距离的距离"。第四，要做到"举止有度"。要在国际交往中真正做到"举止有度"，要注意以下两个方面。一是不要随便采用某些意在显示热情的动作。二是不要采用不文明、不礼貌的动作。

7. 不必过谦原则

不必过谦的原则的基本含意是：在国际交往中涉及自我评价时，虽然不应该自吹自擂，自我标榜，一味地抬高自己，但是也绝对没有必要妄自菲薄，自我贬低，自轻自贱，过度地对外国人进行谦虚、客套。

8. 不宜先为原则

所谓"不宜先为"原则，也被有些人称作"不为先"的原则。它的基本要求是，在国际交往中，面对自己一时难以应付、举棋不定，或者不知道到底怎样做才好的情况时，如果有可能，最明智的做法是尽量不要急于采取行动，尤其是不宜急于抢先，冒昧行事。不妨先按兵不动，然后再静观一下周围人的所作所为，并与之采取一致的行动。

"不宜先为"原则具有双重含意。一方面，它要求人们在难以确定如何行动才好时，应当尽可能地避免采取任何行动，免得出丑露怯。另一方面，它又要求人们在不知道到底怎么做才好，而又必须采取行动时，最好先观察一些其他人的正确做法，然后加以模仿，或是同当时的绝大多数在场者在行动上保持一致。

9. 尊重隐私原则

中国人在国际交往中务必要严格遵守"尊重隐私"这一国际礼仪的主要原则。一般而言，在国际交往中，下列八个方面的私人问题均被海外人士视为个人隐私问题。一是收入支出。二是年龄大小。三是恋爱婚姻。四是身体健康。五是家庭住址。六是个人经历。七是信仰政见。八是所忙何事。要尊重外国友人的个人隐私权，首先就必须自觉地避免在对方交谈时主动涉及这八个方面的问题。为了便于记忆，它们亦可简称为"个人隐私八不问"。

10. 女士优先原则

所谓"女士优先"，是国际社会公认的一条重要的礼仪原则，它主要适用于成年的异性进行社交活动之时。"女士优先"的含意是：在一切社交场合，每一名成年男子都有义务主动自觉地以自己的实际行动去尊重妇女，照顾妇女，体谅妇女，关心妇女，保护妇女，并且还要想方设法、尽心竭力地去为妇女排忧解难。倘若因为男士的不慎而使妇女陷于尴尬、困难的处境，便意味着男士的失职。"女士优先"原则还要求在尊重、照顾、体谅、关心、保护妇女方面，男士们对所有的妇女都一视同仁。

11. 爱护环境原则

作为国际礼仪的主要原则之一，"爱护环境"的主要含意是：在日常生活里，每一个人都有义务对人类所赖以生存的环境自觉地加以爱惜和保护。在国际交往中，之所以要特别地讨论"爱护环境"的问题，除了因为它是作为人所应具备的基本的社会公德之外，还在于在当今国际舞台上，它已经成为舆论倍加关注的焦点问题之一。在国际交往中与此有涉时，需要特别注意的问题有两点。

第一，光有"爱护环境"的意识还是远远不够的，更为重要的是要有实际行动。第二，与外国人打交道时，在"爱护环境"的具体问题上要好自为之，严于自律。具体而言，中国人在国际交往中特别需要在"爱护环境"方面倍加注意的细节问题又可分为下列八个方面。其一，不可毁损自然环境。其二，不可虐待动物。其三，不可损坏公物。其四，不可乱堆乱挂私人物品。其五，不可乱扔乱丢废弃物品。其六，不可随地吐痰。其七，不可到处随意吸烟。其八，不可任意制造噪声。

12. 以右为尊原则

正式的国际交往中，依照国际惯例，将多人进行并排排列时，最基本的规则是右高左低，即以右为上，以左为下；以右为尊，以左为卑。大到政治磋商、商务往来、文化交流，小到私人接触、社交应酬，但凡有必要确定具体位置的主次尊卑，"以右为尊"都是普遍适用的。

三、国际邮轮服务礼仪的概念与作用

1. 国际邮轮服务礼仪的定义

国际邮轮被誉为漂浮的海上豪华度假村，是很典型的一个"国际小社会"，它接待的客

人来自不同国家、不同地区、不同民族，他们有着不同的宗教信仰和风俗习惯，要在这样一个国际小社会里使大家都能和谐相处，友好往来，一定要有一套大家普遍认可并遵守的行为准则，便于大家顺利沟通与交流，方能有一个美好的旅程和开心的假期，这就是国际邮轮服务礼仪存在的意义所在。国际邮轮服务礼仪主要是指国际邮轮的服务人员在对客服务过程中对游客表示尊重与友好的行为规范和处世准则，是邮轮各部门各岗位工作人员的服务规范与标准，它是通过语言、动作，并以一定的、约定俗成的程序方式表现出来的约束自己、尊敬游客的服务行为，同时也包括游客在邮轮上应该知晓和遵守的礼仪规范以及游客之间相处交流的礼仪。国际邮轮服务礼仪不是哪一国的习惯，而是国际社会公认的基本社交修养，也是游客文明素质的具体体现。

2. 国际邮轮服务礼仪的作用

在社会生活中，人们往往把是否讲究礼仪作为衡量一个人道德水准高低和有无教养的尺度，同时也把讲究礼仪作为一个国家和民族文明程度的重要标志。2000年12月12日香港《公正报》在《社会有礼祥和》一文中说："富者有礼高雅，贫者有礼免辱，父子有礼慈孝，兄弟有礼和睦，夫妻有礼情长，朋友有礼意笃，社会有礼祥和。"这是对礼仪作用的精彩诠释。国际邮轮是世界各地民众相聚相融的娱乐休闲度假场所，讲究国际邮轮服务礼仪有着特殊意义。那么，国际邮轮服务礼仪的作用有哪些呢？

（1）讲究国际邮轮服务礼仪事关国际邮轮业的兴衰

国际邮轮服务的直接目的是最大限度地满足不同客人的正当需求。从迎接游客登船、与游客的沟通，到邮轮行驶中的供餐住宿及为特殊游客提供特殊服务等都是国际邮轮从业人员应尽的职责和应有的风范，国际邮轮从业人员只有按照国际惯例约束和规范自己的言行，尊重和包容游客，真诚地为游客提供周到细致的服务，对宾客以礼相待，在国际邮轮这个临时大家庭的人们才能顺利交流和沟通，国际邮轮才能更好地开展各种服务工作，游客们方能玩得尽兴，来国际邮轮上度假的游客才会越来越多，国际邮轮才能够取得更好的经济效益，国际邮轮行业才能够更加兴旺发达。

（2）讲究国际邮轮服务礼仪可以直接地提高服务质量

国际邮轮的生存与发展、市场与客源，靠的是向游客提供全方位的优质服务。调查表明，在国际邮轮硬件设施相同的情况下，影响优质服务的主要因素是服务意识与态度，因为"宾客至上"的服务意识与热情友好、真诚和蔼的服务态度，可以直观地使客人在感官上、精神上产生尊敬感、亲切感，所以说坚持应用国际邮轮服务礼仪，可以有效地提高国际邮轮服务质量，而国际邮轮服务质量的高低又将直接关系到国际邮轮业的兴衰和声誉。

（3）讲究国际邮轮服务礼仪可以有效地调节各种人际关系

国际邮轮服务礼仪，可以说是国际邮轮上人际关系的润滑剂和调节器。国际邮轮是一个海上流动的豪华度假村，就像一艘航行在海上的五星级大型度假酒店，各种设施一应俱全，集商务会议、餐饮美食、文化、购物、休闲娱乐、旅游观光为一体，包括各式餐厅、酒吧、客房、商场、前台、收银、人事及证件管理、儿童护理、安全员、保安、岸上导游、美容院、健身房、俱乐部、厨师、摄影师、前台接待等部门。国际邮轮旅游既有船上活动又涉及岸上旅游观光，环境多变，邮轮上的游客涉及面广，人员复杂，容易产生矛盾和纠纷。针对这一特点，客观上要求国际邮轮从业人员必须讲究国际邮轮服务礼仪，为各类游客提供优质满意的服务，融洽各种人际关系。而国际邮轮服务礼仪的基本原则是律己敬人，真诚友善，所以它能够融洽与来自不同国家、地区的游客的感情，架设友谊的桥梁，营造和谐亲善的旅游氛围。即使与游客之间偶尔发生某种误会、不快或碰撞，通过几句礼貌敬语或一个礼节形式，便会化干戈为玉帛，重新获得彼此的理解和尊重。

（4）讲究国际邮轮服务礼仪可以有效地促进社会文明

荀子在讲礼的作用时说过："人无礼则不生，事无礼则不成，国家无礼则不宁"（《荀子·修身》）。他把守礼与否看作关系到人的贤愚、事业成败、国家安危的大事。国际邮轮服务礼仪不仅包含从业人员对待游客应遵循的礼仪规范，也包括了游客之间的相处之道和邮轮旅游中乘客应知晓的礼仪原则和礼仪常识，如遵守秩序、轻声交谈、礼貌用语、衣着规范等，这些并不是哪一国的习惯，而是国际社会公认的社交修养，也是国际邮轮游客文明素质的具体体现，当邮轮从业人员和所有游客都能主动自觉地遵守这些礼仪规范时，社会的文明程度自然也随之提升，人与人之间也更加和谐友爱。

（5）讲究国际邮轮服务礼仪可以塑造服务队伍的良好形象

国际邮轮服务礼仪作为行为规范，对国际邮轮从业人员的服务行为具有很强的约束力。国际邮轮服务礼仪一经制定和推行，便成为服务工作的行为规范和准则，所有的服务人员都必须服从和遵守，自觉或不自觉地受其约束，如果谁不遵守甚至严重违反礼仪要求，谁就将受到道德的谴责或组织处理。这就迫使国际邮轮服务人员认真学习国际邮轮服务礼仪知识，坚持实践国际邮轮服务礼仪，久而久之，能够很好地提升国际邮轮服务人员的综合素质，从而塑造了国际邮轮服务队伍的良好形象。

【工作任务】

了解国际礼仪并完成情景模拟训练。

【任务准备】

1. 复习国际礼仪的基本原则以及国际邮轮服务礼仪的作用。
2. 学生之间进行讨论。
3. 学生分组确定角色，模拟情景，准备训练所需的桌椅、文件夹、名单、清单等器材。

【任务实施】

实训安排

实训时间	0.5 小时
实训目的	理解国际礼仪的基本原则
实训要求	严格按照实训规范要求进行

训练标准与要求

实训内容	操作标准	基本要求
开展国际礼仪原则的演讲	(1)在网络上搜寻开展国际交往活动礼仪的案例、活动图片,制作演讲的PPT; (2)演讲案例精准、主题突出、语言流畅、富有感染力; (3)PPT制作精美,能完美表达演讲要旨,并给人留下深刻印象; (4)演讲人仪容仪表得体,演讲风度良好; (5)团队协作精神强、分工合理、配合默契	富有激情和感召力,表达清晰、准确

【任务评价】

训练自测评分表

项　目	考核标准	满分	评分
演讲展示	(1)良好的仪容仪表； (2)面带笑容主动问候，语言礼貌； (3)态度积极、主动、热情	50分	
团队合作	(1)围绕主题积极策划，发挥每个人的积极性； (2)小组分工合作，各尽所长，收集资料、图片，策划演讲方式、撰写演讲稿件，各尽其才； (3)演讲道具资料及仪表仪容准备完善	50分	
	满分	100分	

【随堂测验】

选择题

1. 别人为你服务、做事和帮忙，无论给你的帮助多么微不足道，都要说（　　）。

A. 谢谢 　　　　　B. 请 　　　　　C. 对不起 　　　　　D. 您好

2. 初次见面时，客套话称（　　）。

A. 久仰 　　　　　B. 久违 　　　　　C. 久别 　　　　　D. 久闻

3. 国际社会公认的"第一礼俗"是（　　）。

A. 尊重原则 　　　B. 宽容原则 　　　C. 以右为尊原则 　　D. 女士优先原则

【拓展阅读】

赏船模　品船奇——国产首制大型邮轮

M-11　赏船模　品船奇——国产首制大型邮轮

【项目小结】

　　本项目简要地介绍了礼仪的概念、产生与发展，剖析了礼仪的主要功能和基本原则，介绍了东方礼仪和西方礼仪的特点，以及东西方礼仪的典型差异，叙述了国际礼仪及国际邮轮服务礼仪的概念、特征、意义与作用及遵循的原则，为国际邮轮从业人员掌握礼仪基本理论知识奠定了基础。

【案例分析】

一次"难忘的"邮轮旅游

　　读者解先生是一位"资深邮轮客"，有过数十次境外上船的邮轮旅游经验，这次他搭乘海洋航行者号在"家门口"上海起航，希望享受一下自由放松的海洋旅行。

也许是因为之前的期望值太高，解先生说，实际上船以后，各种失望的情绪不断涌现：码头排队托运行李和等候上船时间长、船上自助餐厅场面混乱、收费餐厅发生签单错误、岸上观光领队态度倨傲……都说，乘坐邮轮是为了"享受海上慢生活"，但解先生的这次日韩邮轮行不但没有"享受"到，反而在下船的时候有种"逃出生天"的感觉。

以上海为母港的海洋航行者号，乘客不说100％都是中国人，至少也在90％以上了。因此整条船的氛围发生了显而易见的变化。解先生说，最明显的是四周的"分贝"变高了，从码头到船上，从餐厅到剧场，甚至在图书馆里都不得安宁，随时都会有人中气十足地吵吵着进来，看到这里没几本时下流行的中文网络小说，便又吵吵着出去了。

其次是餐厅礼仪的严重缺失。自助餐厅每天都会上演哄抢的一幕，就像一辈子没吃过东西似的，有些人会胡吃海塞到接下来要靠吃药帮助消化；有位老阿姨可能从没吃过奶酪，从餐柜上拿起一块奶酪咬一口，发现味道不咋地，竟然又放回原位。海洋航行者号上的主餐厅相当好，三层楼高的餐厅装潢究究典雅，服务人员的服务水准也很到位。第一天晚上，解先生换上深色西装、打上领带、喷上古龙水来到餐厅后，却发现用餐的客人们竟差不多有一半的人是穿着牛仔裤球鞋甚至是短裤拖鞋来的。

请问：请分析解先生的这次邮轮之行遭遇了哪些礼仪缺失？

提示：由于邮轮进入中国时间不长，国人还不太适应这种高品质的休闲旅游形式，对邮轮上有哪些禁忌等礼仪常识更是知之甚少。此案例中造成解先生不愉快的旅游经历，不仅有来自邮轮公司和邮轮母港的工作质量问题，更多的是来自中国游客的礼仪缺失，主要体现为如下几点。

其一，邮轮是一个相对封闭的公共场所，在公共区域，大家都要注意保持安静，不可无所顾忌地高谈阔论大声喧哗，这样会影响他人的休息。

其二，进餐时，要注意吃多少去多少，不能不管不顾其他游客贪多，拿取超出自己食量的食物，以造成不必要的浪费或致使自己身体不适；在不知道该食物是否合乎自己口味的情况下应该先取少量食物品尝，不可把吃过的食物又归还原位，这种做法极不卫生，是对其他游客的不尊重和不负责任。

其三，邮轮上的正餐宴会，是船长对所有乘客表示欢迎的宴会，游客不可穿背心、拖鞋等休闲服出入，必须着西装、礼服等大方端庄得体地出席，以示对船长及其他人员的尊敬和谢意；另外，进餐时也不可大声讲话，食品骨刺等垃圾不可随意丢弃，吃饭时不能发出大声咀嚼的声响，更不能有划拳或者赌博行为。

【思考练习】

结合大学生行为规范进行校园日常礼节、礼貌行为的讨论，养成从我做起、从身边的小事做起、从现在做起的好习惯。

1. 为什么说礼仪在我们身边？

2. 为什么说教养反映素质，素质体现于细节，而细节又决定一个人的成败？

【自我检验】

学习了本项目的：_____

_____。

其中，令我感触最深的是：＿＿＿＿＿＿＿＿＿＿＿＿＿＿＿＿＿＿＿＿＿＿

＿＿＿＿＿＿＿＿＿＿＿＿＿＿＿＿＿＿＿＿＿＿＿＿＿＿＿＿＿＿＿＿＿＿＿＿，

过去，我的习惯是：＿＿＿＿＿＿＿＿＿＿＿＿＿＿＿＿＿＿＿＿＿＿＿＿＿＿

＿＿＿＿＿＿＿＿＿＿＿＿＿＿＿＿＿＿＿＿＿＿＿＿＿＿＿。现在，我知道

了应该这样做：＿＿＿＿＿＿＿＿＿＿＿＿＿＿＿＿＿＿＿＿＿＿＿＿＿＿＿＿

＿＿＿＿＿＿＿＿＿＿＿＿＿＿＿＿＿＿＿＿＿＿＿＿＿＿＿＿＿＿＿。

因此，我制定了我的礼仪提高计划：＿＿＿＿＿＿＿＿＿＿＿＿＿＿＿＿＿＿＿

＿＿＿＿＿＿＿＿＿＿＿＿＿＿＿＿＿＿＿＿＿＿＿＿＿＿＿＿＿＿＿＿＿＿＿＿

＿＿＿＿＿＿＿＿＿＿＿＿＿＿＿＿＿＿＿＿＿＿＿＿＿＿＿。

项目二

个人形象礼仪

2

◀◀◀◀◀◀◀

【学习目标】

【素质目标】

1. 能够深刻认识个人形象与对企业乃至国家形象的重要性；
2. 在仪表、仪态方面体现爱岗敬业、尊重他人的职业素养。

【知识目标】

1. 了解形象礼仪的重要性，明白邮轮服务人员的形象对邮轮工作的意义；
2. 熟悉化妆的要求、邮轮服务员的仪表准则；
3. 掌握着职业装的原则和技巧。

【能力目标】

1. 掌握仪容修饰、化妆的基本技巧；
2. 重点掌握走姿、坐姿、站姿、蹲姿规范要求和微笑的具体操作标准；
3. 熟悉进出电梯、引导手势的正确要求规范。

任务一　熟知仪容形象礼仪

【任务导入】

一家效益很好的大型企业的总经理，经过多方努力和上级有关部门的牵线搭桥，终于使一家著名的家电企业董事长同意与自己的企业合作。谈判时为了给对方留下精明强干、时尚新潮的好印象，总经理上穿一件 T 恤衫，下穿一条牛仔裤，脚穿一双旅游鞋。当他精神抖擞、兴高采烈地带着秘书出现在对方面前时，对方瞪着不解的眼睛看着他上下打量了半天，非常不满意。这次合作没能成功。

分析：总经理与家电企业的合作失败的原因是什么？

【任务资讯】

一、仪容形象基本常识

1. 仪容的内涵

法国启蒙思想家孟德斯鸠说："一个人只有一种方式是美丽的，但他可以通过十万种方式让自己变得可爱。"一个人可能没有天生娇好的容貌，但可以通过自身形象的设计、气质的修炼、化妆技巧的学习来提升个人形象，塑造完美自然的仪容。仪容，通常指的是一个人的外貌。有些时候，人们也会将仪容称之为容貌。实际上，一个人的容貌在他的整体仪容中的确居于显著的地位。在日常生活或工作中经常会因为一个人端庄的仪容形象礼仪顺利开展工作，也会因为不修边幅的形象使得谈判流产或引起顾客不满。

2. 仪容规范

服务礼仪规定：全体服务行业的从业人员在自己的工作岗位上都必须按照本行业的一定之规对自己的仪容进行必要的修饰与维护。这句话说明：服务人员必须对本人的仪容进行必要的修饰与维护；服务人员在修饰维护本人的仪容时必须遵守一定规范。服务人员个人形象仪容礼仪要求如下。

（1）面部肢体整洁。服务人员要求头发、脸部、手部、腿部、脚部无论是裸露与否都应定期定时清洁、修剪、保养。

（2）妆容符合场合。服务人员女士应化妆上岗、淡妆上岗，不应选择怪异的妆容和发型。手部、脚部不应涂抹颜色靓丽的指甲油，男士应定期修剪毛发、指甲，不涂指甲油、不文身。化妆应符合工作、晚宴的场合。

（3）发型修饰统一。男女的发型应按照工作岗位和行业的要求统一修剪或带发饰，女士统一按公司要求盘发。

（4）随时随地自检。服务人员应随时随地自检和相互检查，养成良好的维护个人形象和公司形象的意识和习惯。

（5）饰物以少为佳。服务人员在面部、头发、手部、脚部上的饰物以少为佳，最好不带，如需佩戴应在头发上佩戴简洁发饰，统一材质的项链和戒指。

二、女士仪容

服务行业的女士仪容修饰上要注意四个关键词：端庄、简洁、亲和、适度。具体主要体现在面部、发式和肢体上。

1. 面部

女士面部要非常注重清洁、护理。特别是耳朵和脖颈要保持干净。女士不应在脸部、脖颈裸露在外的地方文身，要学会化职业妆、晚宴妆。

2. 发式

头发应保持整洁，无异味。发型大方，得体。要经常洗头，保证头发不粘连、不板结、无发屑、无汗味。尤其在秋季要对头发精心保养，因为这时会出现皮屑增多、脱发和断发等现象，如发现发尖打岔时，必须及时修剪。服务行业女士在工作中如为长发最好盘起，用发箍和发夹固定，前额最好不留刘海。要学会至少3种盘发，适合服务行业工作场合的女士盘发式如图 2-1 所示。

图 2-1　女士盘发

3. 肢体

女士不留长指甲，不涂抹艳丽夸张的指甲油。要注意手部和脚部的护理，经常去掉死皮和腿部腋下毛发。

三、男士仪容

服务行业的男士仪容修饰上同样注意 4 个关键词：整洁、适宜、协调、大方。具体从面部、头发和肢体三方面注意。

1. 面部

男士在面部修饰的时候要注意两方面的问题：一是男士在进行商务活动的时候，他要每天剃须修面以保持面部的清洁；二是男士在商务活动中经常会接触到香烟、酒这样有刺激性气味的物品，所以要注意随时保持口气的清新。同时应注意不应喷过多的香水。

2. 头发

男士的头发应干净整洁，不宜过长。要做到"四不"规范。即前不遮额头、侧不盖耳朵、后不盖衣领并且无汗味，没头屑，不用过多定型产品。

3. 肢体

男士在身体任何裸露部位都不应该文身，指甲应定时修剪，保持整洁。

无论男士还是女士在职场上都应精神饱满、面带笑容。

四、化妆礼仪

1. 化妆的原则

（1）扬长避短　化妆不是把黑的抹得更黑，红的抹得更红，而是有所选择，如适当强调或渲染漂亮的部分，使之成为注目的焦点；适当掩盖或淡化瑕疵的部分，使之隐而不露。不要指望使所有的部位都容光焕发。

M2-1　化妆礼仪

（2）自然真实　化妆的最高境界是追求自然真实。如化妆可有浓有淡，但化妆的浓淡要视时间、场合而定。白天在工作场合适合化淡妆，如果浓妆艳抹，厚厚的粉底、重重的唇膏，就与周围的工作气氛不相适宜，会让人感觉你工作不认真，甚至会认为你不稳重。在工作场合应去掉雕饰，采用不露痕迹的化妆手法，尽力表现天然和质朴。夜晚在宴会、舞会等社交场合，可使妆色浓一些，以避免皮肤在灯光照耀下惨淡无光、没有血色。

（3）整体配合　化妆以修整统一、和谐自然为准则。恰到好处的化妆，会给人以文明、整洁、雅致的印象，而浓妆艳抹、矫揉造作、过分的修饰和夸张则往往适得其反。面部化妆就是给面部着衣，既要注意面部各基点的配合，又要兼顾点与面的配合，以及面部与年龄、衣着、身份、气质的协调等。

2. 化妆的要求

（1）化妆要淡雅

（2）化妆要协调

① 清洁用品最好要成系列；

② 各个部位化妆要协调，如甲彩最好跟唇彩是一个颜色；

③ 化妆要跟服饰、场合协调；

④ 化妆要与时尚协调，了解和应用时尚元素很重要。

（3）化妆要避人　化妆或补妆时应回避客人，选择在无人的角落或洗手间进行，切不可旁若无人地当着客人的面操作。

（4）时时注意补妆　由于工作时间长、流汗等原因容易脱妆，服务人员应时刻注意自己的妆容，女士应注意在适当的时机补妆，时刻展示完美的形象和饱满的精神，男士应在流汗后及时清洁，以免出现异味汗臭，保持头发面部手部的整洁干净，因工作原因弄脏衣物或身体部位应及时清理干净。

3. 面部清洁

面部清洁是化妆的第一步，也是很关键的一步。正确的清洁步骤如下。

（1）先用香皂把手洗干净　不干净的手会影响洁面品的起泡程度，而且也会使清洁力度下降。

（2）用温水湿润脸部　正确的方法是用温水。这样既能保证毛孔充分张开，又不会使皮肤的天然保湿油分过分丢失。

（3）洁面乳充分起泡　无论用什么样的洁面产品（以洁面乳为例），量都不宜过多，面积有五分硬币大小即可。在向脸上涂抹之前，一定要先把洁面乳在手心充分打起泡沫，忘记这一步的人最多，而这一步也是最重要的一步。因为，如果洁面乳不充分起沫，不但达不到清洁效果，还会残留在毛孔内引起青春痘。泡沫当然是越多越好，可以借助一些容易让洁面乳起沫的工具，如海绵。

（4）轻轻打圈按摩　把泡沫涂在脸上以后要轻轻打圈按摩，不要太用力，以免产生皱纹。重点区域如下。

T字部位：皮脂分泌最密集的地方，是脸部最油腻的地方，要多清洗几下。

眼部四周：缺乏油性的皮脂，非常脆弱，容易干燥，一天清洗一次就足够了。

鼻翼两侧：容易堆积油脂，要认真清洗。

人中四周：藏污纳垢的地方，要反复揉搓。

下巴：油脂很多，不好好清洗的话，痘痘不知哪天就会突如其来。

（5）清洗洁面乳　用洁面乳按摩完后，就可以清洗了。别用毛巾用力地擦洗，这样做会因摩擦损伤肌肤。应该用湿润的毛巾轻轻在脸上按，反复几次后就能清除掉洁面乳，又不伤害皮肤。

（6）检查是否有没冲洗干净的地方　清洗完毕，你可能认为洗脸的过程已经全部完成了，其实并非如此。还要照照镜子检查一下发际周围和脸部边缘是否有残留的洁面乳，这个步骤也经常被人们忽略。有些女性发际周围总是容易长痘痘，其实就是因为忽略了这一步。

（7）冷水撩洗 20 次左右　用双手捧起冷水撩洗面部 20 次左右，同时用沾了凉水的毛巾轻敷脸部。这样做可以使毛孔收紧，同时促进面部血液回圈。

（8）用干净的毛巾轻轻地吸干脸部水分　如果用特意准备的干净毛巾硬擦的话，反而会起到反作用。应轻轻地将毛巾按在脸上将水分吸干。

4. 口部清洁

（1）刷牙　口部除了口腔之外，还包括它的周边地带。口部修饰首要之务是注意口腔卫生，刷牙既要采用正确的刷牙方式，更要贵在坚持。正确有效的刷牙要做到"三个三"：每天刷三次牙，每次刷牙宜在餐后三分钟进行，每次刷牙的时间不应少于三分钟。

（2）洗牙　维护牙齿，除了做到无异物、无异味之外，还要注意保持洁白，并且及时去除有碍于口腔卫生和美观的牙石。最佳的办法就是定期去口腔医院洗牙，一般情况下，成人半年左右即应洗牙一次。

（3）禁食　服务人员在工作岗位上，为防止因为饮食的原因而产生的口腔异味，应避免食用一些气味过于刺鼻的饮食，如葱、蒜、韭菜、腐乳、虾酱、烈酒及香烟。

（4）护唇　服务人员平时应有意识地呵护自己的嘴唇，要想方设法不使自己的唇部干裂、爆皮或生疮。另外，还应避免嘴边嘴角残留食物。

5. 化妆步骤

（1）洁面　洁面应根据自身不同的肤质选择适宜的洁面产品进行彻底清洁，在清洁过程中也应特别注意鼻头、颈部和手部的清洁。

（2）化妆水、润肤霜　选择常用的护肤套装补水润肤。润肤过程要注意涂抹均匀，也要特别关照脖颈和手部的保养护理。

（3）粉底液和定妆　首先是选用适合自身皮肤的遮瑕笔快速把脸上的黑眼圈、斑点以及痘印等瑕疵给遮盖掉；接着是使用稍微偏白一点点的粉底液，用手指蘸取适量，快速地在脸上晕开并且拍打至吸收。使用稍大一点的粉刷，蘸取适量的蜜粉，同步进行定妆的操作。

（4）眉毛的描画　找出眉峰、眉尾位置。眉尾是在鼻翼与眼尾连线的延长线和眉头的水平线的交会处，然后比这里再高一点的位置最标准，由向上生长（前段）、与向下生长（后段）的眉毛交会处开始画，以不超过眉尾、不超过眉毛上缘来描绘，对眉毛比较浓密的人来说，用眉粉是最好的方法，补足中间没上色的地方，要顺向、逆向的刷过让颜色均匀。

（5）眼妆　眼影：单层晕染，采用一种颜色。从外眼角入手，先刷睫毛根部，由下至上晕染至眼窝，深色控制在双眼皮内，眉骨提亮。上眼线：起点于内眼角的最内侧，紧贴睫毛根部，将缝隙填满，离眼尾 2 毫米处稍往上扬，长度应比原有眼睛长。刷睫毛膏：从不同角度卷曲睫毛，先从内向外刷，从下向上刷 Z 字形。

（6）腮红　腮红可以增加面部的红润感，修正脸型。肤色红润的人可以不刷胭脂。选择跟自己的唇彩和眼妆搭配协调的腮红。

（7）口红　用刷蘸取唇膏或直接用唇膏均匀地涂满整个嘴唇，注意不能超出唇线。

五、邮轮服务员仪容礼仪要求

1. 头发

（1）男士：不得留长发或蓬松的发式；不得留大鬓角；头发两侧不得遮住耳朵；后面不

得盖住衣领。

（2）女士：头发过领口应扎起，严禁披头散发，额前刘海不得压眉，不得让头发遮住脸。

（3）不得使用刺激味大的发胶、发乳、头油等。

（4）要保持清洁，注意有无脱发落在制服上。

2. 胡须和手

不准留任何胡须，上班前必须刮净。

应勤洗手、剪指甲，手要保持清洁，所有指甲均不得超出指端。女士不得使用有色指甲油。

3. 口腔

（1）早晚要刷牙以防止口臭；经常漱口，特别是饭后。

（2）上班前不得食用有刺激味的食品（如：葱、蒜等）。

（3）上班前三小时不得饮酒并严禁带酒味上岗。

4. 身体

要勤洗澡，防止体臭。

5. 化妆

女士：都必须化妆（图2-2），但不得化浓妆，不得使用浓味化妆品。男士：严禁化妆。

图 2-2 女士化妆

【工作任务】

掌握邮轮服务员化妆技巧并完成仪容自测。

【任务准备】

1. 准备化妆室和一套化妆工具。

2. 观看教学视频，熟悉化妆的要求和技巧。

【任务实施】

实训安排

实训时间	仪容自查:20分钟　　化妆实训:1小时
实训目的	掌握仪容规范要求,掌握职业妆容要求,熟练掌握修饰面容发饰的方法
实训要求	严格按照实训规范要求进行

仪容自查训练标准与要求

实训内容	操作标准	基本要求
仪容自查	(1)检查面部、手部和头发的清洁。 (2)员工在岗时应精神饱满,表情自然,面带微笑。 (3)男员工仪容自查:检查头发前不过眉,侧不遮耳,后不盖领,鬓角不过中耳线,整齐、清洁、光亮(打发乳或摩丝),无头屑,不留怪异发型,保持黑色,发长不得短于2厘米。检查面部保持整洁,不得有胡须,无眼垢、耳垢。 (4)女员工仪容自查:检查头发前不过眉,后不过肩,长发盘起,头饰颜色与发色反差小,整齐、清洁、光亮(打发乳或摩丝),无头屑,不留怪异发型,头发保持黑色;发长不得短于12厘米,长发应盘起,发髻不宜过高或过低,以不过衣领为标准;短发不能过领,虚发应用发胶类化妆品定型;头上不得佩戴规定以外的装饰品。淡妆上岗	认真检查,及时纠正错误

化妆礼仪训练标准与要求

实训内容	操作标准	基本要求
化妆礼仪训练	(1)面部清洁； (2)面部底妆涂抹均匀； (3)眼妆选择大地色和灰色眼影均匀晕染；眉毛应选择稍粗而眉峰稍锐的眉形； (4)选用自然色的口红颜色涂抹	自然，职业，亲和，简洁

【任务评价】

训练自测评分表

项目	考核标准	满分	评分
整洁	脸、牙齿、颈、头发及指甲保持干净，男士不得有胡须	10分	
美观	(1)男士头发前不过眉，侧不遮耳，后不盖领，鬓角不过耳线，整齐、清洁、光亮（打发乳或摩丝），无头屑，不留怪异发型，保持黑色，发长不得短于2厘米； (2)女士头发应梳理整洁呈自然色，发型美观大方、易保持；及肩长发应用深色无多余装饰的系发带或头花束起成髻，不涂有色指甲油	20分	
化妆	女士妆容淡雅庄重，与脸型、发型、服饰搭配	20分	
微笑	(1)口型、脸型与微笑保持和谐，没有不当表情； (2)微笑亲和自然，会展示小微笑、普通微笑	20分	
	满分	100分	

【随堂测验】

一、不定项选择题

服务行业化妆的基本原则包括（　　　）。

A. 扬长避短　　　　B. 自然真实　　　　C. 整体配合　　　　D. 突出个性

二、问答题

仪容的内涵是什么？

【拓展阅读】

空乘服务人员4种盘发方式你了解吗

1. 大光明盘发

国内很多空乘都是大光明盘发，这也是新乘务在面试航空公司时的经典盘发。

特点：前面基本没什么碎发，额头看起来"光溜溜"的，给人一种很干练、精神的感觉。

2. 三七分盘发

三七分盘发对于发际线高的女生特别友好，但有些航空公司更偏爱"大光明盘发"。

特点：可以修饰发际线的问题，三七分的盘发给人一种亲切感。

3. 韩式盘发

韩式盘发的特点就是比较蓬松，有修饰脸型的作用，但是如果面试国内的航空公司，就不建议用韩式盘发。

特点：韩式盘发有一定修饰脸型的作用，前面的头发会比较蓬松。

4. 法式盘发

法式盘发对盘发技术要求比较高，但如果面试国内航空公司，则千万不要了出众而选择法式盘发。

特点：法式的头发看起来就很"欧美"，如果面试外航可以用得上。

（资料来源：空姐 4 种盘发方式你 get 了吗．搜狐网．）

【邮轮文化】

歌诗达的"文化牌"

若以国际邮轮公司进驻中国的时间而论，歌诗达可以称之为"先知先觉"。早在 10 年前的 2006 年，歌诗达首次开启以中国为母港运营的国际邮轮航线，成为首家进驻中国的国际邮轮公司。2015 年，歌诗达中国出发母港航次共 168 个，母港游客人数近 50 万人，占中国邮轮母港出入境游客份额的 38.31%，成为在华运营母港航次及游客人数最多的邮轮公司。歌诗达是一家地道的意大利邮轮公司，其行程亦刻意营造意大利风情。截至目前，歌诗达旗下拥有欧洲最大的船队——拥有"大西洋"号、"维多利亚"号、"赛琳娜"号、"幸运"号等 15 艘在役意大利籍邮轮。每艘邮轮均主打"文化牌"，如"大西洋"号以意大利影视文化为主题，"赛琳娜"号以古罗马时代的"众神之船"为主题，"维多利亚"号专注欧洲现代艺术理念，"幸运"号则用大量画作、雕塑和主题装饰精心构筑出浓郁的艺术氛围，将意式风情凝聚于一船，重现文艺复兴和大航海时代的历史荣光。

（资料来源：许云峰．邮轮出行渐成风尚坐一条"有文化"的邮轮就更值了．第一财经网，2016-9-13．）

任务二　了解服饰形象礼仪

【任务导入】

服饰具有极强的表现功能，在社交活动中，人们可以通过服饰来判断一个人的身份地位、涵养；通过服饰可展示个体内心对美的追求、体现自我的审美感受；通过服饰可以增进一个人的仪表、气质，所以，服饰是人类的一种内在美和外在美的统一。要想塑造一个真正美的自我，首先就要掌握服饰打扮的礼仪规范，用和谐、得体的穿着来展示自己的才华和美学修养，以获得更高的社交地位。下面就对邮轮服务人员的服饰要求从西装和不同岗位员工工装着装要求进行介绍。

【任务资讯】

一、服饰礼仪基本常识

1. 服饰的内涵和分类

（1）服饰的内涵　服饰是装饰人体的物品总称。包括服装、鞋、帽、袜子、手套、围巾、领带、提包、阳伞、发饰等。

服饰礼仪是人们在交往过程中为了相互表示尊重与友好，达到交往的和谐而体现在服饰上的一种行为规范。服饰是一种文化，它反映着一个民族的文化水平和物质文明发展的程度。服饰具有极强的表现功能，在社交活动中，人们可以通过服饰来判断一个人的身份地位、涵养；通过服饰可展示个体内心对美的追求、体现自我的审美感受；通过服饰可以增进一个人的仪表、气质，所以，服饰是人类的一种内在美和外在美的统一。要想塑造一个真正美的自我，首先就要掌握服饰打扮的礼仪规范，用和谐、得体的穿着来展示自己的才华和美学修养，以获得更高的社交地位。

（2）服饰的分类

① 按穿着组合分类，大致有如下几种分类。

整件装，上下两部分相连的服装，如连衣裙等。因上装与下装相连，服装整体形态感强。

套装，上衣与下装分开的衣着形式，有两件套、三件套、四件套。

外套，穿在衣服最外层，有大衣、风衣、雨衣、披风等。

背心，穿至上半身的无袖服装，通常短至腰、臀之间，为略贴身的造型。

裙，遮盖下半身用的服装，有一步裙、A字裙、圆台裙、裙裤等，变化较多。

裤，从腰部向下至臀部后分为裤腿的衣着形式，穿着行动方便。有长裤、短裤、中裤。

② 按用途分类分为内衣和外衣两大类。内衣紧贴人体，起护体、保暖、整形的作用；外衣则由于穿着场所不同，用途各异，品种类别很多。又可分为：社交服、日常服、职业服、运动服、室内服、舞台服等。

③ 服装面料与工艺制作分类。分为中式服装、西式服装、刺绣服装、呢绒服装、丝绸服装棉布服装、毛皮服装、针织服装、羽绒服装等。服务行业的着装服饰主要是职业装，如男女西装、工作制服，也叫工装。本章节主要介绍的就是西服和工作制服的着装要求。

2. 服饰礼仪的原则

服饰打扮虽说由于每人的喜好不同、打扮方式不同，产生的效果也不同，因此也成就了五彩斑斓的服饰世界，但我们根据人们的审美观及审美心理还是有一些基本的原则可循。

（1）整洁原则　整洁原则是指整齐干净的原则，这是服饰打扮的一个最基本的原则。一个穿着整洁的人总能给人以积极向上的感觉，并且也表示出对交往对象的尊重和对社交活动的重视。整洁原则并不意味着时髦和高档，只要保持服饰的干净合体、全身整齐有致即可。

（2）个性原则　个性原则是指社交场合树立个人形象的要求。不同的人由于年龄、性格、职业、文化素养等各方面的不同，自然就会形成各自不同的气质，我们在选择服装进行服饰打扮时，不仅要符合个人的气质，还要突显出自己美好的一面，为此，必须深入了解自我，正确认识自我，选择自己合适的服饰，这样可以让服饰尽显自己的风采。要使打扮富有个性，还要注意：首先不要盲目追赶时髦，因为最时髦的东西往往是最没有生命力的。其次要穿出自己的个性，不要盲目模仿别人。如看人家穿水桶裤好看，就马上跟风，而不考虑自己的综合因素。

（3）和谐原则　所谓和谐原则即协调得体原则，是指选择服装时不仅要与自身体型相协调，还要与着装者的年龄、肤色相配。服饰本是一种艺术，能掩盖体形的某些不足。我们要借助于服饰创造出一种美妙身材的错觉。不论是高矮胖瘦、年轻的还是年长的，只要根据自己的特点，用心地去选择适合自己的服饰，总能创造出服饰的神韵。

（4）着装的 TPO 原则　TPO 分别是英语 Time、Place、Occasion 三个词的缩写字头，即着装的时间、地点、场合的原则。一件被认为美的漂亮的服饰不一定适合所有的场合、时间、地点。因此，我们在着装时应该要考虑到这三方面的因素。着装的时间原则，包含每天早、中、晚时间的变化，春、夏、秋、冬四季的不同和时代的变化。着装的地点原则是指环境原则。即不同的环境需要与之相适应的服饰打扮。着装的场合原则是指场合气氛的原则。即着装应当与当时当地的气氛融洽协调。服饰的 TPO 原则的三要素是相互贯通、相辅相成的。人们在社交活动与工作中，总是会处于一个特定的时间、场合和地点中，因此在着装时应考虑一下穿什么、怎么穿，这是踏入社会并取得成功的开端。

【明德强志】

2022 冬奥中国风：举牌小姐姐们的服饰清新又国潮

　　2022 年的虎年春节与首次在北京举办的冬奥会完美相遇，同样的中国元素不仅展现在宏观方面，更是具体到了每一位参与开幕式的中国人身上。入场引导员们的改良版青花瓷旗袍也不差，融入了不少国潮元素。旗袍作为传统的中国服饰，无疑是最能展现独特东方女性之美的服饰。而今天的旗袍在经历过岁月的打磨之后，无论是款式还是色彩都更加多样化，从而更受女性青睐。尤其在一些隆重场合，随处可见旗袍的身影。今年的冬奥会再一次掀起了国潮风，清新浅淡的蓝白配色，融合白色的纯洁和蓝色的神秘，雪花中国结图案点缀等，无一不展现出青花瓷般的浪漫与唯美，特别是极具中国特色源自民间的虎头帽设计，采用了渔夫帽的款式、加厚的面料，保暖又实穿。每一顶虎头帽又各有不同，呼应中国虎年味儿的同时，又从色彩上与旗袍相互呼应，和谐美观。

　　（5）着装的配色原则　服饰的美是款式美、质料美和色彩美三者完美统一的体现，形、质、色三者相互衬托、相互依存，构成了服饰美统一的整体。而在生活中，色彩美是最先引人注目的，因为色彩对人的视觉刺激最敏感、最快速，会给他人留下很深的印象。服饰色彩的相配应遵循一般的美学常识。服装与服装、服装与饰物、饰物与饰物之间的色彩应色调和谐，层次分明。饰物只能起到"画龙点睛"的作用，而不应喧宾夺主。服饰色彩在统一的基础上应寻求变化，肤与服、服与饰、饰与饰之间在变化的基础上应寻求平衡。一般认为，衣服里料的颜色与表料的颜色，衣服中某一色与饰物的颜色均可进行呼应式搭配。

二、服饰着装要求

1. 西服着装要求

　　西装美观大方、穿着舒适，因其具有系统、简练、富于风度的风格，正发展成为当今国际上最标准、最通用的礼服，在各种礼仪场合都被广泛穿用。人们常说："西装七分在做，三分在穿。"要使西装穿着合乎礼仪要求，应搭配齐全合理。

　　（1）男士西装穿着要点

　　① 西装的穿着应合时、合地、合景，根据场合的不同而选穿合适的西装。正式场合如宴会、婚丧活动、典礼等，必须穿素雅的套装，颜色以深色、单色最为适宜。一般场合、一般性访问可穿着单装或套装。

　　② 凡正式场合，穿西装都应系领带。领带的花色可以根据西装的色彩配置，领带的长度以到皮带扣处为宜。

③ 衬衫要挺括、整洁、无皱褶，尤其是领口。正式场合，衬衫的下摆必须塞在西裤里，袖口必须扣上，长袖衬衫的衣袖要长于西装上衣的衣袖。不系领带时，衬衫领口不可扣上。领带夹一般夹在第 4 到 5 个纽扣之间。

④ 若穿西装、背心或羊毛衫，则领带必须置于背心或羊毛衫之内。

⑤ 西装上衣两侧的衣袋只作装饰用，不可放东西。上衣胸部的衣袋专装手帕，不可他用。西裤插袋也不可放入鼓囊之物。

⑥ 穿西装一定要穿正装皮鞋，而不能穿布鞋、旅游鞋等。皮鞋要经常上油擦亮。

⑦ 袜子。穿整套西装一定要穿与西裤、皮鞋颜色相同或较深的袜子，一般为黑色、深蓝色或藏青色，绝对不能穿花袜子或白色袜子。

⑧ 西装在穿着时可以敞开，袖口和裤边不要卷起。穿着单排纽扣的西装时，在正式场合只扣一粒，坐定后可以解开；穿着双排纽扣的西装时，正式场合要把两个扣子都扣好，坐定后也不能解开扣子。

（2）和谐的色彩搭配　西装穿着时也要注重色彩搭配，即使西装很合体，没有适度的色彩搭配，也不会穿出西装的品位。下面是在一些礼仪场合中西装、衬衫、领带色彩的适当搭配。

① 黑色西装，配白色或淡色衬衫，系银灰色、蓝色调或黑红细条纹领带。

② 中灰色调西装，配白色或淡蓝色衬衫，系砖红色、绿色及黄色调领带。

③ 暗蓝色西装，配白色或淡蓝色衬衫，系蓝色、深玫瑰色、褐色、橙黄色调领带。

④ 墨绿色西装，配白色或银灰色衬衫，系银灰色、灰黄色领带。

⑤ 乳白色西装，配红色略带黑色衬衫，系砖红色或黄褐色调领带。

（3）领带——点睛之作　对于穿着西装的男士，除西装本身的合体外，最需要注意的是位于"显赫位置"的领带系得如何，这将决定西装的整体穿着效果。领带的常用打法有 4 种：单结、中宽结即准温莎结、长结和厚结。据研究领带的人士说，领带结头的大小和领带的宽窄是根据西服的翻领选择的，至于领带的色彩和图案，则根据西服本身的色彩而定。一条领带，尽管无任何实用价值，但又确实是西装着装必不可少的要素。

（4）女士西装着装要求　西服套裙是女性标准的正装着装，可塑造出专业的形象。女式正装上衣讲究平整和挺括，较少使用饰物和花边进行点缀，穿着时要求纽扣应全部系上，双排扣的则应一直系着，包括内扣的纽扣。

颜色选择：职业套裙的最佳颜色是黑色、藏青色、灰褐色、灰色和暗红色。精致的方格、印花的条纹也可以接受。

衬衣：衬衣是多彩的，只要与套装相匹配就好。纯白色、米白色和淡蓝色与大多数套装相匹配。丝绸、纯棉都是最好的衬衫面料，但都要注意熨烫平整。

裙子：女士正装裙子以窄裙为主，年轻女性的裙子可选择下摆在膝盖以上 3～6 厘米，但不可太短；中老年女性的裙子则应选择下摆在膝盖以下 3 厘米左右。裙内应穿着衬裙。真皮或仿皮的西装套裙均不宜在正式场合穿着。

围巾：选择围巾需要注意包含有套裙颜色。围巾选择丝绸质为佳。

袜子：女士穿裙子应当配长筒袜子或连裤袜，颜色以肉色、黑色最为常用，肉色长筒丝袜配长裙、旗袍最为得体。女士袜子一定要大小相宜，不可在公共场合整理自己的长筒袜子，而且袜子口不能露出，否则会很失礼。不要穿戴图案的袜子，因为它们会使人注意你的腿部。应随身携带一双备用的透明丝袜，以防袜子拉丝或跳丝。

鞋：黑色船鞋最为妥当，穿着舒适，美观大方。建议鞋跟高度为 3～4 厘米。正式场合不宜穿凉鞋、后跟用带系住的女鞋或露脚趾的鞋。鞋的颜色应当和西服一致或再深一些。衣服从下摆开始到鞋的颜色应保持一致。

（5）职业女性着裙装"五不准" 商务交往中，职业女性着裙装应注意以下"五不准"。

① 黑色皮裙不能穿，不符合职业女性着装的规范要求。

② 正式的高级的场合不光腿，尤其是隆重正式的庆典仪式。在正式的场合光着腿不穿丝袜被认为是性感的表现，所以，一定记着穿上长筒丝袜意表庄重。

③ 袜子不能出现残破。袜子出现破损是很不礼貌的一种表现，应在公文包中时刻准备一双新的丝袜，以防万一。

④ 不准鞋袜不配套。鞋袜如果不配套会贻笑大方。职业装在穿着时有规范要求应按照要求来穿。

⑤ 不能出现"三截腿"。这是因为袜口太短形成的，袜口和裙摆之间还有一些腿部皮肤裸露，这样穿着也是要避免的。

2. 工装着装要求

（1）制服应得体挺括，不应有皱折、破损、污渍，领子、袖口、裤脚要保持清洁，不应挽袖子或裤腿。

（2）男士着单排扣西服时，两粒扣子扣上面的第一粒，三粒扣子扣上面的两粒，女士着西装时，应全扣上。

（3）工号牌要佩戴在上衣的左胸上方，工号牌水平，不得歪斜。

（4）制服扣子应齐全、无松动。

（5）不应在服装上佩戴与规定不符的饰品，如胸花、钥匙链、小装饰物等。

（6）除制服配套用腰带外，一律系黑色腰带。

（7）男员工着深色袜子、女员工着肉色丝袜，袜子不应有破洞或抽丝，应每天换洗。

（8）鞋子应保持干净、不变形、无破损，不得有污点、灰尘；皮鞋每天要擦拭，保持光泽度，鞋带要系好，不可拖拉于地面。

（9）非工作需要不得将制服穿出工作区域外。

图 2-3 工装着装要求

工装着装要求如图 2-3 所示。

3. 配饰的选择与搭配

随着人们生活水平的提高，各类饰品越来越受到青睐，优雅得体的着装，如果配上适当的饰品，将更加光彩照人。装饰品分服饰和首饰两类。属于服饰的是鞋、帽、围巾、手提包、胸饰等。首饰原指戴在头上的装饰品，现在泛指耳环、项链、戒指、手镯等。对于服务人员而言，可选择适当的首饰佩戴。

男士的装饰最普遍使用的是配西装的领带夹、衬衫袖扣和西服领上的徽章。恰到好处的装饰会使庄重的西装生动起来。女性佩戴的装饰物品种繁多，大多不以价值为取向，纯粹是为了增添服装与仪容的风采。装饰物佩戴应遵循一定的原则。

（1）点到为止，恰到好处。装饰物的佩戴不要太多，美加美并不一定等于美。浑身上下珠光宝气，挂满饰物，除了让别人感觉你的炫耀和庸俗外，没有丝毫美感。

（2）扬长避短，显优藏拙。装饰物是起点缀作用的，要通过佩戴装饰物突出自己的优点，掩盖缺点。例如，脖子短而粗的人，不宜戴紧贴着脖子的项链，最好戴细长的项链，这样从视觉上能把脖子拉长；个子矮的人，不宜戴长围巾，否则会显得更短小；短而粗的手指不适宜戴重而宽的戒指，戴一个窄戒指反而能使手指显得细长一些。

（3）突出个性，不盲目模仿。佩戴饰品要突出自己的个性，不要别人戴什么，也跟着戴什么。别人戴着好看的东西不一定适合自己。例如，西方女性一般嘴大、鼻子高、眼窝深，戴一副大耳环显得漂亮；而东方女性适合戴小耳环，以突出东方女性的含蓄、温文尔雅。此外，还可以使首饰灵活多变，从而达到意想不到的效果，如胸饰有时可以作为头饰来佩戴、项链有时可以当手链戴等。

（4）装饰物应注意与服装色彩、款式搭配。头饰最好与上衣的颜色一致，这样可以从色彩上达到协调，避免杂乱感。腰带、提包、围巾、项链、耳环等与服装色彩的搭配，或者采用对比色彩配合，或者采用同类色彩配合。同时，如果穿牛仔或休闲服，可戴贝壳、木质、石头的饰物；穿礼服可以佩戴金、银、钻石首饰。东方女性最好有一条珍珠项链，它既可以佩戴在套衫上，也可以佩戴在礼服、晚礼服上，它会使人显得高雅又不过分。

三、邮轮服务员着装要求

1. 邮轮服务员部门与岗位

邮轮上基本上分为三个大的部门：甲板和轮机部、饭店部、俱乐部。饭店部是船上最大的一个部门，由餐饮部、客房部、前厅部、娱乐部、客服部、厨房、财务部、采购部、人事部、木匠房、维修部等构成。

餐饮部是由酒吧和餐厅两部分构成，岗位有酒吧服务员和餐厅服务员。客房部是由公共区域卫生、客房服务、布草房、洗衣房四部分构成。

前厅部是由接待部、预订部、公关部、礼宾部四部分组成。岗位有接待员、搭载员、接线员、门童。搭载员是负责客人上船前和下船前证件的管理、港口的通关手续、乘客预定资料的输入等。

娱乐部是由护幼中心、活动中心、舞台幕后、演出部、岸上观光部等构成，岗位有灯光音响师、护幼中心职员。活动中心工作的职员统称演员，包括歌手、舞蹈演员、主持、导游等。

服务部是由美容院、健身房、游戏室、纪念品店等构成。岗位有理发师、按摩师、足底按摩师、健身教练、销售员、游戏机房管理员等。

厨房部是由糕点房、面包房、屠宰房、厨房、洗碗的地方等构成。岗位有面包师、糕点师、屠夫、帮厨、雕刻师、厨师、洗碗工等。

财务部是负责审计船上各种财务报表及管理各种有价票据，还要与银行进行各种款项的结算及金库的管理。岗位有夜审、日审、成本核算员、总出纳、副财务总管、财务总管。

概括起来，从事直接对客的部门和岗位主要包括前厅接待部服务员、导游、客房部服务员、保洁员、餐饮部服务员、酒吧调酒师、服务员、娱乐部服务员、免税店导购、休闲部服务员、儿童护理员。本章主要介绍前厅接待员、餐饮酒吧服务员、客舱服务员的服饰礼仪要求。

2. 邮轮服务员仪表准则

（1）制服为员工提供统一整体形象。根据主管指导在相应的时间、主题和航线上穿着制服。

（2）上班时制服一定要保持整洁。主管可以根据他的判断要求邮轮服务员改变外表的某些方面。

（3）鞋子应该抛光并保持完好。在穿制服的时候，袜子应该和鞋子保持一致的颜色。女生在穿工作裙的时候应该穿肉色的袜子。

（4）每个耳朵超过一个耳洞也是不允许的。文身不可见而且也不能冒犯客人或员工。

（5）女性可以佩戴很简单的金、银或者与制服相称的耳饰。耳环不应该大于 2.4 厘米。在客人区域男性不得佩戴耳饰。

（6）在上班之前应该用肥皂洗澡。注意汗水和体味，可以使用止汗用品来防止体味。体力工作者的工作装需特别注意防止体味。确保身体与制服在任何时候都保持整洁，防止体味。

（7）每天至少两次用牙膏和漱口水来保持口腔的干净与气味清新，以免影响客人及其他工作人员。牙齿必须每天清洁。

（8）指甲应该干净，长短一致，长度应不超过指尖尖端。女士可以使用透明的与制服相匹配的指甲油。艺术设计指甲不可以在客人区域出现。

（9）员工应在上班时间呈现一种职业形象。男性员工应保持鬓角修剪短于耳垂底部。修剪胡须。女性员工在穿着工作装的时候如果腋下与脚暴露在外，应保持腋下与脚部清洁。

（10）头发与头皮应时刻保持干净。上班时间应把头发吹干。不要在宾客面前梳理或整理头发。

（11）头发应保持本色、清洁，符合职业要求。男性头发不应超过衣领。女性的头发如超过衣领应向后梳起。对于演员和舞者，可以根据实际工作需要进行调整。

（12）发饰应保持职业形象并与制服相配。所有的发饰都应经过主管批准。假发、假睫毛、接发的都应看上去自然、有品位。

（13）妆面应看上去自然，与制服相配。妆面应经过主管批准。

3. 邮轮各岗位服务人员仪表服饰礼仪规范要求

（1）前厅接待员

① 制服/工作服

工作时间只能穿邮轮发放的制服/工作服。

M2-2　服务员着装礼仪

制服要保持平整、整洁，裤线整齐，凡是有污迹、开线、缺扣子等现象要立即更换。穿皱巴巴的服装、油污的服装、有汗臭的服装将给邮轮的气氛、形象带来坏的影响。

制服外衣、衣袖、衣领处，制服衬衣领口处不得显露个人衣物；内衣下摆不得露在制服外面；除工作需要外，制服口袋里不得放其他东西。

在岗位上纽扣要全部扣好，穿西装制服时，不论男女，第一颗纽扣必须扣好，不得敞开外衣。

制服袖口、裤脚不得卷起来。

在规定的制服换洗日一定要换洗制服/工作服。

要检查洗好的工作服有无需要缝补的地方。

要负责任地保管好制服/工作服，要挂（叠）好后再放进更衣柜。

② 衬衣

只许穿邮轮发放的普通式样的衬衣。

注意保持整洁，每天上岗前更换干净的衬衣。

③ 领带领结经常检查是否系正，脏了要及时换洗。

④ 袜子

保持清洁，每天换洗。

男士：穿黑色或深色看不见皮肤颜色的袜子。

女士：穿与肤色相同或岗位制服要求颜色的袜子；穿短裙的女士要穿长筒袜，穿长筒袜一定要贴紧，不得显出松散要掉的样子；不得穿跳丝或有洞的袜子。

⑤ 鞋

只准穿邮轮发放的或普通式样的鞋。

鞋要穿好，不得像穿拖鞋一样。

不准穿凉鞋，不得穿有裂口、破损的鞋。

皮鞋上岗前要擦拭，布鞋要经常洗刷。

⑥ 名牌

当班时必须佩戴名牌。

名牌戴在左胸部，距左腋下1厘米、横5厘米；注意戴正。

⑦ 帽子。配发有帽子的员工在工作区域出现必须将帽子戴好、戴正。

⑧ 手表。表带、表链不得过松，使用的手表价值在两千元以上的，不得戴在显眼处。

⑨ 戒指。厨师严禁戴任何戒指，其他员工只限于结婚或订婚戒指。

⑩ 眼镜。不得戴有色眼镜。

⑪ 工作时不得戴耳环、项链、手镯等华丽显眼的饰用品。

⑫ 制服上不得佩戴除名牌及酒店规定以外的装饰品。

（2）**餐饮酒吧服务员**　除应遵循上述服务从业人员的仪容仪表礼仪规范外，餐饮酒吧服务员在日常工作中需要佩戴领结和系围裙。下面就介绍领结围裙佩戴注意事项。

① 领结。要正确佩戴领结，并保持正面朝前和干净。白色衬衫搭配黑色领结，黑色衬衫搭配白色领结，根据邮轮公司规定佩戴。

② 围裙。餐饮酒吧服务员围裙应保持干净，时常更换。按公司规定要求正确佩戴，围裙只用于遮挡衣物，不可用于其他擦拭等用途，更不可以用其擦拭顾客餐桌和擦手使用。

（3）**客舱服务员**　邮轮客房部是邮轮最大的一个部门，其部门员工人数也是最多的，同时客房服务员又是经常可以跟顾客面对面的工作岗位，其仪容服饰是否符合规范可以加深顾客对邮轮服务的印象。

客房服务员的服饰礼仪特别要注意以下几点。

① 时刻保持整洁，佩戴工作牌，不应配搭过多配饰。

② 衣服口袋里不应放太多杂物。

③ 鞋袜应与制服配套。

【工作任务】

掌握邮轮服务员的着装要求并完成情景模拟训练。

【任务准备】

1. 准备男女西装一套、工作牌、黑色皮鞋。
2. 学生之间进行交流讨论。
3. 学生之间相互整理着装并进行自测和他测。

【任务实施】

实训安排

实训时间	仪表自查 20 分钟
实训目的	掌握仪表规范要求
实训要求	严格按照实训规范要求进行

训练标准与要求

实训内容	操作标准	基本要求
仪表自查	(1)穿着工作服,领子、袖口保持干净、平整,禁卷袖口、裤角; (2)工作时间须将工作牌统一按规范佩戴,一般佩戴在左胸显眼处,保持清洁、端正; (3)男员工自查:袜子拉挺,无破损,鞋要擦亮,鞋跟要完好,鞋袜清洁无异味(黑袜);除手表外,不宜佩戴过于夸张、尖锐的饰物;领带无污染,扎得得当、精神; (4)女员工自查:注意各部细节,丝巾是否按统一要求系带,首饰是否晶莹整洁,内衣不能外露(女员工头饰应当以深色为宜,黑色最好);袜子无破损,不要露出半截在裙子外,鞋要擦亮,鞋跟完好,鞋袜清洁无异味(裙装:深色西裙统一配黑色丝袜,浅色西裙统一配肉色丝袜。裤装:统一配肉色短袜)	认真检查,及时纠正错误

【任务评价】

训练自测评分表

项　目	考核标准	满分	评分
衣服整洁	(1)西装制服按规范扣好纽扣,衬衣领、袖整洁,纽扣扣好,扣子无缺少或松动; (2)工服无污渍、无破损、熨烫整齐,裤子要烫直,折痕清晰,长及鞋面。员工工服应及时清洗、熨烫,保持平整	20 分	
服饰美观	(1)制服外不得显露个人物品,衣、裤口袋整理平整,勿显鼓起; (2)制服与鞋搭配、与服饰搭配; (3)女士职业裙装应为一套,颜色与衬衫搭配;鞋袜搭配,裙装须着肉色长筒袜或裤袜	30 分	
鞋	(1)男士着深色皮鞋,鞋底、鞋面、鞋侧保持清洁,鞋面要擦亮,以黑色为宜; (2)女士黑色皮鞋不应有过多装饰,鞋跟以 3 厘米为宜	20 分	
工牌/徽标	工牌佩戴在左胸显眼处挂绳式应正面向上挂在胸前,保持清洁、端正	30 分	
满分		100 分	

【随堂测验】

一、单项选择题

在商务礼仪中,男士西服如果是两粒扣子,那么扣子的系法应为（　　　）。

A. 两粒都系　　　　B. 系上面第一粒　　　C. 系下面一粒　　　D. 全部敞开

二、多项选择题

着装的 TPO 原则是指（　　　）。

A. Time　　　　　B. Place　　　　　C. Occasion　　　　D. Pretty

三、简答题

邮轮服务着装要求有哪些？

【拓展阅读】

邮轮上必须穿正装吗

邮轮为乘客提供一个舒适放松的自由空间，舱房、甲板、剧院、自助餐厅等公共区域对于穿着没有特殊要求。

一般来说，去正餐厅用餐时穿着需要比较正式。不过，现在很多邮轮公司的规定比较宽松，尤其是国内出发的航线，一般只要求乘客在出席船长晚宴时穿着正式一些，不要太休闲随意即可。一般女士着长裙、男生着衬衫长裤即可。切忌穿着背心、短裤、拖鞋进入主餐厅就餐，这将是对侍者、餐厅的不尊重。

短线航程的船长晚宴一般会安排在航程的首晚或最后一晚进行，船长会向大家敬酒，晚宴的菜肴会格外丰盛，是不容错过的精彩体验。

（资料来源：携程旅行网，2020-7-30.）

【航海文化】

展示光辉灿烂的海洋文明——读《海上丝绸之路》

《海上丝绸之路》一书，强调了数千年来中国文化、印度文化与伊斯兰文化在东南亚发挥的影响作用以及东南亚各文明在长期历史进程中的区域交流状况，将一直以来缺乏关注的东南亚地区嵌入了"海上丝绸之路"所覆盖的广大领域。

该书笔法严谨、条目分明、逻辑明确。对于很多中国人来说，陆上丝绸之路耳熟能详，如张骞出使西域等，但"海上丝绸之路"却鲜为人知。一方面是因为历史教材中有关海洋的部分零星散落在各个朝代的介绍之中，另外一方面是相关的书籍确实很少。而今，随着越来越多的考古和海底探索发现，在海洋探索方面，古代中国并非像某些欧洲人宣传的那样毫无建树，中国人不仅是世界海洋文化的起源地之一，还创造了光辉灿烂数千年的海洋文明。

［资料来源：甘武进.展示光辉灿烂的海洋文明——读《海上丝绸之路》.各界导报老友周刊（文化版），2022-1-3.］

任务三　掌握仪态形象礼仪

【任务导入】

仪态是表现一个人涵养的一面镜子，也是构成一个人外在美好的主要因素。不同的仪态显示人们不同的精神状态和文化教养，传递不同的信息，因此仪态又被称为体态语。本任务从坐、站、行、走、蹲、引导、进出电梯和上下楼梯 8 个方面对邮轮服务人员的仪态规范要求进行介绍。

【任务资讯】

一、坐立行走正确仪态规范

1. 仪态的概念

仪态也叫仪姿、姿态，泛指人们身体所呈现出的各种姿态，它包括举止动作、神态表情和相对静止的体态。人们的面部表情、体态变化、行、走、站、立、举手投足都可以表达思想感情。仪态是表现一个人涵养的一面镜子，也是构成一个人外在美好的主要因素。不同的仪态显示人们不同的精神状态和文化教养，传递不同的信息，因此仪态又被称为体态语。

2. 坐立行走仪态

（1）坐姿仪态　端庄优美的坐姿会给人文雅、稳重、自然大方的美感。坐姿仪态操作标准如下。

① 入座轻稳、动作协调、动作文雅。

② 落座后上身保持挺拔，收腹立腰。

③ 上身略微前倾，朝向服务的对象。

④ 头正颈直，下颌微收，双目平视前方或注视对方。

⑤ 双肩平齐，放松下沉。

M2-3　坐姿
仪态礼仪

⑥ 双膝并拢。

⑦ 两臂自然弯曲，双手交叉放于腿部。

⑧ 要求坐椅子的 2/3 处，若坐的太少会给人随时离开的信号。

姿势一：基本坐姿——双腿垂直式坐姿。这种坐姿是正式场合最基本的坐姿，男女均适用，它给人以诚恳、认真的印象。如图 2-4 所示。

(1)　　　　　　　(2)　　　　　　　(3)

图 2-4　双腿垂直式坐姿

① 按操作标准操作，坐椅子的 2/3 处。

② 小腿与地面垂直，女士两腿并紧。

③ 两臂自然弯曲，右手握左手自然放于腿部。

姿势二：双腿斜放式坐姿。如图 2-5 所示。

① 在基本坐姿的基础上左脚向前平移一步，左脚掌内侧着地。

② 右脚左移，右脚尖与左脚尖平齐，脚掌半侧着地，脚跟提起。

③ 双脚靠拢斜放，大腿与小腿均呈 90 度直角，小腿不回曲，充分显示小腿的长度。

④ 两脚、两腿、两膝靠拢，不得露出缝隙。

⑤ 两臂自然弯曲，右手握住左手，自然放于腿部。

⑥ 若旁边有人，应将膝部而不是脚部朝向他人。

可参照左腿斜放式坐姿练习右腿斜放式坐姿。

姿势三：双脚交叉斜放式坐姿（女士）。双腿交叉式坐姿适用坐于低矮凳子时，以左斜放交叉式坐姿为例，基本步骤如下。

① 在基本坐姿的基础上左脚向左平移，左脚掌内侧着地脚跟抬起。

图 2-5　双腿斜放式坐姿

② 右腿在上与左腿相交、右脚尖下绷。

③ 两小腿呈斜放，两腿靠拢。

④ 大腿与交叠的小腿呈 90 度。

⑤ 两臂自然弯曲，右手握住左手，自然放于腿部。

可参照左斜放交叉式坐姿练习右斜放交叉式坐姿。

姿势四：双脚交叉中间式坐姿，以右脚后撤姿势为例。

① 在基本坐姿的基础上右脚后撤于左脚脚后至双脚交叉。

② 在右脚后撤的同时左脚脚跟抬起，脚掌着地，后撤的右脚亦同。

③ 两腿两膝并紧，大腿与相交的小腿呈 90 度。

④ 两臂自然弯曲，右手握住左手，自然放于腿部。

此坐姿也可以采用右脚在前的姿势。如图 2-6 所示。

① 在基本坐姿的基础上右脚前伸，绕于左脚脚背处，使两脚交叉。

② 小腿用力将交叉的小腿后收、使交叉的小腿与大腿呈 90 度。

③ 两脚跟抬起、脚掌着地。

④ 两腿两膝并紧。

⑤ 两臂自然弯曲，左手握住右手，自然放于腿部。

（2）站姿仪态　优美得体的站姿能衬托出饭店从业人员优雅的气质和风度，也是服务人员培养体态美的起点。站姿仪态操作标准如下。

① 站立时：要求站立端正、身姿挺拔、体态优美、端庄典雅。

② 抬头：脖颈挺直，头顶上悬，双目平视，嘴唇微闭，下颌微收，面带微笑，平和自然。双肩放松，气沉丹田，双臂自然下垂贴于体侧或身体前后，两腿并拢、并直，两脚跟靠拢，脚尖分开，女士 45 度、男士 45 度～60 度，呈"V"字形或"丁"字形，身体重心落于两腿。

③ 脊柱后背立直，臀大肌腹肌收紧，胸部略向前上方挺起。

M2-4　站姿仪态礼仪

图 2-6 双脚交叉中间式坐姿

图 2-7 双臂侧放式

姿势一：基本站姿——双臂侧放式。如图 2-7 所示。

① 两脚跟靠拢。

② 脚尖分开，女士呈 45 度（男士呈 45 度～60 度），一般以能放入一拳为宜。

③ 两腿两膝并严、挺直。

④ 双臂自然下垂，虎口向前，手指自然弯曲。

姿势二：腹前握指式。

① 两脚跟靠拢。

② 两腿两膝并严、挺直。

③ 脚尖分开，女士呈 45 度（男士呈 45 度～60 度），一般以能放入一拳为宜。

④ 左手在下，右手在上，自然交叉叠放于小腹前，女士双手交叉握于拇指部位（男士握于手背部位）。

⑤ 两臂略向前张。

姿势三：背后握指式。如图 2-8 所示。

① 两脚跟靠拢。

② 两腿两膝并严、挺直。

③ 脚尖分开，女士呈 45 度（男士呈 45 度～60 度），一般以能放入一拳为宜。

④ 两臂后背，右手握住左手自然放于尾骨处，女士双手交叉握于手指部位。

⑤两臂肘关节自然内收。

姿势四：丁字步腹前握指式（女士）。如图 2-9 所示。

① 在基本站姿的基础上右脚后撤，使左脚内侧脚跟靠于右脚足弓处。

② 两腿两膝并严、挺直。

③ 双手在腹前交叉，右手握住左手的手指部位。

④ 身体重心可放在两脚上，也可放在一只脚上，可通过两脚重心的转移缓解疲劳。

图 2-8　背后握指式

图 2-9　丁字步腹前握指式

姿势五：丁字步背后握指式。

① 在基本站姿的基础上右脚后撤，使左脚内侧脚跟靠于右脚足弓处。

② 两腿两膝并严、挺直。

③ 两臂后背，右手握住左手手指部位自然放于尾骨处。

④ 两臂肘关节自然内收。

（3）走姿礼仪

正确的走姿是以标准的站姿为基础的。优美典雅的走姿不仅能体现出服务人员的教养、风度、身体状况，还可以反映出饭店从业人员的态度和工作作风。操作标准如下。

M2-5　走姿
礼仪

① 上身保持基本站姿。

② 起步时身体稍向前倾 3 度～5 度，身体重心落在前脚掌，膝盖挺直。

③ 两臂以身体为中心，前后自然摆动。前摆约 35 度，后摆约 15 度。手掌心向内，指关节自然弯曲。

④ 步幅适度，女员工步幅一般不超过 30 厘米。标准步幅是本人脚长的 1～1.5 倍。

⑤ 步速均匀，行走速度一般保持在 110～120 步每分钟。约每 2 秒走 3 步。

⑥ 行进中，应目光平视前方，下颌微收，头颈背部呈一条直线。女式两脚内侧呈一条直线。

穿着西装时的走姿要求如下。

① 保持身姿挺拔。

② 行走时膝盖要挺直，步幅可略大些，手臂放松，前后自然摆动。

③ 女服务员在行走时不要摆动髋部。

穿着短裙时的走姿要求如下。

① 步幅不应过大，一般不应超过着装者的一个脚长。

② 尽量走成一条直线，显示着装者的端装。

③ 穿着有下摆的短裙时步幅可略大些，要表现出女性轻匀敏捷的风格。

穿旗袍时的走姿要求如下。

① 无论是站立还是行走时都要身姿挺拔，下颌微收，双目平视，面带微笑，不要塌腰翘臀。

② 应配穿高跟鞋，行走时大腿带动小腿，脚掌先着地，步幅不宜过大，一般不超过24厘米，以免旗袍开叉过大，显得不雅。

③ 两脚内侧应保持在一条直线。

疾步走姿要求如下。

① 在进行快速服务时，需要提高步速，在基本走姿的基础上可根据情况，将步速提高至4~5步/秒。

② 疾步行走时应保持一般步幅，不可给客人跑的感觉，以免引起客人不适。

走路时的注意事项如下。

① 姿势要求与站立基本相同，不得"八字脚"或"踱方步"式走路，也不得拖着鞋走。

② 不得双手插在裤兜里走路。

③ 在客用区域，无论有何种理由也不能跑。

④ 在客用区域，不得二人并肩而行、搭膊或挽手，严禁在腋下夹带物品。

⑤ 与客人相遇要靠边走并主动问好，不得从二人中间穿行。

⑥ 请人让路要说对不起，不得横冲直撞，粗俗无礼。

(4) 蹲姿礼仪　在对客服务中，当我们为宾客捡拾物品或给宾客提供其他必要服务时都要用到蹲姿。在使用蹲姿时切忌弯腰撅臀。

姿势一：交叉式蹲姿。以右脚侧前为例，如图2-10所示。

① 右脚置于左脚的左前侧，顺势下蹲，使左腿从右腿后面向右侧伸出，两腿呈交叉状。

② 下蹲后右小腿垂直于地面，右脚全脚着地，左脚脚跟抬起脚掌着地。

③ 两腿前后靠紧，合力支撑身体。

④ 臀部下沉，上身稍前倾。

姿势二：高低式蹲姿。以右脚在前为例，如图2-11所示。

① 下蹲时右脚在前，前脚着地。

② 左脚稍后脚掌着地，后跟提前。

③ 左膝低于右膝。

④ 臀部下沉，身体重心由右腿支撑。

注意：女服务员无论采用哪种蹲姿都要将两腿靠紧，臀部下沉。在穿着短裙时，可略侧向客人下蹲捡拾物品。

(5) 仪态

① 在客用区域和服务岗位上不得抠鼻孔、掏耳朵、剔牙、擤鼻涕、吐痰、剪（剔、咬）指甲、打呵欠、伸懒腰、搔痒、搓身上的汗泥、吃（嚼）东西、抓（理）头发、料理个人卫生、化妆、照镜子、唱歌、吹口哨、咕哝、用脚轻击地板、用手敲桌（台面）、打响指或总

不停地做一些其他不必要的动作，严禁吸烟、蹲、卧、席地而坐、嬉戏、大声喧哗、扎堆聊天、交头接耳、窃窃私语。

图2-10　交叉式蹲姿

图2-11　高低式蹲姿

②　在客人面前不得经常看表。

③　不得用手指或笔杆指客人或为客人指方向。

④　咳嗽、打喷嚏时要用手挡住转身向后，并说"对不起"。

⑤　客人有困难时，应主动上前帮助客人。

⑥　尽力满足客人要求，对于不清楚或不知道的问题，不应胡乱作答，应主动问清楚再作回答。

⑦　与客人说话应保持一臂之距，眼睛注视客人鼻部以下三角区，面带微笑，注意聆听，留心客人吩咐，用简洁客气的语言回答客人。

二、其他仪态正确要求

1. 进出入电梯规范要求

（1）伴随客人或长辈来到电梯厅门前时：先按电梯呼梯按钮。轿厢到达厅门打开时：若客人不止1人时，可先行进入电梯，一手按"开门"按钮，另一手按住电梯侧门，礼貌地说"请进"，请客人们或长辈们进入电梯轿厢。

（2）进入电梯后：按下客人或长辈要去的楼层按钮。若电梯行进间有其他人员进入，可主动询问要去几楼，帮忙按下。

（3）电梯内可视状况决定是否寒暄，例如没有其他人员时可略做寒暄，有外人或其他同事在时可斟酌是否必要寒暄。电梯内尽量侧身面对客人。

（4）到达目的楼层：一手按住"开门"按钮，另一手做出请出的动作，可说："到了，您先请！"

（5）客人走出电梯后自己立刻步出电梯，并热诚地引导行进的方向。

2. 出入电梯的标准顺序

（1）出入有人控制的电梯　出入有人控制的电梯，陪同者应后进去后出来，让客人先进先出。把选择方向的权利让给地位高的人或客人，这是走路的一个基本规则。当然，如果客人初次光临，对地形不熟悉，服务人员还是应该为他们指引方向。

（2）出入无人控制的电梯　出入无人控制的电梯时，陪同人员应先进后出并控制好开关钮。酒店电梯设定程序一般是 30 秒或者 45 秒，时间一到，电梯就走。有时陪同的客人较多，导致后面的客人来不及进电梯，所以陪同人员应先进电梯，控制好开关钮，让电梯门保持较长的开启时间，避免给客人造成不便。此外，如果有个别客人动作缓慢，影响了其他客人，陪同人员在公共场合不应该高声喧哗，可以利用电梯的唤铃功能提醒客户。

3. 上下楼梯规范要求

传统的礼仪观认为上楼时，女士在前男士在后；长者在前，幼者在后，以示尊重。但是随着时代的变迁，礼仪的观点也在不断变化。有些专家认为，上楼时，男士应该走在女士的前面；而下楼时，才能适用"女士优先"的礼仪原则。上楼时男士优先的原因在于，如果还让女士先请，那么走在后面的男士的视线正好落在女士的臀部上，这会让女士感到不舒服，所以属于失礼行为。下楼时，男士在前，女士在后；幼者在前，长者在后，这是出于安全考虑。如图 2-12 所示。需要带领客人参观时，应走在客人的左前方做指引。

4. 手势仪态规范要求

（1）直臂式指示方向：一般用于指示较远方向。如图 2-13 所示。

① 将右臂由身体一侧抬起，手臂自然伸直，高度低于肩部。

② 右手五指并拢，掌心向上与地面呈 45 度。

③ 上身微前倾，与客人对视交流后转向所指示方向。

④ 左臂自然放于体侧。

M2-6　手势
姿态规范

(1)

（2）

图 2-12　上下楼梯规范要求

图 2-13　直臂式指示方向

图 2-14　曲臂式体侧指示方向

（2）曲臂式体侧指示方向：一般用于较近方向。如图 2-14 所示。

① 右手肘关节为轴，上臂带动前臂，自体前抬起。

② 抬起过程中，手心翻出，抬至体侧后。手心与地面呈 45 度，五指并拢。

③ 肘关节自然弯曲，以 140 度为宜。

④ 身体略向前倾，左臂自然放于体侧。

⑤ 与客人对视交流后转向所指示方向。

（3）曲臂式反向指示方向：一般用于较近方向。如图 2-15 所示。

① 以右手肘部为轴，小臂自下向身体内侧抬起，抬至与胸部同高。

② 小臂距身体约一拳距离，并与大臂呈 45 度角，手心向上五指并拢。

（4）向所指方向引领客人。如图 2-16 所示。

① 手臂自体侧 45 度伸出，自然伸直抬起，抬至小手指与胯部平齐。

② 五指并拢，手心向上，手掌与地面呈 45 度。

图 2-15　曲臂式反向指示方向

图 2-16　向所指方向引领客人

③ 在引领时身体略侧向客人，用余光注视客人。

④ 引领距离较长时，每隔 3 步关注一下客人的跟进情况。

⑤ 遇到转弯或地面障碍时，应及时提醒客人注意。

【工作任务】

熟悉坐、站、行、走、蹲、引导、进出电梯和上下楼梯 8 个方面对邮轮服务人员的仪态规范要求，完成自测和情景模拟训练。

【任务准备】

1. 准备椅子、文件包，着职业装。

2. 学生之间交流讨论。

3. 学生之间相互整理着装并进行自测和他测。

【任务实施】

一、坐立行蹲礼仪训练

实训安排

实训时间	站姿、坐姿、行姿、蹲姿训练各20分钟,共80分钟
实训目的	掌握正确站姿、坐姿、行姿、蹲姿规范要求
实训要求	严格按照实训规范要求进行

站姿训练标准与要求

实训内容	操作标准	基本要求
站姿训练	(1)站立要端正,挺胸收腹,眼睛平视,嘴微闭,面带笑容; (2)双臂自然下垂或在体前交叉,右手放在左手上,以保持随时为客人提供服务的状态,双手不要叉腰,不插袋,不抱胸; (3)女子站立时,脚呈V字形,脚尖分开度为45度～60度,双膝和脚后跟要靠紧,男士站立时双脚与肩同宽,身体不可东倒西歪; (4)练习垂直站姿、叉手站姿	端正规范

坐姿训练标准与要求

实训内容	操作标准	基本要求
坐姿训练	(1)就座时的姿态要端正,要领是:入座时要轻缓,上身要直,人体重心垂直向下,腰部挺起;双肩放松平放,躯干与颈、髋、腿、脚正对前方,手自然放在双膝上,双膝并拢,目光平视,面带笑容,坐时不要把椅子坐满(服务人员应坐椅子的2/3),但不可坐在边沿上; (2)练习女士侧腿式坐姿	端正规范

行姿训练标准与要求

实训内容	操作标准	基本要求
行姿训练	(1)行走应轻而稳,注意昂首挺胸、收腹,肩要平,身要直,女子走一字步(双脚走一条线,不可迈大步),男子行走时双脚跟走两条线,但两线尽可能靠近,步履可稍大,在地上的横距离3厘米左右,双臂自然摆动,幅度为30～40厘米,走路时男士不要扭腰,女士不要摇晃臀部,行走时不可摇头晃脑、吹口哨、吃零食,不要左顾右盼、手插口袋或打响手指,不与他人手拉手、搂腰搭背、不奔跑、跳跃;因工作需要必须超越客人时,要礼貌致歉,说声对不起; (2)练习后退步和侧身步行走	端正规范

蹲姿训练标准与要求

实训内容	操作标准	基本要求
蹲姿训练	(1)下蹲时右脚在前,左脚稍后,两腿靠紧向下蹲。右脚全脚着地,小腿基本垂直于地面,左脚脚跟提起,脚掌着地。左膝低于右膝,左膝内侧靠于右小腿内侧,形成右膝高左膝低的姿态,臀部向下,基本上以左腿支撑身体。 (2)练习高低式蹲姿。 (3)蹲姿三要点:迅速、美观、大方。若用右手捡东西,可以先走到东西的左边,右脚向后退半步后再蹲下来。脊背保持挺直,臀部一定要蹲下来,避免弯腰翘臀的姿势。男士两腿间可留有适当的缝隙,女士则要两腿并紧,穿旗袍或短裙时需更加留意,以免尴尬	端正规范

二、指示引导手势训练

实训安排

实训时间	引导手势训练20分钟
实训目的	掌握横摆式、直臂式、斜臂式、曲臂式引导手势规范要求
实训要求	严格按照实训规范要求进行

训练标准与要求

实训内容	操作标准	基本要求
指示引导手势训练	（1）横摆式：迎接来宾做"请进""请"时常用横摆式。其动作要领是：右手从腹前抬起向右横摆到身体的右前方。腕关节要低于肘关节。站成丁字步，或双腿并拢，左手自然下垂或背在后面。头部和上身微向伸出手的一侧倾斜，目视宾客，面带微笑，表现出对宾客的尊重、欢迎。 （2）直臂式：需要给宾客指方向时或做"请往前走"手势时，采用直臂式，其动作要领是：将右手由前抬到与肩同高的位置，前臂伸直，用手指向来宾要去的方向。一般男士使用这个动作较多。注意指引方向，不可用一手指指出，显得不礼貌。 （3）斜臂式（斜摆式）：请来宾入座做"请坐"手势时，手势应摆向座位的地方。身手要先从身体的一侧抬起，到高于腰部后再向下摆去，使大小臂成一斜线。 （4）曲臂式：当一只手拿东西，同时又要做出"请"或指示方向时采用。以右手为例，从身体的右侧前方由下向上抬起，至上臂离开身体45度的高度时，以肘关节为轴，手臂由体侧向体前的左侧摆动，距离身体20厘米处停住；掌心向上，手指尖指向左方，头部随客人由右转向左方，面带微笑。 （5）双臂横摆式：当举行重大庆典活动，来宾较多，接待较多来宾做"诸位请"或批示方向的手势时采用。表示"请"可以动作大一些。其动作要领是：将双手由前抬到腹部再向两侧摆到身体的侧前方，这是面向来宾。指向前进方向一侧的臂应抬高一些，伸直一些，另一手稍低一些，曲一些	端正规范

【任务评价】

训练自测评分表

项目	考核标准	满分	评分
站姿——腹前握指式	（1）两脚跟靠拢； （2）两腿两膝并严、挺直； （3）脚尖分开、女士呈45度（男士呈45度～60度），一般以能放入一拳为宜； （4）左手在下、右手在上、自然交叉叠放于小腹前，女士双手交叉握于拇指部位（男士握于手背部位）； （5）两臂略向前张	10分	
站姿——双臂侧放式	（1）两脚跟靠拢； （2）脚尖分开、女士呈45度（男士呈45度～60度），一般以能放入一拳为宜； （3）两腿两膝并严、挺直； （4）双臂自然下垂、虎口向前，手指自然弯曲； （5）始终保持规范站姿，站于指定位置	10分	
坐姿	（1）入座轻稳、动作协调、动作文雅，落座后上身自然保持挺拔、收腹立腰，上身略微前倾，朝向服务的对象，头正颈直、下颌微收，双目平视前方或注视对方； （2）双肩平齐，放松下沉； （3）双膝并拢； （4）两臂自然弯曲，双手交叉放于腿部； （5）要求座椅子的2/3处； （6）双脚交叉斜放式坐姿大腿与交叠的小腿呈90度	15分	
走姿	（1）上身保持基本站姿； （2）起步时身体稍向前倾3-5度，身体重心落在前脚掌，膝盖挺直； （3）两臂以身体为中心前后自然摆动，前摆约35度，后摆约15度，手掌心向内，指关节自然弯曲； （4）步幅适度，女员工步幅一般不超过30厘米，标准步幅是本人脚长的1～1.5倍； （5）步速均匀，行走速度一般保持在110～120步每分钟，约每2秒走3步； （6）行进中，应目光平视前方、下颌微收，头颈背部呈一条直线，女式两脚内侧呈一条直线	15分	

续表

项目	考核标准	满分	评分
蹲姿	(1)参考高低式蹲姿操作规范标准,左膝低于右膝,左膝内侧靠于右小腿内侧,形成右膝高左膝低的姿态,臀部向下,基本上以左腿支撑身体; (2)右脚置于左脚的左前侧,顺势下蹲,使左腿从右腿后面向右侧伸出,两腿呈交叉状;下蹲后右小腿垂直于地面,右脚全脚着地,左脚脚跟抬起脚掌着地;两腿前后靠紧,合力支撑身体,臀部下沉	20分	
手势横摆式	(1)在基本站姿的基础上手由身体一侧由下而上抬起,以肩关节为轴,到腰的高度,再向身体的右前方摆去,摆到肘关节距身体15厘米并不超过躯干的位置时停止; (2)手指伸直并拢,手掌、手腕和小臂成一条直线,肘关节自然弯曲,掌心倾斜45度,左手自然放于体侧; (3)目视来宾,面带微笑,服务用语:您请	15分	
手势斜摆式	(1)右手要先从身体的一侧抬起,到腰的高度后再向右侧下摆去,指尖指向椅子的具体位置; (2)手指伸直并拢,手掌、手腕和小臂成一条直线(基本与地面平行),肘关节自然弯曲,距身体约15厘米,掌心倾斜45度,左手自然放于体侧; (3)目视来宾,面带微笑,服务用语:您请	15分	
满分		100分	

【随堂测验】

一、单项选择题

1. 出入无人控制的电梯时,陪同人员应该（　　　）。

A. 先进后出　　　　B. 控制好开关钮　　C. 以上都包括　　　D. 以上都不对

2. 在接待客人中（客人第一次来），上下楼梯有时不可避免,下面符合正确商务礼仪的做法是（　　　）。

A. 上楼时让领导、来宾走在前方,下楼时相反

B. 上楼时让领导、来宾走在后方,下楼时一样

C. 上下楼时都让领导、来宾走在前方

3. 下列选项不符合服务仪态与服务礼仪规范的是（　　　）。

A. 男士入座时可将双腿分开略向前伸,如长时间端坐,可双腿交叉重叠,但要注意将上面的腿向回收,脚尖向下

B. 女员工入座前应先将裙角向前收拢,双腿并拢,双脚同时向左或向右放,双手叠放于左右腿上

C. 男员工正确的站姿是双腿分开,一条腿长向外伸出,双手插在口袋

二、多项选择题

下列不属于坐姿礼仪规范要求的是（　　　）。

A. 双膝并拢

B. 两臂自然弯曲,双手交叉放于腿部

C. 要求坐椅子的2/3处,若坐的太少会给人随时离开的信号

D. 落座后上身自然叉下,收腹立腰

【拓展阅读】

《礼记·玉藻》中的传统礼仪要诀

"足容重，手容恭，目容端，口容止，声容静，头容直，气容肃，立容德，色容庄。"

上述经典取自《礼记·玉藻》。《礼记》是一部先秦至秦汉时期的礼学文献选编，里面有对各种礼仪规范的记载。所谓"九容"是指人们在日常生活中从小就要学习并熟悉的关于人格修养和礼仪的基本规则，指导人们在日常生活中保持良好的心态和高雅的姿态。

"九容"具体解释如下：

"足容重"是指脚步稳重，不要轻举妄动（在尊长面前快速通过时不受此限）；

"手容恭"不是指慢腾腾地干活，而是指无事可做时，手要端庄握住，不要乱动；

"目容端"是指目不斜视，观察事物时要专注；

"口容止"是要求在说话、饮食以外的时间，嘴不要乱动；

"声容静"是指振作精神，不要发出打饱嗝或吐唾液的声音；

"头容直"是要求昂首挺胸，不要东倚西靠；

"气容肃"是指呼吸均匀，不出粗声怪音；

"立容德"是指不倚不靠，保持中立，表现出道德风范；

"色容庄"是指气色庄重，面无倦意

（资料来源：黄信. 简书，2017-6-23.）

任务四　了解个人品牌形象塑造

【任务导入】

在社交场合中，形成第一印象的时间只需 10 秒！这在心理学上称为首轮效应。首轮效应告诉我们，在与人交往中，尤其是在初次交往中第一印象至关重要。第一印象一旦形成，在双方日后交往中得到修正的概率仅仅为 8%。员工个人形象的好坏直接代表公司服务水平的高低。在邮

M2-7　个人
形象塑造

轮旅游过程中，游客从开始接触邮轮服务员到游览结束离开邮轮所花费的游览时间较长，在这一过程中，服务员对游客从电话接待即已开始服务了。从电话接待所展示的服务员的交谈礼仪，到登上邮轮第一次面对服务员时服务员所展示出来的仪容仪表仪态礼仪，再到几天游览中给游客提供的解答、引导、解决问题所体现的职业素养都是塑造服务员个人品牌形象的阶段和过程。如何给游客留下完美的第一印象？如何在游客游览的过程中只想到请你帮助解决问题提供服务？如何在游览快要结束后给游客加深印象，如何让游客在旅行结束后仍能记住自己，并根据自己提供的服务给整个游览的服务质量进行打分？个人品牌形象的塑造过程即是不断提升公司的服务质量的过程。对于从属于服务行业的邮轮服务员来说，提升自身的品牌形象可以从以下四个方面考虑。

【任务资讯】

一、打造完美适宜的妆容与着装

荀子曰："仓廪实而知礼节"，一个人的形象与礼仪在其德，在其识，更在其"表"，优质的服务离不开良好的职业形象。虽然邮轮服务员岗位不同，性别不同，在仪容着装方面要求也不同，但在同一岗位上服务员的仪容仪表要求却是统一的。比如，同样穿酒吧服务员的工作服，若个人不注重自身的仪容仪表整洁，或是领结不系或经常系的不规范，或是衣服被弄脏后不及时清理，或是留着长指甲或涂抹过分艳丽的指甲油给游客端茶倒酒，会给人留下不好的印象。

二、塑造品牌式微笑

【明德强志】

微笑的力量

某酒店，一位住店客人外出时，有一位朋友来找他，要求进他房间去等候，由于客人事先没有留下话，总台服务员没有答应其要求。客人回来后十分不悦，跑到总台与服务员争执起来。公关部年轻的王小姐闻讯赶来，刚要开口解释，怒气正盛的客人就指着她鼻子尖，言词激烈地指责起来。当时王小姐心里很清楚，在这种情况下，勉强作任何解释都是毫无意义的，反而会使客人情绪更加冲动。于是她默默无言地看着他，让他尽情地发泄，脸上则始终保持一种友好的微笑。一直等到客人平静下来，王小姐才心平气和地告诉他饭店的有关规定，并表示歉意。客人接受了王小姐的劝说。没想到后来这位客人离店前还专门找到王小姐辞行，激动地说："你的微笑征服了我，希望我有幸再来饭店时能再次见到你的微笑。"

案例告诉我们微笑服务是每一个从事服务行业的人都应该具备的素质，也是展现个人形象和彰显自身修养的重要方面。每一个酒店员工都应该微笑服务客人，爱岗敬业、尊重客人也是尊重自己。

微笑是有自信心的表现，是对自己的魅力和能力抱积极的态度。微笑可以表现出温馨、亲切的表情，能有效地缩短双方的距离，给对方留下美好的心理感受，从而形成融洽的交往氛围。面对不同的场合、不同的情况，用微笑来接纳对方，可以反映出良好的修养和挚诚的胸怀。

M2-8　微笑礼仪

发自内心的微笑，会自然调动人的五官：眼睛略眯起、有神，眉毛上扬并稍弯，鼻翼张开，脸肌收拢，嘴角上翘，唇不露齿。做到眼到、眉到、鼻到、肌到、嘴到，才会亲切可人，打动人心。微笑在于它是含笑于面部，"含"给人以回味、深刻、包容感。如果露齿或张嘴笑起来，再好的气质也没有了。服务员的微笑也可以判断出自身是否具有一定的服务意识，如果服务员本身具有强烈的服务意识，那她就会不自主地将微笑贯穿到整个服务过程，而不是虚伪的笑、勉强的笑。塑造品牌式的微笑就是要用心地服务每一位客人，用真诚的微笑迎接游客，用自己独特而有感染力的微笑让游客记住你曾带给他们的每一次关心和暖心。

M2-9　表情礼仪

三、展现标准优雅的仪态美

仪态的规范对服务礼仪而言尤为重要。通过体态表达的信息要占传递信息总量的 65％ 左右，其信息的承载量远远大于有声语言。因而在职业形象的塑造上金融行业员工应高度重视体态语的正确运用。

曾任美国总统的老布什能够坐上总统的宝座，成为美国"第一公民"，与他的仪态表现分不开。在 1988 年的总统选举中，布什的对手杜卡基斯猛烈抨击布什是里根的影子，没有独立的政见。而布什在选民的形象也的确不佳，在民意测验中一度落后于杜卡基斯 10 多个百分点。未料两个月以后，布什以光彩照人的形象扭转了劣势，反而领先 10 多个百分点，创造了奇迹。原来布什有个毛病，他的演讲不太好，嗓音又尖又细，手势及手臂动作总显出死板的感觉，身体动作不美。后来布什接受了专家的指导，纠正了尖细的嗓音、生硬的手势和不够灵活的摆动手臂的动作，结果就有了新颖独特的魅力。在以后的竞选中，布什竭力表现出强烈的自我意识，改变了原来人们对他的评价。配以卡其布蓝色条纹厚衬衫，以显示"平民化"，终于获得了最后的胜利。

四、培养认真敬业的职业素养

职业素养是人类在社会活动中需要遵守的行为规范。个体行为的总合构成了自身的职业素养，职业素养是内涵，个体行为是外在表象。职业素养是个很大的概念，专业是第一位的，但是除了专业，敬业和道德是必备的，体现到职场上的就是职业素养。职业素养概括起来就是职业道德、职业思想（意识）、职业行为习惯、职业技能。认真敬业既是职业思想和职业行为习惯，又是职业道德。邮轮从业人员在每一个航程中，应该将认真、敬业的态度贯穿到整个服务过程中，时刻关注游客的生活细节和旅游需求，用所学的职业技能，用完美的职业服务礼仪服务每一位顾客。培养认真敬业的职业素养应是每一位从业人员的人生必修课。

【工作任务】

掌握微笑的训练要点，能根据自身特点打造自己的品牌形象，完成情景模拟训练。

【任务准备】

1. 筷子，镜子。
2. 学生之间交流讨论。
3. 学生分组确定角色，模拟情景，准备训练所需的文件包、着职业装。

【任务实施】

实训安排

实训时间	20分钟
实训目的	掌握三度微笑和三种练习微笑的方法
实训要求	严格按照实训规范要求进行

训练标准与要求

实训内容	操作标准	基本要求
微笑训练	(1)用上下两颗门牙轻轻咬住筷子,看看自己的嘴角是否已经高于筷子了。 (2)继续咬着筷子,嘴角最大限度地上扬。也可以用双手手指按住嘴角向上推,上扬到最大限度。 (3)保持上一步的状态,拿下筷子。这时的嘴角就是你微笑的基本脸型,能够看到上排8颗牙齿就可以了。 (4)再次轻轻咬住筷子,发出"YI"的声音,同时嘴角向上向下反复运动,持续30秒。 (5)拿掉筷子,查看自己微笑时的基本表情。双手托住两颊从下向上推,并要发出声音,反复数次。 (6)放下双手,同上一个步骤一样数"1、2、3、4",也要发出声音。重复30秒结束	亲切、规范、礼貌、与目光等其他面部表情正确配合

【任务评价】

训练自测评分表

项目	考核标准	满分	评分
面部表情	(1)面部表情和蔼可亲,伴随微笑自然露出6~8颗牙齿; (2)嘴角微微上翘,微笑幅度大小适宜; (3)微笑时真诚、甜美、善意、发自内心; (4)口眼结合,嘴唇眼睛含笑	60分	
微笑与仪态综合	(1)微笑时与见面礼、手势引导礼仪、问候礼以及站坐行走礼仪协调美观,有自己的个人特色; (2)微笑服务能贯穿整个服务始终,成为职业习惯和内化为素养	40分	
满分		100分	

【随堂测验】

一、简答题

如何塑造服务员个人品牌形象?

二、小组情景模拟

三人一组,一人扮演邮轮前台服务人员、一人扮演康乐中心服务员、一人扮演游客,在进行仪容仪表互查后上岗工作,接待游客咨询并提供引导服务。实训要求学生巩固微笑礼仪、行、走、蹲姿和指示引导手势的规范要求。

【拓展阅读】

你知道什么是首因效应吗

首因效应由美国心理学家洛钦斯首先提出,也叫首次效应、优先效应或第一印象效应,指交往双方形成的第一次印象对今后交往关系的影响,即"先入为主"带来的效果。虽然这些第一印象并非总是正确的,但却是最鲜明、最牢固的,并且决定着以后双方交往的进程。如果一个人在初次见面时给人留下良好的印象,那么人们就愿意和他接近,彼此也能较快地取得相互了解,并会影响人们对他以后一系列行为和表现的解释。反之,对于一个初次见面就引起对方反感的人,即使由于各种原因难以避免与之接触,人们也会对之很冷淡,在极端的情况下,甚至会在心理上和实际行为中与之产生对抗状态。

(资料来源:时蓉华. 社会心理学词典. 成都:四川人民出版社,1988:P157.)

【项目小结】

　　仪容仪表是树立良好企业和个人形象的前提和基础，仪态是体现个人专业素质和修养的试金石，本项目从仪容仪表礼仪、服饰礼仪和仪态礼仪三个方面介绍了服务行业的礼仪规范要求，同时也重点介绍了邮轮各岗位员工应掌握的仪容仪表、仪态礼仪的要求。

【案例分析】

　　某日华灯初上，一家饭店的餐厅里客人满座，服务员来回穿梭于餐桌和厨房之间，一派忙碌气氛。这时一位服务员跑去向餐厅经理汇报，说客人投诉有盘海鲜菜中的蛤蜊不新鲜，吃起来有异味。这位餐厅经理自信颇有处理问题的本领和经验。于是不慌不忙地向投诉的客人那个餐桌走去。一看，那不是熟主顾老食客张经理吗！他不禁心中有了底，于是迎上前去一阵寒暄："张经理，今天是什么风把您给吹来了，听服务员说您老对蛤蜊不大对胃口……"这时张经理打断他说："并非对不对胃口，而是我请来的香港客人尝了蛤蜊后马上讲这道菜千万不能吃，有异味，变了质的海鲜，吃了非出毛病不可！我可是东道主，自然要向你们提意见。"餐厅经理接着面带微笑，向张经理进行解释，蛤蜊不是鲜货，虽然味道有些不纯正，但吃了不会要紧的，希望他和其余客人谅解包涵。不料此时，在座的那位香港客人突然站起来，用手指指着餐厅经理的鼻子大骂起来，意思是，你还笑得出来，我们拉肚子怎么办？你应该负责任，不光是为我们配药、支付治疗费而已。这突如其来的兴师问罪，使餐厅经理一下子怔住了！他脸上的微笑一下子变成了哭笑不得。到了这步田地，他揣摩着如何下台阶，他在想，总不能让客人误会刚才我面带微笑的用意吧，又何况微笑服务是饭店员工首先应该做到的。于是他仍旧微笑着准备再作一些解释，不料，这次的微笑更加惹起了那位香港客人的恼火，甚至于流露出想动手的架势，幸亏张经理及时拉拉餐厅经理的衣角，示意他赶快离开现场，否则简直难以收场了。事后，这一微笑终于使餐厅经理悟出了一些道理来。

　　分析上述案例，出现错误的主要原因是什么？如果你是餐厅经理，你如何做？

　　分析提示：微笑服务是服务业的服务原则，也是展现企业形象和员工个人形象的重要方式，微笑服务要运用的恰当、适时、规范是服务业员工必修的一门课。

【自我检验】

　　学习了本项目的：＿＿＿＿＿＿＿＿＿＿＿＿＿＿＿＿＿＿＿＿＿＿＿＿＿＿＿＿＿＿＿

＿＿。

其中，令我感触最深的是：＿＿＿＿＿＿＿＿＿＿＿＿＿＿＿＿＿＿＿＿＿＿＿＿＿＿＿

＿＿＿＿＿＿＿＿＿＿＿＿＿＿＿＿＿＿＿＿＿＿＿＿＿＿＿＿＿＿＿＿＿＿＿，过

去，我的习惯是：＿＿＿＿＿＿＿＿＿＿＿＿＿＿＿＿＿＿＿＿＿＿＿＿＿＿＿＿＿＿

＿＿＿＿＿＿＿＿。现在，我知道了应该这样做：＿＿＿＿＿＿＿＿＿＿＿＿＿＿＿＿

＿＿＿＿＿＿＿＿＿＿＿＿＿＿＿＿＿＿＿＿＿＿＿＿＿＿＿＿＿＿＿＿＿＿＿＿＿＿。

因此，我制定了我的礼仪提高计划：＿＿＿＿＿＿＿＿＿＿＿＿＿＿＿＿＿＿＿＿＿＿

＿＿＿＿＿＿＿＿＿＿＿＿＿＿＿＿＿＿＿＿＿＿＿＿＿＿＿＿＿＿＿＿＿＿＿＿＿＿。

3

项目三

会面礼仪 ◀◀◀◀◀◀◀◀

【学习目标】

【素质目标】

1. 培养学生"知礼、懂礼、守礼"的意识，展现邮轮乘务人员的良好形象；
2. 提升学生社交素养，营造和谐礼仪环境；
3. 培养学生守信知礼行为，形成良好职业素养。

【知识目标】

1. 掌握邮轮会面礼仪规范；
2. 熟悉邮轮会客社交场合介绍礼仪规范；
3. 熟悉邮轮会客社交场合正确握手方式；
4. 了解邮轮会客社交场合名片交换礼仪规范。

【能力目标】

1. 了解掌握不同会面礼仪规范，熟练应用于邮轮乘务会客服务工作；
2. 熟练使用邮轮乘务服务会客礼仪，提升邮轮乘务人员礼仪素养。

任务一　掌握介绍礼仪

【任务导入】

豪华邮轮是家庭、情侣、朋友邮轮旅游的最佳之选，同时这里也汇聚了来自五湖四海的世界友人。这里有童真的笑容、温馨的相伴、爱侣的浪漫，也有邮轮相遇的美好。

邮轮乘务服务人员是客人邮轮旅行中的好伙伴。

乘务服务人员会客热情、礼貌周到，时刻给客人宾至如归的温馨感至关重要。会面礼仪是邮轮工作社交礼仪中最常用与最基础的礼仪，包含介绍礼仪、握手礼仪、递交物品礼仪等，其广泛应用在社交场合中，是乘务人员给客人或是同事朋友留下良好印象的行为礼节体现。

【任务资讯】

一、介绍的类别

介绍礼仪是会面场合中最常见最基础的礼仪礼节。主要包含以下几个方面。

1. 自我介绍

自我介绍是别人认识自己、了解自己的直接方法，甚至直接关系到给别人第一印象的好坏及以后交往的顺利与否。一般情况下，自我介绍时需要介绍自己的姓名、任职单位以及在所从事的活动中扮演的角色是什么，例如："各位游客大家好，我是张米，是来自歌诗达邮轮餐饮部的一名服务员，很高兴由我来为大家提供服务。"在没有被别人介绍或者没有介绍人来介绍的情况

M3-1 自我介绍

下，通常采用自我介绍。介绍的过程中要讲究介绍的时机、内容与分寸，语言尽可能生动、真挚，给人留下深刻的印象，但自我介绍时间不宜过长，应控制在三十秒左右，方便与对方开展接下来的交流。自我介绍又可以分为以下几种类型。

（1）应酬式自我介绍　应酬式自我介绍相对简单，适用于一般的社交公共场合，如邮轮餐厅中、飞机上或者是双方通电话时。应酬式的自我介绍对象主要是一般接触性，对介绍者而言，对方属于萍水相逢，或者相互熟悉，进行自我介绍只不过是为了确认身份而已，所以此种类型的自我介绍内容要短小精悍，有时只有姓名一项即可。例如："您好！我是王璐。"

（2）公务式自我介绍　公务式的自我介绍主要适用于工作之中，它主要是以工作为自我介绍的中心（图3-1）。例如："你好！我叫刘希，是中国国际旅行社出境领队。"

（3）社交式自我介绍　社交式自我介绍，主要适用于社交活动中，其目的是寻求与交往对象进一步交流与沟通，希望对方能够认识自己，与自己建立联系。例如："我叫王伟，是一名足球运动员，听同事说您也非常喜欢足球，有时间一起踢球，好吗？"

图 3-1　自我介绍礼仪

图 3-2　他人介绍礼仪

（4）问答式自我介绍　问答式的自我介绍，在面试场合中尤为常见。问答式的自我介绍，讲究问什么答什么，有问必答。例如，面试官问："你好，请问怎么称呼？"面试者答："您好，先生！我叫赵雪。"

2. 他人介绍

他人介绍，又称第三者介绍，指的是经过第三者为彼此不认识的双方所进行引见、介绍的方式（图3-2）。

M3-2 他人介绍

在他人介绍中，为他人作介绍的第三者称为介绍者，被介绍的双方均为被介绍者。在邮轮乘务服务工作中，邮轮乘务人员会扮演介绍者将一方介绍给另外一方。例如："张先生您好，这位是李先生。"

3. 集体介绍

集体介绍是一种特殊的介绍方式，它指的是介绍者在为他人作介绍时，被介绍者是其中一方或者双方不止一人，甚至很多人。集体介绍的介绍者通常由本次活动的东道主、领导或是策划部门的负责人来担当。

M3-3　集体
介绍

二、介绍的顺序

1. 他人介绍的顺序

他人介绍是为介绍双方促进了解搭建人际交往的平台，在为他人作介绍时，应充分了解双方是否有相互认识的意愿，以免显得行为唐突。按照社交礼仪规范，标准的介绍顺序应按照"尊者优先"的原则。在介绍的过程中，介绍的顺序一般如下。

介绍主人和客人时，应先介绍主人，再介绍客人；

介绍长辈和晚辈时，应先介绍晚辈，再介绍长辈；

介绍上级和下级时，应先介绍下级，再介绍上级；

介绍男士和女士时，应先介绍男士，再介绍女士；

介绍家人和同事时，应先介绍家人，再介绍同事；

介绍客人相互认识时，按照职务高低排序，应先介绍职务低的，再介绍职务高的；

介绍宴会客人时，应将晚到者介绍给早到者。

2. 集体介绍的顺序

在为集体作介绍时，介绍的顺序也要考虑到介绍双方的职务、社会地位以及人数等因素，原则上讲应先将职位低的一方介绍给职位高的一方。在介绍双方职位、社会地位相当的情况下，应按照人数多少，遵循"少数服从多数"的原则，将人数较少的一方先介绍给人数多的集体。

三、介绍的内容

1. 自我介绍的内容

自我介绍的内容，应当包括本人姓名、供职的单位及其部门、担任的职务或从事的具体工作等三项。这可以被称为自我介绍内容的三要素，通常缺一不可。其中，姓名应当首先报出。第二项供职的单位及其部门，具体工作部门有时也可以不报。第三项担负的职务或从事的具体工作，也可报出所从事的具体工作的内容，大体应当包括介绍者的姓名、工作、学历、兴趣等。但它们不一定要面面俱到，而应依照具体情况而定。

2. 他人介绍的内容

作为介绍人为双方进行介绍时，应事先与双方打招呼，使彼此有心理准备。他人介绍的内容与自我介绍相似，一般包括：姓名、供职的单位、所担任的职务以及所从事的具体工作。在介绍时，最好将姓名、职务、工作单位并提，也可附加兴趣爱好等，给介绍双方提供一个良好的交流开端，使得双方交流顺利。

四、介绍时应注意的问题

介绍和被介绍是社交中最常见的礼仪活动，介绍的规则虽然不必太严格，但在人际交往中，掌握正确的介绍礼节就能更好地促进社交活动的开展。在介绍礼仪中，应注意以下几点。

1. 掌握正确介绍时机

介绍或被介绍时应掌握正确的时机，避免在对方不方便的时候作自我介绍或是为他人作介绍，如对方正与其他人交谈时。介绍的适当时间应该选在对方有兴趣时、有空闲时，或是对方主动要求与其交流时。在做介绍时，介绍人和被介绍人应当起立，以表示尊重和礼貌，待介绍人介绍完毕之后，被介绍者应当面带微笑点头致意或与对方握手致敬。

2. 把握适当介绍的分寸

在做自我介绍或是为他人作介绍时，要讲究一定的介绍分寸。自我介绍时不可夸夸其谈，要注意言辞的真实性。在介绍时态度要真诚，不要显得过于紧张或是满不在乎，以免引起对方的不满。作为介绍者在为他人作介绍时，要注意把握时间，最好不要超过一分钟，为介绍双方提供良好的交流平台。

【工作任务】

了解并掌握介绍礼仪规范要求的礼仪，完成情景模拟训练。

M3-4　介绍
礼仪

【任务准备】

1. 回顾介绍礼仪类别、内容及注意问题事项细节。
2. 学生之间进行交流讨论并分组模拟演练。

【任务实施】

实训安排

实训时间	0.5 小时
实训目的	熟练掌握介绍礼仪及其注意事项
实训要求	严格按照所学礼仪规范要求进行

训练标准与要求

实训内容	操作标准	基本要求
介绍礼仪	(1)模拟面试现场,为面试官做自我介绍。自我介绍内容包括:姓名、职务以及所从事的具体工作,也可包括兴趣爱好与特长等。 (2)模拟练习介绍人的角色,为他人作介绍。 (3)为他人作介绍时,练习正确的介绍顺序。 此时应遵循介绍主人和客人时,应先介绍主人,再介绍客人; 介绍长辈和晚辈时,应先介绍晚辈,再介绍长辈; 介绍上级和下级时,应先介绍下级,再介绍上级; 介绍男士和女士时,应先介绍男士,再介绍女士; 介绍家人和同事时,应先介绍家人,再介绍同事; 介绍客人相互认识时,按照职务高低排序,应先介绍职务低的,再介绍职务高的; (4)了解介绍与被介绍的时机与分寸	(1)自我介绍时体态应自然大方,微笑得体; (2)介绍的时间不超过一分钟; (3)为他人作介绍时,掌握正确的介绍顺序与方法

【任务评价】

训练自测评分表

项　目	考核标准	满分	评分
自我介绍	(1)体态应自然大方; (2)微笑得体,介绍内容充实; (3)介绍时间不宜过长	50 分	

续表

项　目	考核标准	满分	评分
他人介绍	(1)体态大方,微笑服务; (2)介绍顺序正确、介绍方法得当	50分	
	满分	100分	

【随堂测验】

不定项选择题

1. 没有被别人介绍或者没有介绍人来介绍的情况下,通常采用自我介绍。介绍的过程中要讲究介绍的时机、内容与分寸,语言尽可能生动、真挚,给人留下深刻的印象,但自我介绍时间不宜过长,应控制在(　)左右,方便与对方开展接下来的交流。

A. 30秒　　　　　B. 1分钟　　　　　C. 2分钟　　　　　D. 3分钟

2. 介绍礼仪的类别主要有:(　)

A. 自我介绍　　　　B. 他人介绍　　　　C. 集体介绍　　　　D. 微笑致意

【拓展阅读】

女士优先

"女士优先"起源于西方社会,特别是法国、英国等对古典礼仪比较推崇的国家,后来逐渐演化为国际交往礼仪,成了国际社会公认的一条重要的礼仪原则,主要用于成年社交活动之时。"女士优先"的含义是:在一切社交场合,每一名成年男子都有义务主动而自觉地以自己的实际行动去尊重妇女、照顾妇女、体谅妇女、保护妇女并且想方设法、尽心尽力地为妇女排忧解难。倘若因为男士的不慎而使妇女陷于尴尬、困难的处境,则意味着男士的失职。男士们唯有奉行"女士优先",才会被人们看作是有教养的绅士。反之,在人们眼里则会成为莽夫粗汉。

【邮轮文化】

只有坐邮轮才能看到的环球盛景

你曾经想象过乘坐邮轮观赏哪些地方呢?邮轮可以带我们领略很多标志性美景,有些美景还不是什么交通工具都能抵达的。接下来我们跟随邮轮去探索99%的人可能都没见过的盛景吧……

说到加勒比海,你的第一反应可能就是加勒比海盗。可是你知道吗?它远离大陆架,有超过25个目的地,清澈湛蓝的海水搭配着闪闪发光的粉红色和白色的沙滩,造就了人们游览加勒比海地区时所渴望的岛屿氛围和独特海岸风景,而只有搭乘邮轮才能把她们串联起来深度体验。乘坐邮轮在加勒比海的岛国中体验不同的风情,被这片神奇的海域被吸引,将美景捧在自己的手掌心中呵护。

可可岛位于巴哈马,在这儿您可以征服北美最高的水上滑梯,或是乘坐氢气球,在450英尺的高空拍下巴哈马群岛醉人美景。你知道吗?也只有搭乘国际游轮的船才能登上这座岛。登上这座岛,不仅是一次简单的放松度假,更将成为一段独一无二、值得炫耀的经历。

坐上邮轮,出发吧!

(资料来源:皇家加勒比游轮公众号)

任务二　掌握握手礼仪

【任务导入】

握手礼仪是国际社会通用礼节。邮轮乘务人员在接待、服务、工作和生活中都会时常用及。为了更好提高自身礼节素养，我们应该了解握手礼仪和掌握正确握手方式。

【任务资讯】

一、握手的类别

1. 单手握手

单手握手是最常见的握手方式，普遍适用于各种场合，是对对方的敬重、友好、慰问、祝贺、鼓励、支持的情感表达。单手握手时，不可使用左手，一定要用右手握手，与对方握手的时间一般以1～3秒为宜。初次见面，握手时间不宜过长。与女士握手时，握住对方的手不放是很不礼貌的行为。

单手与男士握手时应握住其整个手掌，与女士握手时应握住其手指位。若双方关系一般，则一握即放，若与长者或尊者握手时，则应稍稍欠身与其相握以示敬意。

2. 双手握手

双手握手也被称为是"手套式"握手或"外交家"握手，指握手时用双手握住对方。表示对对方的尊重，也可表示感情深厚之意。在我国，双手握手为常见社交礼节，通常双方右手相握后，左手再放在对方伸出的右手上表示更加亲切。但这种握手方式最好不要用在初次见面时和异性之间，以免引起误会。

二、握手的姿势

与对方握手时，起身站立，距握手对象约一步左右距离，双腿立正，上身略向前倾，伸出右手，四指并拢，拇指张开与对方相握，握手时双目应注视对方，微笑致意或问好，握手用力适度，上下稍晃动三四次，随即松开手（图3-3）。握手的时间控制在1～3秒。握手时，一定要用右手握手，紧紧握住对方的手或是漫不经心随意的握手都是不礼貌的行为。

图3-3　正确握手姿势

三、握手的时机

握手是相识者之间与不相识者之间在适当的时刻向交往对象行礼，以示自己对于对方的尊重、友好、关心与敬意。在被介绍人与人相识时，应与对方握手致意，表示为相识而高兴。对久别重逢的友人或多日未见的同学，相见时应热情握手，以示问候、关切和高兴。当双方获得新成绩、得到奖励或有其他喜事时，与之握手，表示祝贺，当接受对方馈赠的礼品时，应与之握手表示感谢，在参加宴会后告辞时，应和主人握手表示感谢，在拜访友人、同事或上司之后告辞时，应以握手表示再见之意，邀请客人参加活动，告别时，主人应与所有的客人一一握手，以表达感谢光临、给予支持之意。

四、握手的顺序

一般情况下，握手时讲究"尊者居前"，指的是由身份高的人首先伸出手。具体来讲，握手时，双方的伸手顺序大致包括以下几种情况。

长辈与晚辈握手时，应由长辈先伸手；

身份高者与身份低者握手时，应由身份高者先伸手；

男士与女士握手时，应由女士先伸手；

客人受邀到主人家做客时，客人抵达，应由主人先伸手表示对客人的欢迎；在客人告辞时，应由客人先伸手，表示对主人的感谢之意。

在人数较多的场合，握手时可能会出现一人与多人握手的情况。在这种情况下，既可以按照"尊者居前"的顺序，也可以按照由近及远顺时针顺序依次握手。当然，也可根据具体情况和握手对象的不同灵活把握。

五、握手时应注意的问题

握手要合乎礼仪规范，要正确使用握手的方法，在社交场合中，与人握手应掌握握手过程中的注意事项。

（1）不用左手握手。

（2）握手时不可戴着墨镜、手套、帽子与对方握手（特殊场合中女士可戴薄纱式手套与人握手，例如：婚礼，宴会）。

（3）男士不可主动伸手与女士握手，握手时间不宜过长。

（4）不可用脏手或是有病之手与对方握手。

（5）多人握手时，不可使用交叉式握手。

（6）异性之间不可使用双手握手，以免引起误会。

（7）握手的力度和时间不宜过重或过长。

M3-6 握手
礼仪

【工作任务】

了解握手礼仪，完成情景模拟训练。

【任务准备】

1. 熟练掌握握手礼仪类别、姿势、时机及顺序问题细节。

2. 学生之间进行交流讨论并分组模拟演练。

【任务实施】

实训安排	
实训时间	0.5 小时
实训目的	熟练掌握握手礼仪类别、姿势、时机及顺序问题细节
实训要求	严格按照所学礼仪规范要求进行

训练标准与要求

实训内容	操作标准	基本要求
握手礼仪	(1)握手练习 ①练习与对方握手,起身站立,距握手对象约一步左右距离; ②双腿立正,上身略向前倾,伸出右手,四指并拢,拇指张开与对方相握; ③握手时双目应注视对方,微笑致意或问好。与男士握手握住其整个手掌,与女士握手握住其手指位; ④握手用力适度,上下稍晃动三四次。松开手,握手的时间控制在1~3秒。 (2)练习正确的握手顺序 ①长辈与晚辈握手时,应由长辈先伸手; ②身份高者与身份低者握手时,应由身份高者先伸手; ③男士与女士握手时,应由女士先伸手; ④客人受邀到主人家做客时,客人抵达,应由主人先伸手表示对客人的欢迎;在客人告辞时,应由客人先伸手,表示对主人的感谢之意。 (3)练习多人握手 按照"尊者居前"的顺序,也可以按照由近及远顺时针顺序依次握手。 (4)复习握手注意事项 不用左手握手。握手时不可戴着墨镜、手套、帽子与对方握手。男士不可主动伸手与女士握手,握手时间不宜过长。不可用脏手或是有病之手与对方握手。多人握手时,不可使用交叉式握手。异性之间不可使用双手握手,以免引起误会。握手的力度和时间不宜过重或过长	(1)握手时应自然大方,微笑得体; (2)握手的时间1~3秒; (3)掌握正确的介绍顺序与方法; (4)掌握握手时的注意事项

【任务评价】

训练自测评分表

项　目	考核标准	满分	评分
握手仪态	(1)与对方握手,起身站立,距握手对象约一步左右距离; (2)上身略向前倾,伸出右手,四指并拢,拇指张开与对方相握; (3)握手时双目应注视对方,微笑致意或问好。与男士握手握住其整个手掌,与女士握手握住其手指位; (4)握手用力适度,上下稍晃动三四次松开手,握手的时间控制在1~3秒	35分	
握手顺序	(1)长辈与晚辈握手时,应由长辈先伸手; (2)身份高者与身份低者握手时,应由身份高者先伸手; (3)男士与女士握手时,应由女士先伸手; (4)客人受邀到主人家做客时,客人抵达,应由主人先伸手表示对客人的欢迎;在客人告辞时,应由客人先伸手,表示对主人的感谢之意	35分	
握手注意事项	(1)不用左手握手; (2)握手时不可戴着墨镜、手套、帽子与对方握手; (3)男士不可主动伸手与女士握手,握手时间不宜过长。不可用脏手或是有病之手与对方握手。多人握手时,不可使用交叉式握手。异性之间不可使用双手握手,以免引起误会。握手的力度和时间不宜过重或过长	30分	
满分		100分	

【随堂测验】

一、单选题

握手的时间不宜过长,一般为(　　　)。

A. 1～3秒　　　　B. 3～5秒　　　　C. 5～8秒　　　　D. 8～10秒

二、判断题

在人数比较多的公共场合，与多人握手时可使用左手。（　　）

【拓展阅读】

握手礼仪的由来

讲礼貌是文明修养的表现，是每个人为人处世的一种客观需求。人活于世，要与各种人建立各式各样的关系。要维持这些关系，使之保持融洽状态，很重要的一点就是要讲究礼貌、遵守社会公德。"不知礼，无以立也。"孔子的这句至理名言深刻地诠释了礼貌与立足社会的关系。作为最通用的见面礼仪，握手虽然简单，但也深有"玄机"。

大家知道握手礼的起源吗？

起源说一：刀耕火种的时代，大家手里都拿着防身和狩猎的工具，传说在遇到陌生人时，如果双方都无恶意就放下手中的工具，并抚摸对方掌心表示友好。

起源说二：源于中世纪，骑兵打仗时都身穿盔甲，除了两个眼睛露出来以外，其他部位都藏在盔甲内。双方想要表示友好和相互接近，就把右手的甲胄去掉，相互握一下表示和平友好，沿袭下来就成了今天的握手礼。

（资料来源：人民网．）

任务三　掌握名片礼仪

【任务导入】

名片是社交场合中常备的一种交际工具。在与对方交谈时，递送一张名片，不仅是很好的自我介绍，还能与对方建立了联系。但是会面礼仪中名片不能滥用，要讲究一定的礼节，以避免留下不好的印象。

【任务资讯】

一、名片的类别

1. 社交式名片

社交式名片是朋友之间交流感情、结识新朋友所使用的名片。名片的特点为：没有统一的使用标志、设计简单一目了然，有时甚至只有姓名一项。

2. 公务式名片

公务式名片是政府或社会团体在对外交往中所使用的名片。公务名片的主要特点为：名片常使用标志并印有单位服务范围，虽没有统一的名片印刷格式，但名片印刷力求简单实用，名片内没有私人家庭信息，主要用于对外交往与服务。

3. 单位式名片

单位式名片是公司或企业在业务活动中使用的名片。商业名片的主要特点为：名片常使用标志、注册商标，印有企业业务范围，大公司有统一的名片印刷格式，使用较高档纸张，主要用于商业活动。

二、名片的设计

M3-7　名片
礼仪的类别

名片设计是指对名片进行优化处理、美化加工的行为。名片作为社交工具的一种，其设计具有一定的艺术性。

1. 版式设计

名片因其使用排版的不同，可做出不同风格的名片。根据名片所使用纸张的不同可划分为普通名片和特殊名片。普通名片因印刷参照的底面不同还可分为横式名片和竖式名片。

（1）横式名片　以宽边为低、窄边为高的名片印刷方式。横式名片因其设计方便、排版便宜，成为目前使用最普遍的名片印刷方式。

（2）竖式名片　以窄边为低、宽边为高的名片印刷方式。竖式名片因其排版复杂，可参考的设计资料不多，适用于个性化的名片设计。

2. 色彩设计

即按印刷油墨的色彩来分。名片印刷每增加一种颜色，就得增加一次印刷，颜色的多少也是决定名片价格的因素之一。

单色：只印刷一次颜色的名片。名片的背面因不是主要浏览面，则大量使用单色印刷。

双色：只印刷二次颜色的名片。因双色名片已能使简单的标志得到体现，名片价格适中，所以现代名片大多使用双色印刷。

三、名片的交换顺序

M3-8　交换
名片礼仪

在社交场合，名片是自我介绍的简便方式。交换名片的顺序一般是"先客后主，先低后高"。当与多人交换名片时，应依照职位高低的顺序，或是由近及远依次进行，切勿交叉进行，以免给对方有厚此薄彼之感。递送时应将名片正面面向对方，双手奉上。眼睛应注视对方，面带微笑，并大方地说："这是我的名片，请多多关照。"名片的递送应在介绍之后，在尚未弄清对方身份时不应急于递送名片，更不要把名片随便散发。名片的递送位置是正面朝上，并以让对方能顺着读出内容的方向递送。除此之外，如果自己的名字有难读或特别读法的，在递送名片时可加以说明，同时顺便把自己"推销"一番，这会使人有亲切感。

接收对方的名片时，应尽可能起身或欠身，面带微笑，用双手的拇指和食指压住名

图3-4　递交名片礼仪

片下方两角，并视情况说"谢谢""能得到您的名片十分荣幸"等（图 3-4）。名片接到手后，应认真阅读后十分珍惜地放进名片夹内，不可拿在手里摆弄或随意装入口袋。如果交换名片后需要坐下来交谈，应将名片放在桌子上最显眼的位置，十几分钟后自然地放进名片夹。切忌用别的物品压住名片和在名片上做谈话笔记。在接收名片后，如果自己没有名片或没带名片，应当首先对对方表示歉意并如实说明理由。

四、使用名片时应注意的问题

1. 名片不随意涂改

名片通常被看做是身份的象征。在使用名片时，若个人信息或单位信息有所变动，不可在原有名片上进行涂写改正。

2. 名片上不提供私人电话

名片的使用是社交场合中较频繁的行为礼仪，名片中提供的信息可增进双方了解和交流。但是在涉外礼仪中，着重强调保护个人隐私，一般不向对方索取家庭地址和私宅电话。在名片的设计过程中一般不提供私人电话，一是保护自我隐私，二是避免在社交活动中产生不必要的骚扰。

3. 名片上的职务头衔不要超过三个

普通名片一般由单位名称、所任职务、姓名、联系方式等内容构成。名片上的职务头衔象征着名片持有人的社会地位，但是在使用名片时需要注意，名片上所印刷的职务头衔不得超过三个，过多的职务头衔反而会给对方留下华而不实的印象。

4. 名片不得随意乱放

名片的递送和接受都有一定的要求，在递送和接受名片时除了讲究一定的礼仪顺序之外，还要保证名片的清洁度与正确性，所以名片不可随意乱放，也不可顺手放在上衣或是裤子口袋中，要放在专用的名片夹内。在递送名片时要看清名片的内容，以免名片混淆递送错误。在接受名片时若没有名片夹，也不可随便地塞在口袋里或丢在包里，认真阅读后可放在西服上方左侧口袋以示尊重。

【工作任务】

了解名片礼仪，完成情景模拟训练。

【任务准备】

1. 熟悉递交名片礼仪细节。
2. 学生之间交流讨论。
3. 学生分组确定角色，模拟情景练习。

【任务实施】

实训安排

实训时间	0.5 小时
实训目的	熟练掌握递交名片礼仪仪态、时机及顺序问题细节
实训要求	严格按照所学礼仪规范要求进行

训练标准与要求

实训内容	操作标准	基本要求
名片礼仪	(1)递送名片练习 ①面带微笑,注视对方。勇敢直视对方的眼睛,展示出自己的自信,让自己神采飞扬。 ②将名片的正面对着对方。这是要站在对方的角度看的,不要递送名片时名片正面的正方向是对着自己的,这是不礼貌的行为。 ③将双手的拇指和食指分别持握名片上端的两角递送给对方。若只有一只手有空闲时,只能用右手递送。 ④如果自己是坐着的,应该起身递送或者欠身递送,这是为了证明自己对对方的尊重。双方的高度应一致。 ⑤递送时应该要说一些致意的话。 (2)递送名片的顺序 递送名片地位低的先向地位高的人递名片,男士先向女性递名片。当对方不止一人时,应先将名片递给职务高者或年龄长者;若是分不清职务高低、年龄大小,宜按照顺时针顺序递送。 (3)掌握使用名片时的注意事项	(1)递送名片时应自然大方,微笑得体; (2)掌握正确的介绍顺序与方法; (3)掌握递送和接受名片的注意事项

【任务评价】

训练自测评分表

项目	考核标准	满分	评分
递送名片礼仪	(1)面带微笑,注视对方。勇敢直视对方的眼睛,展示出自己的自信,让自己神采飞扬。 (2)将名片的正面对着对方。这是要站在对方的角度看的,不要递送名片时名片正面的正方向是对着自己的,这是不礼貌的行为。 (3)将双手的拇指和食指分别持握名片上端的两角递送给对方。若只有一只手有空闲时,只能用右手递送。 (4)如果自己是坐着的,应该起身递送或者欠身递送,这是为了证明自己对对方的尊重。双方的高度应一致。 (5)递送时应该要说一些致意的话	50分	
递送名片顺序	(1)递送名片地位低的先向地位高的人递名片; (2)男士先向女性递名片; (3)当对方不止一人时,应先将名片递给职务高者或年龄长者; (4)若是分不清职务高低、年龄大小,宜按照顺时针顺序递送	50分	
	满分	100分	

【随堂测验】

一、单选题

名片印刷时,职务头衔的数量不得超过:(　　)。

A. 3个　　　　　　　B. 4个　　　　　　　C. 5个　　　　　　　D. 6个

二、判断题

在公共社交场合,若是分不清职务高低、年龄大小可随意递送。(　　)

【拓展阅读】

悠悠两千年"名片"进化史

对于名片，大家肯定不会陌生，基本是现代社会必备的，尤其是社交工具还没这么发达的时候，轻轻一声"这是我的名片"，便是人们进行社交的开始。那么，古代的人也有名片吗？

我国古代名片在秦汉时期就已经出现，但那时没有纸张，可没有现在的那么方便，材质一般为木块或竹块，块头也大得多，也不叫做名片，称为"谒"。叫法之所以那么奇特，与先秦时期政府机构设有"谒者"的官员有关。谒者侍奉国君左右，专门掌管传达等事务。后来为了方便，出现了"谒"，上面写有自己的信息、求见原因，直接投递到对方府上，不再需要专人负责来访者，大大节省了人力和财力。到了东汉时期，"谒"易名"刺"，随着纸张的发明，"名刺"也改用纸张，使用更加便捷。东汉时期的"刺"应用已经相当普遍了，据记载东汉名士郭泰经常收到名片，夸张到用车来装。东汉到唐宋时期，名片不再叫"刺"，而是称"门状"，每次科举考完试后，新科进士、寒门书生还得四处拜访达官贵人，期望得到赏识以及提携，为自己以后政治前途铺一下路，要见到这些名门贵族先得投"门状"，看主人是否接见。

古代名片除了各时期的称呼不同，内容和规矩和今天也有一些差别。身份和地位相近的人，名片上一般写官职、郡里、姓名，在一些不是很庄重的场合，还可以只写姓名。古代名片的使用规矩也不少，出门拜客必先投名片，投了名片如果不见面，必被人们反感。

"名片"是我们老祖宗适应经济文化发展交流发明的交流工具，且与时俱进，反映了当时的社会形态，随着经济发展并没有消亡，现代的名片也是由古代名片发展而来，还传到了国外，日语目前都还在使用"名刺"一词，名片可以说是我们老祖宗的发明专利了。

（资料来源：贵州日报．）

【邮轮文化】

为什么邮轮船体是白色的？

19 世纪下半叶到 1914 年第一次世界大战之前，是邮轮行业前身大西洋班轮飞速发展的黄金时期。德国汉堡-美洲轮船（Hamburg-Amerika）公司的"德意志号"（Deutschland）有诸多创新，其中一项就是把船身刷成粉白色。从此以后，白色不是邮轮唯一但却是常常采用的颜色。有人说，邮轮漆成白色是为了彰显豪华。也有人说，白色是为了易于在海上被发现，白色的船身与海水的蓝色和天上的白云也很搭。但是，红色、黑色、橙色也与海水和蓝天反差很大，更容易被识别。如图 3-5 所示。

邮轮涂成白色的重要考量是邮轮在海上没有遮蔽，暴露在阳光直射之下。白色可以反射所有波长的光，保持船内船外的凉爽度，减轻船上空调的负荷。另一个原因是，邮轮船身涂漆是为了减轻海水的侵蚀，白色可帮助辨认船体上的铁锈色，以便对生锈位置重点清理。当然，白色不是邮轮唯一使用的颜色，世界十大邮轮中排名前 4 位的"海洋交响"号、"海洋和谐"号、"海洋魅丽"号、"海洋绿洲"号，还有亚洲排名第一和第二位的"海洋量子"号（图 3-6）和"海洋光谱"号的船体靠水部分是蓝色，上部是白色。

图 3-5　白色邮轮航行图

图 3-6　海洋量子号邮轮航行图

（资料来源：博士说游轮．）

任务四　了解其他见面礼仪

【任务导入】

每个国家都有其不同的礼仪文化，作为邮轮乘务人员既要熟知不同国家历史文化，更要熟知会面礼仪特点及禁忌。接下来我们共同了解在会面礼仪场合中经常用到的鞠躬礼、拥抱礼、脱帽礼和亲吻礼等其他见面礼仪规范。

【任务资讯】

一、鞠躬礼

随着社会文明程度的提高，鞠躬礼在人们的社会交往、商业服务中使用得越来越多，旨在表达对他人的敬意和感激之情。鞠躬礼的使用一般是下级对上级或同级之间、学生对老师、晚辈对长辈、服务人员对宾客表达敬意与尊重（图 3-7）。在中国、日本、韩国、朝鲜等国家，较多使用鞠躬礼。根据不同的场合和内容形式，鞠躬可以分为 15 度鞠躬、45 度鞠躬和 90 度鞠躬。弯 15 度左右，表示感谢；弯 45 度左右，表示敬意和抱歉；弯 90 度左右，表示悔过和谢罪。鞠躬时目光应向下看，表示一种谦恭的态度，不可一面鞠躬，一面把头抬起看对方。若是戴着帽子行礼时，应将帽子摘下，因为戴帽子鞠躬既不礼貌，也容易滑落，使自己处于尴尬境地。

图 3-7　鞠躬礼仪

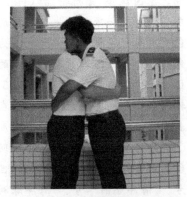

图 3-8　拥抱礼仪

二、拥抱礼

拥抱礼是西方国家通用的一种礼节，在国际交往中对比较熟的朋友才施此礼。拥抱礼的方式是双方相对，双臂张开，表示要行拥抱礼，接着右臂高，左臂稍低，两人靠近，双方用右臂拥住对方的左肩背部，左手稍微抱持对方的腰部，有时手可以轻轻地拍一拍对方的背部，头部向左，口称"欢迎""你好"等，然后二人交换一下姿势，向对方右侧行拥抱礼，再次向左拥抱，行礼结束（图3-8）。

礼节性的拥抱，双方拥抱的时间较短。若是在外事活动中，男士不可主动与女士实施拥抱礼，应改为握手礼。在正式的社交场合，在实施拥抱礼之前也应了解对方是否喜欢或是接受这种礼节，以免尴尬。例如。在中国拥抱礼并不常用，在接待外宾时，应待外宾主动要行拥抱礼时，才响应对方行拥抱礼。

三、脱帽礼

在过去的西方社会中，帽子和手套被看做是身份和地位的象征。现如今，在西方社会中，帽子和手套已不再被赋予此种意义，反而成为服装界搭配服饰的配件。尽管如此，有关帽子和手套的在会面场合中的使用是社交礼仪活动中的重要部分。在社交场合中，以下情况男士的帽子需要脱下来，以表示尊重和礼貌。例如：作为被介绍者，介绍者在为双方介绍时，应脱帽；在升国旗、奏国歌时，在举行盛大活动开幕式或是任何庄严场合，应脱帽；在与尊者、领导或是女士交流时，表示尊重，应脱帽；在室内，除了超市、机场、电梯、过道等公共场所外，应脱帽。在西方，男士还经常使用脱帽礼与熟人打招呼，向对方表示友好、感谢等。具体的方式为：把帽子轻轻往上提一下，然后点头示意。

四、亲吻礼

亲吻礼也是西方国家通行的礼节，比拥抱礼的使用还要频繁，但是更讲究。父母与自己的儿女玩耍时，亲吻孩子是一种亲昵的表示，慢慢发展成为一种礼节。在社交场合，双方在行拥抱礼的同时，脸颊贴面行亲吻礼，然后换一下方向再次贴面行亲吻礼，是最亲热的礼节。长辈对晚辈，吻一下晚辈的前额即可，西方国家男女之间也通行此礼。还有一些国家和地区，在亲吻首领、长辈时只能吻他的衣襟、脚趾或脚下的土地，表示出极其尊敬的态度。

亲吻礼在外事活动或是个人生活中最为常见，但是男士和恋人或是妻子在实施亲吻礼时要注意场合。在社交活动中，女士一般不与男士行亲吻礼，应主动伸手与对方进行握手。但当对方外国年长客人出于尊重行亲吻礼时，也应大方自然还予此礼。

【工作任务】

熟悉其他见面礼仪，完成情景模拟训练。

【任务准备】

1. 了解其他见面礼仪细节。
2. 学生之间交流讨论。
3. 学生分组确定角色，进行模拟情景训练。

【任务实施】

实训安排

实训时间	0.5 小时
实训目的	掌握其他见面礼仪和技巧
实训要求	严格按照实训规范要求进行

训练标准与要求

实训内容	操作标准	基本要求
鞠躬礼仪	(1)行礼时，立正站好，保持身体端正； (2)面向受礼者，距离为两三步远； (3)男性双手放在身体两侧，女性双手合起放在身体前面以腰部为轴，整个肩部向前倾，同时问候"您好""早上好""欢迎光临"等； (4)鞠躬完之后，再恢复到标准的站姿，目光再注视对方脸部； (5)鞠躬时眼睛不翻起来看别人，鞠躬时嘴里不吃东西或抽烟，鞠躬时不扭扭捏捏，装模作样	1. 鞠躬时态度端正，体态大方 2. 掌握鞠躬的要领 3. 掌握鞠躬的注意事项

【任务评价】

训练自测评分表

项目	考核标准	满分	评分
鞠躬礼仪	面带微笑，保存目光接触； 仪态大方自然	50 分	
拥抱礼仪	态度和蔼，仪态大方； 礼节到位，姿态到位	50 分	
满分		100 分	

【随堂测验】

判断题

1. 在公共社交场合过程中，要时刻遵循女士优先原则。（　　　）

2. 鞠躬时要态度诚恳，根据所表达的意愿躬身 15 度、45 度、90 度。（　　　）

【拓展阅读】

怪人不知礼，知礼不怪人

孟子的妻子独自一人在屋里，伸开两腿坐着。孟子进屋看见妻子这个样子，对母亲说："我的妻子不讲礼仪，请允许我休了她。"孟母说："为什么？"孟子说："她伸开两腿坐着。"孟母问："你怎么知道的？"孟子说："我亲眼看见的。"孟母说："这就是你没礼貌，不是妇人没礼貌。《礼记》上不是说了吗？'将要进屋的时候，先问屋中有谁在里面；将要进入厅堂的时候，必须先高声传扬，让里面的人知道；将进屋的时候，必须眼往下看。'为的是不让人没准备。现在你到妻子闲居休息的地方，进屋没有声响，因而让你看到了她两腿伸开坐着的样子。这是你没礼貌，并非是你妻子没礼貌！"孟子认识到自己错了，不敢再提休妻之事了。

我们想要涵养公正的品德，就应养成优良礼仪习惯。指责埋怨别人的人，是不懂礼貌没有修养的；真正知书达理有教养的人是不会去怪罪别人的。

【海洋文化】

世界航海史上最早记载使用指南针是在广州附近海域上

广州海事博物馆"海天千色 跨洋万里——西方航海仪器展"中，展出了形形色色的指南针。在卫星导航出现之前，指南针是最重要、最知名的导航设备。

导航是人类的基本需求。

有一天，在一团不知从何而起的大雾中，一个叫风后的奇男子，亮出了自己研制的指南车。据说后代的司南、罗盘，都是指南车的嫡系子孙。最迟不晚于宋代，最早的装有指南针的海船，也出现在了广州附近的海面上。到了宋代，大量巨舰的建造令我们知悉，中国南方的远洋航行出现了一个高峰。学者们说，这是和航海技术的突飞猛进分不开的。技术突破的标志，就是指南针开始应用于航海。目前学术界公认的有关指南针的最早记载，来自北宋朱彧的《萍州可谈》："舟师识地理，夜则观星，昼则观日，阴晦则观指南针，或以绳钩取海底泥，嗅之便知所至。"这部书由朱彧写于北宋宣和元年（1119 年），他是根据父亲朱服在广州做知州时的所见所闻来写的。朱服是北宋哲宗元符二年至徽宗崇宁元年（1099—1102 年）在广州做知州的，广州海船上使用指南针的时间不会晚于此时。这是世界航海史上最早使用指南针的记载。如图 3-9 所示。

图 3-9 中国古代指南针

根据现代学者的研究，我国最初的指南针广泛采用的是水浮法。后来，水浮法指南针被称为水罗盘，即把磁化了的铁针穿过灯芯草，浮在水上，磁针浮在水上转动来指引方向。把指南浮针与方位盘结合在一起，就成了水罗盘，出现时间大约在南宋。船上有专门的人负责守着罗盘，不断修正航向。借助这样的先进设备，宋朝的海外贸易超过了前代，成为世界上从事海外贸易的重要国家——中国商船的踪迹，近至朝鲜、日本，远达阿拉伯半岛和非洲东海岸。中国指南针技术西传后，约在 12 世纪，欧洲人将磁针放在钉子尖端制成了旱罗盘，旱罗盘有固定的支点，不像水罗盘那样不平稳，更适用于航海。明嘉靖年间，我国也开始使用旱罗盘。

（资料来源：世界航海史上最早记载使用指南针是在广州附近海域上．广州日报，2021-11-05．）

【明德强志】

美美与共

人类只有一个地球，却有着多样的文明。世界各个国家和地区的不同民族在千百年来的历史长河中创造了五彩缤纷的文明，共同推动了整个人类社会的繁荣和进步。世界因多彩文明而生机勃勃，文明因交流互鉴而美美与共。

美美与共，是中国著名社会学家费孝通先生提出的认识和处理不同文明之间关系的一个理想，以及实现这一理想的手段，是基于中华文明内在精神的话语表达，折射的是中国人一以贯之的整体思维方式，通常表述为十六个字：各美其美，美人之美，美美与共，天下大同。其蕴藏的话语内涵在于，我们在欣赏本民族创造的灿烂文明的同时，也应该去欣赏其他民族的文明，将其他文明视为目的而不是手段，在互相欣赏的过程中促进不同的文明达到一种和谐，并呈现为持久而稳定的"和而不同"。

美美与共的本质是和而不同。早在西周末期的史伯就指出，"夫和实生物，同则不继。以他平他谓之和，故能丰长而物归之，若以同裨同，尽乃弃矣。故先王以土与金、木、水、火杂，以成百物"。在中国人看来，不同事物都有其特殊性，也都有其价值性，从来不会以此生彼灭、此存彼亡的单向思维来看待问题。五色不同，交织而成章；五音各异，交响而成乐。世界文明亦复如是。每种文明都有其自我思维的方式和自我表达的话语，它正是民族多样性和世界多样化本身的一种映射，美美与共的文明观正是对此多样性的承认与描绘。

（资料来源：新华社客户端．文明互鉴：各美其美 美美与共．）

【项目小结】

介绍礼仪、握手礼仪和名片礼仪是会面场合中的三大要素。使用正确的会面礼仪可以给对方留下良好的第一印象。使用介绍礼仪时，要了解介绍礼仪的分类，掌握介绍的时机，把握介绍的分寸，合理地进行自我介绍、他人介绍和集体介绍。并按照"尊者在前"有优先知情权的原则，将男士介绍给女士、晚辈介绍给长辈、职位低的介绍给职位高的。使用握手礼仪时，掌握握手礼仪与介绍礼仪的不同，正式场合握手的顺序应按照"尊者在前"的顺序，由高到低依次握手，如与多人握手时应按照由近及远、顺时针方向握手。在握手礼仪结束后递送名片，不可用左手递送名片。收到对方名片时，应合理保管，不可随意放置。除此之外，在会面礼仪中也经常会用到其他的礼节，如鞠躬礼、脱帽礼、亲吻礼和拥抱礼，在使用这些礼节时，应掌握正确的使用规范，以免引起误会。

【自我检验】

学习了本项目的：＿＿＿＿＿＿＿＿＿＿＿＿＿＿＿＿＿＿＿＿＿＿＿＿＿＿＿＿＿＿＿＿＿

＿＿＿＿＿＿＿＿＿＿＿＿＿＿＿＿＿＿＿＿＿＿＿＿＿＿＿＿＿＿＿＿＿＿＿＿＿＿＿。

其中，令我感触最深的是：＿＿＿＿＿＿＿＿＿＿＿＿＿＿＿＿＿＿＿＿＿＿＿＿＿＿＿＿

_____

_____，过

去，我的习惯是：_____

_____

_____。现在，我知道了应该这样做：_____

_____。

因此，我制定了我的礼仪提高计划：_____

_____。

项目四

谈话礼仪

4

◀◀◀◀◀◀◀

【学习目标】

【素质目标】

1. 通过学习谈话礼仪知识，树立对邮轮乘务服务的正确工作态度和礼仪认知；
2. 通过学习涉外交谈基本原则，理解中西方文化差异，弘扬爱国主义情操；
3. 通过践行涉外交往礼仪，展现大国风范，提升文化自信；
4. 通过学习相关中华文化知识，深植爱国情怀。

【知识目标】

1. 了解谈话礼仪中所需要注意的面谈基本礼仪，学习掌握交谈礼仪与交谈内容的选择；
2. 了解掌握谈话中目光语及肢体语言的合理使用；
3. 掌握正确的拨打及接听电话的流程及礼仪。

【能力目标】

1. 能够结合前一章中会面礼仪的相关知识，根据情境选择面谈的主题及内容，并在谈话过程中自如地与他人进行有效的目光交流；
2. 能够根据礼仪要求，完成电话的接听及拨打。

任务一　了解面谈礼仪

【任务导入】

　　作为服务业从业人员，邮轮员工每天需要和来自世界各地的游客以及同事进行交流。为了达成有效的交流，基本的面谈礼仪至关重要。以规范礼貌的言谈举止表示对他人的欢迎和尊重，是邮轮从业人员的基本职业素养。如图 4-1 所示。本节重点阐述谈话礼仪中所需要注意的面谈基本礼仪，交谈礼仪与交谈内容的选择。

图 4-1　面谈礼仪

【任务资讯】

一、称呼礼

M4-1　称呼礼

称呼，指人与人交往中对他人的称谓。服务行业对于从业人员的言行举止都有具体的规范，其中最基础的是对顾客的称呼。在交谈中根据对方身份地位的不同，合理地选择称呼方式，是服务业从业人员良好教养和职业素养的体现。

1. 泛尊称

对于初次见面的陌生客人，最保险也最规范的称呼方式就是泛尊称"您"。规范的服务用语中，与客人交谈中必须使用"您"，而决不能使用"你"字来进行称呼。虽然英语中的"您"和"你"使用的都是"you"这个词，但是世界上很多其他语言（如法语、德语、俄语等）对这两个称呼方式都有所区分，因此在具体使用中一定要重视这一点，切不可随意使用。

对于陌生的男性，可以使用先生（sir）来进行称呼，而女性则可以根据年龄使用女士（madam）或小姐（miss）来进行称呼。在公共场合，面对男女士都有的情况下，根据女士优先的原则，标准的称呼方式是"女士们先生们"（ladies and gentlemen）。邮轮上面对游客，也可以使用"尊敬的嘉宾"（distinguished guests）来进行尊称。

2. 一般性称呼

对于知其姓氏的游客，可以使用姓氏进行称呼。能够准确记住客人的姓氏，是对客人的尊重，也是邮轮从业人员良好职业素养的体现。需要注意的是，通常情况下，某某先生（Mr. ××）和某某夫人（Mrs. ××）只在知道对方姓氏的时候使用，一般不会单独称呼某位男士为 Mr. 或女士为 Mrs.。对于婚姻状况未明的女性，可以使用 Ms. 加上其姓氏进行称呼。

对于熟悉的客人或同事，在征得对方同意的前提下可直接使用姓名进行称呼。在高度国际化的邮轮上，有比较开放的西方人，也有比较拘谨的东方人，切不可因为自认为彼此已经比较熟悉而随意采用姓名称呼。对于已经非常熟悉且亲密的朋友，可以在非正式场合采用昵称进行称呼。英语语言中对于姓名的简称或昵称有一套比较成熟的规范，比如 James 一般简称为 Jim，Victoria 一般简称为 Vic 等。可以在征得朋友的许可下使用，显得亲切自然。

3. 职务称呼

对于已知其具体职位的人，可以采用职务称呼，尤其是在公务性见面时，以体现身份有别。比如李经理、刘处长等。需要引起注意的是，我国的传统是，在非正式场合称呼某位副职的时候，为了显示尊重，有时会把"副"字省掉。例如一般称呼某单位的王姓副总裁为

"王总"。但是在西方却没有这个习惯。因此，在邮轮上的国际性环境下，若随意省略副字，反而会显得不够真诚，甚至会引起误会。

4. 职业称呼

不论是东方还是西方，对于特定的人群，都可以直接用职业称呼。例如张老师、王医生等。但需要注意的是，并不是所有的职业都适用这一称呼方式，一般在该职业社会地位比较高、比较受尊重的情况下使用。同样，在各个职业中，对于拥有较高级职称者，也可以直接以职称进行称呼，例如刘教授、李工（工程师）等。

5. 西方君主制下的称呼

以英国为典型代表，世界上现存有 30 个君主制国家，包括挪威、瑞典、西班牙等。西方君主制下对于国王、王后称呼为陛下（majesty），对王子、公主、亲王称呼为殿下（highness），对拥有公、侯、伯、子、男爵等爵位的人士称呼为阁下（honor）。对于以上贵族或身份高贵的人士，在与其交谈的时候，切忌使用你或您（you）来进行称呼。

6. 西方宗教神职人员称呼

世界三大主要宗教是基督教、犹太教和佛教。其中前两大教在西方信徒众多，邮轮上一般也都配有教堂和神职人员。对教会中的神职人员，一般可以使用其神职职称进行称呼，或使用对方姓名加上神职职称。例如神父（father）、牧师（priest）、修女（sister/mother）、拉比（rabbi）。根据教义，所有的信徒都是神的子民，因此在西方，信徒之间也经常会以兄弟（brother）或姐妹（sister）互相称呼。

7. 称呼的禁忌

在称呼他人时，也需要注意一些禁忌。例如在我国，经常以"爱人"来称呼配偶，而在西方文化中"爱人"（lover）指的是"情人"。我国也有把外国人称为"老外"的习惯，但一些外国人却觉得这个称呼有排外的嫌疑。在英语中，有一些带有歧视性或侮辱性的称呼也是应该绝对避免的，例如"黑鬼（negro）""四眼（four eyes）""残废（cripple）"等。

二、面谈内容

1. 涉外交谈基本原则

邮轮从业人员在工作中接触到的游客、同事或工作领导都来自世界各地，由于各国各地的风俗习惯各不相同，在涉外交往中，更需要注意一些交谈的基本原则，以便展示自己良好的职业素养，处理好各种人际关系，也可以结交更多的朋友，开阔自己的视野。

（1）互相尊重　服务礼仪的首要原则就是尊重原则，在涉外交谈中也不例外。这一基本原则的核心就是人与人之间的互相尊重。具体而言，可以体现在自尊和尊重他人两个方面。

德国伟大的哲学家黑格尔曾经说过："人应尊敬他自己，并应自视能配得上最高尚的东西。"一个人只有首先尊重了自己，尊重自己选择的职业，尊重自己所在的团体，才能让自己成为一个更好的人。一个行为粗俗、自私自利、不思进取的人，是无法获得任何人的尊重的。邮轮从业人员应首先成为一个高尚的人，约束自身的行为，自尊自爱，举止有度，对待生活、工作认真进取，才能获得来自他人的尊重，才能体现作为人的价值。

尊重他人是一种个人修养的体现。作为服务员从业人员，在工作中对待游客或同事，都应该给予充分的尊重，采用规范的礼节对待他人，理解他人做出的各种选择，尽力满足他人的需求，这是邮轮从业人员应尽的义务。

（2）不卑不亢　含蓄是我国的传统美德，在涉外交往中，由于文化背景的不同，在面对来自更开放的文化的人时，我们有时会显得过于拘谨。再加上传统观念中对服务人员地位的偏见，部分的邮轮从业人员在涉外交谈中可能会不够自信。

实际上，当进入邮轮这个行业的时候，来自世界各地的人都是平等的，不论在哪个岗位，其职责都是为游客服务，因此，在和同事的交往中，大可不必因为任何原因而感到拘束。文化背景的不同可能导致语言能力和表达方法上的差异，但是只要是圆满完成自己的工作，都是值得尊重和鼓励的。另一方面，在和游客的交往中，也应该做到大大方方，不卑不亢。服务行业作为第三产业的重要组成部分，既重要又光荣。邮轮行业的服务水平直接制约着这个行业的现代化程度，影响着游客的出游质量，因而，任何妄自菲薄的想法与做法，都是不利于行业发展的。

（3）求同存异　和来自不同国家不同地区的游客及同事共同生活和工作，对任何人来说都是一种挑战，不同的文化背景和信仰冲击体现在许多细小的方方面面。在这种高度国际化的环境里，为了圆满地应对各种问题，建立良好的人际关系，求同存异是不二法则。

趋同，是人类共有的倾向。人们总是在人际交往中不断地寻找彼此之间的相似之处，并用这种方法拉近心理距离。我国的传统文化中，趋同的体现尤为明显，人与人在见面之后，总是想方设法找到彼此之间的共同点，因此也产生了很多特殊的词汇，比如"老乡""同窗"等，而常常选择忽视彼此之间的不同之处，东方其他各国也或多或少有类似的倾向。但和东方的传统不同，西方各国对人与人之间的差异性更加宽容。西方盛行的"个人主义"观点，正是强调个人的自由和个人的重要性，以及"自我独立的美德"。因此，在邮轮的国际化环境里，除了"求同"之外，更需要注意充分尊重他人的选择，即"存异"。

2. 交谈礼仪

为了达成有效的交流，在面谈中有不少的交谈技巧和礼仪需要注意。邮轮从业人员与游客或同事进行交谈的时候，都需要熟练掌握以下交谈礼仪，以获得良好的沟通。

（1）认真倾听　英语中有一种赞美人的方式，说他人是一个"好的倾听者"，形容某人在对待他人的时候热情认真，这样的人往往容易给人留下体贴、有教养的良好印象，也有利于后续的人际交往。倾听在交谈中十分的重要，它不仅仅是获得信息的方式，更是个人涵养的体现。

在交谈中，当他人阐述观点的时候，应该认真地注视对方，耐心地听完，并认真领会对方的意图。因为对对方的话题不感兴趣，或因为迫不及待地想表达自己观点而打断他人话语，是十分无礼的行为。假如因为特殊原因必须打断对方，应该在对方一句话结束时示意并致歉，再阐述自己的观点。

（2）及时回应　交谈是一种平等交换意见的过程，在交谈中的倾听绝不仅仅是一语不发地听对方讲话，如果没有任何积极的回应，也会给人一种敷衍了事的感觉，从而影响交谈的效果。

在倾听中获取对方给予的信息的同时，为了形成良好有效的信息交换，倾听者也应根据对方的话语给出即时反馈。反馈的方式多种多样，常见的有肢体反馈（点头、摇头等）、表情反馈（微笑、惊讶的表情等），以及语言反馈（"是吗？""是这样啊。"等）。通过使用各种即时反馈，可以拉近交谈双方的心理距离，使得交谈更为投机。

（3）语言得体　除了倾听和回应之外，在表达自己观点的时候，邮轮从业人员需要注意语言的得体性，应谈吐文雅，切忌随心所欲。尤其是面对游客的时候，需要规范使用服务用语。

服务用语包括欢迎语（"您好，欢迎您的光临！""欢迎您来本餐厅用餐！"）、问候语（"早上好，先生/女士！""您好！"）、恭敬语（"这边请。""您请往前走。""请稍候。"）、感谢语（"谢谢您！"）、致歉语（"对不起，打扰您一下。""不好意思，请稍等。"）、告别语（"再见，欢迎您再次光临！""您慢走！"）等。在实际的工作中，邮轮从业人员应根据具体的交谈情境选择合适的服务用语。

除了规范化的服务用语之外，在交谈中的用语还需注意随机应变。在适当的时候可以使用幽默的语言开一些无伤大雅的玩笑，使气氛轻松愉快，以拉近和对方的距离。

另外，在公共场合进行交谈的时候，需要注意音量和语速的控制。邮轮上大多数区域一般都是比较安静的，其目的是帮助游客放松心情，因此，在交谈的时候，需要注意音量适当，语速不宜过快。无缘无故地快速大声说话会令人紧张不悦，也显得没有教养。

（4）仪态大方　良好的交谈不仅仅是语言的碰撞，更需要交谈双方从仪态上体现对彼此的尊重，不合适的身体姿态可能会对交谈的效果产生负面的影响，甚至影响交谈双方的人际关系。

在交谈的过程中，倾诉者应注意身体舒展，不可弯腰驼背，更不可呈现封闭性（头部低垂，无精打采）或防御性姿态（双臂抱胸或双手叉腰等）。双手自然放开，可在交谈中根据交谈内容适当配合使用部分手势，这是自然放松的体现，也能够起到加强内容表达的感染力的作用。在对方说话时，倾听者应眼神专注，配合相应的面部表情，适当点头反馈。但需要注意的是，倾听者一般不宜在肢体上有过于夸张的反应，以免显得浮夸。

3. 宜谈的内容

那么，涉外交谈中，到底什么是适合谈的话题呢？

一般而言，不论是和游客寒暄还是和同事闲谈，谈论双方国家的风土人情都是一个不错的选择。假如对方对自己的祖国感兴趣，可以多谈谈我国的山水风光、民族传统、社会发展等。但假如对方因为对我国不够了解而产生错误的观点，可以适当纠正，但不要过多地与游客就争议性话题进行争辩。同样，在谈论对方国家时，应对对方及其祖国表示充分的尊重。假如去过对方的国家，可以简单地谈谈当地给自己留下的良好印象，或者游览时有趣的经历等。假如没有去过，可以表示美好的憧憬，切不可将道听途说的偏见拿来胡说。

除了彼此的国家之外，也可以根据双方的个人所长进行交谈。不论是彼此从事的职业，还是个人的兴趣爱好，都是不错的面谈话题。另外，音乐、戏剧、绘画艺术等高雅话题也十分适合涉外面谈。但是在进行相关话题的闲谈时，一定要注意谦虚，切不可对自己实际并不太了解的领域夸夸其谈，以免贻笑大方。

【思政园地】

中国的"世界之最"

我们的祖国母亲——中国是世界上历史最悠久的国家之一，有着光辉灿烂的文化和光荣的革命传统，世界遗产数量全球领先。我国是世界上人口最多的发展中国家，是世界第二大经济体，并持续成为世界经济增长最大的贡献者。我国有广袤的高原、绵延的山川、起伏的丘陵……它们共同组成了祖国壮美的秀丽山河，而其中世界级别的景观，你又知道多少呢？

1. 世界现存最大的古建筑群——故宫

北京故宫是中国明清两代的皇家宫殿，旧称紫禁城，位于北京中轴线的中心。北京故宫以三大殿为中心，占地面积约 72 万平方米，建筑面积约 15 万平方米，有大小宫殿 70 多座，房屋 9000 余间。北京故宫是世界上现存规模最大、保存最为完整的木质结构古建筑之一，1987 年被列为世界文化遗产。

2. 世界上最长的城墙——万里长城

长城，是中国古代的军事防御工事，是一道高大、坚固而且连绵不断的长垣，用以限隔敌骑的行动。1987 年 12 月，长城被列为世界文化遗产。长城本来是中国古代的军事防御工程，后来历经多个朝代的修缮，现在的长城长度足足有 21000 多公里，都可以绕地球半圈了。如图 4-2 所示。

图 4-2　万里长城

3. 世界海拔最高的山峰——珠穆朗玛峰

珠穆朗玛峰位于喜马拉雅山脉中段，山体呈巨型金字塔状，地形极端险峻。海拔 8848.86 米，为世界第一高峰，有世界屋脊之称。珠穆朗玛在藏语中意为"女神第三"。

4. 世界上最长的人工运河——京杭大运河

京杭大运河始建于春秋时期，全长约 1797 公里。是世界上里程最长、工程最大的古代运河，也是最古老的运河之一，更是中国水利工程史上的一座丰碑。

5. 世界海拔最高的宫殿——布达拉宫

布达拉宫位于中国西藏自治区的首府拉萨市区西北的玛布日山上，海拔 3700 米。1994 年，布达拉宫被列为世界文化遗产。

6. 世界海拔最高的咸水湖——纳木错

纳木错是西藏第二大湖泊，海拔 4718 米。它也是中国第三大的咸水湖，纳木错是藏语，翻译成汉语是"天湖"的意思。

7. 世界第一大峡谷——雅鲁藏布江大峡谷

雅鲁藏布江大峡谷位于西藏的林芝地区，在深度上超过了秘鲁的科尔卡峡谷，在长度上还超过了美国的科罗拉多峡谷，是不容置疑的世界第一大峡谷。

8. 世界上最低的盆地——吐鲁番盆地

吐鲁番盆地是新疆天山东部南坡的一个山间盆地，"吐鲁番"是维吾尔语"低地"的意思。吐鲁番盆地是一个典型的地堑盆地，也是世界上地势最低的盆地（-154.31 米）。

9. 世界流动沙土面积百分比最大的沙漠——塔克拉玛干沙漠

塔克拉玛干沙漠位于新疆的塔里木盆地中心，总面积 337600 平方公里，四面高山环绕。塔克拉玛干在维吾尔语意思为"走得进，出不来"，更被称作"死亡之海"。

当然，中国的"世界之最"当然不止以上的这些，无论身在哪个行业，勤劳聪慧的中国人都在不断奋斗，未来必定还会有更多的"世界之最"。

4. 忌谈的内容

涉外交往中，由于文化和背景不同，有些话题是应该尽量避免的。假如在交谈中涉及这些话题且观点或用语不当，十分容易引起误会甚至是冲突。

（1）国家隐私　不谈国事也是涉外谈话中最基本的原则之一。不论是我国还是他国，国家主权都是至高无上的，因此每个国家的内部事务及其处理方式都应该受到他国他人的充分尊重。所以，在涉外的交谈中，涉及双方国家隐私事务的问题是每一个爱国公民都应该注意避免的话题。

（2）个人隐私　西方文化十分重视个人的隐私，东方人日常表示亲密友好的话语，在他们眼中可能就是对自己隐私的侵犯。在和西方人进行交谈的时候，不能询问或谈论对方的年龄、婚姻状况、个人收入、住址以及其他方面的家庭情况。另外，谈话中对对方的服饰、住宅、汽车的式样与价格也不要涉及，它们与个人的收入和喜好有关，也属个人隐私的范围。

（3）政治选择　西方许多国家采用多党制，政治话题以及个人的政治倾向及选择也是在面谈中应该避免的话题。同时，各个国家之间社会制度、政治体系、意识形态以及宗教信仰各有不同，所以在交往中也应该摒除个人偏见与看法，把个人的观点或见解强加于人，是十分无礼的行为。

M4-2　我说错什么了吗

（4）宗教信仰　世界上除了三大宗教之外，还有为数众多的规模较小的宗教及其流派存在。宗教自由是全世界共同的基本原则，因此，在和他人进行交谈的时候，可以礼貌的询问对方的信仰，但是绝不可以针对对方的宗教信仰做出任何负面的或带有偏见性的评价。

（5）庸俗话题　与适合进行交谈的高雅话题相对，庸俗的话题和令人不快的事物都不适合在谈话中出现。各种惨案、丑闻、暴力或色情故事、病痛、衰老与死亡之类的话题容易显得庸俗、低下，或令人不悦，因而都不宜谈及。

【工作任务】

掌握涉外面谈礼仪，完成情景模拟训练。

【任务准备】

1. 复习称呼礼、面谈内容等礼仪细节。
2. 学生之间交流讨论。
3. 学生分组确定角色，模拟情景，准备训练所需的器材。

【任务实施】

实训安排

实训时间	双方交谈 3 分钟
实训目的	掌握基本的涉外面谈礼仪
实训要求	严格按照实训规范要求进行

训练标准与要求

实训内容	操作标准	基本要求
涉外面谈礼仪	(1)设定模拟身份(邮轮从业人员、游客等)； (2)根据称呼礼的相关知识，对对方进行礼貌称呼及问候； (3)在尊者的引导下就合适的涉外面谈话题进行交谈； (4)面谈过程中注意态度大方，仪态得体； (5)倾听者注意认真倾听，及时回应，应对语言得体； (6)面谈结束时，邮轮从业人员注意规范服务用语的使用	热情，大方，礼貌

【任务评价】

训练自测评分表

项目	考核标准	满分	评分
称呼	(1)正确使用称呼礼，合理选择泛尊称、一般性称呼、职务称呼、职业称呼等称呼方式； (2)注意避免出现称呼禁忌	30 分	

续表

项目	考核标准	满分	评分
有效沟通	(1)很好把握交谈礼仪基本原则，做到互相尊重、不卑不亢、求同存异； (2)交谈中做到认真倾听、及时回应、语言得体、仪态大方	40分	
话题选择	选择合适的话题，避免忌谈的内容	30分	
	满分	100分	

【随堂测验】

一、多选题

1. 常见的称呼礼有哪几种类型？（　　　）

A. 泛尊称　　　　　B. 一般性称呼　　　C. 职业称呼　　　　D. 职务称呼

2. 涉外交往面谈中，应改遵循哪些基本原则？（　　　）

A. 互相尊重　　　B. 不卑不亢　　　　C. 求同存异　　　　D. 委曲求全

二、讨论题

作为未来的邮轮从业人员，你打算如何在涉外交往中做到弘扬我国民族文化，传承文化自信？

【拓展阅读】

肖娜是一名在国际邮轮前台工作的乘务员。她性格开朗，落落大方，笑容亲切，英语也十分流利。因此，一直以来工作都十分顺利，受到各国游客的好评。这天，一名美国游客在前台办理入住时，和她闲聊了起来。

游客："你的英语讲得这么好，在中国人里一定是很少见的吧。"

肖娜："谢谢您的夸奖。但事实上，很多中国人的英语都挺不错的。"

游客："哦。我听说，你们好多中国人都很喜欢学英语，因为你们都很喜欢我们美国啊。"

肖娜："我们中国人学习英语，因为英语是世界通用语言，世界各国人民都经常使用。不过，您可能也知道，现在世界各国也都流行学习中文呢。"

游客："哦，是吗？这我还不清楚呢。"

肖娜："是的，中国是一个历史悠久的文明古国，有着灿烂的文化。汉字就是中国文化的典型代表，是世界上最古老的文字之一，已有6000多年的历史。现在，随着越来越多的人了解到中国和中文文字的魅力，世界各国都开始流行学习中文。"

游客："中国确实是一个很活力的国家。我三年前也曾经去过上海，是一个很现代化的城市。"

肖娜："是的。但是，除了上海这样的国际化大都市，中国也有丰富而瑰丽的自然风光。从世界屋脊青藏高原，到鬼斧神工的桂林山水，都是大自然对中国的馈赠。"

游客："听你这么一说，我可真想再去看看中国的风景呢。"

肖娜："非常欢迎您有机会再到中国去看看，我们的祖国发展迅速，每年都有新变化。"

游客："好的。我这次航程结束之后，下一个假期就再去你们中国。"

【邮轮文化】

邮轮工作中的文化冲击

国际邮轮是一个高度国际化的工作和生活环境，在有些邮轮上，工作人员可能来自于几十个不同的国家。因此，邮轮上的文化和你所熟悉的文化有着很大的差异。当你登上国际邮轮开始工作时，因为处在陌生的文化和环境里，你可能很容易感受到焦虑和困惑，这就是人们常说的"文化冲击"。假如你没有做好充分的准备，文化冲击可能会更加强烈，甚至给你的工作和生活带来巨大的影响。其实，在登上国际邮轮之前，做好以下的心理准备，就已经可以帮助你很好地应对文化冲击。

1. 你不是孤身一人。文化冲击会发生在很多人身上，尤其是那些第一次登船的船员。随着时间的推移，你一定能够慢慢适应新的环境。

2. 调整态度。刚开始进入国际邮轮这个跨文化环境，你可能会对自己产生怀疑。尽量让自己更加积极一点，迎接自己的新生活。

3. 试着和一些不同国籍的人交朋友。花点时间了解其他国家的文化，也多向他人介绍自己国家的文化。在互相了解彼此的过程中，你能看到世界的宽广，也会更加热爱自己的祖国。

4. 保持积极向上。不要关注那些也许看起来消极的东西，多关注积极的东西，保持良好的心态。

5. 多观察，少说话。登上国际邮轮，进入了新的环境中，你需要花点时间多探索和观察，并践行正确的涉外交谈礼仪。

任务二　掌握肢体语言礼仪

【任务导入】

谈话绝不仅仅是语言信息的交换，在交谈的过程中，双方身体所呈现的各种状态也可以有效的帮助达成愉快交谈的目的。小到一个眼神的交流，大到两人之间身体的距离，都可以表现交谈双方对谈话的投入。本任务重点阐述谈话礼仪中面部表情、肢体语言及交往距离的合理使用。

【任务资讯】

一、目光语言

俗话说"眼睛是心灵的窗户"，那么目光就是发自心灵的语言了。在交谈过程中合理的使用目光，能够帮助我们表达对对方的真诚以及对谈论话题的兴趣，进一步拉近彼此的心理距离。

M4-3　目光语言

1. 注视的方式

常见的注视他人的方式有直视、凝视、扫视等。

直视，用于两人面对面直接交流时，是交谈中最常用的注视方式，给人的感觉认真、大方、坦诚。邮轮从业人员在进行涉外交谈时可以经常使用直视，但需要注意注视的部位和时间。

凝视，即全神贯注地看着对方，是直视的一种特殊使用，给人的感觉十分专注。使用时需要注意具体的情境，一般可在严肃正式的场合，或在十分亲近的人之间使用。若使用不当，则会给人不自在的感觉。

扫视，指面对多人时，有意识地将视线从一个方位慢慢移动到另一个方位，给人的感觉是兼顾到在场的所有人。

2. 注视的角度

平视，是面谈中最常见的注视角度，表示平等、坦诚，适用于绝大多数的交谈情境。

仰视，指目光向上看着对方，表示谦卑、敬畏，适用于面对尊长的情况下。

俯视，指目光向下看着对方，表示宽容、怜爱，配合不当的表情时，也可表示轻视和怠慢。

邮轮从业人员在与游客进行交谈时，应尽量采取平视的角度，配合直视的方式，表示落落大方，认真坦诚。假如是站立时与落座的客人交谈，也要注意调整身体的姿态，切忌一不小心采用了俯视的角度对待客人，以免令客人感觉不受尊重。

3. 注视的部位

根据交谈双方的社交关系不同，在交谈时双方对彼此注视的部位一般也有所不同。

对于处于公务关系的双方，在交谈时一般注视彼此面部的"上三角区域"，即以眉心为中心，双眼、额头分别为三个顶点的三角区域。注视这一区域，能够给人以严肃认真的感觉，一般用于十分正式的公务场合，如正式会议或谈判等。需要注意的是，即使是注视对方的"上三角区域"时，也不可死死地盯住对方的眼睛不放，而是应该自然的注视整个三角区域，否则也会令人不快。

对于处于社交关系的双方，在交谈时一般注视彼此面部的"中三角区域"，即以鼻头为中心，双眼、唇心分别为三个顶点的三角区域。注视这一区域，能够给人以亲切坦诚的感觉，一般用于轻松自然的社交场合，如普通问候或交谈等。一般而言，邮轮从业人员在与游客进行交谈时，经常会配合直视及平视注视对方的这一三角区域，以给对方留下自然轻松的感觉。

对于处于亲密关系的双方，在交谈时一般注视彼此面部的"下三角区域"，即以下巴为中心，双眼、胸口分别为三个顶点的三角区域。注视这一区域，能够给人以亲昵友善的感觉，一般在非正式场合，用于关系亲密的亲人、朋友或恋人之间。假如关系并不是很亲密的人在交谈中注视对方这一区域，则可能会给人侵犯感，使人不悦。

4. 微笑

除了合理使用目光之外，面部表情的搭配在友好的谈话中也是必需的，其中，最令人舒适愉悦也是最常用的表情就是微笑。规范的职业性笑容的基本要求是：亲切，自然，甜美。

微笑时，应注意面部舒展放松，目光亲切，面部两侧笑肌适当收缩用力，嘴角微翘，适当露出六至八颗上牙。注意不牵动鼻子，不露出牙龈，不发出笑声。真正打动人心的微笑，不仅仅是面部肌肉的运动，更是发自内心的善意，需要配合亲切友好的眼神。如图4-3所示。

为了掌握职业微笑，邮轮从业人员可以采用多种方法勤加练

图 4-3　微笑的眼神

习。词语练习法，即默念英文"cheese"或中文"茄子"来掌握微笑时的面部肌肉标准状态。道具练习法，即用嘴唇轻咬道具来掌握微笑时的面部肌肉标准状态，一般常用的道具有筷子或短尺等。对镜练习法，即面对镜子微笑，同时检查自己的面部表情及眼神配合。持续练习可以让肌肉产生记忆，并在需要使用时准确呈现这一状态。

二、肢体语言

M4-4　肢体语言

谈话时，人们不仅仅靠话语来传达自己的意图，也常常会使用各种肢体语言来进行辅助。事实上，肢体语言有时比言语能够表达更多的内容。

1. 常见通用肢体语言

有些常见的肢体语言在世界各国都是通用的，一般而言在使用上也不会出现什么歧义。比如身体舒展的状态表示放松；两人见面时握手或张开双臂拥抱表示友好；将双臂交叉紧紧抱于胸前，或落座时双腿紧紧交叠可能表示紧张或不安；频繁的改变身体姿态表示焦躁不安等。

敏锐地发现他人的这些肢体语言，可以帮助邮轮从业人员更好地进行交流。有些游客由于文化背景的原因，可能会在对某些服务不甚满意的时候依然"客气"的沉默，但是肢体语言往往会更加真实地反映他们的感受。

在交谈时，除了肢体的状态外，手势的使用也是十分重要的。一般而言，握拳表示挑战或发出警告，有时也表示下定决心。伸出食指，可以用于指点方向或指示某个较小的物品，但也常常用于表示训斥。竖起中指，在世界各地都是表示对对方的侮辱，必须绝对的避免。摊开手心向上，表示坦诚，而摊开手心向下，则表示否定或反对。

2. 常见肢体语言在不同国家的含义

虽然随着全球一体化的进程，不同国家间人们的交流越来越顺畅，但是在不同的文化背景下，许多肢体语言还是表达着不同的含义，假如使用不当，也是会引起争议或冲突的。

例如，最容易引起误会的是，世界上绝大多数国家用点头表示肯定，摇头表示否定，但阿拉伯部分地区、阿尔巴尼亚及希腊部分地区却是点头为否定，摇头为肯定。印度虽然也是点头表示肯定，摇头表示否定，但他们还有很常用的第三种表达方法，即将头部轻轻地左右晃动，也表示肯定。

在用手势表示数字时，中国伸出食指表示"1"，很多西方人则伸出大拇指表示"1"；中国人伸出食指和中指表示"2"，西方人伸出大拇指和食指表示"2"，并在此基础上依次伸出中指、无名指和小拇指表示"3""4""5"。中国人在表示"5"以上的数字一般使用单手即可，而很多西方人会在一只手五指伸出表示"5"的基础上，用另一只手的各个手指逐个增加。大多数国家都用食指和中指伸出呈V字形，掌心向外，表示"胜利"。但在亚洲及部分非洲国家，"V"字形手势一般表示"2"，指代两件事或两个东西。

伸出一只手，将食指和大拇指搭成圆圈，很多国家的人都用这个手势表示"OK"，是"赞扬和允诺"之意；在日本、缅甸、韩国，它表示"金钱"；在法国，则示"微不足道"；在巴西、希腊和意大利的撒丁岛，却是一种令人厌恶的污秽手势。

竖起大拇指，在许多国家都表示赞赏之意，但在西方，站在路边竖起大拇指也是拦路要求顺路搭便车的意思。

在东方，许多人看见可爱的小孩子总爱轻轻地抚摸其头部，以表示喜爱之情，但是在西方很多国家，这种行为都是会引起家长极大不满的。同样，也不可以随意将他人的小孩抱起。

世界之大，肢体语言之丰富不可尽说。因此，为了避免在交流中产生误会，邮轮从业人员在工作中不可随意使用肢体语言，应注意宜少忌多，并且尽量使用规范化的通用肢体语言。

三、交往距离

在人与人的交往之中，交流时彼此身体间的距离实际上也是彼此关系的一种反应。因此，在不同的场合与不同关系的人进行面谈时，邮轮从业人员需要良好的把握交往距离，以免影响交流效果。美国人类学家爱德华·霍尔博士划分了四种区域或距离，各种距离都与对方的关系相称。人们的个体空间需求大体上可分为四种距离：亲密距离、个人距离、社交距离及公众距离。

1. 亲密距离

交往双方彼此之间保持在 0～45 厘米的这一距离，被称为亲密距离。顾名思义，这一距离一般用在关系亲密的朋友、亲人或恋人之间。假如关系并不亲密的人试图进入这一距离范围，就会引起不安和反感。邮轮从业人员在与游客交流时，一般应保持在这一距离范围之外。但对于比较熟悉的游客或朋友，可以在特殊情况下短暂进入这一距离范围，比如表示惜别的拥抱等。

2. 个人距离

交往双方彼此之间保持在 45～120 厘米的这一距离，被称为个人距离。个人距离是普通社交中最常用的距离范围，交往双方一般没有密切的身体接触，一般的熟人或朋友都可以很自然地进入这一距离范围。邮轮从业人员和游客之间一般也保持个人距离，既不会显得拘谨疏远，也不会过于亲昵。

需要注意的是，假如在进入个人距离之后，游客主动继续拉近距离或表现得十分轻松愉快，说明邮轮从业人员已经和游客形成了亲切友好的关系；而如果游客有任何试图拉开距离的行为或表示，则可能是游客表示对服务不满意的一种潜在表现，则需要反思自己的言行举止是否得当。同时，由于文化背景的不同，个人距离在不同国家的体现也会有所不同。同样的社交场合中，东方各国的人士之间保持的距离一般远于西方各国人士。意大利及巴西等国人士甚至会在普通朋友之间就采用亲密距离。

3. 社交距离

交往双方彼此之间保持在 120～360 厘米的这一距离，被称为社交距离。社交距离一般用在不太熟悉的人之间或较为正式的场合下，交往双方没有任何身体接触，稍显正式。

游客登上邮轮之后，在和服务人员初次见面时，可能会因为不熟悉或不够放松而采用这一距离范围，随着熟悉程度的逐渐加深，可能会由社交距离缩短到个人距离。另外，在房间里或会客室、会议室里进行较正式的交流时，由于桌椅的摆放，也可能导致交流双方处于这一距离范围。处于社交距离的交谈双方由于彼此之间相距较远且没有身体接触，因此交谈双方需要提高音量，并有意识地增加目光接触，才能够形成有效沟通。

4. 公众距离

交往双方彼此之间保持在 360 厘米及以上的这一距离，被称为公众距离。一般适用于演讲者与听众、彼此极为生硬的交谈及非正式的场合，交流效果较差。

邮轮上从业人员与游客处在这一距离的情境，一般是在演出时。假如因为演出安排，演员需要和某特定游客或观众形成有效的交流，则需要走下舞台或邀请游客走上舞台，使彼此的距离缩短为社交距离或个人距离，才能实现有效的沟通。

【工作任务】

掌握肢体语言礼仪，完成情景模拟训练。

【任务准备】

1. 复习目光语言礼仪细节。

2. 学生之间交流讨论。

3. 学生分组确定角色，模拟情景，准备训练所需的器材。

【任务实施】

实训安排

实训时间	目光对视及微笑 3 分钟
实训目的	掌握基本的目光语言及微笑礼仪，传达真诚友好的情感
实训要求	严格按照实训规范要求进行

训练标准与要求

实训内容	操作标准	基本要求
目光语言 及 微笑训练	(1)全班随机组成两人一组，原则上不允许自行选择练习同伴； (2)两人相对而立，彼此保持个人距离(45～120 厘米)； (3)身体舒展放松，双手自然下垂，不要有小动作； (4)平视直视对方，采用社交情境的"中三角区域"； (5)使用职业性微笑，配合亲切友好的眼神； (6)实训结束时讨论，彼此是否成功传达了真诚友好的情感	真诚，友好，大方

【任务评价】

训练自测评分表

项目	考核标准	满分	评分
交往距离	实训时彼此之间保持个人距离(45～120 厘米)	30 分	
目光语言	(1)良好掌握交往中的注视方式、角度和部位； (2)采用平视，直视对方； (3)注视对方的部位为社交情境的"中三角区域"； (4)展现职业性微笑，配合亲切友好的眼神	50 分	
肢体语言	身体舒展放松，双手自然下垂，不要有小动作	20 分	
	满分	100 分	

【随堂测验】

讨论题

1. 邮轮从业人员在与游客进行交谈时，为了给对方留下自然轻松的印象，通常应使用怎样的注视方式、角度、部位？

2. 一般情况下，邮轮从业人员和游客之间应该保持多远的交往距离比较合适？

【拓展阅读】

西方有趣的肢体语言

肢体语言（Body Language）在西方是非常重要的，有时候一些无法用言语表达的词汇和意思只有通过肢体语言来传达。

付账（cash）：右手拇指、食指和中指在空中捏在一起或在另一只手上作出写字的样子，这是在餐馆要表示付账的手势。

动动脑筋（use your brain）：用手指点点自己的太阳穴，表示好好想想。

撒谎（lying）：讲话时，将一食指放在鼻子下面或鼻子边时，一般会被理解为讲话人"讲的不是真话"。

威胁（menace）：由于生气，挥动一只拳头的动作似乎无处不有。

绝对不行（absolutely not）：掌心向外，两只手臂在胸前交叉，然后再张开至相距一米左右。

打招呼（greeting）：英语国家人在路上打招呼，常常要拿帽子表示致意。现已一般化为抬一下帽子，甚至只是摸一下帽檐。

高兴激动（happiness and excitement）：双手握拳向上举起，前后频频用力摇动。

太古怪了（too weird）：可以指事情，或者指人的思维很奇怪。在太阳穴处用食指画圆圈。

任务三 掌握电话礼仪

【任务导入】

在现代社会，交谈远远不止于面谈，电话交谈是十分日常也十分基础的工作环节。邮轮从业人员无论是与游客还是与同事、客户联系时，都会使用到电话。在电话的使用上也有许多需要注意的礼节，如图 4-4 所示。本任务重点阐述谈话礼仪中的电话拨打和接听礼仪。

图 4-4 电话礼仪

【任务资讯】

M4-5 拨打
礼仪

一、拨打礼仪

不论是给游客房间拨打电话，或是通过电话与客户、领导或同事进行联系，邮轮从业人员在进行拨打之前，首先要自我检查一下，是否做好了拨打电话的准备。

1. 拨打时间

在拨打工作电话的时候，首先第一步要检查拨打时间。一般而言，工作电话只在工作时间拨打，即上午 8 点至 12 点，下午 2 点至 5 点之间。非工作电话或在节假日期间，则时间比较灵活，但最好还是在上午 9 点到晚上 9 点之间。除非是十分紧急的特殊状况，否则不宜在拂晓、午休、午夜时打电话，以免影响对方休息。即使是不得不在此期间打电话，也应该在对方接听后第一时间表示歉意。

在拨打国际电话时，还需注意不同国家的时差，以及各国人民的生活习惯。例如，很多西班牙人都有午休的习惯，甚至西班牙不少地区上午 9 点一直工作到下午 2 点下班后开始午休，下午 5 点左右才再次开始上班一直到晚上。因此，在电话联系之前，首先必须确定对方方便接电话。

2. 通话思路

拨打电话之前应预先理清思路，如果有必要，可以列出交谈的重点。工作电话有时主题单一明确，有时却可能涉及好几件事情，还会遇到各种突发状况，为了避免在电话里表达含糊不清，语无伦次，在拨打之前简单的列出谈话要点的顺序是十分有效和必要的。

3. 通话时长

工作电话需要注意时间的控制，通话时间应遵循"三分钟原则"。除非是比较复杂的问题，否则一般在三分钟之内完成工作电话交谈，应做到言简意赅，尤其不宜过多的进行无意义的寒暄。

一般而言，拨打工作电话的程序为：等待对方接听后进行简单而礼貌的问候；自报本企业、部门或个人名称；使用敬语，说明自己想要找的通话人；条理清晰地说明通话主题；与对方沟通一致，确定对方明白；表示感谢并道别；等待对方挂机后轻轻挂掉电话。

4. 通话态度

在电话交谈时，通话双方无法看见对方，所以不能通过面部表情来传达情感。因此，为了给对方留下良好的印象，通话时态度殷勤、谦恭是十分必要的。音量大小适中、语速快慢合适、面带微笑地说话，都可以给对方传达愉悦感。

5. 挂机礼仪

通话结束后，双方礼貌的互道再见之后，一般应该由通话双方中地位稍高者先挂机。在和游客或客户交流时，邮轮从业人员应遵循"以客为尊"的基本原则，等待游客或客户挂机之后再轻轻挂机。若交谈双方身份相当时，则没有明确的挂机先后的讲究，但是拨打方为了表示对对方的尊重，也应在说完"再见"之后稍等待两秒钟再挂电话。

二、接听礼仪

1. 接听时机

作为服务性行业从业人员，邮轮从业人员应注意在电话铃响后及时接电话。一般而言，铃响两声是最佳的接电话时机。若铃响一声就迅速接起电话，有可能会让对方吓一跳。而铃响三声之后还未接电话，则可能让对方因为等待时间太长而觉得不耐烦，也可能会给人留下工作效率不高的负面印象。

假如因为特殊原因没能及时接起电话，则应在第一时间向对方致歉。

2. 接听态度

和拨打电话一样，在接听电话时，交谈的态度也是十分重要的。为了给对方留下良好的印象，通话时同样需要注意态度殷勤、谦恭，音量大小适中，语速快慢合适，面带微笑地说话。

3. 接听程序

一般而言，接听工作电话的要点为：铃响两声后拿起话筒；进行简单而礼貌的问候；自报本企业、部门或个人名称；认真倾听；使用敬语，传呼对方想要找的通话人；与对方沟通一致；进行相关记录并复述一遍，以让确认；表示感谢并道别；等待对方挂机后轻轻挂掉电话。

值得一提的是，在接听工作电话根据对方主题进行记录时，应遵循"5W1H"原则。即应该详细记录下对方通话主题里的"时间"（when）"地点"（where）"人物"（who）"事件"（what）"原因"（why）和"方式方法"（how）这六个要点，以保证信息的完整有效。

三、手机礼仪

除了固定电话之外，手机也是人们日常使用的通话工具。在使用手机进行通话时，除了以上的拨打和接听礼仪之外，还需注意以下几点。

M4-6　手机礼仪

1. 接打礼仪

使用手机通话时，因为具有场地灵活的特点，所以尤其需要注意接打电话时的场合。

邮轮从业人员在工作时间一般不允许携带手机上岗。如果是特殊情况需要在工作场合接打手机，则需注意和接打固定电话一样，遵循不影响他人、长话短说的基本原则。如果在工作场合接到了非工作主题的电话，则应该尽量寻找无人的地方进行简单交谈，切不可在工作场合进行电话寒暄。

在宴会、图书馆、电影院等公共场合，应将手机调整为静音状态，以免影响他人，如果需要接打电话，也应该远离人群，找无人的地方进行交谈，或至少应控制谈话音量，小声地简单交谈。在公共场合旁若无人地高声接打电话是不讲社会公德的表现，十分失礼。

2. 安全规范

手机虽然使用方便，但是有关安全的注意事项不可大意。在乘坐飞机时，空乘人员一般会在起飞前提醒乘客关闭手机等电子设备，以免其电子信号影响飞机的导航系统。在加油站接打手机，有可能引起火灾甚至爆炸等严重后果，是严格禁止的。在医院手术室附近使用手机，可能影响医疗设备的使用，也是应该避免的。在驾驶车辆时，使用手机进行通话可能会导致驾驶员分心，可能引起交通事故，也是违章驾驶的行为。除此之外，容易被忽视的就是雷雨天里在室外的空旷场地接打电话也是存在安全隐患的，有可能遭到雷击。

【工作任务】

掌握电话礼仪，完成情景模拟训练。

【任务准备】

1. 复习电话拨打、电话接听及手机礼仪细节。
2. 学生之间交流讨论。
3. 学生分组确定角色，模拟情景，准备训练所需的器材。

【任务实施】

实训安排

实训时间	被叫服务礼仪、主叫服务礼仪各 0.5 小时，共计 1 小时
实训目的	掌握电话服务的基本礼仪和技巧
实训要求	严格按照实训规范要求进行

主叫服务礼仪训练标准与要求

实训内容	操作标准	基本要求
主叫服务礼仪	(1)打电话前，自行检查准备工作是否已经做好，拨打时间是否合适； (2)理清思路，简单列出交谈重点； (3)等待对方接听，礼貌问候，报出自己所在单位和姓名； (4)通话中发声要自然，音调要柔和、热情、愉快，音量适中，带着笑容通话效果最佳； (5)使用敬语，说明自己想要找的通话人； (6)条理清晰地说明通话主题； (7)与对方沟通一致，确定对方明白； (8)表示感谢并道别； (9)等待对方挂机后，轻轻挂掉电话	耐心，热情，礼貌，负责任

被叫服务礼仪训练标准与要求

实训内容	操作标准	基本要求
被叫服务礼仪	(1)铃响两声后拿起话筒； (2)进行简单而礼貌的问候，并自报本企业、部门或个人名称； (3)通话中发音要自然，音调要柔和、热情、愉快，音量适中，带着笑容通话效果最佳； (4)认真倾听，为表示正在倾听，应不断以"好的""是"等话作为反馈； (5)使用敬语，传呼对方想要找的通话人； (6)与对方沟通一致； (7)遵循 5W1H 原则进行相关记录，记录完后复述一遍，以让对方确认； (8)表示感谢并道别； (9)等待对方挂机后轻轻挂掉电话	耐心，热情，礼貌，负责任

【任务评价】

训练自测评分表

项目	考核标准	满分	评分
通话准备	接打电话前，应提前做好准备，熟悉接电话内容的标准语，理清思路，简单列出交谈重点	30 分	

续表

项目	考核标准	满分	评分
通话礼仪	(1)发音要自然,音调要柔和、热情、愉快,音量适中,带着笑容通话效果最佳; (2)条理清晰地说明通话主题; (3)使用敬语,说明自己想要找的通话人。认真倾听对方的讲话,为表示正在倾听,应不断以"好""是"等话作为反馈; (4)遵循5W1H原则进行相关记录,记录完后复述一遍,以让对方确认	40分	
结束礼仪	(1)表示感谢并道别; (2)等待对方挂机后轻轻挂掉电话	30分	
满分		100分	

【随堂测验】

问答题

1. 拨打工作电话的程序是什么?

2. 接听工作电话的程序是什么?

【拓展阅读】

邮轮从业人员手机使用要点

在邮轮上非固定岗位的工作人员会随身携带工作手机,可以方便他们及时与其他同事进行沟通及交流。在邮轮工作中使用工作手机,需要注意以下要点:

1. 放置合适位置

2. 遵守公共道德

3. 注意使用安全

4. 尊重他人隐私

【海洋文化】

为什么邮轮等航海用船的外形酷似海豚

船舶外形的设计和制造是人类仿生学原理运用最为成功的案例。邮轮等航海船舶的外形酷似海洋哺乳类动物。除了能否载人这一点不一样以外,邮轮和海豚有很多惊人的相似之处。如图4-5所示。

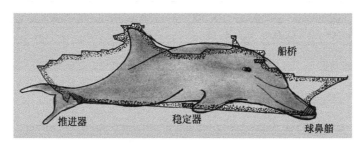

图4-5 邮轮与海豚

流线型体型：海豚通过流线型的身体，邮轮通过流线型的船体，在水中有效的运行。

浮性：海豚通过中空的身体，邮轮通过中空的船体，以保持在水中的浮力。

推进器：海豚通过尾翼的摇摆，邮轮通过尾部螺旋桨，产生推力。

鼻子的形状：海豚有圆圆的鼻子，邮轮有球鼻艏，减少水中的阻力。

平衡：海豚两侧有胸鳍，邮轮底部装有平衡器，以保持在波浪中的平衡与稳定。

头部：海豚有高昂和向前的脑袋，邮轮的上方和前部有船桥即驾驶台，用来指挥和协调全身（全船）各部位的运动。

皮肤结构：邮轮通过船体涂料，取得类似海豚的特质皮肤，防止海洋微生物的侵蚀。

废气排放：邮轮像海豚一样需要呼吸，海豚呼气时用头部的呼吸孔将水喷出，然后吸气。邮轮需要氧气帮助燃油的燃烧，从顶部的烟囱排出燃烧产生的废气。

【项目小结】

本项目主要针对邮轮从业人员涉外交谈中可能遇到的问题和需要注意的礼仪进行了阐述，具体谈到了谈话礼仪中所要注意的面谈基本礼仪与交谈内容的选择、谈话中面部及肢体语言的合理使用和正确的拨打及接听电话的礼仪。在学习时，学员应结合前一章中会面礼仪的相关知识，能够做到根据情境完成面谈内容的基本选择。完成目光注视及目光对视训练，能够自如地与他人进行有效目光交流。根据礼仪要求，完成电话接听及拨打训练。

【自我检验】

学习了本项目的：＿＿＿＿＿＿＿＿＿＿＿＿＿＿＿＿＿＿＿＿＿＿＿＿＿＿＿
＿＿＿＿＿＿＿＿＿＿＿＿＿＿＿＿＿＿＿＿＿＿＿＿＿＿＿＿＿＿＿＿＿＿。

其中，令我感触最深的是：＿＿＿＿＿＿＿＿＿＿＿＿＿＿＿＿＿＿＿＿＿＿
＿＿＿＿＿＿＿＿＿＿＿＿＿＿＿＿＿＿＿＿＿＿＿＿＿＿＿＿＿＿＿＿＿＿
＿＿＿＿＿＿＿＿＿＿＿＿＿＿＿＿＿＿＿＿＿＿＿＿＿＿＿＿＿＿＿＿＿，

过去，我的习惯是：＿＿＿＿＿＿＿＿＿＿＿＿＿＿＿＿＿＿＿＿＿＿＿＿＿
＿＿＿＿＿＿＿＿＿＿＿＿＿＿＿＿＿＿＿＿＿＿＿＿＿＿＿＿＿＿＿＿＿＿
＿＿＿＿＿＿＿＿＿＿＿＿＿＿＿＿＿＿＿＿。现在，我知道
了应该这样做：＿＿＿＿＿＿＿＿＿＿＿＿＿＿＿＿＿＿＿＿＿＿＿＿＿＿＿
＿＿＿＿＿＿＿＿＿＿＿＿＿＿＿＿＿＿＿＿＿＿＿＿＿＿＿＿＿＿＿＿＿。

因此，我制定了我的礼仪提高计划：＿＿＿＿＿＿＿＿＿＿＿＿＿＿＿＿＿＿
＿＿＿＿＿＿＿＿＿＿＿＿＿＿＿＿＿＿＿＿＿＿＿＿＿＿＿＿＿＿＿＿＿＿
＿＿＿＿＿＿＿＿＿＿＿＿＿＿＿＿＿＿＿＿＿＿＿＿＿＿＿＿＿＿＿＿＿＿
＿＿＿＿＿＿＿＿＿＿＿＿＿＿＿＿＿＿＿＿。

项目五

交往礼仪

【学习目标】

【素质目标】

1. 强化国家和民族意识，传承优秀传统文化；

2. 将优秀传统文化与交往礼仪个人行为规范有机结合，提升学生的人文素质、职业素质和道德水准。

【知识目标】

1. 了解日常交往的基本准则和礼节；

2. 掌握日常交往的操作规范；

3. 明确交往礼仪在日常工作和生活中的主要导向和规范作用。

【能力目标】

1. 能掌握并运用交往礼仪技巧，如通信礼仪、馈赠礼仪、拜访礼仪、鲜花礼仪等；

2. 通过学习交往礼仪知识，提高在工作岗位上规范的人际交往能力。

任务一　掌握拜访礼仪

【任务导入】

拜访，又称拜会或拜见。拜访，是人际交往中最常规的形式之一，在日常生活中，人们为了增进感情，往往相互走访探望。拜访一般是指前往他人工作地点或居所，有目的、有准备地前去看望、会见，并就有关事宜与对方进行交流沟通探讨磋商。拜访是人们经常使用的一种社交方式，通过拜访，人们可以交通信息，沟通思想，增进感情。

对于宾客而言，拜访中必须依照相应的礼仪规范形式，登门拜访他人在时间选择、衣貌修饰、言谈举止等各个方面都应该注意礼仪规范。只有遵守一定的礼仪规范，礼貌地对他人进行访问，拜访才能取得良好的效果。

【任务资讯】

一、联系拜访

拜访之前必须提前预约，这是最基本的礼仪。因此，在准备拜访之前，要事先用电话或信件与对方进行联系，简单说明拜访目的，确定拜访时间，事先要征求对方意向，征得对方的同意以后才能前往。没有特殊情况突然造访他人容易给对方造成麻烦，是无礼的，也是非常不受欢迎的，尽量不要做"不速之客"。

拜访之前所进行的联系，至少应提前一周进行。如果被访者地位较高或者十分繁忙的话，那么联系的时间还需要再提前一些，以使对方有所安排，有所准备。

联系拜访要商定拜访对象、拜访目的、拜访时间、拜访地点。

1. 拜访对象

确定谁是拜访者，商定来访人员和人数，不能未经对方同意便自行带上其他任何人同往。同时，商定要去拜访谁，不应随便提出拜访会见原未商定的其他人士的请求。双方参与拜访的人员一经确定后不宜随便进行变动，否则会干扰受访者事先所做的安排和计划。

2. 拜访目的

拜访必须明确目的，对此次拜访要磋商的内容、要解决的问题应做到心中有数。

3. 拜访时间

拜访时间要根据对方的情况来定，不要光考虑自己方便。在具体的拜访时间选择上，最好是利用对方比较空闲的时间。在我国，工作地点的访问时间一般应安排在上午 9 时、下午 3 时前后进行。登门时间最好不要占用对方的休息、用餐和处理重要公务的时间。如果是到居所拜访，可选用节假日或晚上 7 点 30 分至 8 点 30 分。

4. 拜访地点

拜访地点的确定主要考虑被拜访者的意见。一般情况下，公务拜访应该安排在被拜访者的工作地点进行，私人拜访应该安排在被拜访者居所进行。

二、拜访准备

拜访之前，确定拜访对象、拜访目的、拜访时间、拜访地点后，拜访者就可以为即将开始的拜访做好充分准备了。避免无准备的拜访浪费对方宝贵的时间和精力。

1. 仪表准备

上门拜访要成功，就要选择与个性相适应的服装，以体现专业形象。通过良好的个人形象来赢得拜访对象的认可。

肮脏、邋遢、不得体的仪表，不但给别人不愉快的感觉，而且是不尊重拜访对象的表现，是对被拜访者的轻视。被拜访者会认为你不把他放在眼里，对拜访效果有直接影响。整洁得体的仪容仪态是你对拜访对象的尊重。

出门拜访之前，应根据拜访对象、目的等，对着镜子将自己的衣物、容貌适当修饰一下：头发要梳理好；面容要干净并且应作适当的装饰；手脚要修剪好，以免到拜访地后出状况；衣帽应整洁，该扣的衣裤扣子应扣好，鞋带应系好。公务拜访则应着正装或企业制服，如若是居所拜访则穿着整洁得体即可，不用太隆重。

2. 资料准备

拜访之前要进行相关资料的准备，比如文字资料或电子资料、讨论提纲、所提问题等。

3. 工具准备

拜访要准备好名片、计算器、笔记本、钢笔。除此之外，要了解对方的兴趣、爱好及品位，有针对性地选择适宜的礼物。

4. 时间准备

要熟悉拜访所在地的交通路径，计算前往预约地点的路程和时间，充分考虑交通状况，选择适宜的路线和交通工具，以按照约定时间能够准时到达拜访地点。

三、拜访举止

登门拜访时应当礼数周全，自觉遵循社交场合应遵循的礼仪规范。

M5-1 拜访礼仪

1. 准时守约

准时守约，不仅有助于自己高效利用时间，更重要的是表现了对他人最起码的尊重。最好提前5～10分钟抵达预约地点附近，以便稍事休整，并熟悉一下周围的环境。如因故不能及时到达，应尽早通知对方，讲明原因恳请对方原谅，无故迟到或失约都是不礼貌的。

2. 通报进入

按约抵达预约地点后，应首先采用合乎礼仪的方法，向对方通报自己的到来。可通过他人转告，也可以敲门或按门铃。绝对不要不打任何招呼就推门而入。

3. 施礼问候

进入房间后，应主动向所有人打招呼、问好，或适当寒暄；对陌生人也应点头致意。同时还要注意一些常见的礼仪规范，如交换名片的礼节、握手的礼节、自我介绍和替他人介绍的礼节等。

4. 适可而止

不管是公务拜访还是私人拜访，是正式拜访还是非正式拜访，应控制有度，适可而止。

（1）时间控制　一定要遵守事先说定的时限，逗留的时间不宜太长。如果双方会见的时间早已有约在先，务必认真遵守。在一般情况下，初次进行的拜访，通常应控制在30分钟以内，或者要办的事一完后就应告辞。如若确有要事相商，被拜访者也有这方面的要求和意愿，才可以超出这一限制。

（2）过程控制　拜访中，拜访者应该善于察言观色、相机而动，灵活控制拜访活动的进行。当遇到以下这几种情况，也应及时告辞：一是双方话不投机，被拜访者反应冷淡时；二是被拜访者临时有事要办，或是有其他重要客人来访时；三是如果发现被拜访者身体不适，或面露倦意，或快到用餐、下班、休息时间时，拜访者最好长话短说，缩短时间，早一些告退应立即告辞，争取主动。

（3）内容控制　任何一次登门拜访都必然有其目的性。在拜访过程中，交谈一定要紧紧围绕商定的主题进行，尽快直奔主题，接触实质性的问题，并力争解决问题，不要跑题，主题一经谈毕，就要提出告辞。结束拜访的主动权，应当由拜访者牢牢地掌握。

5. 辞行告别

辞行时，应干净、利落、得体。出于礼貌，在拜访者辞别时被拜访者都会表示挽留。拜访者一旦表明告辞之意，就应坚持而去，并且首先伸手与被拜访者相握，同时说："再见"。

与对方的其他人员也应当一一握手道别。

行至被拜访者的办公室或居所门口，拜访者应该请送行的被拜访者就此留步然后挥手道别，随后即应立刻离去，不要听任被拜访者长距离地为自己送行。

如若主人处还有其他客人，这些客人即使你不熟悉，也应遵守"前客让后客"的原则，礼貌地向他们打招呼告别。

【工作任务】

分组进行拜访、受访礼仪训练。

【任务准备】

1. 复习拜访、受访相关礼仪知识；
2. 学生分组确定角色及模拟场景；
3. 各组根据模拟场景，交流讨论，准备训练任务所需器材。

【任务实施】

实训安排

实训时间	45 分钟
实训目的	掌握拜访客人及受访礼仪和技巧
实训要求	严格按照所学礼仪规范要求进行

训练标准与要求

实训内容	操作标准	基本要求
拜访、受访礼仪	(1)联系拜访； (2)做好拜访准备； (3)注意拜访举止	热情主动

【任务评价】

训练自测评分表

项目	拜访举止考评标准	满分	评分
通报进入	(1)准时抵达； (2)及时通报	30 分	
施礼问候	(1)主动向所有人问好； (2)完成递名片、握手、自我介绍等礼仪规范	40 分	
辞行告别	(1)道别时主动握手； (2)请送别者留步	30 分	
满分		100 分	

【随堂测验】

单项选择题

1. 一般性的拜访多以（　　）为最佳交往时间。

A. 一个小时左右　　B. 半小时左右　　　C. 十分钟左右　　　D. 一个半小时左右

2. 在涉外交往中，当你前去拜会外宾时，应当（　　）。

A. 穿西装　　　　B. 穿拖鞋　　　　C. 穿短裤　　　　D. 穿背心

3. 访友要事前约好，（　　）。

A. 提早到达　　　B. 稍晚一点到达　　C. 依时赴约　　　D. 以上都对

4. 到他人家里做客要讲究拜访礼仪，下面哪个选项是错误的？（　　）

A. 以主随客便为原则，最好选在节假日的下午或者晚上

B. 拜访约定时间严格遵守，不能迟到或早到

C. 如果有急事不能赴约，则尽早通知主人并致歉

D. 注意拜访的时间不宜过长

5. 当你离开朋友家，请主人不要送的时候应说：（　　）。

A. 留步　　　　　B. 失陪　　　　　C. 拜访　　　　　D. 抱歉

【拓展阅读】

守时是商务拜访礼仪的第一准则

守时是对他人守信，守时是社交的礼貌，越是先进的国家，对守时的观念越是注重。在商务拜访时做一个守时的人，很容易获得对方的信任，可以这么说，守时是商务拜访礼仪第一准则。

但是，关于"守时"，不同国家、不同地区都会有不同的态度。所以无论准备去哪里，都应该事先了解一下当地人的时间观念。

如果被邀请到一个美国人或加拿大人的家里做客喝鸡尾酒，通知的时间是七点整，那么应该在七点一刻到达，当然不能在此之前，也不能迟到太多。然而，如果这是在德国、瑞典或瑞士，邀请你在七点钟到达，就意味着你应该恰好那个时候到。

在欧洲，人们往往认为从这些国家（即德国、瑞典、瑞士）来的人，再加上加拿大、澳大利亚、美国、英格兰和法国的人是极为守时的。有一句流传在那些有经验的美国游客当中的老话：当你在欧洲坐飞机时，通常只要通过观察每个旅客的行为，你就可以判断出哪些旅客是德国人、瑞典人或瑞士人了：当飞机起飞时，只要是从这些国家来的人他们总会看一看手表；而同样，当飞机降落时，他们也会重复相同的动作。

在拉丁美洲，如果你被邀请七点钟到某人的家里喝鸡尾酒的话，你就不应该在七点时到，因为如果你七点到的话，很可能邀请你做客的主人正在冲澡呢。事实上，即使你八点到，也不会令人感到惊讶。更何况，这可能还会被认为略微早了些。我们对此最好的解释正如一位拉丁美洲的生意人所说的："你们为什么要生活在精确计量的时间里呢？"

同样，在泰国或印度尼西亚等国家里，守时就不一定是一种美德。在世界上任何一个大城市，要是因为天气和交通原因迟到是可以原谅的。

任务二　了解馈赠礼仪

【任务导入】

相互馈赠礼物是人类社会生活中不可缺少的交往内容。中国人一向崇尚礼尚往来。在礼

的内涵中，除了有表示尊敬的态度、言语、动作、仪式外，还有一个重要的含义，就是礼物。随着社会生活的进化和演变，物能寄情言意表礼的观念被人们所接受和认同。馈赠礼物是语言文字表达情意的一种辅助，是传递情感和信息的桥梁和纽带。

馈赠是社交活动的重要手段之一，是指人际交往主体之间为了达到交流感情、沟通信息目的而相互赠礼的活动，包括赠送礼品和接受礼品。馈赠本身也有礼仪问题。馈赠礼仪，指的是在礼品的选择、赠送、接受的过程中所必须遵循的惯例与规范，是相互交往的一种重要礼节，是社交中的一种礼仪活动和行为。馈赠需要在礼品选择、赠送及收受中遵守一定的礼仪规范。只有符合有关规定的礼仪馈赠，才能有利于情意的表达，为受礼方所接受，使馈赠恰到好处，适得其所。如果不讲究赠礼的艺术和礼仪，也很难使馈赠成为社会交往的手段，甚至会适得其反。

【任务资讯】

一、馈赠要素

馈赠是友好的表示，礼品是友好的象征。在人际交往中，不管给谁送礼，我们都会面临为什么送、送什么、何时送、在什么场合送、如何送等这些基本问题。礼不在贵重，而在于适时、适宜，使馈赠合乎礼仪规范，从而达到最佳效果。因此我们只有明确馈赠的要素，才能真正发挥馈赠在交际中的重要作用。正确的馈赠要考虑以下几个要素。

1. 馈赠对象

赠送礼品时，首先必须要确定受赠对象是谁，即要求了解清楚受赠者的具体情况，包括其性别、年龄、职位、身份、宗教、喜好、文化修养等因素。

2. 馈赠目的

任何馈赠都是有目的的，馈赠动机应高尚，是为了向对方表达自己的尊重、友好与善意。不是为了贿赂、收买、拉拢对方，也不是为了逢迎、讨好对方。

3. 馈赠内容

馈赠内容可以是一件纪念品、一张卡片或一束鲜花等。馈赠的礼品应该考虑纪念性和独创性。

4. 馈赠时机

馈赠时要考虑什么时间赠送礼品为宜的问题，赠送礼品的时间要视具体情况而定。

5. 馈赠场合

赠送礼品时，地点的选择十分重要。馈赠地点应区分公务场合与私人场合，根据馈赠的内容和形式来选择适当的场合。

6. 馈赠方式

馈赠方式主要有亲自赠送、托人转送、邮寄运送等。

二、礼品选择

送礼是一门学问，也是一门艺术。礼送的好，会事半功倍，礼送的不好，则会适得其反，礼不在贵贱，重在是否投其所好，是否为对方所喜欢。在人际交往中，如果不是出于贿赂目的，一般来说，在礼品的选择上应遵循以下原则。

M5-2 远道而来的客人

1. 彼此关系

选择礼品要考虑彼此之间的关系，对彼此间的关系状态要有清醒准确的把握。在选择礼品时，如果忽略了自己与受赠对象之间关系的性质、类型与状态，就容易选礼不当。馈赠对象不同，礼品选择就不一样。送给单位与个人、同性与异性、长辈与晚辈、老朋友与新朋友，礼品的选择要求是不一样的。公务活动中的馈赠，选择礼品要注重纪念性和精神意义，避免馈赠的庸俗化。

2. 兴趣爱好

选择礼品还要考虑受赠方的兴趣爱好。通常事先要调查、了解对方的兴趣爱好，加强馈赠效果。根据兴趣爱好馈赠礼品，是表示对受赠方关心和了解的一种最好方式。如果不看对象盲目送礼，即便是珍贵的礼物，在某些受赠者眼里也没有价值。

3. 习俗禁忌

选择礼品要考虑习俗、礼俗和个人禁忌。还要顾及一些民族、地区禁忌，要考虑礼品的数目、颜色、名称等。一般来说，在正式社交活动或因公赠礼时，不允许选择以下几类物品作为礼品：一是现金、信用卡、有价证券，二是价格过于昂贵的奢侈品，三是烟、酒等不合时尚、不利于健康的物品，四是易使异性产生误解的物品，五是触犯受赠对象个人禁忌的物品。

4. 轻巧为宜

礼品要以轻巧为宜，送礼不在轻重，而在诚意和适当，要重视礼品的精神价值和纪念意义。过重的礼品，在公务活动中违反有关规定，在私人交往中造成经济压力，增加受礼方的思想负担。只要表达送礼者的诚意，又能使受礼者喜出望外，就不在于礼品的贵重与否了。

三、馈赠礼仪

馈赠礼品，不仅要选择适宜的礼品，还要掌握赠送礼品的方式。礼品只有通过合适的方式赠送出去后，才能充分发挥其在社交活动中的作用。所以在赠送中一定要遵循一定的馈赠礼仪，慎重选择礼品的赠礼时机和馈赠方式。

M5-3 来自朱莉的礼物

1. 礼品包装

正式送人的礼品事先都要精心包装。如果不包装而送人，对方就会产生被轻视之感。良好的包装将使礼品显得更加精致、郑重，给受赠者留下美好的印象。在选择礼品包装时，应首先保证礼品没有受损，礼品包装时应注意包装的选择和使用符合相关政策法规和习俗惯例，不要违反受赠方的宗教和民族禁忌。

2. 赠礼时机

赠送礼品必须选择恰当的时机。如果时机不当，即使礼品再合宜，也不会取得应有效果。只有选好赠送时机，才能发挥礼品的作用。赠礼时机上首先应注意选好最佳时机。如亲友结婚、生子、晋级、生病住院，向对方表示感谢等，都是送礼的良佳时机。当然，不是说每逢上述时机都非送礼不可。其次选择具体时间。一般来说，客人应在见面之初向主人送上礼品，主人应当在客人离去之时把礼品送给对方。另外，送礼还应考虑在对方方便之时，或选取某个特定时间给对方造成惊喜。再次控制好送礼时限。送礼时间应以简短为宜，只要向对方说明送礼的意图及相应的礼品解释后即可，不必过分渲染。

3. 赠礼地点

公务交往中所赠的礼品，应当在工作地点或交往地点赠送。而在私人交往中所赠的礼品，则应当在私下赠送。如果在大庭广众之下赠送私人礼品，会使受赠者感到为难，也容易让其他人产生误解。

4. 赠礼方式

赠送礼品大致有三种具体方式：当面赠送、邮寄赠送和托人赠送。

（1）邮寄赠送。邮寄赠送的礼品一般都要附一份礼笺，礼笺上既要署名，又要用规范的语句说明赠送礼品的缘由。

（2）托人赠送。即委托第三者代替自己将礼品送到受赠对象手中。当本人不宜当面赠送礼品时，采用这种形式可以显示自己对此十分重视，或者可以避免对方的某些拘谨和尴尬。不过，所托之人在转交礼品时，一定要以恰当的理由来向受赠对象解释送礼人何以不能当面赠送礼品。礼品上最好也附有一份礼笺。

（3）当面赠送。这是一种最为常见的礼品赠送形式，有助于充分发挥赠礼的作用。当面赠送时，要起身站立，面带笑容目视对方，双手把礼品递送过去。递送礼品、致辞之后，要与受赠对象热情握手，说话一定要得体。

四、受赠礼仪

一般情况下，我们要坦然地接受他人真心赠送的礼品，无特殊原因，不要当众拒收，也不要过于推辞。如若有违归送礼之嫌的，应果断或委婉拒绝。

接受礼品时，受赠者应保持客观、积极、开放、乐观的心态，要充分认识到对方赠礼行为的郑重和友善。接受时要有礼貌，礼品递上来后应该起身站立，面带笑容目视对方，双手把礼品接过去，与对方热情握手，并有礼貌地感谢。

受礼后，如条件允许，征得对方同意，可当面拆开包装，仔细欣赏，适当赞赏。然后将礼品放在适宜之处，不要随意放置，对别人赠送的东西，要珍惜和爱护。

接受对方所赠礼品后，受赠方要注意礼尚往来，可在以后适当时机回赠相应礼物，以加强联系，增进友谊，但不必每礼必还。若是贵重礼品，往往还需要用打电话、电子邮件等方式再次表达谢意，必要时还应选择适当的时机加以还礼。

五、拒收礼仪

有时候我们会由于各种缘由不宜接受他人礼品。在拒收礼品时，也要讲究方式，注意礼仪规范。如果要拒收礼品，应当认真解释理由，还要感谢对方的好意。拒收礼品应当在受赠礼品的当场进行，尽量不要事后退还。如果当时的情况不宜立即退还礼品，则应在事后 24 小时之内将礼品退还赠送者，也需说明理由，并致谢意。

【案例分析】

李四是张三的上级领导，两人私交甚好。一次张三出差到外地，发现了一套非常漂亮的茶具。张三知道李四一直对茶道有所研究，所以就给李四购买了这套茶具。出差回来的第一天，张三就兴高采烈地直奔李四的办公室把礼物送给他。而当时李四的办公室里还有好几个同事，张三当时就发现李四的脸色不太自然，而且对他所送的茶具也没有表现出特别的兴趣。这让张三百思不得其解。请问张三这次赠送礼品的不妥之处体现在哪些方面？为什么？

M5-4　案例分析

【工作任务】

了解接受馈赠及受礼后的相关礼仪，完成情景模拟训练。

【任务准备】

1. 复习馈赠、受赠相关礼仪知识；

2. 学生分组确定角色及模拟场景；

3. 各组根据模拟场景交流讨论，准备训练任务所需器材。

【任务实施】

实训安排

实训时间	45分钟
实训目的	掌握馈赠、受赠礼仪和技巧
实训要求	严格按照所学礼仪规范要求进行

训练标准与要求

实训内容	操作标准	基本要求
馈赠、受赠礼仪	(1)做好馈赠准备； (2)注意拜访举止	热情主动

【任务评价】

训练自测评分表

项目	接收馈赠礼仪考评标准	满分	评分
接受馈赠	(1)双手接过礼品，面带笑容目视对方； (2)与对方热情握手，并有礼貌地感谢	50分	
受礼后	(1)征得对方同意，当面拆开包装，仔细欣赏，适当赞赏； (2)将礼品放在适宜之处	50分	
满分		100分	

【随堂测验】

一、不定项选择题

1. 馈赠礼仪应当注意以下几个方面（　　　）。

A. 礼品轻重得当　　B. 了解风俗禁忌　　C. 注意礼品质量　　D. 注意礼品包装

2. 馈赠礼仪中，下列哪些物品不宜作为礼物赠送给他人？（　　　）

A. 内衣　　　　　　B. 鲜花　　　　　　C. 鞋子　　　　　　D. 伞

3. 接受他人馈赠礼品时，应该（　　　）。

A. 婉言拒绝　　　　B. 随手放置　　　　C. 真诚道谢　　　　D. 单手接过

二、判断题

1. 向法国人赠送礼品，不宜赠送刀、剪、剑、餐具等。（　　　）

2. 在邮轮上工作时，如果同事有困难，不用太关心，反正关系一般。（　　　）

【拓展阅读】

不同国家和民族馈赠礼品的礼仪

不同的国家和民族对于馈赠礼品有着不同的习俗礼仪，对这些关于馈赠的习俗礼仪我们必须有所了解，特别是知道其中的禁忌，以求得最佳的馈赠效果。

日本人送礼时，往往送对受礼人毫无用途的物品，于是受礼人可以转送给别人，那个人可以再转送下去。日本人喜欢名牌货，但对装饰着狐狸和獾的图案的东西则甚为反感。到日本人家里做客，携带的菊花只能有十五片花瓣，只有皇室帽徽上才有十六瓣的菊花。日本在世界上是最重送礼的国家，礼品要注意包装，用宣纸做包装纸表明你有高尚的审美观，那些容易引起话题的礼品常受人欣赏。但送礼时不要给人造成措手不及，不要让对方因没有现成礼物回赠而感到窘迫，送礼时应尽量显得自然、诚恳。

日本人认为送礼是向对方表示心意的物质体现，礼不在厚，送的得当便会给对方留下深刻印象，如能注意以下三点，在日本一般就不会花了钱而不讨好。

第一，礼品应有包装。例如乌龙茶风靡日本，男女老少均爱饮用，在中国国内选购时一定要选有塑料薄膜包装的，若在名店购买，请售货员用印有店名的纸包一包，则这盒茶叶将会身价倍增。

第二，若送字画一是画面要小，二是无须装裱好。画面小是因为日本的住房空间不大，无处可挂中国式的大挂轴，一般以2尺长、1尺宽为宜。不需裱好是因为日本的装裱技术比我们的好些，不少爱画的日本人即使买了中国装裱好的字画回国后也重裱过。

第三，礼品不在贵重，而在于有中国民族色彩。切忌送尚未为一般日本人所了解的中国特产，如东北人参虽然很贵重，但并未被日本人所认识了解，送了效果未必好。

在美国，朋友之间也盛行互赠礼品。美国人举行家庭招待会，在两三个小时内同时接待几十名来访的亲友，客人送礼与否关系不大。如果出席专为你举行的家宴时，就应带些小礼品。美国人之间一般送瓶酒或鲜花，而中国人去做客则应赠以中国的小工艺品。在美国，如果客人赴宴不送礼品，往往意味着准备回请一次。

美国人在接受礼品时，往往当场打开礼品，这时送礼者介绍几句，受礼者赞扬一番，气氛颇为亲切融洽。可不能像我们中国的习惯，对客人的礼品先是客气一番，辞谢不受，后又接过礼品放在一旁，这样做对美国人来说是极不礼貌的，这等于对这些礼品不屑一顾。美国人虽然不太注重礼品的价值，却十分讲究礼品的包装。美国有专门的礼品包装纸和装饰花样，如果送礼时忽略了这点，甚至还认为昂贵的包装纸只有一两分钟的作用（即进门送礼到主人拆封那段时间），实在浪费，那就错了。

送给美国人的礼品除唐三彩、泥塑、蛋壳画、仿玉小品、折扇、剪纸、字画等外，应选择具有浓厚乡土气息的或别致精巧的工艺品，不要老一套而应有新意。在拉丁美洲国家，黑色和紫色是忌讳的颜色，使人联想起日旬斋。刀箭也应排除在礼品之外，它暗示友情的完结。手帕也不能作为礼品，它与眼泪联系在一起。不妨送些美国制造的小型家用设备，例如一个小小的烤面包炉。在拉丁美洲国家，征税很高的物品极受欢迎，只要不是奢侈品。

阿拉伯地区经营中国商品的商店很少，向阿拉伯国家的朋友赠送中国礼品，他会如获至宝。如果送工艺品，不妨选择造型生动的木雕或石雕动物，骆驼和马是阿拉伯人最钟爱的，熊猫是中国的国宝，均属上乘。如对方是挚友或身份较高，一件唐三彩骆驼是很拿得出手的，当然，一幅花卉或山水画也是极受珍视的礼品，但不能是古代仕女画，阿拉伯人不愿让女子的形象在厅堂高悬。也可以送一对瓷瓶、一幅织锦或一把香木扇，最好是古色古香的。阿拉伯地区沙漠多，特别喜爱绿色和蓝色，红色则是忌讳的颜色。初次见面时送礼可能会被视为行贿。切勿把旧的物品作为礼品赠送他人。绝对不可送礼物给有商务往来的熟人的妻子，甚至不要问及他们的家庭，因为那是他们的私事。要送在办公室用得上的东西。

另外务必注意，绝大多数阿拉伯国家已明令禁酒，我们千万不要把酒作为礼品带进阿拉伯国家，也不要直接向妇女赠送礼品，因为直接和阿拉伯女人交往犯忌，送饰品给女人更是大忌，向阿拉伯妇女赠送礼品一定要通过她们的丈夫或父亲。

英国人讲究外表，认为外表决定一切，应尽力避免感情的外露。一般应送较轻的礼品，由于花费不多就不会被认为是一种贿赂。合适的送礼时机应是在晚上请人在上等饭馆用晚餐或在剧院看完演出之后。英国人喜欢高级巧克力、名酒和鲜花。对于饰有客人所属公司标记的礼品，他们大多并不欣赏，除非主人对这种礼品事前有周密的考虑。由于业务关系和私人关系泾渭分明，英国人最不注重送礼。办理业务的人之间如送礼过重，被认为不合适。到英国人家做客，带上花或小件东西即可。

德国人不喜欢虚饰成鲜艳夺目的礼品，价格适中、风雅别致的礼物最受欢迎。只有当关系发展到相当密切时，才有必要送礼，应邀去朋友家进餐，事先应送花去，但不要送红玫瑰，这种花只送给相爱的人。应避免13这个数字。礼貌是至关重要的，对礼品的适当与否要特别注意，包装更要尽善尽美。他们喜欢应邀郊游，主人在出发前必须作细致周密的安排。

对法国人来说，初次见面就送礼被认为不善交际，甚至行为粗鲁。到法国人家里登门拜访时，送花是不可缺少的，千万别送菊花，因为这表示悲哀。如果要在主人家住上几天，送一件银制礼品比较恰当。不要送香水给法国女性商业对手，这对一般只具业务联系的人来说未免太过于亲密了。礼品应该表达出对他的智慧的赞美，不要显得过于亲密。

走亲访友时赠送鲜花是最常见的表示好意的方式。但送鲜花不能不分对象，否则会产生误会。例如，红玫瑰是爱情的信物，是一般热恋中男青年赠给女友的。探望病人时送的花色彩不宜过分鲜艳，花朵的数量只能成单不能成双，哪怕送一朵花，也是常见的。将礼物送交对方时，如果花束用透明塑料纸包装可以直接送，如用礼品纸包装，则赠送时必须拆去包装纸，以赢得受礼者的欢心。

逢节日或祝贺生日，如果对方是交情较深的朋友，除送花外，还要送上一些日常用品作礼物，如衣物、香水、装饰品、领带等。一般南斯拉夫人对中国不太了解，抱有一种对东方的神秘感，因此一件小小的中国纪念品都会引起他们莫大的兴趣与重视。一般来说，赠送给领导或有身份的人的礼品以瓷器、棉制手绣台布、漆器、真丝面料（送夫人）等为主，对其他人则以香木扇、真丝围巾、印有中国风景的手帕为宜。

送礼是俄罗斯人人际关系中的一个重要方面，但礼品的实际价格并不像挑选礼品本身那样重要。他们送礼既不奢华也不一本正经，而且通常是在亲戚及好友之间送礼。小巧而有新意的纪念物、旅游纪念品都极受欢迎。若应邀去某人家里用餐或参加聚会，习惯上要送花、糖果或一件纪念品作礼物。因为俄罗斯人对酒的态度在变化，许多人不再欢迎烈性酒。所以要了解对方的爱好后才送酒，但葡萄酒一般是可以接受的。商务礼物一般在谈判结束时赠送，且不必奢华。一些具有地方特色的纪念品以及书籍都是赠礼的佳品。

任务三   熟知鲜花礼仪

【任务导入】

鲜花是人类的朋友，它不仅美化了我们周围的环境，同时也潜移默化地影响着人们的感情，陶冶了人们的情操。尤其在现代社会，鲜花更成为交往中的一种高雅礼品。鲜花在礼仪交往中的作用随着社会文明程度的加深而越来越大，并成为社会交际中的一个重要工具。世界各国的民情风俗各有不同，但爱花则是一致的。鲜花是一切美好感情的依托，是良好祝愿的代表，是希望与美好未来的象征。文人墨客以之为题，吟诗作画，寻常百姓人家亦常以养花自娱。把送花、赠花、献花作为社交时表达感情的一种方式，高雅脱俗，极为人们所乐于接受。如图 5-1 所示。

图 5-1   鲜花

【任务资讯】

一、鲜花寓意

鲜花在常人眼里之所以美丽，除了其自身的先天条件比较优越而外，一个重要的因素是人们往往借物抒情，把鲜花的不同品质加以人格化，在鲜花上赋予了各种美好寓意，它是美好、友谊和幸福的象征。比如，在国人看来，兰花高雅不俗、荷花自尊自爱、菊花坚贞顽强等，实际上都是被人们附以寓意所致。

在现代生活中，鲜花广泛地运用在人际交往中的传情、致意、慰问、祝福等，送花是一种很高雅的礼节活动，人们常常用送花来表示某种情感。一年之中有许多节庆和令人难忘的日子，都可以使用美丽的鲜花来相互馈赠。

鲜花的馈赠也是非常有讲究的，送花是既是一门学问，亦是一门艺术，用花来表达的语言实在太丰富了，千姿百态的花述说着千言万语，每种花都有它独特的魅力。鲜花的寓意，是送花予人时非要正视不可的一个问题。送花就是要借用这些无形的语言传递心意。因此，该送什么花，要了解不同花的特别寓意，根据所要表达的含义，选择恰当的花，才能体现出送花的意义和价值。假如事先不了解鲜花的寓意，或者在选择鲜花时不顾这一点，那么送人的鲜花往往就会大出差错。

鲜花的常见寓意有两种：一种是通用寓意，另一种是民俗寓意。

1. 通用寓意

通用寓意，是指某些鲜花在世界上为人们所共识、广为沿用的寓意。通常情况下，人们习惯把鲜花的通用寓意称作花语。花语，是指人们用花来表达人的语言，表达人的某种感情与愿望。花语虽无声，但此时无声胜有声，其中的含义和情感表达甚于言语。不能因为想表达自己的一番心意而在没有了解花语时就乱送别人鲜花，结果只会引来别人的误会。

现代社会，花语相当普及。根据国际礼仪规范，花语一经形成并被常人接受之后，便须人人了解，人人遵守。

鲜花的品种非常之多，不完全统计应该有百万之巨，中国花的品种也达万余种。事实上，任何人没有必要，也不太可能能够对全部花语一清二楚，熟练掌握。不过，对常用的花语，我们应该了解并熟记。

（1）表示情感　在全部花语之中，有相当数量的一个部分是被用来"寄情于景"，表达人之常情的。表 5-1 所示为常用的表示情感的花语。

表 5-1　常用的表示情感的花语

花种	花语	花种	花语
郁金香	爱的表白、荣誉、祝福、永恒	紫郁金香	无尽的爱、最爱
白郁金香	纯情、纯洁	粉郁金香	美人、热爱、幸福
红郁金香	爱的告白、喜悦	黄郁金香	高贵、珍重、财富
百合	顺利、心想事成、祝福	香水百合	纯洁、富贵、婚礼的祝福
白百合	纯洁、庄严、心心相印	康乃馨	母亲我爱您、热情、真情
红康乃馨	相信您的爱	粉康乃馨	热爱、美丽
白康乃馨	吾爱永在、真情、纯洁	菊花	清静、高洁、真爱
玫瑰	爱情	红玫瑰	热恋
粉玫瑰	永远的爱	白玫瑰	纯纯的爱
火鹤花	新婚、祝福、幸运、快乐	非洲菊	神秘、兴奋、有毅力
剑兰	用心、长寿、福禄、康宁	向日葵	爱慕、光辉、忠诚
牡丹	富贵	金鱼草	爱出风头
大丽花	华丽、优雅	满天星	真心喜欢
圣诞红	祝福	紫罗兰	永恒之美
紫丁香	羞怯	蝴蝶兰	幸福渐近

（2）表示国家　国花，顾名思义就是指由国家选定足以表现国家特征，作为国家标志和象征的花卉。通常情况下，一个国家只有一种国花，它是本国人民最喜爱的花，它通常代表国家形象，人人对她必须尊重、爱护，在国际交往中，这一点尤其重要。表 5-2 所示为世界上主要国家的国花。

表 5-2　世界主要国家国花

国家名称	国花	国家名称	国花
中国	牡丹	日本、伊朗	樱花
英国、美国	玫瑰	荷兰	郁金香
德国	矢车菊	泰国、埃及	睡莲
印度	荷花	加拿大	糖槭树花
法国	鸢尾花	芬兰	铃兰
菲律宾、印度尼西亚	毛茉莉	意大利	雏菊
朝鲜	金达莱	韩国	木槿花
奥地利	雪绒花	利比亚、西班牙	石榴花
新加坡	万代兰	俄罗斯、秘鲁	向日葵
墨西哥	仙人掌花	波兰	三色堇

　　（3）表示城市　市花是一个城市的代表花卉，通常都是在该城市常见的品种。市花是城市形象的重要标志，也是现代城市的一张名片，对于市花不能轻视或随意损坏。国内外已有相当多的大中城市拥有了自己的市花。如表 5-3 所示。

表 5-3　我国部分城市市花

城市名称	市花	城市名称	市花
上海	白玉兰	北京、郑州、西安	月季
广州	红棉	开封	菊花
南京、武汉、苏州	梅花	汕头	金凤花
杭州	桂花	洛阳	牡丹
昆明	山茶	桂林	桂花
成都	芙蓉	南宁	朱槿
福州	茉莉花	丹东	杜鹃
佛山	玫瑰花	香港特别行政区	紫荆花
长春	君子兰	澳门特别行政区	莲花

2. 民俗寓意

　　民俗寓意，是指在不同的国家和地区，由于不同的风俗习惯，同一品种的花被赋予大不相同的含意。比如：中国人喜欢菊花，而在西方，黄菊代表死亡，只能在丧葬活动中使用。中国人赞赏荷花"出淤泥而不染"的性格，并喜欢它，但在日本，荷花却表示死亡。在广东、海南、港澳地区，金橘、桃花表示"红火"的意思，而梅花、茉莉和牡丹花却表示"霉运"。

　　另外，不同的习俗对于花的色彩也有不同的理解。比如在国内，我们都喜爱红色的花，特别是结婚时，送红色的鲜花才算吉利而得当。而在西方人眼里，白色鲜花象征着纯洁无瑕，将其送予新娘才是最合适的。

　　送花的具体数量，不同国家、地区的民俗也有所不同。在中国，喜庆活动中送花要送双数，意思是"好事成双"。在丧葬上要送单数花，表示"祸不单行"。因为读音的原因，在国内特别是沿海地区，送 4 枝花给别人必然受不到欢迎，因为 4 的发音和"死"相近。而西方国家里，送花讲究单数，但"13"这个数字是不可以用的。

　　由于民族风俗不同，送花亦有忌讳，不可生搬硬套。因此，在选送鲜花时，尤其是在跨地区、跨国家的人际交往中欲以鲜花馈赠时，不仅要看其通用寓意，而且也要看民俗寓意。每一种花都具有某种含义，蕴藏着无声的语言，因此，送花时应根据对方的情况选择不同的花种。

二、送花时机

　　了解鲜花的寓意后，还要选择正确的送花时机，要在恰当的时候送适合的花，那样更能够表达你的心意。在人际交往中，用鲜花赠送于他人，会增进双方的关系。一年之中有许多节庆和令人难忘的纪念日，如春节、中秋节、情人节、母亲节、父亲节、生日、结婚、探病等，都是赠花的好时机，人们通常会在以下时机以花赠人。

　　（1）喜礼。碰上与自己相熟的人士结婚、生子、晋职等诸般喜事，均可以赠送鲜花作为喜礼，恭喜对方。

（2）贺礼。参与某些应表示祝贺之意的活动。

（3）节日问候。表 5-4 列举了节庆选送花种。

表 5-4 节日选送花种

节庆	花种
春节	剑兰、玫瑰、水仙、红掌
情人节	红玫瑰、百合、郁金香、勿忘我、红掌
妇女节	组合花束或花篮
清明节	黄白菊花、黄白百合、兰花、勿忘我
母亲节	康乃馨
父亲节	黄玫瑰、百合
中秋节	黄菊花
国庆节	组合花束或花篮

（4）慰问。当相识人士遇到不幸或挫折时，或是遇到其他一些天灾人祸时，应前去慰问，并赠以鲜花。

（5）迎送。当贵宾来访或即将离开，向其赠送一束鲜花，可以巧妙、委婉地向对方表达自己的热情、友谊。

（6）做客。前往他人居所做客时，如能以鲜花为礼，则较为恰当。

（7）致歉。有些时候，因为自己的差错而与其他人产生了矛盾、误解甚至隔阂，可以通过向其赠送鲜花来表示歉意。

（8）丧葬。当关系亲密者或者其家人举办丧事、葬仪时，可送以鲜花，以寄哀思。

（9）祭奠。当祭祖、扫墓时，可以花为礼，追思、缅怀故人或表示自己的哀思。

三、送花禁忌

在社交活动中，鲜花已经成为最受欢迎的赠送礼品之一。但是，也不是任何鲜花都可以送给人的，根据不同人、场合和目的，应有所选择。因为同一种鲜花在不同的国家、不同的地区有着不同的含义，所以在选择鲜花作为礼物前，最好弄清楚对方国家或地区的花语习俗，了解送花禁忌，加以注意。

1. 不解花语

在国内外，鲜花都被人们赋予了特定的含义。在国内，荷花自尊自爱，菊花坚贞顽强，十分受人喜爱，但在西方菊花是葬礼之花，用于送人便有诅咒之意；荷花在佛教中有特殊的地位，用于送人也难免发生误会。

鲜花的色彩丰富多彩，不同的民族对鲜花的色彩有着不同的讲究。东方人讲究送花时数目越多越好，双数吉利，而西方国家送花讲究单数。

2. 不顾场合

形式应与场合相适应。比如祝贺庆典活动不宜送花束、花环等；探望病人的花束或花篮不要香气过浓或色彩过于素淡，对病人恢复健康不利，应送较为淡雅的花；看望亲朋好友则不宜送篮花、盆花等。

3. 不懂习俗

在社交活动中，馈赠鲜花还要注意对方的民俗习惯和宗教禁忌。在西方国家，除非表示绝交之意，不会选用同色的鲜花送人；而在探病时，红白相间的花是不能送给病人的，因为这被看做不吉利；向外国友人送花时，还要注意花的数目，若是给欧美客人送花，最好是奇数，13 枝除外。给法国人送花的时候不能送菊花、杜鹃花及黄色的花；切忌送百合花给英国人，因为这意味着死亡。

【案例分析】

M5-5　案例分析

志强和小丽是同事，两人是很好的异性朋友。小丽邀请志强参加自己的婚礼，为了表达心意，志强考虑要送给小丽一份特别的礼物。思来想去，志强觉得送鲜花既时尚又浪漫，最合适，而且要送红玫瑰，以表示对新婚夫妇甜蜜爱情的祝福。这天，志强捧了一大束红玫瑰参加婚礼，可当他将花束送给小丽时，小丽面部表情发生了急剧的变化，迟疑地不肯去接鲜花，小丽的新婚丈夫则脸色难看，令志强十分难堪。这件事引起了小丽丈夫的误解，破坏了他们新婚甜蜜的气氛，小丽做了多番解释才消除了丈夫的误会。

【工作任务】

选一个适宜的时机，选择适宜的鲜花，为关爱你的人或你关爱的人送一次花，让鲜花传递浓浓的情意，带去真切的关爱！

【任务准备】

1. 复习鲜花礼仪，熟悉常见鲜花花语；
2. 学生进行分组；
3. 按照老师要求，分角色模拟场景准备训练

【任务实施】

实训安排

实训时间	45 分钟
实训目的	掌握赠送鲜花礼仪和技巧
实训要求	严格按照所学礼仪规范要求进行

训练标准与要求

实训内容	操作标准	基本要求
赠送鲜花礼仪	(1)了解赠送鲜花相关礼仪及技巧； (2)了解花语，掌握送花禁忌	热情主动

【任务评价】

训练自测评分表

项目	鲜花馈赠礼仪考评标准	满分	评分
生日	圣诞红、火鹤花	20 分	
婚礼	火鹤花	20 分	
母亲节	康乃馨	20 分	
春节	建兰、红掌、蝴蝶兰	20 分	
情人节	玫瑰、郁金香、勿忘我	20 分	
满分		100 分	

【随堂测验】

判断题

1. 选送鲜花时，不但要看其通用的寓意，而且也看其民俗寓意，二者应并行不悖。（　　）

2. 赠送鲜花是馈赠的一种特殊形式，深受人们欢迎，但是送花很讲究，如花环的受赠对象通常是贵宾或友好，庆祝开业、演出适合送篮花，祝贺乔迁适合送盆花。（　　）

3. 中国人赞赏的荷花能用来送给日本友人。（　　）

4. 赠送鲜花给英国友人时一定不要送13支。（　　）

【拓展阅读】

部分国家送花禁忌

在21世纪的社交活动里，鲜花已经成为最受欢迎的礼品，可是并不是送什么样的花都可以，尤其是不同国家因风俗习惯不同，送花也有禁忌。现在我们经常出国考察、旅游，更要了解一些禁忌知识，下面总结了不同国家送花知识禁忌以供参考。

俄罗斯人认为黄色的蔷薇花意味着绝交和不吉利，送花时应注意避免。而且送鲜花要送单数，因为在俄罗斯只有对死人吊唁时才送双数，朋友之间送花都是送单数。送给男子的花必须是高茎、颜色鲜艳的大花。

比利时人民最忌讳蓝色，遇到不祥之事，都用蓝色花作标志。

法国人非常喜爱鸢尾花，视其为国花。应邀到朋友家中共进晚餐时，切忌带菊花，菊花代表哀悼，只有在葬礼上才会用到。法国人对蓝色偏爱，忌讳黄色。意大利人和西班牙人同样不喜欢菊花，认为它是不祥之花，但德国人和荷兰人对菊花却十分偏爱。

瑞士的国花是金合欢花。瑞士人认为红玫瑰带有浪漫色彩，因此，送花给瑞士朋友时不要随便用红玫瑰，以免误会。如送红玫瑰可以送1枝，也可送20枝，但不要送3枝，因为3枝意味着你们是情人。

巴西人忌讳黄色和紫色的花，认为紫色是不吉祥的色调，视黄色为凶丧的颜色。千万不要送巴西人绛紫色的花。

中国自古就是礼仪之邦，传统上很注重礼尚往来，所以在中国的一些传统年节或喜庆日子里到亲友家做客或拜访时送的花篮或花束色彩要鲜艳、热烈，以符合节日的喜庆气氛。可选用红色、黄色、粉色、橙色等暖色调的花，切忌送整束白色系列的花束。而且在我国还有一个风俗习惯就是好事成双，因此，除非送女友远行，在她襟前别上一朵鲜花以表示惜别之意，一般不宜送孤零零的一朵花。

在英国切记不要送百合花，因为这意味着死亡。也不能送黄玫瑰，他们认为此花象征分离。而且英国人一般不爱观赏或栽植红色或白色的花。

在德国他们最爱蓝色的矢车菊，并视之为国花。在送鲜花时，切记不要用纸包装。他们不喜欢客人随便赠送玫瑰花，因为玫瑰花在德国有浪漫的含义。一般不能将白色玫瑰花送朋友的太太，因为它是赠送情人的礼品，也避免用郁金香。

在日本菊花一般是王室专用花卉，所以一般人不能送菊花。在数字方面日本人忌"4""6""9"几个数字，因为它们的发音分别近似"死""无赖"和"劳苦"，都是不吉利的。给病人送花不能有带根的，因为"根"的发音近于"困"，使人联想为一睡不起。日本人忌讳荷花。

罗马尼亚人什么颜色的花都喜欢，但一般送花时送单不送双，过生日时则例外，如果您参加亲朋的生日酒会，将两枝鲜花放在餐桌上，那是最受欢迎的。

在拉丁美洲，千万不能送菊花，人们将菊花看做一种"妖花"，只有人死了才会送一束菊花。

在印度和欧洲国家，玫瑰和白色百合花是送死者的虔诚悼念品。白色的百合花对加拿大人来说也是追悼会上才能使用。

在西班牙人家做客，千万不要送大丽花和菊花，这种花和死亡有关。

如果到芬兰或瑞典等北欧国家，要是应邀到主人家里做客，一定要给女主人带几束单数的鲜花，最好是 5 枝或 7 枝。

结合国情打造中国本土邮轮文化

国外邮轮经过百年发展，已经形成了一套完整而固定的邮轮文化。中国本土邮轮目前还处于初期的模仿和尝试阶级，但是已经意识到传统的邮轮文化并不完全适合中国游客，培育中国本土的邮轮文化是本土邮轮发展无法回避的一项任务。

具体来讲，传统邮轮文化与中国国情相结合，应努力营造"海文化""游文化"。

"海文化"就是要让游客零距离接触和感受深海远洋，了解海洋知识，增强海洋意识，培养海洋胸怀。

尽管中国有漫长的海岸线，但更有辽阔的内陆地区。对内陆人来说，海洋的吸引力可能要更大一些，邮轮恰恰是亲近大海的最好载体。国家海洋局一直试图培养公民的海洋意识，他们认为："中国在很长的历史时期内是以农立国，大陆思想治国，缺乏走向海洋的意识。因此，必须扭转长期以来形成的'重陆轻海、陆主海从'的传统观念，进一步强化海洋意识，繁荣和丰富海洋文化，形成全民关注海洋的氛围……要积极推进海洋文化建设，开辟各种科普教育宣传基地，逐步形成多层次、全方位、宽领域的研究宣传海洋意识，促进海洋文化大繁荣大发展的工作格局。"推进海洋文化建设，难道还有比邮轮更好的载体了吗？当人们身处茫茫大海之中，想不对大海产生兴趣都难。

本土邮轮应该主动从国家海洋局等机构挖掘资源，甚至争取资金支持，突出邮轮上海洋文化的氛围，使每一艘邮轮都成为一个海洋科普宣教基地。尤其要针对少年儿童普及海洋知识，这还可能成为邮轮的一大卖点。

"游文化"就是要让邮轮成为更好了解体验旅游目的地传统与现代文化的平台，增加旅游的文化元素，变一般观景购物之旅为深度文化之旅。

这些年来，深度旅游、文化之旅渐成时尚词汇，人们在行路中不仅希望广见，还希望博闻。邮轮，正好提供了一个深度了解旅游目的地历史、文化、风俗的好机会。邮轮可与旅游目的地国家或地区的旅游、文化部门合作，在邮轮上组织展览、讲座、演出，设置小型图书室、出售当地特产等，让中国邮轮真正成为文化的载体。

（资料来源：崔军．结合国情打造中国本土邮轮文化．中国经济网．2015-1-6）

【项目小结】

交往也是一门学问，交往礼仪是建立良好人际关系的重要条件，也是一个人综合素质的集中体现。如何运用交往礼仪，发挥其应有的效应，将直接影响到人际交往的深度和广度，影响到办事是否顺利，最终影响到事业是否成功。只要我们能够掌握交往礼仪技巧，把握好交往礼仪中的方向和原则，就能灵活地处理社会交往过程中遇到的问题。通过本项目学习，我们可以掌握各种交往礼仪规范，训练自己在社会交往中得体大方的行为举止，建立良好人际交往关系，使自我得到良好发展。

【自我检验】

学习了本项目的：_____

_____。

其中，令我感触最深的是：_____

_____

_____，

过去，我的习惯是：_____

_____

_____。现在，我知道

了应该这样做：_____

_____。

因此，我制定了我的礼仪提高计划：_____

_____

_____

_____。

项目六

邮轮面试礼仪

<<<<<<<<

【学习目标】

【素质目标】

1. 坚持价值引领，通过邮轮面试前礼仪的学习，将社会主义核心价值观、中华优秀传统文化融入课程，助力学生积极应对新环境，将个人发展与祖国的繁荣发展紧密联系在一起；

2. 坚持职业素质导向，通过邮轮面试中礼仪的学习，将学与行有机结合，将课堂内的知识体系在第二课堂进行素质拓展，内化成适合社会需要的核心竞争力；

3. 坚持典型案例学习，引导学生树立标杆、激发学专业、爱专业，培养学生的专业精神和行业情怀，增强自我认同感和职业认同感。

【知识目标】

1. 熟悉邮轮面试的基本流程；

2. 熟悉邮轮面试前的物品准备；

3. 了解邮轮面试心理准备和形象准备；

4. 掌握邮轮面试过程中的行为礼仪以及交谈礼仪；

5. 掌握小组面试、电话面试、视频面试等新型面试礼仪事项。

【能力目标】

1. 能用所学知识提前做好面试前物品准备、心理准备、形象准备；

2. 培养学生在面试过程中的行为礼仪以及交谈技巧；

3. 能运用小组面试、电话面试、视频面试等新型面试进行面试。

任务一　了解邮轮面试前礼仪

【任务导入】

在全球邮轮产业飞速发展以及中国邮轮旅游市场繁荣兴盛的过程中，国际邮轮公司对中国籍邮轮乘务员的需求与日俱增，很多邮轮上的工作岗位都开始向中国籍员工开放，这也为应聘者们提供了越来越多的求职面试机会。俗话说："细节决定成败。"当应聘者们站上面试这一职业生涯的起跑线，期望通过简短的面试过程叩开邮轮公司大门的时候，需要熟知邮轮公司的招聘流程与要求，重视面试相关的礼仪细节，做好充分的面试准备，从而在面试中展现良好职业素养和礼仪风范，顺利获得工作机会。

【任务资讯】

一、认知邮轮公司面试

1. 面试

面试是一种经过招聘单位精心设计，在特定的场景下，以面试官与应聘者的面对面交谈与观察为主要手段，由表及里测评应聘者的知识、能力、经验等有关素质的一种考试活动。面试是招聘单位挑选员工的重要方法，能够给招聘单位和应聘者提供进行双向交流的机会，使招聘单位和应聘者之间相互了解，更准确地作出聘用与否或受聘与否的决定。

在现实社会中，由于人才市场供需的不平衡，面试更多是招聘单位对应聘者的审视。在面试的过程中，招聘单位可以考核应聘者的动机与工作期望，考核应聘者的仪表、性格、知识、能力、经验等，获取在笔试中难以获得的信息，感受应聘者符合其愿景的特质。应聘者们要通过良好的仪表风度、专业知识、工作经验以及工作能力的展示，来取得面试的成功。

2. 邮轮公司面试

（1）邮轮公司招聘方式　邮轮公司招聘邮轮乘务员的方式主要有两种。一种是内部招聘，另一种是外部招聘。一般情况下，邮轮上很多工作岗位的空缺是由邮轮公司现有员工补充。因此，邮轮公司内部是很好的招聘来源。内部招聘省时省力，节约招聘成本，既可以获得对邮轮工作比较熟悉并且岗位技能已经得到证实的申请人，而且还可以对现有员工的进取心和工作积极性产生激励作用，是一种很好的招聘渠道。然而，内部招聘不能完全满足邮轮公司的用人需求，因此需要采取外部招聘的方式来补充更多的新生力量。邮轮公司外部招聘通常是通过招聘广告、员工推荐以及代理招聘等方式获得所需人才。代理招聘是人才服务机构利用自身资源优势，通过专业化的运作手段，为企业定向推荐最适用专业人才的一种服务模式，被各大邮轮公司广泛采用。

（2）邮轮公司招聘程序　邮轮公司在进行招聘之前，会首先确定邮轮上工作岗位所需的员工数量以及任职要求，拟定详细的招聘计划，然后通过信息发布、初步筛选、面谈测试、体检聘用等程序进行严格招聘与选拔。

① 发布信息。按照拟定的招聘计划，通过网络、校园招聘、中介公司等渠道广泛发布邮轮员工招聘职位信息。

② 初步筛选。同应聘者进行接触，简单筛选后发给职位申请表。应聘者填写职位申请表后，对应聘者的职位申请表以及个人简历等求职材料进行审核。

③ 面谈测试。通过面谈与测试，观察应聘者的表情、动作姿态、谈话态度、思维广度以及心理素质，考察应聘者的知识、技能和经验与招聘岗位要求的匹配程度，评价其是否具有培养潜力。

④ 体检聘用。面试通过后，安排应聘者进行体格检查，确定应聘者是否具有胜任工作的健康体质。体检通过后，与被录用者签订劳动合同，为其办理相关入职手续。

（3）邮轮公司面试考核指标　邮轮在浩瀚的大海上航行，而且邮轮上的游客与员工均来自世界上不同的国家与地区，这些都给邮轮乘务员的任职条件提出了更高的要求。邮轮公司在对应聘者进行面试的过程中，一般从仪表举止、语言表达、求职动机、知识技能、身心素质等方面对应聘者进行考察，以判断其是否能够胜任邮轮上特定的工作岗位任务。

① 仪表举止。邮轮行业是服务性行业，邮轮乘务员在豪华邮轮上为游客服务，其仪容仪表是否得体、行为举止是否符合礼仪规范，都会影响到游客对邮轮形象的整体评价。良好的仪表举止体现出应聘者的素质教养，折射出邮轮乘务员的职业形象，是邮轮公司面试考核的首要指标。

② 语言表达。在面试过程中，还需要观察应聘者口齿是否清晰、表达是否流畅、英语能力是否胜任岗位要求。邮轮行业是典型的国际化行业，英语是最主要的工作语言。邮轮乘务员必须具备良好的英语口语交际能力，能够熟练使用英语与同事或者游客进行无障碍交流。一些邮轮公司还要求邮轮乘务员掌握第二门或者第三门外语。

③ 求职动机。邮轮公司不仅希望邮轮乘务员能够胜任工作岗位要求，推动工作顺利开展，还希望邮轮乘务员的职业生涯规划与公司愿景相吻合，因此在招聘过程中还会重点考察应聘者的求职动机以及对邮轮工作岗位的认知程度，以此判断其是否具有岗位服务意识以及良好的工作欲望与志向。

④ 知识技能。邮轮乘务员需要熟练掌握岗位服务基础知识和基本技能，如前台服务、餐厅服务、客舱服务、酒吧服务知识与技能等，并能够对岗位服务中遇到的问题进行正确的判断和灵活的处理，较好地完成对客服务任务。一些邮轮公司在招聘的时候需要应聘者具有一年或一年以上酒店行业或邮轮行业工作经验，在面试过程中也会通过专业知识提问以及专业技能测评来对应聘者专业知识和技能经验进行考察。

⑤ 身心素质。邮轮公司招聘员工时对性别没有严格的限制，但需要年满18周岁以上，欧美邮轮公司要求员工年满21周岁。对视力没有特殊要求，但脸上不能有明显疤痕，不能有慢性疾病、传染性疾病以及遗传性易发疾病等。在性格方面，邮轮乘务员需要乐观开朗、积极向上，具备工作所需的服务精神和主动性，需要充满活力与能力。

（4）邮轮公司面试提交材料　邮轮公司在招聘员工时，需要应聘者提交的面试材料如下。

① 职位申请表。一般邮轮公司都会向应聘者发放职位申请表。职位申请表所填信息需要真实可靠，与所提供的相关资料内容相符。国际邮轮公司的职位申请表需要全英文填写或者中英文对照填写。

② 求职信。应聘者需要提供英文求职信或者中英文求职信各一份。

③ 简历。应聘者需要提供英文简历或者中英文简历各一份。

④ 工作证明。应聘者需要提供以往工作证明。一些邮轮公司要求应届毕业生至少要有六个月以上的工作经验，这些工作经验可以是累计的兼职，并且需要提供相关证明材料。

⑤ 佐证材料。应聘者需要提供身份证复印件、最高学历证书复印件以及其他资格证书复印件等。

⑥ 近期彩色照片。应聘者需要提交证件照和全身照若干张，并且同时提交电子版照片。拍照时需要仪容整洁、面带微笑，男士穿西服套装或者衬衣西裤，脚穿皮鞋。女士身穿西装套裙，脚穿丝袜与黑色高跟鞋。

二、书写完美简历

M6-1　面试简历

简历，顾名思义就是应聘者对学历、经历、特长、爱好及其他事项所做的简要书面介绍，是应聘者个人形象的书面表达。应聘者在设计简历的时候，要尽可能让邮轮公司招聘者通过简历对其产生好感，进而发出面试邀请。越是条件优越的邮轮公司，应聘者就越多，面试官可能会同时收到几十份甚至上百份简历。在很大程度上，简历的好坏成为决定应聘者能否获得面试机会的重要因素之一。

1. 简历基本要求

（1）简历内容要求　应聘者在书写个人简历时，要根据邮轮公司发布的招聘岗位要求，精心筛选有关素材进行编排。简历内容要去粗取精、主次分明、客观真实、精炼准确。具体来说，主要包括以下部分。

① 简历的第一部分，一般是概括性介绍自己的情况，主要包括姓名、联系方式、求职意向等。这部分的语言要简洁并且有概括性，应该围绕准备应聘的职位有针对性地介绍自己的特长和优势，确保面试官觉得应聘者的素质与该职位的素质要求相一致。

② 简历的主体部分，主要是应聘者对自身工作经历与工作能力的描述，主要包括学历、工作经验、社会活动以及取得成绩等。这部分内容要选取那些对应聘成功具有说服力的资历和能力加以描述，切忌泛泛而谈。工作和学习经历要一步一步写清楚，层次分明。

③ 简历的最后部分，是关于应聘材料的简要说明，通常有学历证书、获奖证书、推荐信等。这一部分要有客观的态度、具体的事实以及准确的数据表达，避免使用抽象、空洞、浮夸的措辞。

（2）简历版式要求　绝大多数邮轮公司在招聘新员工时会提供职位申请表等简历模板，求职者使用简历模板填写个人基本信息和履历。如果邮轮公司没有简历模板提供，求职者应根据自身情况和求职意向，选择最能体现自身优势、最适合自己的格式，篇幅一般以 1～2 页为宜。从美观和易于阅读的角度考虑，简历的布局也应慎重考虑。简历使用纸张应选用比较规格化的尺寸，一般为 A4 纸，纸质要尽可能硬挺。简历要干净、整洁，不要有明显的修改和痕印。

（3）简历中容易出现的问题　在书写简历的过程中，要避免出现以下错误。

① 文字纰漏。错字百出、句子冗赘或逻辑混乱，容易给面试官造成应聘者不认真、不重细节、缺乏条理等印象。书写简历时要避免拼写错误与语法错误，行文要清晰规范。

② 篇幅不当。篇幅过长，泛泛而谈，语气自负，容易让面试官心生反感。篇幅过短又显得不够翔实。可使用数据佐证能力，但切忌捏造事实。

③ 缺乏重点。应聘者必须根据所应聘岗位来个性化自己的简历，要尽可能让面试官在前 20 秒内看到应聘者想要表达的最重要的讯息。

④ 印刷模糊。排版不合理或者打印不规范，会使简历的整体视觉效果不够美观，也会影响面试官对应聘者的评价。

2. 英文简历书写技巧

完成一份由中文简历翻译而来的英文简历并非难事，但是当申请国际豪华邮轮上的工作岗位时，专业的英文简历就成了应聘者展示自己的窗口。尽管中英文简历在内容上相差不大，但是由于语言与文化的差异，英文简历有自己独特的结构与风格。在书写英文简历的时候，要总结自己与申请的职位相关联的内容，然后尽量按照英语国家人们的思维和习惯去搭建框架、充实内容、完成撰写。

（1）个人信息（personal details）　个人信息部分的内容包括应聘者的姓名、住址、电子邮箱地址、电话号码、手机号码等。由于中英的文化差异，在中文简历中经常出现的一些个人信息，如籍贯、政治面貌等，在英文简历中可以不必出现。如果应聘者没有英文姓名，可以直接用中文姓名的拼音代替英文姓名。在用英文撰写家庭地址时，要注意中英文在表达地址时的差异。

（2）求职目标（job objective）　求职目标要尽可能写得具体、明确，不要泛泛而谈，避免出现诸如"Seeking a position in the front desk department（应聘前台部门的职位）"之类的描述。应聘者在书写简历之前，要对邮轮上的工作岗位有充分的了解，并要根据邮轮公司的招聘信息，尽量细化自己的求职目标，如"服务员（waiter）""助理服务员（assistant waiter）""调酒师（bartender）"等。

（3）工作经历（work experience）　应聘者在描述自己的工作经历时，应采取"倒序"的形式描述，即先写最近的工作经历，再写以往的工作经历，不相关的工作经历尽量少提或一笔带过。不要只简单列举工作职责，而应具体描述所完成的任务或项目，并尽量使用具体的数字表述清楚。应尽量避免使用复杂的句式，多用英文短句进行叙述，时态通常用一般过去时。一些应聘者在工作经历中有一段间隙时间，如果是因为一直没有工作，在列举工作经历时可以省去月份来忽略间隙时间，在面试中也无需提及。

（4）教育背景（education）　教育背景部分包括学历、专业、学校、年份等。在书写此部分内容时，同样可以采取"倒序"的形式进行叙述，即最近的学历信息放在最前面，最远的学历信息放在最后面。应聘者就读的学校名称英文字母可大写并加粗，便于招聘者快速识别。应聘者如果是应届毕业生，缺乏相关工作经验，教育背景部分就应该重点强调，增加学过的重要课程以及所参加的与应聘岗位相关的兼职活动等，以此来弥补工作经历的不足，同时突出自己努力实践的特质。

（5）技能水平（skills）　应聘者除了列举自己的工作经验和教育背景外，还可以介绍自己与职位相关的技能水平。对于国际邮轮乘务员来说，最重要的技能是岗位服务技能和语言技能，应聘者应重点介绍自己在客舱、餐厅、酒吧或前台等部门岗位的专业知识与技能水平，强调自己的英语能力可以达到熟练交际的程度，并介绍第二外语掌握的情况。此外，还可以介绍计算机软件操作技能、人际沟通技能等。技能水平在面试过程中很容易被测试，应聘者应如实描述，切忌过分浮夸。

（6）其他信息（other information）　应聘者还可以陈述对应聘职位具有辅助作用的一些信息，包括应聘者性格特征、性格爱好、参加的业余活动以及资格证书、获奖情况等。在介绍兴趣爱好时，尽可能表述具体、突出强项，并能够在面试中与面试官就这些兴趣爱好进行交流讨论。资格证书也需要表述清楚，写明证书的颁发机构以及取得时间等。

三、做好面试准备

1. 调研面试情况

面试官青睐那些对公司有足够了解的人，虽然这些了解不一定全面或者深刻，但这代表了应聘者的细心与积极主动。在面试之前对准备应聘的邮轮公司及其招聘岗位进行调查研究，会使应聘者获取有用的信息，减少应聘的盲目性。

（1）调查研究方法　面试前的调查研究必须坚持两个原则，一是要为自己的职业选择、公司选择、职位选择而服务，二是要为面试取得成功而服务。应聘者应充分利用既有的资源和条件，采取行之有效的调研方法，尽可能获取有用的信息。常见的面试信息调研方法如下。

① 查阅资料法。应聘者通过网络等渠道查阅相关资料，熟悉邮轮公司基本情况以及所应聘岗位的任职条件、发展潜力等。

② 人际访谈法。应聘者通过与老师、同学、亲友以及邮轮公司在职工作人员的交流沟通，熟悉所应聘的邮轮公司以及岗位的信息。

③ 专家咨询法。向就业指导专家咨询有关邮轮公司和职位的各方面信息。

④ 信息共享法。与其他求职者合作寻求信息并彼此交换信息。

（2）调查研究内容　应聘者在参加邮轮公司面试之前，应该通过调查研究获取以下信息。

① 就业形势。了解国家和地区当前的就业形势、就业政策，了解自己可能从事的职业的社会地位、职业声望和发展机遇，从宏观上把握自己的现实处境，规划自己的职业生涯目标。

② 职位信息。了解所应聘的邮轮公司的基本情况，包括邮轮公司的性质、组织结构、成立时间、船队规模、航线区域、品牌特色等，了解所应聘岗位的性质、岗位职责、任职条件、工作时间、工作待遇等。

③ 面试程序。了解邮轮公司安排面试的时间、地点以及面试可能采取的形式，索取面试方可能提供的任何说明材料并做好相应准备。

④ 辅助信息。了解对面试有帮助的相关辅助信息，比如面试官的姓名、国籍、爱好等，邮轮公司近期的新闻报道等，以拓展面试相关话题。

【拓展阅读】

国际邮轮公司常见招聘岗位

客舱服务员	Stateroom Attendant
助理客舱服务员	Asst Stateroom Attendant
客舱送餐员	Room Service Attendant
助理服务员	Waiter-Assistant
酒吧调酒师	Bartender
酒吧服务员	Bar Server
酒吧清洁工	Bar Utility
一级厨师	Commis-1
二级厨师	Commis-2
糕点师	Pastry Cook
咖啡厅服务员	Cafe Atteddnant

2. 设计职业形象

良好的职业形象对于应聘者求职成功至关重要。仪容仪表本身就是一种无声的自我介绍，经验丰富的面试官会从应聘者的外在形象获得很多信息，诸如应聘者教养、气质与风格等。在面试之前，应聘者应该精心设计职业形象，让自己的仪容仪表所表达的内容与邮轮乘务员工作岗位相适应，以此赢得面试官认可。

（1）发型适宜　头发对于人的脸型有修饰作用，拥有健康亮丽的头发可以使人充满活力与自信。在日常生活中，应该坚持勤洗头发，定期修剪，经常梳理，保持头发干净、健康、整齐。在面试之前，还应该选择既符合自己个性又符合邮轮乘务员岗位要求的发型，让自己看起来更加精神、更加职业化。

① 男士发型。对于男士而言，可供选择的发型不多，但基本要求是前面的头发不遮住额头，侧面的头发不掩住耳朵，后面的头发不触及衣领。忌留光头，忌新潮另类，忌染夸张的色彩。

② 女士发型。对于女士而言，发型的基本要求是前面的头发不遮挡视线，后面的头发用黑色发夹束起或盘起，大方自然，干净清爽。忌长发披肩，忌有夸张的饰品，忌染鲜艳的颜色。

（2）面部清洁　面部在个人整体形象中处于显著地位。在面试之前，要注意自己的面部清洁，坚持早晚洗脸，及时清除面、颈、耳后的不洁之物。在即将参加面试之时，还应该对自己的面部进行必要的修饰。

① 男士面部修饰。不留胡须，注意鼻毛的修剪，青春痘严重时需要及时就医。使用合适的护肤用品，使面部看起来润泽干净。保证充足睡眠，保证面试当天有良好的精神面貌，不带倦容。唇部不要干裂，口腔保持卫生，避免食用刺激性食物。

② 女士面部修饰。使用合适的护肤用品，保持面部的干净清爽。化淡妆，让面部健康润泽，精神焕发。切忌不要化浓妆。脸部最生动的地方在于其细微生动的情绪表达，厚重的浓妆会让脸部不自然。注重眼部的修饰，让眼睛看起来明亮有神。眼睛是情绪交流的焦点，一双明亮而自信的眼睛会给面部增色不少，给人留下深刻的印象。保证睡眠，不带倦容。

（3）手部清洁　手是人们的"第二张脸"，因此还应该注重手部的清洁卫生。要勤洗手、护手，保持手部的柔润。勤剪指甲，避免指甲颜色缤纷。

（4）着装规范　面试不同的工作，可以选择不同的着装风格，但总体要求是干净整洁、舒适得体，以便于在面试中自然发挥而不拘谨。对于邮轮面试来讲，一般要求应聘者着正装参加面试。

① 男士着装

西装。男士应该选择裁剪良好、款式经典的西服套装，切忌太过前卫的设计。颜色以黑色、灰色、深蓝为宜，并且最好是纯色的，不要有大格子、大条纹之类的。西服的面料最好是比较易于打理又不容易变形的。

衬衫。选用面料挺括一点的衬衫。白色的长袖衬衫是最佳选择。其他颜色衬衣要注意和西装的颜色是否搭配。短袖的衬衫过于休闲，不推荐。

领带。领带宜选择保守一些的条纹和几何图案，还要注意要与西装和衬衫的颜色协调搭配。

鞋子。面试之前把皮鞋擦拭干净。光亮的鞋子可以体现应聘者良好的职业素养。注意鞋子的颜色与西服颜色相配，黑色是比较好的选择。

袜子。袜子是比较容易被忽视的环节，要避免黑色皮鞋与白色袜子的搭配，尽量选择黑色或深色的袜子。

② 女士着装

西装。女士着西服套装或者西服套裙，款式简洁大方，给面试官留下沉稳、干练的印象。服装多以中性色彩为主，向面试官传递应聘者亲切、善良、自然和大方的形象。

衬衫。在挑选衬衫的时候，无论是颜色还是款式最好以保守为宜。白色是衬衫的经典颜色，也是最适合搭配的颜色。

鞋子。脚穿黑色或深色高跟鞋。确保鞋子的款式专业，不花哨。

袜子。穿裙装时应该穿着与肤色相近的丝袜，袜口不可露在裙子外面，丝袜有跳脱破损的要更换。

女士着装如图 6-1 所示。

图 6-1　女士着装

（5）注重细节　邮轮乘务员在工作场合饰物佩戴的原则是符合身份、佩带有方、以少为佳。然而在面试的过程中，面试官的眼光是挑剔的，总能够从应聘者的饰物上看到种种信息，所以应聘者去参加面试尽可能不要佩戴饰物。

香水的使用也是一种艺术。好的香水能够给人带来愉快的心情。如果香水使用得当，无形中会使得面试的气氛向有利于应聘者的方向发展。如果使用不当，也会有负面的效果。因此，香水宜淡雅、忌浓烈。

M6-2　面试准备

3. 调整心理状态

作为面试的主体双方，面试官和应聘者基于自己的立场和态度，都存在一定的心理活动。在做好充分的资料准备和形象准备之后，应聘者在面试前还应该调整好自己的心理状态，积极参与竞争，勇敢迎接挑战。

（1）端正态度　应聘者参加面试，有的因过分拘谨而表现不足，有的因表现过分而弄巧成拙。这样的心理倾向都会影响面试的效果。一般来讲，应聘者常见的错误心理如下。

① 期望过高。看待社会过于理想化，不能正确估计自己与周围环境，往往对自己期望过高，在面试过程中容易出现心理落差。

② 表现心理。在外向型性格的应聘者身上比较常见，过分表现容易出现抢答问题、言语过多等行为，给面试官留下不好的印象。

③ 掩饰心理。应聘者企图掩饰自身缺陷，在回答问题上支吾搪塞、答非所问，在神情上避开面试官视线。

④ 趋同心理。应聘者缺乏应有的个性品质，容易在面试中对面试官言听计从，言行举止都与面试官保持一致，顺从迎合。

⑤ 负重心理。对面试过于重视而产生心理负担过重的倾向，容易在面试中出现紧张不安、惊慌怯场等情况。

⑥ 自卑心理。在内向型性格的应聘者身上比较常见，对自己缺乏应有的信心，自我评价过低，羞涩胆怯，表现消极。

针对这样的一些错误心理，应聘者应该对自己有正确的认识，及时调节心理状态，端正面试态度。积极的期望促使人们向好的方向发展，消极的期望促使人们向坏的方向发展。应聘者要对自己以及面试的岗位带有积极的态度，根据个人职业发展方向和技能水平塑造自我形象，调整角色意识与角色行为，这样便能更容易进入符合岗位需求的角色状态，在更大程度上促成面试成功。

（2）克服紧张　面试与应聘者的切身利益关联比较大，对面试结果的过度期待会引起面试紧张，从而影响应聘者在面试过程中的发挥。在面试之前，应聘者应尽可能克服紧张情绪，常见的缓解情绪紧张的办法如下。

① 正视紧张。既然紧张无法回避，那么就要正视它。应聘者需要理解，有些紧张情绪是正常的，面试中的适度紧张并非坏事。

② 调整心态。把期望目标降低，把参加面试当成锻炼自我的一次体验，轻装上阵，才能消除紧张情绪。

③ 得体着装。舒适、得体的着装，会使应聘者感觉精神焕发、信心倍增，在一定程度上能缓解紧张情绪。

④ 充分准备。面试准备越充分，紧张程度就越小。必要时可以事先多次模拟演练面试过程，胸有成竹便可缓解紧张。

⑤ 敢于失败。不把成败看得太重。即便求职不成，也可以分析面试过程中失败的原因，总结经验教训，迎接下一次面试。

【工作任务】

了解邮轮面试前礼仪，完成情景模拟训练。

【任务准备】

1. 复习邮轮面试前礼仪、面试形象等礼仪细节。

2. 学生之间交流讨论。

3. 学生分组确定角色，模拟情景，准备训练所需的器材。

【任务实施】

实训安排

实训时间	面试形象礼仪实训 0.5 小时
实训目的	掌握面试形象塑造的基本礼仪和技巧
实训要求	严格按照实训规范要求进行

训练标准与要求

实训内容	操作标准	基本要求
面试形象礼仪	（1）男士进行面部清洁，用护肤品润肤；女士进行面部清洁，润肤后化淡妆。 （2）根据面试要求，梳理符合邮轮乘务员岗位要求的发型。男士前发不遮额、侧发不掩耳、后发不及颈。女士前发不盖脸、后发不过肩，长发使用发饰固定。 （3）根据面试要求，选择合适的面试服装。男士身穿西服，脚穿皮鞋，系好领带。女士身穿西服套裙，脚穿高跟鞋，搭配合适的配饰。 （4）整理仪容仪表，相互进行面试形象点评	干净，整洁，得体，大方

【任务评价】

训练自测评分表

项目	邮轮面试前礼仪考核标准	满分	评分
认知邮轮面试	(1)了解面试是一种经过招聘单位精心设计,在特定的场景下,以面试官对应聘者的面对面交谈与观察为主要手段,由表及里测评应聘者的知识、能力、经验等有关素质的一种考试活动; (2)了解公司招聘邮轮乘务员的方式主要有两种,一种是内部招聘,另一种是外部招聘; (3)了解邮轮公司招聘程序、考核指标和面试提交材料	30分	
书写完美简历	(1)掌握简历内容要求; (2)了解简历内容要求	20分	
做好面试准备	(1)了解招聘公司背景、招聘岗位名称、岗位要求; (2)了解面试程序; (3)能调整面试心理状态	30分	
设计职业形象	(1)掌握面试发型要求,能做好面部清洁规范; (2)熟知面试着装规范	20分	
满分		100分	

【随堂测验】

多选题

1. 应聘者在参加邮轮公司面试之前,应该通过调查研究获取以下信息:(　　　　)。

A. 就业形势　　　　B. 职位信息　　　　C. 面试程序　　　　D. 辅助信息

2. 邮轮公司面试考核指标有:(　　　　)。

A. 仪表举止　　　　B. 语言表达　　　　C. 求职动机　　　　D. 身心素质

【拓展阅读】

如何提升中国邮轮专业人才的国际竞争力

历史上,在国际邮轮上的航运和服务岗位似乎有墨守成规的国际分工,船长多半来自传统海运国家,如挪威、瑞典、希腊、意大利,酒店总监来自讲究工作流程的德国,餐饮总监来自擅长美食烹饪的法国和奥地利,娱乐总监多由英国人担任,做客房和餐厅服务工作的多为有英语技能、服务意识但薪酬期望合理的东欧、印度、菲律宾人。

邮轮职场的一个重要特点是在学历和经验之间更加重视经验,所有中高级岗位的人才,都不是直接从学校培养出来的,而是从初级人才一步步培养和提拔上去的。皇家加勒比国际游轮总裁和首席执行官 Michael Bayley 就是一个有说服力的例子,他大学本科毕业以后,上船从乘务长做起,一步步在职业的阶梯上凭借自己的素质、学习能力和表现往上攀升,最后成为全球邮轮行业最出色的商业领袖之一。长远的人才培养方案是从邮轮中等职业、高等职业和本科院校招募有过实习经验的毕业生上船,从入门岗位做起,积累初级人才,然后在工作实践中培养中高级人才。

邮轮上重工作表现和职业素养,没有学历歧视。入门级职位有机会在一个合同期(6个月)结束后,申请转调到更适合自己发展的岗位,在两个合同期(12个月)结束后,根据表现得到晋升。中国邮轮母港航线对中国船员的需求很高，表现好的可在两年以后从初级职位晋升到中级职位。同时，邮轮上还提供各种在职培训。

（资料来源：刘淄楠．博士说游轮．）

任务二　掌握邮轮面试中的礼仪

【任务导入】

面试是一种双向的交流和沟通。一项研究表明，面对面沟通效果的好坏，有 7％取决于用词，38％取决于音质，55％取决于肢体语言。在面试过程中，应聘者要有恰当的行为举止和语言表达，注重面试过程中的行为礼仪和交谈礼仪，以此取得良好的沟通效果，赢得面试的成功。

【任务资讯】

一、邮轮面试行为礼仪规范

M6-3　邮轮面试中的礼仪

在面试过程中，行为举止是应聘者塑造个人形象的重要手段。通过姿态、神情、动作来传递信息，往往起着有声语言无法媲美的效果，是职业形象的最高境界。注重礼节、举止得体、面带微笑，将会为应聘者带来事半功倍的效果。

1. 注重礼节

细节决定成败。在面试过程中，微小的行为举止都可能成为面试成败的关键。注重面试过程中待人接物的基本礼仪，可以体现应聘者的内在修养，给面试官留下良好的印象。

（1）提前抵达　应聘者接到面试通知后，要合理安排自己的日程，准时参加面试。在面试当天，要提前 10～15 分钟到达面试地点。抵达后观察面试场所四周的环境，调整自己的心态。

（2）耐心候考　应聘者进入面试等候区，要听从工作人员安排，耐心等候。将手机调成静音或振动，若接听电话，尽量轻声说话，不要影响到其他人员。等候的时候可以观察一下周围环境，查阅一些摆放在等候区的公司资料，或者对接下来的面试做一些准备。尊重每一位现场的工作人员。

（3）进门问好　应聘者要把握进入面试房间的时机。如果面试的时间到了，应该按时敲门。如果面试人员较多，面试官需要面试者在外等候，就按照面试官的指示等候敲门进入。敲门的声音不宜缺乏力度，应将食指弯曲后敲门。敲门要有规律，一般是敲三下一停顿，约停数秒钟后，若对方没有应答，稍加力度继续敲，直到对方请敲门者进门方可进入。

进入面试房间后，应该礼貌问好，既不要东张西望，又不要过分拘谨、太过谦让。与面试官握手是常见的礼仪。应聘者伸手的时候尽量手心向上，握手有一定的力度，眼睛要注视对方，表情自然，略带微笑。握手时间不宜过长，也不要用力摇晃。如果面试官没有握手的意思，应聘者不宜主动伸手。

（4）礼貌告辞　面试结束后，应该对面试官表示感谢，然后礼貌告辞。整个过程不卑不亢，举止得体，注重礼仪礼貌。

2. 举止得体

最容易被忽略的肢体语言细节才能最真实地显示应聘者的综合素质和整体修养。从应聘者推开门到坐下这短短十几秒的时间里，面试官就已经对应聘者自然状态下的站姿、坐姿以及行走等肢体语言进行了细致观察，并在潜意识中解读了背后的含义。

（1）站姿端庄　应聘者的站姿能真实反映其性格和内在素养。如果靠墙站立，显示没有安全感。如果很规矩地站立，显示很守规矩。如果东张西望，显示平时行为比较散漫、不服从管理，但也暗示思维活跃却不好控制。

（2）坐姿稳健　面试时，应聘者要在面试官指定的位置就座。正式场合一般从椅子的左侧入座。落座后上半身要保持直立，不要紧贴椅背，一般以坐满椅子的三分之二为宜，双脚自然落地，不要跷二郎腿。女士双腿并拢，男士双腿可以分开，但不要超过肩宽，双手不要抱胸，不要乱摆，自然放在膝盖上。

（3）走姿协调　走路姿态往往能透露出一个人的性格和精神气质。行走时，上身要直，肩部要平，重心要稳，身体各个部位要协调，有适度的节奏感。不要把手放在口袋里，不要把手背在身后，不要低着头只看脚尖，不要发出过大的脚步声。男士行走时要矫健，女士行走时要轻盈。

（4）规避小动作　很多应聘者在面试中会运用一些手势。恰当的手势会对语言表达起到辅助性的作用。但是一些不当的肢体动作却会影响面试效果，应聘者可以对照以下行为审视自己，在面试的过程中尽量避免。

① 掰手指节。习惯性将手指节掰得很响。

② 腿脚抖动。习惯性将整个腿部进行抖动。

③ 摆弄饰物。双手不自觉地摆弄佩戴的饰物，女性比较常见。

④ 抚弄头发。与人交谈时不自觉地抚弄头发。

⑤ 不停看表。与人交谈时不停看时间，给人一种压迫感。

⑥ 吐舌头。回答完问题后，不自觉地吐舌头，是不成熟、不自信的表现。

⑦ 玩纸笔。不自觉地翻动纸张或转动手中的笔，让人感觉思想不集中。

3. 表情自然

在面试过程中，面试官一致认为微笑与目光最能说明应聘者的心态与能力，而应聘者的一些微表情，也在向面试官透露着各种信息。

（1）微笑　微笑是一种令人愉快的面部表情，可以缩短人与人之间的心理距离，展现应聘者的乐观、豁达与自信。在面试的过程中，除了与自己内心情绪相一致的真实的微笑之外，即使心情紧张，应聘者也应该积极控制自己的面部表情，用得体的微笑向面试官展示自己的积极、友善和尊重。这种对自身交际形象的控制，同样是一种涵养和素质。

（2）目光　在人际交往中，目光也是极富感染力的表情语言。眼神与有声语言相协调，可以表达很多思想感情。眼睛凝视时间的长短、眼睑睁开的大小、瞳孔放大的程度以及眼睛的其他变化，都能传递最微妙的信息。

交谈中，目光注视的方式有两种，一种是单向的，应聘者主动积极地注视面试官，另一种是双向的，当面试官注视应聘者时，应聘者应该积极予以回应，保持与面试官的目光接触。在面试中，聚精会神地注视对方，表示对双方谈话内容有浓厚兴趣，也会让面试官觉得应聘者是有自信的人。为了避免过多注视令面试官不安，要把目光放在脸部两眼至额头中部的上三角区。

（3）微表情 除了微笑与目光之外，面试官还看重应聘者的一些微表情。面试过程中，一些应聘者会不自觉地流露出一些微表情，比如：抿嘴唇或挠头，表示应聘者窘迫羞涩、不知所措；眼睛左顾右盼，不敢直视对方，表示应聘者紧张害怕，对自己没有信心；眼睛向上看，透露出迟疑的心态；等。应聘者只有处理好这些微表情，才能给面试官留下比较好的印象。

二、邮轮面试交谈礼仪规范

1. 面试交谈技巧

在面试中，应聘者与面试官之间的沟通主要是通过交谈来进行的。因此，掌握必要的面试交谈技巧，对于面试取得成功至关重要。在交谈的过程中，应聘者既要善于倾听、恰当回应，还要巧妙地展示自己，从而在面试中脱颖而出。

（1）善于倾听 良好的沟通始于倾听。好的倾听不仅要明白面试官讲话的表面意思，也要明白其中隐含的意思。倾听的过程中，不论面试官说什么，都不要打断。直到面试官说完，应聘者才能开口。即使面试官说了错话，应聘者也要冷静地听他把意思表达完整，然后再陈述自己的观点。

（2）恰当回应 通过倾听，知道了面试官问题的关注点，需要恰当地表达对问题的回应。回答问题时要开宗明义，先作结论，再作叙述和论证，避免议论冗长，也要避免模糊不清和前后歧义。注意观察面试官的反应，面试官如未听清楚，要及时重复；面试官表示困惑，要加以解释或补充说明；面试官如流露出不耐烦的情绪，要主动结束话题，而不要等到被打断。回应时不要固执己见，应该允许面试官提出相反意见，并且虚心请教，尊重面试官的意见。

（3）表述清晰 不疾不徐、清亮悦耳的声音有强大的说服力。在交谈的过程中，应聘者说话不要太快，以免面试官听不清应聘者说的内容，也不要吞吞吐吐，让面试官着急。尽量把语速控制适中，清楚地说出每一个字。在回答完面试官的提问后，可说明自己回答完毕，并说谢谢，随时显示自己的教养。

（4）机智幽默 语言机智幽默，可以使谈话增加轻松、愉快的气氛，也会展示应聘者的优雅气质和从容风度。尤其是遇到难以回答的问题时，机智幽默的语言会显示自己的聪明才智，有助于化险为夷，并给人留下良好的印象。

2. 邮轮英文面试交流

国际邮轮公司在招聘员工时，通常采用全英文口语面试。可以是一轮面试，也可以是初试和复试两轮面试，重点考察应聘者日常英语交流能力以及岗位胜任能力。在参加英文面试的时候，除了需要掌握以上面试交谈技巧，还需要针对特定的英文面试环境，恰当地进行英文表达。

（1）尊重文化差异 任何面试都带有一定程度的主观性，应聘者在英文面试过程中需要获得外方面试官的欣赏，应尽量避免由于对英语语言的驾驭能力不足而引发的不敬。在英文面试中，要避免使用过于生僻的单词，以免造成面试官的困惑与误解。要避免谈论宗教文化或时事政治方面的话题，谨慎而有节制地发言。

（2）突出工作能力 英文面试比较注重对应聘者专业知识和工作能力的考察。应聘者为了给面试官留下英语水平高的印象，常常会大量使用事先准备好的花哨词汇与句式，为了说英语而说英语，而真正针对面试官所提的专业问题的个人见解却很少，内容空泛，逻辑混乱。因此要注重对专业英语的学习，在展示良好英语交流沟通能力的同时表现工作才能。

（3）流畅英语表达　在英文面试过程中，应聘者在表述个人经历、教育背景、工作经验以及职业规划的时候，要尽可能流畅地用英语表达，配合正确的语法与时态。如果英语水平稍差，可以适当掌握英语面试技巧，比如：如果不适应面试官的发音或者没有听清面试官的问题，可以礼貌地请面试官重复问题；明白大概意思后，尽可能用熟悉的英语词汇回答，在语法的严谨性和交流的顺畅性方面更倾向于交流顺畅。

三、常见邮轮面试问题解答

1. 面试问答过程

在面试的过程中，面试官与应聘者之间的交谈以问答的形式进行。针对某一问题，应聘者能否发表合理的、深刻的、有建设性的观点，是面试中常规且重要的测评项目。面试官与应聘者的问答过程大致经历以下四个阶段。

（1）准备阶段　面试问答准备阶段一般以社交性话题进行交谈，例如"今天天气很好，是吗?""等待面试的时间长吗?"。这样的问题可以使应聘者能够比较自然地进入到面试情景之中，消除应聘者的紧张情绪，建立一种友善和谐的面试氛围。在这一阶段，应聘者不需要对这些问题详细解答，但应该利用这个机会熟悉面试官以及面试环境。

（2）引入阶段　在准备阶段的社交性话题结束之后，应聘者的情绪逐渐稳定下来，开始进入正式面试的引入阶段。在这一阶段，面试官会围绕应聘者的简历情况提出一些问题，给应聘者充分的发言机会，常见的问题包括："请用简单的语言介绍一下你自己""在学校学习了哪些课程""以前有过在酒店或者邮轮工作的经验吗?"。应聘者对此类问题应该早做准备，有针对性地进行回答。

（3）正题阶段　引入阶段结束后逐渐进入正题阶段，面试官将通过更广泛的话题来了解应聘者的心理特点、行为特征、专业知识以及能力素质，以此来获取应聘者更广泛的评价信息。在这一阶段，常见的面试问题包括："邮轮餐厅服务员的工作职责是什么?""如何应对顾客的投诉?"等。提问的方式也各有不同，一些面试官可能会要求应聘者进行专业技能的展示，来考察应聘者是否胜任工作岗位。

（4）结束阶段　面试官在提完想要了解的问题之后，会问类似"我们的问题都问完了，你对我们有没有什么问题要问?"这样的话题进入结束阶段。在这个阶段，应聘者可以提出一些自己想要知道的问题，比如"录用后我会接收什么样的培训?"。在交谈结束后，应聘者与面试官友好告别，面试问答过程结束。

2. 邮轮面试问题

针对邮轮乘务员的任职条件以及邮轮公司招聘面试考核指标，常见的面试问题主要涉及个人信息、求职动机、专业技能、身心特质等几类，应聘者可针对此类问题提前做好准备，以对面试求职有所帮助。

（1）个人信息类问题　通常情况下，面试官会首先对应聘者的个人基本情况做一些了解。英文谚语中讲"You will never have a second chance to make a good first impression."在回答个人信息类问题时，应聘者可以尽可能地展示自己，恰当陈述，给面试官留下良好的第一印象。

① 常见问题

Tell me a bit about yourself.　请简单介绍一下你自己。

What's the occupation of your parents?　你父母的职业是什么？

Where is your hometown?　你的家乡在哪里？

What are your greatest strengths?　你最大的优点是什么？

② 应答思路。面试官询问应聘者个人基本信息，是为了增加对应聘者的了解，观察应聘者的谈吐表达，同时考察应聘者的个人特质、技能经验能否胜任工作。应聘者在进行自我介绍时，应根据职位的要求强调重点信息，浓缩次要信息，告诉面试官自身所具备的优势和能力。在提供重点信息时，还可以辅以例证增加说服力。针对家乡、家庭情况等问题，可以实事求是简要回答。当面试官问及应聘者优点时，应聘者可以陈述自己乐观友爱、认真坚定等特质。当面试官问及缺点时，应聘者不应直接说自己懒惰、脾气大、效率低等，较好的回答方式是从自己的优点谈起，中间加一些小缺点，之后再次突出优点的部分，灵活而不被动。

（2）求职动机类问题　求职动机不仅是面试官关心的问题，也是应聘者必须关心的问题。面试官提出此类问题，主要是考察应聘者是否重视面试，是否对邮轮公司有所了解，是否对邮轮乘务员的工作怀有热忱。

① 常见问题

Why do you wish to work on a cruise ship?　为什么你希望在邮轮上工作？

What do you know about our company?　你对我们公司了解吗？

Can you commit to an onboard 6 or 8 month assignment away from your family and friends, working 10～12 hours a day, 7 days per week?　你能否远离父母亲人 6～8 个月，每周工作 7 天，每天工作 10～12 小时？

What would your past employers say about your reason for leaving?　你以前的雇主会如何评价你的离职原因？

If we hire you, how long will you stay with us?　如果我们雇用了你，你打算在公司工作多久？

② 应答思路。面试官更倾向于挑选对邮轮公司和邮轮工作岗位有清晰认识并且怀有热忱的应聘者。在面试之前，应聘者应该对自己的求职动机有清晰的认识，明确自己对工作的期望与目标，并且进行充分调研，了解邮轮公司以及岗位的基本情况，从而使问题回答更加准确，并向面试官展示自己的细心与积极主动。一般来讲，选择公司的理由主要有公司品牌、发展机遇、工作环境等。在邮轮上工作的理由主要有开阔视野、广交朋友、职业发展等。离职原因不用说得太具体、太详细，也不要掺杂主观的负面感受，如"管理太混乱""人际关系太复杂"等，而是可以告诉面试官想要寻找更能发挥能力的舞台。针对在邮轮上工作多久的问题，可以表示对邮轮上的工作了解比较多，也愿意付出辛苦努力，希望尽可能工作比较长的时间，并且在邮轮工作岗位上有所发展。

（3）专业技能类问题　面试官在面试过程中，会通过专业技能类问题重点考察应聘者在过去的工作和培训经历中获得的专业知识与技能能否胜任邮轮上特定工作岗位的需要。此类问题是整个面试问答中最难的一部分，需要应聘者熟练掌握专业知识与技能，并能用英语流利表达。

① 常见问题

Can you describe your working experience?　能谈谈你的工作经验吗？

Which position are you applying for? Could you state your responsibilities?　你应聘的

是哪一个职位？岗位职责是什么？

Could you show me the procedure of making a bed?　铺床的程序是什么？

Could you tell me the ingredients of Caesar dressing?　恺撒调味汁的成分是什么？

Can you speak other foreign languages except English?　除了英语之外，你还会哪种外语？

② 应答思路。当应聘者被问及以往的工作经验的时候，一定要如实回答。如果应聘者没有相关工作经验，千万不要说谎，因为面试官最忌讳不诚实的员工，一旦发现应聘者说谎，便会记录在案，对该应聘者永不录用。对于应届毕业生来说，在工作经验方面会有所欠缺，可以回答在上学期间利用各种机会在行业里做兼职，并且有较强的责任心、适应能力和学习能力。当应聘者被问及所应聘岗位职责时，实际上是面试官对应聘者专业程度的考察，应聘者应该在面试之前对应聘岗位有所了解，并且熟悉该岗位的岗位技能，从而更加灵活地应对铺床程序、菜品知识等更加专业的问题。语言技能也是面试官考核的重点，应聘者在熟练使用英语进行交流的同时，可以选择第二外语进行简单会话练习，面试时可以据实回答。

（4）身心特质类问题　面试官会通过身心特质类问题来评价应聘者的性格特点以及身体素质是否能够胜任邮轮上的工作岗位。此类问题涉及广泛，根据特定工作岗位的不同也会有不同的问题出现。

① 常见问题

What type of activities do you enjoy on your free time?　空闲时间你有什么样的兴趣爱好？

Are you short sighted or color blind?　你是色盲或色弱吗？

Are you sweaty palm?　你的手掌容易出汗吗？

How careful are you?　你认真吗？

② 应答思路。兴趣爱好能够在一定程度上反映出应聘者的性格、观念和心态等，这是面试官询问这个问题的主要原因。应聘者在回答这一问题的时候，不要说自己没有兴趣爱好，也不要说自己的不良嗜好，而是可以用一些富于团体合作精神的爱好来回答，比如喜欢交朋友、喜欢打篮球等。针对是否认真此类问题，不要简单用认真或者不认真来回答，而是说出比较有说服力的事例。一些工作岗位是视力等身体条件有要求，应聘者应该实事求是说明自己的身体状况。是否汗手这样的问题主要出现在特定岗位的招聘，比如邮轮赌场的发牌员手心不能太容易出汗，并且需要有较强的心算能力。

【明德强志】

能者多劳是吃亏吗

刘文文刚进公司的时候，虽然薪酬拿的是最低一档，但她还是很珍惜这份工作。刘文文盘算着，职场竞争本就激烈，再加上自己刚刚入职，没有什么工作经验，现在这家公司愿意录用自己做实习生，自己一定要努力工作，不断进步。

公司规模虽然不算太大，但摊在办公室文员刘文文头上的活儿却琐碎又繁多。办活动定制海报挂牌，刘文文去跑；客户行程沟通敲定，刘文文去跑；会议纪要邮件传达，还是刘文文去跑。其实很多活儿都是别的部门的，但一旦人手不足，各种杂活儿都派到办公室这里来。

"别理他们，当咱们这儿人多吗。"马姐愤愤地说。马姐比刘文文早进公司两年，资格老一点，拒绝派活儿时腰杆儿就硬一点。"拿多少工资干多少事儿，对吧，干吗要帮别的部门干活儿呢。功劳他们拿，苦活儿我们干，这不公平啊。"她特意教育刘文文，"尽量别答应，一旦答应了，以后都找你了。"

但刘文文经常是来者不拒。她觉得公司就这么多人，业绩要大家共同创造，没理由别的部门加班加点，办公室却照旧朝九晚五。更何况作为一个职场新人，她给自己的要求就是多做、多看、多学，尽快地适应职场。

刘文文不仅来者不拒，有时候还主动请缨。有回市场部接了个日本客户的订单，拿了些日文资料过来。正发愁翻译问题时，刘文文挺身而出，解了燃眉之急。大家这才知道，刘文文从中学就开始学习日语，水平相当不错。市场部领导大喜，立马跑去老板那里请求借调刘文文几天，并对刘文文说："小刘，能者多劳，邮件电话还有翻译，这些活儿就靠你了。"

"切，什么能者多劳，拉壮丁的借口而已。老板给你涨工资了吗？市场部给你发奖金了吗？欺负你是新人呢。"马姐觉得刘文文傻，不懂得拒绝，给人当免费劳力还忙得不亦乐乎。但刘文文满口答应，觉得这么多年没翻日文书了，正好借这个机会慢慢再把日文捡起来。

"能者"刘文文后来更忙了。公司开拓新媒体领域，开始承接视频业务，人手更加捉襟见肘，刘文文被老板点名去企划部帮忙。马姐听闻，拍着腿摇头："你看你看，又拉你当壮丁了。不以涨工资为前提的能者多劳就是欺负老实人嘛。"

刘文文虽然学过视频制作，但只略懂皮毛，一边要帮忙合作，一边还要恶补新知识新技术，加班熬夜成了家常便饭。虽然辛苦，但刘文文做得比上回的日文翻译还开心。她发现自己对新媒体制作非常感兴趣，干活儿上手快。虽然工作中的各种研讨争论耗费了大量的时间和体力，但刘文文也扎扎实实地学到了很多东西。一年下来，参与了几个项目后，刘文文居然成为了公司视频制作的主力之一。

去年年末的时候，趁公司部门调整的机会，刘文文找老板表达了转岗的意愿。谈话非常顺利，老板同意刘文文转去媒体部负责视频制作，并且给她提职加薪。

"看不出你还挺有野心的啊。"依旧是办公室文员的马姐惊叹道。刘文文暗笑，马姐看不出，但刘文文知道，她所做的一切，老板和其他同事都看得到。

【工作任务】

了解邮轮面试中礼仪，完成情景模拟训练。

【任务准备】

1. 复习面试行为、交谈礼仪的细节。
2. 学生之间交流讨论。
3. 学生分组确定角色，模拟情景，准备训练所需的桌椅、简历、常见面试问题等。

【任务实施】

实训安排

实训时间	面试行为、交谈礼仪1小时
实训目的	掌握面试行为礼仪规范和交谈技巧
实训要求	严格按照实训规范要求进行

训练标准与要求

实训内容	操作标准	基本要求
面试行为、交谈礼仪训练	(1)提前抵达面试地点,礼貌候场; (2)敲门进入面试房间,使用礼貌用语向面试官问好; (3)在面试官示意下入座,注意站立、行走以及落座的姿态; (4)在面试的过程中面带微笑,与面试官保持目光接触,规避不良的小动作; (5)认真聆听面试官提出的问题,并且流畅回答; (6)面试过程中,如有专业技能测试,需要严格按照岗位服务礼仪进行操作; (7)面试结束后,与面试官礼貌告别	举止得体,应答流畅

【任务评价】

训练自测评分表

项目	面试行为、交谈礼仪考核标准	满分	评分
注重礼节	(1)能做到提前10～15分钟达到面试地点。将手机调成静音或震动,对接下来的面试做一些准备,尽量轻声说话,尊重每一位现场的工作人员。 (2)进入面试房间后,应该礼貌问好,面试结束后,应该对面试官表示感谢,然后礼貌告辞	30分	
举止表情	(1)能做到站姿端庄、坐姿稳健、走姿协调,避免小动作; (2)微笑得体,富有感染力	20分	
交谈技巧	(1)面试中能做到善于倾听、恰当回应、表述清晰、机智幽默; (2)邮轮英文面试交流能尊重文化差异、突出工作能力、流畅英语表达	20分	
常见邮轮面试问题	(1)对常见邮轮面试问题有准备; (2)熟悉个人信息类问题、求职动机类问题、专业技能类问题、身心特质类问题应答思路	30分	
满分		100分	

【随堂测验】

一、多选题

应聘者应尽可能克服紧张情绪,常见的缓解情绪紧张的办法有:(　　)。

A. 正视紧张　　　　B. 调整心态　　　　C. 得体着装　　　　D. 充分准备

二、判断题

英文简历书写中的个人信息不必填写联系电话。(　　)

【拓展阅读】

英语面试问答集锦

Q：What is important to you in a job?

A：Challenge，the feeling of accomplishment，and knowing that you have made a contribution.

问：这份工作对你来说,最重要的是什么?

答：它带来的挑战、成就感以及为之做出贡献的满足感。

Q：Why do you want to work for this organization?

A：Its reputation，the opportunities it offers，and the working conditions.

问：为什么想到我们这里工作？

答：它的名气、所提供的机会以及工作环境。

Q：Why should we employ you?

A：My academic preparation，job skills，and enthusiasm about working for the firm.

问：我们为什么要雇用你？

答：我的专业背景、工作能力以及为贵公司工作的热情。

Q：If we hire you，how long will you stay with us?

A：As long as my position here allows me to learn and advance at pace consistent with my abilities.

问：如果我们雇用了你，你打算在我们这里工作多久？

答：我希望尽可能长地在这里工作，并且职务随着能力增长而相应提高。

Q：What are your greatest strengths?

A：I can see what needs to be done and do it. / I work well with others. / I can organize my time efficiently.

问：你最大的优点是什么？

答：我做事情当机立断。/ 我和他人容易共事。/ 我能有效利用时间。

Q：What are your greatest weaknesses?

A：I tend to drive myself too hard. / I expect others to perform beyond their capacities. / I like to see a job done quickly.

问：你最大的缺点是什么？

答：我对自己过于严格。/ 我对别人的能力期望过高。/ 我喜欢速战速决。

任务三　熟知新型面试礼仪

【任务导入】

为了符合各个行业的特点，适应快节奏的现代商务生活，面试的外延已经扩大，出现了很多种新的形式，比如情景模拟面试、小组面试、电话面试、视频面试等。应聘者应该熟悉各种面试类型，在面试过程中更好地发挥所长。

【任务资讯】

一、情景模拟面试礼仪

1. 情景模拟面试概述

（1）情景模拟面试的概念　情景模拟面试是面试的一种类型，是通过设置工作中的各种典型情景，让应聘者在特定的情景中扮演一定的角色，完成一定的任务，从而考查其多方面实际工作能力的一种面试方法。在情景模拟面试中，面试官给应聘者设置一系列工作中可能遇到的事件，并询问"在这种情况下你会怎么做"，以此来鉴别应聘者与工作相关的能力与素质。应聘者对他将来会怎么做的回答与他将来的实际行为有非常高的关联性，可以考查应聘者的思维灵活性与敏捷性、语言表达能力、处理冲突能力、组织协调能力、人际关系处理能力等。

（2）情景模拟面试的特点　情景模拟面试主要有针对性、主动性、动态性、可信性和预测性等特点。

① 针对性。情景模拟面试中测试环境是拟招聘职位或近似拟招聘职位的环境，测试内容是根据不同层次人员的职位要求和必备能力设计的某项实际工作情景，因而具有较强的针对性。

② 主动性。在传统面试方法中，应聘者被动地接受面试官的提问，被动地思考和回答问题，不能充分检测应聘者的基本素质是否符合职位与岗位的要求。情景模拟面试将应聘者所扮演的角色变被动为主动，使应聘者真正成为面试的主角。

③ 动态性。情景模拟面试将应聘者置于动态的模拟工作情景中，在瞬息万变的工作环境中，不断对应聘者发出各种随机应变的信息，要求应聘者在一定时间和一定情景压力下做出决策，在动态环境下充分展示自己的能力和素质。

④ 可信性。情景模拟面试接近实际，考查的重点是应聘者分析和解决实际工作问题的能力，加之这种方式又便于面试官根据自己丰富的工作经验进行观察，了解应聘者是否具备招聘职位应有的素质，因此比较具有可信性。

⑤ 预测性。情景模拟面试为尚未进入工作岗位的人员提供了发挥其才能与潜力的机会，对应聘者的素质和能力具有一定的预测作用，为培养训练应聘者提供了有效的方法，但对面试官的素质要求比较高。

2. 情景模拟面试礼仪事项

对于应聘者来说，情景模拟面试的场景通常是工作中的一些问题，所以应聘者一定要做好职位调研，做到心中有数，这样才可以有的放矢。无论面试官提供的场景多么复杂，应聘者都要心平气和，冷静正确地解决问题。在情景模拟面试中，重点突出的沟通技巧就是在合适的时间、地点对合适的人说合适的话，解决人际问题是其中很重要的一部分内容。在进入角色的时候，还可以适当增加一些肢体语言以及眼神交流。

二、小组面试礼仪

1. 小组面试概述

（1）小组面试的概念　小组面试也称为"无领导小组讨论"。许多招聘单位为考查应聘者的领导能力、语言能力以及合作能力等，将许多应聘者组织在一起就某个问题进行自由讨论，借此观察应聘者的综合素质及技能，从而决定是否最终聘用其中一位或多位应聘者。

（2）小组面试的流程　小组面试一般流程主要分成以下阶段。

① 规则说明阶段。面试官用1～3分钟说明面试流程及规则。

②自我介绍阶段。小组每个成员用1～3分钟进行自我介绍。

③ 审题思考阶段。面试官交代考题，派发相关资料，应聘者有5分钟左右的时间进行

审题和思考。

④ 观点陈述阶段。约 2 分钟时间供小组成员分别阐述各自观点。

⑤ 小组讨论阶段。讨论时间长短因问题的实际情况而有所不同。

⑥ 总结展示阶段。小组进行总结，然后进行个人陈述或者回答面试官的问题。

（3）小组面试的特点　小组面试作为一种有效的测评方式，具有以下几个方面的优点。

① 能够测试出应聘者在单一面试中不能检测出的能力和素质。

② 能够观察到应聘者之间的相互作用。

③ 能够对应聘者的行为特征进行全面的、合理的评价。

④ 能够使应聘者在无意之中暴露自己的特点，对于预测真实团队中的行为有很高的效率。

⑤ 能够使应聘者有平等发挥的机会，从而体现个体上的差异。

⑥ 能够节省时间，对竞聘同一岗位的应聘者进行横向比较。

小组面试的不足之处如下。

① 对测试考题的要求比较高。

② 对面试官的评分技术要求比较高。

③ 对应聘者的评价容易受到面试官主观意识的影响。

④ 应聘者存在伪装的可能性。

2. 小组面试礼仪事项

应聘者在参加小组面试时要掌握主动权，充分显示自己在各方面的能力，从众多的应聘者中脱颖而出。

① 发言要积极主动。应聘者在面试开始后阐明自己的观点，不仅可以给面试官留下深刻的印象，而且还可以引导其他应聘者的思想见解，从而更容易充当起小组中的领导角色。

② 发言要言简意赅。对问题进行深入分析，发言时抓住问题的实质，言简意赅，有条理，有依据，切忌滔滔不绝、垄断发言。

③ 要听取他人意见。自己的观点表述完之后，还应该认真听取别人的意见，以弥补自己发言的不足，使自己的应答内容更加完善。

④ 要注重礼仪礼貌。发言的时候要保持冷静，不要恶语伤人、讽刺谩骂，不要高声辩论、纠缠不休，不要感情用事、怒形于色。

⑤ 讲话时要注意自己的体态。

三、电话面试礼仪

1. 电话面试概述

（1）电话面试的概念　电话面试就是通过电话来了解应聘者的大体情况，以完成面试过程的一种形式。很多企业在收到应聘者简历之后，会通过电话进行初步筛选或者面试考核。一般电话面试持续 10～30 分钟，主要考查应聘者的基本情况以及应聘者的语言表达能力和思维能力。

（2）电话面试的流程　电话面试的流程如下。

① 电话预约或者直接通话。确认电话面试时间，在合适的时间进行通话。

② 开场白。礼貌问好，相互确认身份。

③ 自我介绍。应聘者用 1～2 分钟时间简单介绍自己的姓名、专业、求职意向、工作经

验等。

④ 考查环节。面试官根据简历进行提问，了解应聘者的基本情况、职业目标以及岗位技能，应聘者礼貌应答。

⑤ 其他问题。面试官询问完主要问题。应聘者可以与面试官进行交谈，询问与职业发展相关的问题。

⑥ 结束。应聘者向面试官表示感谢。

（3）电话面试的特点　电话面试具有以下特点。

① 节约面试时间与成本。电话面试不需要应聘者到招聘单位进行面对面测试，而且约谈的时间不会太长，因此节约了面试双方的时间与成本。

② 考查应聘者的表达能力。在电话面试中，因为看不到肢体语言、面部表情以及纸介材料，应聘者的口头表达能力非常重要。

③ 具有一定的突然性。有的面试官会提起预约电话面试时间，有的面试官则不会，因此具有一定的突然性。

④ 存在一定的间接性。电话面试不能充分展示应聘者的形象与气质，对于应聘者来说，这种形式显得不充分、不直接。

2. 电话面试礼仪事项

（1）电话面试常见问题　面试官在电话面试中经常会问到的问题如下。

① 简历上潜在的一些疑问。比如，应聘者的离职原因、工作经历中的职业空白期、在以往的工作任务中扮演的角色等。

② 职业发展相关问题。比如，应聘者的求职意向、职业发展目标等。

③ 简历上没有陈述的信息。比如，个人爱好、时事新闻观点等。

（2）电话面试技巧　应聘者在进行电话面试的时候，应该把握一些礼仪细节，掌握电话面试技巧，从而取得良好的面试效果。

① 主动选择通话时间与地点。选择可以安静坐下来拿纸笔记录的地点进行电话面试。安静的环境保证双方都能够听清楚，纸笔记录可以适当记下问题及回答要点。

② 注意通话时的姿态动作。通话时坐直身体，并且面带微笑回答问题。人在不同的体态下通话声音是不同的，因此要用严谨的态度来对待电话约谈。

③ 接听电话使用礼貌用语。使用"您好""谢谢"等礼貌用语也是职业化的一种表现。

④ 备好简历。电话面试时可以准备好自己的简历，有利于用肯定的语气回答面试官的问题。拿着简历进行自我介绍，既有条理，也不会遗漏重点。

⑤ 如实回答问题。如果没有听清楚问题，不要盲目回答，可以再次询问面试官。对问题尽量要如实回答，重要的问题可以重复总结一次。

⑥ 保持自信。电话面试过程中，要保持自信，语速合适。

四、视频面试礼仪

1. 视频面试概述

（1）视频面试的概念　视频面试就是面试官通过网络视频与应聘者进行交谈，了解应聘者的大体情况，远距离完成面试过程的一种形式。随着网络的不断发展，视频面试迅速发展成为一种新兴的面试方式。视频面试极大地解决了因路途遥远带来的不便，节省了面试双方的时间和成本，并且比电话面试多了可视性，效果更好。

（2）视频面试的特点　视频面试具有以下特点。

① 提高招聘效率。跨地域的招聘工作，通过视频面试可以节省大量的差旅费用，还可以同步视像及声音传送对方使双方相互了解。

② 提高求职成功率。视频面试可即时将个人图像及声音传送招聘单位，通过视频面谈招聘单位对应聘者会有更深刻的认识，因此在做出录用决定时会更快，也就提高了求职成功的效率。

③ 覆盖面广。视频面试可以轻易地延伸到世界的每一个角落。这种跨时空的积极互动过程，对供求双方而言都是主动行为，减少了招聘过程的盲目行为。

2. 视频面试礼仪事项

（1）视频面试准备　虽然视频面试相对传统面试更加轻松活泼一些，但也需要应聘者注重礼仪规范，严肃对待。在视频面试之前，应聘者需要做好以下准备。

① 服饰干净整洁。虽然面试通过视频进行，应聘者的着装依然重要。在面试之前，要尽量准备好得体的服饰，修饰自己的面部与发型，尽量做到干净整洁、朴实大方、和谐得体，把自己最好的一面展示给面试官。

② 保证设备完好。视频面试要调整好电脑网络、摄像头以及耳麦，不要出现技术问题。面试背景要整洁干净。不要让强光直接对着摄像头的镜头，应该采用柔和的光线，这样可以有比较好的视觉效果。

③ 准备面试问题。将面试过程中面试官可能会问到的问题提前做好准备，以此保证面试应答有更强的逻辑性。

④ 制作视频简历。应聘者可以录制一段声情并茂的自我介绍提前发送给面试官，以此打破原始纸质简历的单调、平面，给面试官留下深刻印象。

（2）视频面试技巧　在视频面试的过程中，面试者需要注意以下礼仪事项。

① 表情自然。虽然视频面试不像传统面试一样双方面对面交谈，但是面试官仍然可以通过应聘者的微笑、神情来判断应聘者的素质。面试过程中，应聘者应该直视摄像头，而不是看着屏幕中的面试官或者自己。目光游移不定会影响面试官对应聘者的信赖。

② 姿势放松。应聘者要坐得端正，身体略微前倾，但不要过于拘谨，这样可以让面试官感觉到应聘者的专注。落座时脸部不要过于靠近摄像头，以免产生不好的视觉效果。

③ 谈吐礼貌。应聘者在视频面试中通过语音聊天来展示自己，因此要特别注意谈吐。视频过程中出现没有听清或者视频突然断掉的情况，要非常有礼貌地解释清楚，应聘者此时的反应很有可能成为面试官判断的标准。不要轻易打断面试官讲话，回答问题时口齿要清晰，要条理清晰、重点突出。

【工作任务】

熟知新型面试礼仪，完成情景模拟训练。

【任务准备】

1. 复习新型面试礼仪及各注意事项。

2. 学生之间交流讨论。

3. 学生分组确定角色，将各种类型面试流程串联模拟情景，准备训练所需的器材。

【任务实施】

实训安排

实训时间	视频面试礼仪训练 0.5 小时
实训目的	掌握视频面试的基本礼仪和技巧
实训要求	严格按照实训规范要求进行

训练标准与要求

实训内容	操作标准	基本要求
视频面试礼仪	(1)整理仪容仪表； (2)调整好视频设备,保证连接通畅,视频画面效果好； (3)端正坐在摄像头前,保持微笑,目光直视摄像头； (4)与面试官进行视频对话,注意礼貌问好、流畅应答； (5)在视频面试中遇到突发状况,需要示意面试官稍等,并冷静处理； (6)面试结束后,对面试官表示感谢； (7)互道再见,请面试官先收线	保持微笑, 注重礼仪、礼貌

【任务评价】

训练自测评分表

项目	考核标准	满分	评分
情景模拟面试	(1)面对情景模拟面试中可能遇到的事件能恰当回答； (2)能提前调研职位可能出现的情景模拟问题,做到心中有数	20 分	
小组面试	(1)能用 1～3 分钟进行自我介绍； (2)发言积极主动、言简意赅,能听取他人意见、有礼有节,体态规范	30 分	
电话面试	(1)接听电话使用礼貌用语,如"您好""谢谢"等； (2)能用 1～2 分钟时间简单介绍自己的姓名、专业、求职意向、工作经验等； (3)主动选择有利于电话面试的时间和地点,安静坐下来拿纸笔记录	30 分	
视频面试	(1)服饰干净整洁、保证设备完好、准备面试问题、制作视频简历； (2)表情自然、姿势放松、谈吐礼貌	20 分	
满分		100 分	

【随堂测验】

简答题

1. 请谈谈电话面试礼仪注意事项。
2. 请谈谈视频面试礼仪注意事项。

【拓展阅读】

海船船员职业特点

海船船员俗称海员,是指在海船上工作的船员。海员是一种特殊的职业,其职业特点与其他职业具有共性,但更有许多不同点。

（一）开放性和封闭性

远洋船舶劈波斩浪，漂洋过海，驶向五大洲。船员们耳闻目睹各国不同的社会风貌和风土人情，接触到不同肤色的人群，周游列国，见多识广，其职业具有其他职业所无法比拟的开放性。然而，船舶空间狭窄，长期在茫茫大海上航行，决定了海员工作的封闭性。

（二）独立性与团队性

远洋船舶往往长期远离祖国，航行在世界各国和地区上千个港口。远洋船员有着维护祖国尊严和主权的神圣职责。船上所有船员各司其职，岗位明确。这种长期漂泊于大海的实际状况要求远洋船员具有高度的独立性。驾驶与管理船舶是个系统工作，需要海员协同工作，这决定海员职业的团队性。

（三）涉外性与国防性

我国远洋船舶航行于世界150多个国家和地区的1100多个港口。现代的中国海员在从事跨国商贸活动中，承担着民间外交和和平友好使者的使命，素有"民间外交家"的美称。作为海军后备军的我国远洋运输船队，在建设和平世界的同时，也责无旁贷的承担着保卫祖国的神圣使命。因而，海员职业不仅具有涉外性，而且具有国防性的特点。

这些特点，确定了海员不仅要有强健的体魄、娴熟的专业技能，还要具备良好的心理素质、较强的环境适应能力和应对突发事件的应变能力，海员职业对从业人员具有相当高的职业素养要求。

（资料来源：刘世伟．轮机工程通识导论．哈尔滨：哈尔滨工程大学出版社，2021.）

【项目小结】

面试是邮轮公司招聘人才的主要手段，也是应聘者开启邮轮职业生涯的敲门砖。应聘者需要熟悉邮轮公司招聘流程以及面试考核要点，在面试之前进行充分的资料准备、心理准备和形象准备，并且撰写清晰的英文简历。在面试过程中，应聘者要注重言行举止符合礼仪规范，同时能够应对情景模拟面试、小组面试、电话面试以及视频面试等多种面试考核形式，取得良好的面试效果。

【案例分析】

嚼一片口香糖

小A今年27岁了，从学校毕业后一直在酒店工作，前不久他决定换个工作，去参加一家国际邮轮公司的面试。

虽然已经有好几年的工作经验了，但是小A此次应聘的是国际邮轮公司，第一次与外企打交道，特别是看到外方面试官和其他自信满满的应聘者时，小A还是觉得十分紧张，于是就嚼了一片口香糖，希望能够缓解紧张情绪。

外方面试官看起来非常严肃，小A被他看了一眼，就慌了神，头不由自主地低了下去，脑子里一片空白。小A结结巴巴把自己的简历背了一遍，语调机械、声音发虚，不时低头或者东张西望。面试官问他之前的工作经验，小A紧张到完全不知道说什么，忘记吐掉的口香糖仍旧含在嘴里，不知如何是好。面试官直皱眉头，问了几个问题就叫他出去了。

思考：小A此次面试可以成功吗？分析其原因。

【自我检验】

学习了本项目的：_____

_____。

其中，令我感触最深的是：_____

_____，

过去，我的习惯是：_____

_____

_____。现在，我知道了应该这样做：_____

_____

_____。因此，我制定了我的礼仪提高计划：_____

_____

_____

_____。

项目七

邮轮乘务礼仪

◀◀◀◀◀◀◀◀

国际邮轮乘务管理业务主要由邮轮通关事务、前厅接待服务、邮轮人事管理和财务管理等几方面组成。其内容繁多，技术性强，对乘客和邮轮整体运营的影响很大。做好邮轮乘务礼仪工作，对直接和间接地建立乘客完美的邮轮旅游度假体验，有着非常积极的促进作用。本项目将主要介绍邮轮乘务管理业务中，直接面对邮轮乘客的各项乘务礼仪服务工作任务。

【学习目标】

【素质目标】

1. 树立对邮轮乘务服务的正确工作态度和礼仪认知；
2. 提升自身在邮轮乘务工作中的职业道德的修养，增强团队合作意识；
3. 强化对邮轮乘务服务各岗位的职业规范认知，树立以"小"见"大"注重细节的职业精神；
4. 增强邮轮乘务服务职业责任感，树立爱岗敬业、遵纪守法、开拓创新的职业品格和行为习惯。

【知识目标】

1. 掌握"purser"的含义及范畴；
2. 熟悉处理乘客上下船及办理结关手续时的礼仪规范；
3. 熟悉国际邮轮前厅服务人员工作中应遵循的礼仪；
4. 了解国际邮轮人事管理和财务管理工作中的礼仪要求。

【能力目标】

1. 能运用所学礼仪规范，进行日常的邮轮乘务服务工作；
2. 能够与乘客和员工建立起友好的人际关系、和谐的工作和生活氛围；
3. 能够运用适当的沟通方式和技巧，处理邮轮乘务服务工作中的疑难问题。

任务一　认识登船及起航礼仪

【任务导入】

国际邮轮旅客在购买了船票后，必须持有效的旅行证件及本次航线沿途停靠国家的有效签证（通常旅行社会帮助办理这些手续），在邮轮规定的登船地点和时间，办理登船手续。经审核后，邮轮办票柜台会发给乘客登船证/卡（图 7-1）。乘客凭登船卡登船。在此过程中，邮轮服务人员将主要在登船大厅、舷梯登船、起航仪式等环节中为乘客提供礼仪服务。

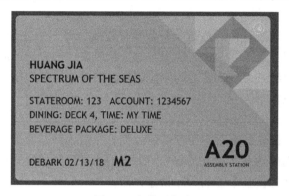

图 7-1　邮轮登船卡

M7-1　登船及起航礼仪

【任务资讯】

一、登船大厅服务礼仪

登船大厅，英文称为 Terminal，是国际邮轮乘客登上邮轮前办理各种登船手续和候船的场所（图 7-2）。在这里，乘客第一次接触到邮轮的服务人员。它是乘客对邮轮以及邮轮服务的第一印象产生的地方。所以，在这里工作的服务人员的礼节和规范显得尤为重要。

图 7-2　邮轮登船大厅

这里的服务人员除了热情、微笑、主动等一些应遵循的普遍礼仪礼节外，还应注重以下几个方面。

1. 建立秩序

秩序也是一种礼仪。当乘客抵达登船大厅时，发现里面乱哄哄的，没有人员进行组织和疏导，乘客的第一反应一定会觉得邮轮对乘客的重视程度不够，没有做好准备工作，而对整个邮轮的印象大打折扣。所以，井井有条的秩序也是一种礼仪。

2. 表现效率

登船大厅里可能会同时聚集大量等待的乘客。工作人员做事麻利，不拖拉，各个岗位协调自如，高效运行，可以大大缩短乘客的等候时间。这也是一种乘客看得见、体会得到的礼仪。

3. 规范标识

各种标识和指示的运用能够使乘客一目了然地了解各项登船流程。不致使乘客走错路，站错队。但是，标识的使用要切记"规范"二字。使用一些涂涂改改过的标识，或者是无邮轮标志的一些临时手写的标识等做法，会使乘客感到无所适从。同时，标识的摆放和悬挂要明显和牢固。切勿使用污损的标识。

4. 准确引导

从乘客到达登船大厅直到登上邮轮，有很多手续需要办理，一道手续办完后，服务人员应准确的指引乘客下一道手续办理的地点。最好是有专门的指引人员陪同。这样可以使乘客倍感重视，同时也能提高效率，并且使整个登船大厅秩序井然。

5. 耐心解释

大多数的乘客都是第一次来邮轮。他们对邮轮的很多事宜都不太了解，所以会问很多问题，甚至很多问的都是一样或类似的问题。服务人员必须要有耐心，可能这个问题你已经和前面的 99 个乘客都解释过了，但是，在面对第 100 个乘客提出的同样的问题时，也不能有任何的厌烦情绪。因为，你可能已经回答过 100 遍了，可是，相对这一位乘客来说，这是第一遍。

二、舷梯登船服务礼仪

舷梯（gangway）是乘客登上邮轮的通道。邮轮会在这里为乘客举行隆重的欢迎仪式。常见的欢迎形式主要有以下几种。

1. 留影纪念

邮轮的吉祥物会在此迎候乘客登船，与登船的乘客进行有趣的互动。邮轮摄影师还会为乘客和邮轮吉祥物合影留念。

2. 乐队表演

邮轮的乐队、琴师、乐师等会在舷梯边进行现场表演，从而烘托出热烈欢快的登船气氛。乘客在这样的气氛中登船会对今后的旅程充满向往。

3. 列队欢迎

邮轮娱乐部的员工手持彩旗、气球、鲜花等，列队欢迎所有登船的乘客，并向乘客亲切问好，献上花环。除了娱乐部的员工，邮轮还会组织其他的员工列队迎接乘客，并一对一的带领乘客进入客舱，以防乘客迷路。

保证安全是最基本的礼仪。舷梯登船期间，除了欢迎仪式外，安全工作也是很重要的，尤其是要控制好舷梯上的人流量，以免发生危险。所以，要向等待的乘客耐心做好解释工作，取得排队乘客的理解。

三、起航仪式

邮轮起航标志着本航程正式开始。所以，邮轮常常会举行盛大的起航仪式。常见的仪式有以下几种。

1. 抛掷彩带

邮轮起航前，会有大量的乘客登船。与此同时，也会有大量的亲友来送行。乘客登船后，这些来送行的亲友大多都会目送邮轮离港。他们会来到登船大厅的顶层露台上或者码头上。登上邮轮的乘客也会来到船舷一侧与他们挥手、呼喊、告别。此时，邮轮上的海乘人员会向乘客分发很多五彩缤纷的纸质彩带，乘客将彩带抛向岸上的亲友。彩带的一头是依依不舍，另一头是衷心祝福。再加上现场配乐以及一些其他的气氛烘托，很多人都会流下激动的眼泪。场景尤为壮观。

2. 祝酒鸣笛

邮轮撤掉舷梯、解开缆绳、即将起航的时候，会在船舷一侧搭起一个小型的主席台。通常由邮轮的娱乐总监代表船长进行简短的起航讲话并打开香槟，向所有的乘客和送行人员祝酒。与此同时，邮轮将响起一长声激动人心的汽笛声。随后邮轮缓缓地离开码头，驶出港口。

3. 欢迎晚宴和晚会

邮轮起航后的当晚或者是第二天晚上，船上会举行隆重的庆祝晚宴（Gala Dinner）。庆祝晚宴是船上的一件大事。当晚所有的乘客都须着正装礼服来赴宴，服务人员也将穿着正装制服来服务。当晚的菜肴也与往常不同，特别的丰盛和精致。更重要的是船长和邮轮的高层管理人员都会亲自莅临，从而体现出整个晚宴的高规格。晚宴后，乘客还有机会与船长合影。同时，邮轮当晚还会举办盛大的表演晚会。

【工作任务】

认识登船及起航礼仪，完成情景模拟训练。

【任务准备】

1. 复习邮轮登船大厅办票、舷梯登船服务等礼仪细节。
2. 学生之间交流讨论。
3. 学生分组确定角色，模拟情景，准备训练所需的器材。

【任务实施】

实训安排

实训时间	0.5 小时
实训目的	掌握乘客登船欢迎礼仪和技巧
实训要求	严格按照实训规范要求进行

训练标准与要求

实训内容	操作标准	基本要求
舷梯登船 欢迎礼仪	(1)吉祥物与乘客互动,摄影师拍照,合影留念; (2)模拟小型乐队舷梯边演奏; (3)模拟娱乐部员工列队欢迎乘客登船,主动打招呼、欢迎并献花、气球等	热情,微笑,主动

【任务评价】

训练自测评分表

项目	考核标准	满分	评分
登船大厅办票	(1)良好的仪容仪表； (2)面带笑容主动问候，语言礼貌； (3)态度严谨，手势标准，信息明确； (4)维护良好秩序，标识使用规范	50分	
舷梯登船	(1)主动随和，举止自然； (2)吉祥物扮演大方、热情、得体； (3)列队整齐与乘客热情寒暄，气氛欢快； (4)献上花环、小礼物等	50分	
满分		100分	

【随堂测验】

多选题

1. 邮轮起航仪式一般包括的环节有：（　　）。

A. 抛掷彩带　　　　B. 祝酒鸣笛　　　　C. 欢迎晚宴　　　　D. 欢迎晚会

2. 常见的舷梯登船欢迎形式主要有：（　　）。

A. 留影纪念　　　　B. 乐队演奏　　　　C. 列队欢迎　　　　D. 免费礼品

【拓展阅读】

出境邮轮登船流程

中国大陆港口出发的出境邮轮产品，您的登船流程大致可按以下七步走：（1）登船当天按集合时间准时到达码头指定地点，找到领队；（2）从领队处领取登船文件：包含护照原件和复印件（除自备签证及部分免签登陆未提交护照原件的情况）、行李条、团号牌、温馨小贴士等，领队告知具体登船手续及注意事项；（3）使用行李条托运行李；（4）进入码头大厅，在柜台办理房卡绑定信用卡，未进行团队办票的客人凭护照先办理船票，拿到房卡后再进行绑定操作（如遇排队人数较多的情况，部分邮轮可选择上船后绑定，具体可在领取材料时咨询领队）；（5）凭房卡、护照及其他所需证件通过海关及边检；（6）配合船方工作人员拍照，供此后每次上下船核对信息使用；（7）登船、配合船方收取护照，供岸上观光所在地移民官统一检查。

（资料来源：携程旅行网．）

任务二　了解通关礼仪

【任务导入】

乘客登船后，每到一个港口的通关手续都由邮轮上负责通关事务的海乘人员代为办理。港口主管各部门都会来查验相关的事宜，其中主要有海关、移民局及边防检查和卫生检疫部门统称为CIQ。为了顺利地与这些人员办理

M7-2　通关礼仪

邮轮通关手续，我们应该了解有关的工作礼仪。

【任务资讯】

一、海关（Custom）

海关主要查验的是邮轮所携带的物资和行李。在接待他们的过程中应注意以下礼仪。

1. 准备充分

各项清单、报关单、凭证的原件和复印件都要准确无误。请船长事先签名和盖章并准备充足的份数以备不时之需。切不可因遗漏或短缺而使海关人员久等。

2. 配合查验

海关还会亲临库房清点报关单上的物资。海乘人员应给予充分的配合。对有不明的项目应详细解释清楚，切不可将其独自留在库房内，使其感到被怠慢。对于某些库房，海关还会贴上封条。这些封条是绝对不允许私自破坏的。

3. 请示汇报

对于海关发现的一些问题，出于对海关人员的重视，切不可擅自主张，随便承诺。应立即向上级汇报，得到明确指示后方可执行。

二、移民局及边防检查（Immigration）

移民局及边防检查人员主要是查验邮轮所乘载的人员的出入境手续。一般有登船查验和岸上查验两种形式。在与他们的工作来往礼仪中应注意以下几点。

1. 证照齐备

邮轮乘客登船时会将其旅行证件或护照上交邮轮以便集体通关之用。负责通关事务的海乘人员必须小心保存好各种证件，并按照乘客名单的顺序整齐地排列好后呈交给登船查验的移民局及边防检查人员。这是一种工作态度。反之，杂乱无章的证件会使移民局及边防检查人员感到非常不便，甚至是恼火。这样会给整个通关过程造成很大的麻烦。

2. 主动协助

邮轮上所有人员的旅行证件数量庞大，移民局及边防检查人员需要对每一本证件进行查验和盖章，有时还会进行证照与人员的面对面的查验，工作量很大。负责通关事务的海乘人员应主动协助他们做好一切细节上的工作，例如：为他们找到每本护照的上一港口的验讫章、将护照事先翻到盖章页等。这样会大大减轻他们的工作量，他们是会非常感激的。作为回应，他们也会提高工作效率，或者不至于太过苛刻。

3. 饮食安排

移民及边检人员的工作量比较大，且工作时间较长。负责通关事务的海乘人员应主动在期间为他们准备一些饮料和食品，例如：咖啡、茶、点心或三明治等，这样既可以提高他们的工作效率，还可以营造出和谐的气氛，有利于整个通关手续的顺利进行。

三、卫生检疫（Quarantine）

卫生检疫人员主要是检查邮轮的卫生状况，邮轮上人员的健康和动植物疫情状况。在他们登船查验时，除了上面所讲的礼仪外，负责通关事务的海乘人员还应注意以下几点。

1. 热情迎送

当得知查验人员登船时，负责通关事务的海乘人员应立即前往舷梯处迎接他们并了解其意图。不得使他们久等或者让他们自行进入邮轮，这样会使他们感到受到轻视，甚至还会因为在邮轮里迷路而恼火，从而使得整个通关过程开端不利。同样，在整个通关手续结束之后，在邮轮许可的限度内，负责通关事务的海乘人员可以礼节性的招待一下他们，以表示感谢。若对方无意接受，也不可强人所难。最后热情的将他们带到邮轮的出口并告别。

2. 态度严肃

在查验过程中，负责通关事务的海乘人员切忌相互之间嬉戏打闹。这样会使登船查验人员感到缺乏职业素养和受到轻视，从而造成一些不必要的麻烦。

3. 严禁贿赂

在邮轮的查验过程中，应尽量避免出现差错。如果万一查验人员发现了邮轮的一些疏漏，负责通关事务的海乘人员应诚恳面对，立即上报。切忌通过行贿的方式来解决问题，这是对登船查验人员的极大侮辱，甚至会给邮轮造成更大的麻烦。

【工作任务】

了解邮轮通关礼仪，完成情景模拟训练。

【任务准备】

1. 复习邮轮与 CIQ 办理通关手续时的礼仪细节。
2. 学生之间交流讨论。
3. 学生分组确定角色，模拟情景，准备训练所需的桌椅、文件夹、名单、清单等器材。

【任务实施】

实训安排

实训时间	0.5 小时
实训目的	掌握邮轮乘务人员办理通关事项的礼仪和技巧
实训要求	严格按照实训规范要求进行

训练标准与要求

实训内容	操作标准	基本要求
通关礼仪	(1)仔细准备各种名单、清单、报关单、表格等； (2)迎接查验官员登船，并引领至办公室； (3)模拟陪同海关查验清点报关物品，随时提供咨询和协助等； (4)协助移民局官员查验护照，在名单上指明位置； (5)向检疫官员出示有关文件，回答质询； (6)准确回答查验官员的各项提问； (7)主动热情地维护好与查验官员的工作关系	热情，严肃，主动

【任务评价】

训练自测评分表

项目	考核标准	满分	评分
热情迎接	(1) 良好的仪容仪表； (2) 面带笑容主动问候，语言礼貌； (3) 态度积极、主动、热情	40分	
协助查验	(1) 主动随和，举止自然、严肃； (2) 协助海关、移民局、卫生检疫进行查验，准确回答有关质询； (3) 安排餐点及招待事宜； (4) 引导送离	60分	
满分		100分	

【随堂测验】

一、多选题

邮轮办理通关手续时，常说的 CIQ 是：（　　）。

A. 港口警察　　　　B. 海关　　　　　C. 移民局　　　　D. 卫生检疫

二、判断题

在查验过程中，负责通关事务的海乘人员相互之间嬉戏打闹一下，无伤大雅。（　　）

【拓展阅读】

郑和下西洋起锚地建成长江流域首个堆场自动化集装箱码头

太仓港以前叫刘家港，曾拥有"六国码头""天下第一码头"等美誉，是郑和七下西洋的起锚地。但是明朝以后，港口逐渐沉寂。1992 年初，地方政府再次开发太仓港。现在的太仓港是中国内河第一大港——苏州港的重要组成部分，已成为长江航线数量最多、密度最大、覆盖最广的港口。

太仓港四期项目位于长江下游南支河段上段白茆沙水道南岸，与崇明岛隔江相望。项目建设主要包括水工段和陆域段，其中水工标段码头长度 1292 米，建成了 4 个 5 万吨级集装箱泊位（水工结构按靠泊 10 万吨级集装箱船设计）及相关配套设施，设计年通过能力 200 万标箱。港口后期实现无人操作、无人驾驶集卡和 5G 基站、远程视频监控等功能。

项目部推行工艺标准化管理，利用 GPS＋北斗定位系统，确保 2656 根桩基正位率达 100％。除此之外，项目部还在码头构件的桩基、横梁、纵梁等关键部里埋设传感器，实时掌握码头结构安全运行状态。此举在全国码头建造中尚属首次，填补了水运行业建管养一体化管理方面的空白，为进一步深化研究高桩水工结构设计理论并完善相关行业标准提供依据。

太仓港四期项目投产使用后，可使太仓港集装箱通过能力提升近 50％，总吞吐量将达到 700 万标箱，到 2035 年或将达到 1000 万标箱，太仓港将在长三角地区的发展中贡献更大力量。

（资料来源：张传明. 郑和下西洋起锚地建成长江流域首个堆场自动化集装箱码头. 中国新闻网，2021-6-27.）

任务三　掌握邮轮前台接待礼仪

【任务导入】

前台接待工作是国际邮轮乘务工作的重要一环。在邮轮前台工作的服务人员与他们在陆地酒店前台工作的同行相比，其工作职责要广泛得多，而且工作强度也要大很多。在日常工作中除了应遵循旅游服务的一般礼仪外，还有一些礼仪是要特别注意的。下面就对邮轮前台一些主要的日常工作所须注意的礼仪来做一个简要的介绍。

【任务资讯】

一、总机服务礼仪

M7-3　电话接听用语礼仪

邮轮的电话总机服务由前台负责。在日常的电话接听、转接、咨询工作中，除了普通的电话礼仪外，还要遵循以下礼仪。

（1）当电话铃声响起时，3声之内必须接起电话。如果此时正在接听另一电话，应礼貌地请对方稍等，并立即接起响铃的电话。如果响铃时间过长，打电话的人会认为该岗位上无人服务，或者工作懒散不积极。

（2）接听电话必须使用规范的接听用语。主要有外线和内线电话两种接听用语。

外线电话接听用语结构：问候＋邮轮全称＋接听人身份＋提供帮助。例如：Good morning! This is M/V Mona Lisa, Jeremy speaking, may I help you?

内线电话接听用语结构：问候＋岗位名称＋接听人身份＋提供帮助。例如：Good morning! This is Operator, Jeremy speaking, may I help you?

切忌使用"hello"等非专业用语而降低邮轮的服务档次。

（3）当同时接听多条电话线路时，应避免与一条线路长时间通话而使其他线路上的人员久等。如若确实无法短时间解决问题，应请对方稍等，并请其他前台人员来协助接听解答，以便自己能够为其他线路上的人员服务。

（4）若来电信号差，听不清对方通话内容时，应向对方解释清楚，并请其重新来电。切忌妄加猜测而产生误解，否则会招致投诉。

二、问询服务礼仪

M7-4　邮轮问询服务礼仪

前台是邮轮的资讯中心。乘客有任何问题，首先想到的就是问前台。所以，前台要进行大量的问询解答工作。在此项工作中应遵循的礼仪主要有以下几项。

（1）保护隐私。前台掌握着全体乘客的大量个人信息，在问询工作中切记要保护乘客的个人隐私，不得泄露乘客的个人信息。否则，会遭到严厉的投诉，甚至会被乘客起诉。

（2）给予乘客的解答应该准确真实，不得模棱两可，或者是想当然的解答疑问。如果有自己不知道的，也不能用"不知道"等词语将乘客一推了之。正确的做法是请乘客稍等，自己向其他员工了解清楚后再回复乘客，或者请更有经验的人员来协助。

（3）在接待乘客的问询时，要始终保持注意力集中，保持目光接触，必要时还可以做书

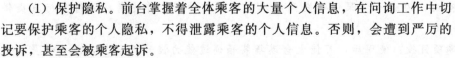

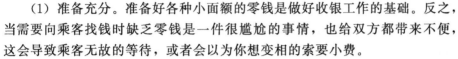

面的记录，这样可以使乘客感受到尊重和重视。任何时候，即便再忙也不能一边做别的事一边听乘客讲述和解答。这样，哪怕你确实是在听，乘客也会认为你是漫不经心。

（4）与乘客交谈过程中，身边的电话来电时应迅速请身边的同事来接电话。如果身边没人可以协助，应礼貌地请面前的乘客稍等，并在3声铃声内接起电话。

三、收银服务礼仪

M7-5 现金
收银礼仪

邮轮乘客的账务都必须到前台来进行结算。邮轮前台接待员在进行收银工作中须注意以下礼仪。

（1）准备充分。准备好各种小面额的零钱是做好收银工作的基础。反之，当需要向乘客找钱时缺乏零钱是一件很尴尬的事情，也给双方都带来不便，这会导致乘客无故的等待，或者会以为你想变相的索要小费。

（2）在向乘客找钱时，应一张一张地按照从大面额到小面额的顺序将钱逐一数给乘客。切忌将所有找的钱一把塞给乘客，这样既不尊重乘客，也会在万一金额上存在出入时无从调查。

（3）做好保密工作。乘客的账单、信用卡、消费金额等信息不能透露给别人。当乘客来结账时，将账单打印出来呈递到乘客面前并指明金额即可。如"这里显示的金额是您的总消费额"这样说即可。切忌大声说出乘客应支付的金额而使周围或后面排队的人知道。账单上乘客有异议或不解的地方，也要耐心的、轻声的解释清楚。

（4）在账单、旅行支票、信用卡等需要签名的地方，应明确为乘客指出具体位置。不要随意的递给乘客，而乘客却找很久或找不到签名的地方，从而给乘客带来不便。

（5）如果乘客刷卡结账，在POS机输入密码时，前台接待员应主动回避，不去观看。这样的话，乘客不至于尴尬，也不会怀疑今后银行卡是否会被盗刷。

M7-6 信用卡
收银礼仪

（6）很多邮轮乘客在前台结账时比较慷慨，常常付款后不用找钱，将其作为一种小费给前台接待员。对此，前台接待员应表示感谢。但是，绝对不可以故意不找钱。哪怕是一分钱，也必须找给乘客，除非乘客说不用。

四、客舱调换工作礼仪

在整个邮轮航程中经常有乘客会提出调换客舱的要求。反过来，也有邮轮方出于某种原因需要麻烦乘客调换客舱的情况。

乘客提出时，前台接待员应耐心询问原因。如果不是无理要求，都应尽力满足。同时，在安排新客舱时，应多提出几种选择由乘客来选，不要擅自决定。

如果是邮轮方提出的调换请求，则更应做好解释工作，充分取得乘客的理解后方可进行，以免怠慢乘客。

在新的客舱确定后，前台接待员应主动安排行李员协助乘客搬运行李，并尽量一次性办完所有手续，如登船卡、客舱钥匙、乘客账务等，以免乘客多跑路。

五、公众广播服务礼仪

公众广播服务（Public Addressing Announcement）是邮轮前台特有的一项工作职责，它涉及面广，影响大，这是在陆地酒店前台工作的人员所无法体验到的。公众广播的内容多种多样，有通告类、广告类、召集类、安全类等。邮轮前台接待员在进行广播的过程中，除了语言流利外，还要注意一些有关的礼仪。

（1）注意不必要的打扰。广播响起时，邮轮上很多人都能听到。当拿起麦克风做广播时，首先应根据广播的内容确定广播区域。尽量不去打扰与本广播内容关系不大的人们。例如：与乘客有关的广播不应做到员工区域去；非重要和非紧急的广播不要做到客舱内去等。否则，会打扰他人的休息，使乘客感到反感，甚至会投诉。

（2）在广播的时候，必须保持吐字清晰。无论你的口语有多么的熟练和流利，也必须保持中等偏慢的语速。每次广播应重复一次。最好采取双语或三语广播，这样才能使每个人都能清楚地理解广播的内容。

（3）在广播词的用语上，应尽量选用规范的书面用语，避免使用过多的口头语。这样既能够使得整个广播给人一种优雅的美感，还能够提升邮轮的整体形象。

（4）广播的影响面很广，所以必须严肃对待。在广播前应熟悉广播词，切忌广播中慌乱而漏词或错词，更不能太过随意和敷衍。同时，在广播过程中切忌在广播间说笑打闹，乘客听到后会觉得邮轮服务不专业、不严谨。

（5）广播结束时应致谢。这样既体现出礼貌，同时还能间接表示广播结束而不至于使乘客继续等待。

六、客用保险箱服务礼仪

在国际邮轮上，每间客舱内都配有一个电子密码保险箱（图 7-3）供乘客使用。同时，在邮轮前台还有另外一种抽屉式的保险箱（图 7-4），乘客同样可以免费使用。当乘客来到邮轮前台办理相关保险箱业务时，前台接待员须注意以下两条工作礼仪。

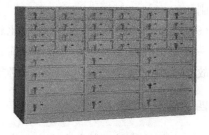

图 7-3　电子密码保险箱　　　　　　　　图 7-4　抽屉式保险箱

1. 保密

乘客不愿使用客舱内的电子密码保险箱而选择前台的抽屉保险箱，肯定是有些特殊原因的。前台接待员一定要为这类乘客做好保密工作，坚决不能泄露相关信息。

2. 回避隐私

前台接待员为乘客办理保险箱业务时，不管是乘客放入或是取出物品时都应尊重乘客的隐私，主动回避，待乘客处理完毕后再与乘客一同锁上保险箱。切不可出现当场盯着乘客存取保险箱物品的尴尬场面，这是一种没有职业素质的表现。

七、处理投诉应注意的礼仪

在邮轮服务工作中，时刻都应使乘客感到满意。但是，由于各种各样的原因，乘客的投诉也时有发生。乘客感到不满时，通常会找到现场的管理人员或来到前台投诉有关的问题。因此，前台接待员在处理乘客投诉意见时，除了遵循相关的政策、程序外，更应注重有关的礼仪。

（1）表现重视。乘客来投诉表明已经有所不满了，所以在面对投诉时要特别注意态度。前台接待员要态度郑重，并保持持续的目光接触。同时，将乘客投诉的细节当面记录在案，并且马上让乘客看到你采取行动。这样，乘客会感到受到重视，从而产生信任感。

（2）表达认同。乘客投诉的问题，哪怕是由于误解，都是有一定合理原因的。所以，前台接待员要对乘客表达认同，这样才不会激化矛盾。此时，要避免微笑，因为这会使乘客认为你在嘲笑他而感到反感。如果是乘客的误解，应该耐心的解释清楚，并详细说明原因以取得谅解。哪怕是乘客错了，也要切忌与乘客争辩，这样只会激化矛盾，不利于事态的化解。只有乘客觉得你和他是站在同一战线上，乘客才会听从你有关解决问题的意见。

（3）注意场合。如果乘客来投诉时前台周围有其他乘客，应首先礼貌的将乘客带到一侧，并安慰乘客的情绪，避免乘客在公共场合大吵大闹这种让大家都尴尬的情形发生。

（4）在与乘客的沟通过程中，应避免使用一些挑衅性的措辞，如："那不是我的事情""我不知道""我帮不了你""那种情况从来没有发生过""你要去找 XXX 解决这个问题"等。这样的措辞只会带来乘客更大的怒火。

【工作任务】

掌握邮轮前台接待礼仪，完成情景模拟训练。

【任务准备】

1. 复习邮轮前台接待服务各项业务的礼仪细节。

2. 学生之间交流讨论。

3. 学生分组确定角色，将若干前台业务进行串联模拟情景，准备训练所需的器材。

【任务实施】

实训安排

实训时间	0.5 小时
实训目的	掌握邮轮前台接待员进行电话总机、公众广播、问询和收银服务的礼仪和技巧
实训要求	严格按照实训规范要求进行

训练标准与要求

实训内容	操作标准	基本要求
前台问询、收银、总机、公众广播服务礼仪	(1)主动向乘客问好,耐心仔细回答乘客咨询的账单问题; (2)应乘客要求打印账单,双手呈递乘客查阅; (3)接受乘客的现金结算,找零,并按礼仪要求递还; (4)向乘客致谢,道别; (5)按礼仪要求接听响铃的内线电话; (6)查明对方身份,并记录对方请求的播放"7 层甲板中部照相馆开门营业"的公众广播要求; (7)书面准备以"7 层甲板中部照相馆开门营业"为标题的广播词,注意使用书面语言,中英文双语; (8)选择广播投放区域; (9)拿起麦克风开始广播,语速适中,吐字清晰; (10)重复一遍,并以"谢谢"或"thank you"结尾	严肃、认真、微笑、谨慎

【任务评价】

训练自测评分表

项目	考核标准	满分	评分
问询礼仪	(1)面带微笑,保持目光接触; (2)仔细倾听,准确答复	20分	
收银礼仪	(1)态度和蔼,行动迅速; (2)操作准确,保护乘客隐私; (3)现金找零熟练、手法规范	30分	
总机礼仪	(1)铃声3声之内接起电话; (2)采用标准的电话接听用语; (3)书面记录对方致电的要点并礼貌挂断电话	30分	
广播播送	(1)态度严肃认真; (2)拟好广播稿,使用书面用语; (3)选择正确的播放区域; (4)吐字清晰,语速中等偏慢; (5)双语广播,重复一次,结尾致谢	20分	
满分		100分	

【随堂测验】

判断题

1. 如果手头工作很忙,电话铃声响起时可以等一会儿再去接听。( )

2. 前台接待员在处理乘客的投诉时千万不要忘了微笑服务。( )

【拓展阅读】

国际邮轮上的收银模式

乘客账务处理和收银是国际邮轮前台接待人员的一项重要的日常工作。它需要有较多的财务方面的知识、很强的责任心、高度的准确性和灵活处理的能力。绝大多数的国际邮轮为了规范各营业场所的现金交易,都采取了一种叫做"无现金交易"的收银模式(Non-cash system)。在这种模式下,邮轮上的乘客在消费的时候,不用立即付现金结账,而是请乘客签字确认消费账目后,将费用计入乘客的总账中;或者当时刷信用卡结账。同时邮轮酒店各营业点的员工也不得收取乘客用以结账的现金。乘客所有记账的账目只能在前台接待处结算。因此,前台接待员的收银工作量非常大,尤其是在航次结束之前,需要结清所有乘客的账目。为了避免这样的情况发生,前台接待员通常推荐乘客办理一种叫做"Express Check-out"(快速结账)的手续。即推荐乘客在上船后到前台登记其信用卡并签署授权书,由接待员通过信用卡终端机进行预授权操作后,将其本次航程所有的消费,乃至其授权的同行人员或家属的消费等全部用这张信用卡来结算。这样的话,既可以方便乘客,也能减少收银的工作量,而且方便安全。

(资料来源:徐彦明. 国际邮轮海乘情景英语. 武汉:武汉出版社,2014.)

任务四　掌握邮轮行李服务礼仪

【任务导入】

乘客外出旅行，免不了要携带行李。国际邮轮的乘客众多，不论邮轮航程长短，每次都会有大量的行李需要运送。邮轮行李的运送工作与陆地酒店不同，都是幕后进行的，但这并不是说邮轮的行李员没有相应的服务礼仪。另外，除了搬运行李外，邮轮行李员还有其他的工作职责。这里，我们来介绍一下邮轮行李员所应遵循的一些工作礼仪。

【任务资讯】

一、登船行李递送服务礼仪

邮轮行李递送工作是一项系统工程。数量多，工作量大，而且多是幕后进行。但是相关的礼仪乘客却是看得到的。

M7-7　邮轮
行李服务礼仪

（1）在行李搬运过程中，不要以为乘客看不到就可以随意摆弄乘客行李。切忌乱扔乱抛。这样会损坏行李的外观，是会引起投诉和赔偿的。这也是对邮轮服务质量的抹黑。就算外观没有损坏，当乘客拿到自己的行李箱时发现脏兮兮的，或是乘客打开行李箱发现内部的物品颠三倒四、乱七八糟时，心里自然明白发生了什么。有时乘客虽然嘴上不说，但在心中对邮轮的印象大打折扣。

（2）邮轮行李的数量多，所以要特别注意递送的准确性。应看清每一件行李的客舱号，切勿送到错误的甲板或客舱，甚至是丢失行李。可以想象在偌大的一条邮轮上寻找一件丢失的行李是多么难堪的一件事。所以，从每一件准确递送到客舱的行李中，乘客都可以感受到服务人员的责任心和对自己的重视。全船的所有行李都准确无误地递送到每个乘客手中是一种高水平和高质量服务水准的体现。

（3）行李人员递送行李到客舱时，很多乘客会给小费。行李人员应礼貌的表示感谢。如果乘客没有给小费，行李人员绝不能以任何方式索要小费。这是一种职业素养，更是基本的礼仪。

（4）当行李递送至客舱时，无论舱门是开着还是关着，都应礼貌地敲三下门，同时通报自己的身份，待乘客允许后才能进入客舱。当第一次敲门无回应时，应再重复一次上述礼仪。如果仍然无回应，应将门轻轻打开一条门缝，再敲三下门并通报身份。在最后还是无回应的情况下才能将门全部打开，将行李放在舱室内的门边，并将门关好离开。

二、登船旋梯服务礼仪

在邮轮乘客登船期间，邮轮行李员除了行李的递送工作外，还要到乘客登船的舷梯处做好协助工作。

（1）当看到有坐轮椅、老年人或者是行动不便的乘客即将登船时，行李员应立即上前提供帮助。确保这类特殊的乘客安全顺利通过舷梯，登上邮轮。

（2）如果有乘客手提较重或较大的行李上舷梯时，行李员应礼貌的上前帮助乘客拿行李。但是，在拿行李前必须得到乘客的同意。如果乘客坚持自己拿行李，切勿强行从乘客手中拿走行李，这是会惹怒乘客的。

（3）在西方国家，有些老年人的自尊心很强，不服老。碰到这样的乘客上舷梯时，行李员若遭到回绝，切不可强行搀扶他们。否则，会招致他们的不满，甚至会用拐杖打你。遇到这样的乘客，正确的做法是在遭到拒绝后默默地跟在他们身后不远处策应，直到他们登上邮轮。

（4）带领乘客去客舱的途中应避免冷场的情形发生。行李员应主动与乘客寒暄攀谈，使乘客感到是受欢迎的。此时还是向乘客推销邮轮服务和产品的绝佳机会。

【明德强志】

一次"隐形"的舷梯行李服务

Oscar 是 M/V Mona Lisa 号邮轮上的一位行李员，他在这条邮轮上已经工作了近 5 年时间。该邮轮定于上午 8：00 开始在德国 Bremerhaven 港的邮轮码头进行本航次的乘客登船，并于上午 11：00 离港，开始一次新的 Baltic Sea 8 日游的航程。

今天 Oscar 按照礼宾主管的任务分配，带领新来的行李员 David 在乘客的登船舷梯处协助乘客登船。整个乘客登船过程正有条不紊地进行着。期间，Oscar 他们协助了好几位年长的乘客和行动不便的乘客从舷梯登船。9：40 左右，当他刚刚协助完一位老年乘客登船并进入舱房后，返回舷梯时，发现一位老先生提着一个手提包，吃力地从舷梯下走上来。后面的乘客提出要帮其拿手提包，却遭到了拒绝。由于速度比较慢，以致后面的乘客排队登船受阻。Oscar 看到这个情况后，立即从舷梯上跑下来，亲切地对老人家说："我来帮您拿手提包吧，您扶着我走。"出乎他意料的是，老先生瞪了 Oscar 一眼，一把推开 Oscar，冷冷地说了一句："我还没那么老。"然后径直缓缓走上舷梯。Oscar 看到此情形，并未离开，而是在老人家侧后方跟随着，同时还与后面的乘客寒暄攀谈，直到老人家安全登上了邮轮。这一切都被新来的行李员 David 看着眼里。等 Oscar 回到身边时，他好奇地问到："今天登船这么忙，刚才那位老人家不需要你的服务，你为什么不去忙别的，甚至还和后面的乘客聊天攀谈呢？"Oscar 回答道："今天分配我到乘客登船舷梯来协助乘客登船，我就有责任确保每一位登船的乘客安全顺利登上邮轮。刚刚那位老人家走得慢，阻碍了后面排队登船的乘客，我应该立即予以协助。但是这位老人家不愿将手提包交给我，也不愿我搀扶他，我的职业敏感告诉我，这是一位倔强且不服老的老人家，而且他的手提包里一定有他认为非常重要的东西。我的责任告诉我，不能就这样离开这位老人家。于是我就在他身后策应他，以防发生意外和危险。看上去我好像是和后面的乘客寒暄攀谈，其实我这样做是有两个目的。一方面是为了照顾到老人家的自尊心。如果让他感到我是故意跟着他身后以防不测的，那他肯定会感到更加不悦的。而如果他发现我是在服务其他乘客，则不会有这种感觉。另一方面，这位老人家行动缓慢，减缓了整个登船的速度，后面登船的乘客肯定有意见，此时我主动向他们寒暄和攀谈，既能缓解当时的气氛分散后面乘客的注意力，也能使乘客感受到我们邮轮员工的热情。这样就可以达到一举两得的效果。"听了 Oscar 的话，David 感慨道："在我看来的这样一件小事，里面却有这么大的学问呀！你身上的这种敬业精神和责任感，太让我敬佩了。在这件小事上，你灵活应变的服务技能技巧真是太专业了。作为新人，我以后一定要多多向你学习。"Oscar 微笑着说："没问题。你刚来不久，但是加入了我们这个行李团队，就是我们团队的一分子，我们相互配合协作不分你我，一起进步！"

三、行李寄存服务礼仪

邮轮乘客在旅途中偶尔会因故暂时离船，过两天再回船。这时，他们为了行动方便，通常会将笨重的大件行李暂时寄存在行李房。出于礼貌，行李员应主动向乘客解释有关贵重或易碎物品、寄存时间等相关政策。在办理完寄存手续后，应当着乘客的面将行李放到安全稳固的地方，并用罩网盖好。这样既能体现出服务的专业性，也能使乘客感到安心。切勿在办理完寄存手续后转身去做其他的事情，而将行李留在原地。

四、留言递送服务礼仪

有些邮轮上的乘客或是外部的人员在致电或造访邮轮上某位乘客时该乘客不在客舱，这时，他们会通过总机或前台来留言。总机接线员或前台接待员制作好留言条后会请行李员递送到相关的客舱。出于对留言者的尊重和礼貌，行李员应立即将留言条递送出去，不得拖延。同时，绝对禁止偷看留言条的内容，这是对乘客隐私的侵犯。严重的时候，甚至会遭到乘客的起诉。留言条应轻轻从客舱门缝下塞入，同时要留一个角露出门外，这样是为了方便乘客回来时能轻易地看到留言条，而不至于开门后一脚踩在上面（图7-5）。

图7-5　留言从门下递送

五、离船行李服务礼仪

邮轮旅游过程中，很多乘客都会买很多旅游纪念品，有些纪念品甚至很大。所以，邮轮航程结束时离船行李递送的数量要比登船时多很多，工作的难度也要大很多。乘客的旅游纪念品是有特别纪念意义的，所以在行李搬运过程中，尤其要小心对待，轻拿轻放，切勿损坏。对于乘客来说，很多纪念品的意义远大于其价值，万一损坏了，不仅要赔偿，而且还使乘客对本次邮轮旅游留下一个残缺的最终印象，这对邮轮公司来说是得不偿失的。

【工作任务】

掌握邮轮行李服务礼仪，完成情景模拟训练。

【任务准备】

1. 复习邮轮行李递送、舷梯服务等礼仪细节。

2. 学生之间交流讨论。

3. 学生分组确定角色，模拟情景，准备训练所需的行李箱、行李车、舱房门等器材。

【任务实施】

实训安排

实训时间	0.5小时
实训目的	掌握邮轮行李员递送乘客行李至客舱、敲门及交付行李的礼仪和技巧
实训要求	严格按照实训规范要求进行

训练标准与要求

实训内容	操作标准	基本要求
行李递送礼仪	(1)将运有多件乘客行李的行李车推到客舱门边,找出属于本客舱的行李,并小心地拿下行李车; (2)礼貌地敲三下门,同时通报自己的身份"bellman",待乘客允许后才能进入客舱; (3)进入客舱后,主动向乘客问好,然后请乘客核对行李; (4)核对无误后,将行李送到乘客身边或客舱指定的地方; (5)若乘客付给小费,礼貌的接受并表示感谢; (6)祝乘客本次邮轮旅游愉快,离开客舱并轻轻关好门; (7)当第一次敲门无回应时,应再重复一次上述礼仪。如果仍然无回应,此时,应将门轻轻打开一条门缝,再敲三下门通报身份。在最后还是无回应的情况下才能将门全部打开,将行李放在舱室内的门边,并将门关好离开	细致,主动,微笑

【任务评价】

训练自测评分表

项目	考核标准	满分	评分
仪容仪态	(1)良好的仪容仪表; (2)面带笑容主动热情,语言礼貌	40分	
行李递送	(1)轻拿轻放; (2)按照礼仪规范敲门; (3)与乘客核对行李,送行李至指定位置; (4)与乘客适当寒暄,询问有无其他盼咐; (5)致谢道别,面向乘客离开客舱,轻关房门	60分	
满分		100分	

【随堂测验】

判断题

1.邮轮行李员递送乘客留言条到舱房时,应将留言条全部从门下的缝隙塞入客舱,以防被其他人发现。（　　　）

2.当行李递送至客舱时,无论舱门是开着还是关着,都应礼貌地敲三下门,同时通报自己的身份,待乘客允许后才能进入客舱。（　　　）

【拓展阅读】

邮轮行李员的工作方式

在国际邮轮上,由于乘客众多,而行李员人数有限,所以乘客大规模上下船时的行李工作由各部门抽调人员协助行李员完成。在航次开始时,邮轮上的行李员通常分为两组。一组行李员带领大多数从各部门抽调来的协助人员到邮轮大件行李入口处,从码头行李工人或行李传送带上接收行李,并按行李标签上的甲板和客舱号分类送入相应的客舱。有些邮轮公司将邮轮不同甲板的行李标签印刷成不同颜色,以方便归类区分。另一组行李员带领少量的协助人员,在乘客登船的入口处协助乘客搬运一些较大的手提行李,帮助一些行动困难的或残疾乘客上船,并带乘客进入其客舱。在平时,行李员还从事行李寄放、物品传送、递送留言等工作。在前台需要时,还必须协助接待员的工作。

（资料来源:徐彦明.国际邮轮海乘情景英语.武汉:武汉出版社,2014.）

任务五 熟悉离船与送别礼仪

【任务导入】

在邮轮航程结束时，乘客离船前的各项乘务工作非常重要。这是乘客对邮轮最终印象形成的时候。因此，这个阶段的服务礼仪就显得格外重要。乘客在离船前需要取回自己的旅行证件。同时，邮轮方也会举行隆重的送别仪式。下面，我们来熟悉一下这些工作场景下的礼仪规范。

【任务资讯】

一、证件返还服务礼仪

邮轮抵达最终目的港后，负责通关事务的员工应迅速为所有离船乘客办理好入境通关手续，并将乘客的旅行证件返还给本人（图7-6）。乘客在取回证件前，须结清所有账目。如有乘客账目尚未结清，通关事务员工应礼貌地向乘客解释邮轮的有关政策，并清楚地向乘客指明办理结账的处所和地点。

M7-8 证件
返还礼仪

由于很多旅行证件外观相同或相似，所以在返还时一定要小心，切勿拿错证件。出于礼貌，应该将证件的照片页打开，正面出示给乘客核对，并轻声读出姓名。同时，将证件上所加盖的入境验讫章展示给乘客。待一切得到乘客认可后再合上证件，正面双手递给乘客，并祝归途愉快，切勿将证件找出后一递了之。有些乘客也较马虎，拿到证件后也未查看，甚至到了家才发现不是自己的证件。发错了一本证件会直接影响到两位乘客。这不仅给乘客带来了很大的麻烦，留下了坏印象。而且，邮轮公司还将承担有关的经济与法律方面的责任。所以，证件的返还工作是千万马虎不得的。

图7-6 返还乘客旅行证件

二、欢送仪式

为了显示邮轮对乘客的礼貌和重视，邮轮在航程结束时都会安排欢送仪式。

1. 告别晚宴和晚会

邮轮通常在航程结束的前一天晚上举行告别晚宴和晚会。与欢迎晚宴和欢迎晚会的规格相同，甚至会更高。邮轮各部门都将派出代表组成一个团体，在告别晚宴上为乘客合唱，以表达深深的祝福。晚宴后，邮轮还为所有的乘客举办激动人心的告别晚会。

2. 有序下船

航程结束、邮轮抵达码头后，大量乘客将要下船。大家都挤在出口，会造成恶性事故。所以，良好的下船秩序既是安全的需要，也是对全体乘客的尊重和礼貌，同时还是邮轮管理能力的体现。邮轮通常的做法是通知乘客按其客舱所在的甲板，分时间段有序下船。如果个别乘客确实有原因需要尽早下船，出于对乘客的照顾，也可以尽量满足。

3. 舷梯送别

为了对乘客表示感谢和祝愿，邮轮娱乐部的员工会带着他们的热情、微笑和祝福，在舷梯处欢送每位即将走下舷梯的乘客，为乘客本次邮轮旅游画上一个完美的句号。

【工作任务】

熟悉离船及送别礼仪，完成情景模拟训练。

【任务准备】

1. 复习邮轮乘客证件返还与送别等礼仪细节。

2. 学生之间交流讨论。

3. 学生分组确定角色，模拟情景，准备训练所需的护照、证件箱、柜台、登船卡、电脑等器材。

【任务实施】

实训安排

实训时间	0.5 小时
实训目的	掌握邮轮通关事务部员工返还乘客旅行证件的礼仪和技巧
实训要求	严格按照实训规范要求进行

训练标准与要求

实训内容	操作标准	基本要求
证件返还服务礼仪	(1)主动向前来领取证件的乘客微笑、问好； (2)礼貌地请乘客出示登船卡； (3)礼貌地请乘客稍等，并将登船卡在电脑上刷卡,检查账务是否结清； (4)转身从身后的证件箱中找出乘客的证件； (5)对乘客的等待表示感谢,并将证件首页打开,面对乘客,请其核对； (6)将证件盖过验讫章的页面展示给乘客过目,并解释清楚； (7)一切无误后,将证件和登船卡交还乘客,并祝乘客归途愉快,希望下次再见； (8)面带微笑,向乘客点头致意,适当寒暄； (9)祝乘客归途愉快,希望下次再见	仔细,主动,微笑,热情,耐心

【任务评价】

训练自测评分表

项目	考核标准	满分	评分
仪容仪态	(1)良好的仪容仪表； (2)面带笑容主动热情,语言礼貌	40 分	
返还证件与送别乘客	(1)热情主动问候乘客,并请乘客出示登船卡； (2)查询结账情况,迅速准确找出乘客旅行证件； (3)翻开乘客姓名页,轻声读出乘客姓名； (4)打开入境验讫章页,向乘客说明； (5)合上证件双手递给乘客； (6)微笑,适当寒暄； (7)致谢道别,祝旅途顺利	60 分	
满分		100 分	

【随堂测验】

判断题

1. 出于礼貌，在返还乘客证件时，不应该将证件的照片页打开出示给乘客核对，以防他人知道。（　　）

2. 乘客在取回证件前，须结清所有账目。（　　）

【拓展阅读】

中国护照的变迁

中国护照只用了 60 多年时间，就走过了西方国家二三百年的成长路程。它像一面镜子，折射出中国越来越强的综合国力和中国政府日益自信和开放的对外形象。

新中国成立以来普通护照变迁呈现出四个特点：

一是证件标准更规范。证件规格、栏目规划等参照国际有关标准设计制作，逐渐变得简洁实用、美观大方。

二是证件防伪性能更强。新型防伪材料、防伪技术及制作工艺不断更新，特别是数字安全防伪技术应用，使证件防伪能力大幅提升。

三是证件签发管理智能化程度更高。护照制作由人工手写发展到完全自动化制作，证件管理实现全流程数字化，证件签发管理水平不断提高。

四是证件应用更便捷安全。例如，2012 年版电子护照采用内嵌非接触式集成电路芯片，存储持证人个人资料、指纹及证件签发信息等，并对芯片数据采取多种保护机制，既极大提高了通关效率，又标志着中国护照安全性能达到世界先进水平。

【项目小结】

邮轮乘务工作的礼仪水平体现着整艘邮轮的档次和形象，它直接影响着乘客对邮轮印象的形成，尤其是第一印象和最后印象。通过本项目的学习，学生了解了邮轮乘务管理事务工作各个方面的礼仪细节、注意事项和禁忌，通过实训得以巩固和提高，以便在今后的实习和上岗工作时快速进入角色，从而能够顺利融入邮轮运营的环境和气氛中。

【自我检验】

学习了本项目的：_____

_____。

其中，令我感触最深的是：_____

_____

_____，过去，我对邮轮乘务礼仪的理解是：_____

_____。现在，我知道了应该这样做：_____

_____。

因此，我制定了我的礼仪提高计划：_____

_____

_____。

8

项目八

国际邮轮餐饮礼仪 ◄◄◄◄◄◄◄

【学习目标】

【素质目标】

1. 使学生具有亲和力、沟通力、协调力；
2. 具备敬人、敬业、敬己的职业精神和态度；
3. 具备服务意识等良好的职业素养；
4. 提升学生的人文素质、职业素质和道德水准；
5. 树立学生民族自信、文化自信的理念，弘扬锲而不舍、精益求精的工匠精神。

【知识目标】

1. 了解餐厅服务礼仪的规范；
2. 了解自助餐服务礼仪的规范；
3. 了解酒吧服务礼仪的规范；
4. 了解会议服务礼仪的规范。

【能力目标】

1. 熟练运用餐厅服务礼仪为宾客提供优质服务；
2. 熟练运用自助餐服务礼仪为宾客提供优质服务；
3. 熟练运用酒吧服务礼仪为宾客提供优质服务；
4. 熟练运用会议服务礼仪为宾客提供优质服务；
5. 熟练运用餐饮服务基本技能，能与宾客有效的沟通。

任务一　掌握收费餐厅服务礼仪

【任务导入】

国际邮轮餐厅简介

邮轮上的餐厅主要分为：主餐厅、自助餐厅、特色餐厅、快餐厅、酒吧、咖啡厅，及客房送餐服务。如图 8-1、图 8-2 所示。

图 8-1 "海洋迎风"号美式牛排馆

图 8-2 "海洋交响"号中央公园 150 号餐厅

1. 主餐厅

邮轮上的主餐厅以传统的服务程序提供带有特定风格的早餐、中餐及正（晚）餐，服务和设施设备较为全面。邮轮上一般会有 1~3 个主餐厅，较为高端的船会有 4~5 个主餐厅。主餐厅是正式的社交场合，需着装较为正式方可入场。

M8-1 邮轮
餐饮知识

2. 自助餐厅

最受欢迎的餐厅之一，自助餐厅从早开到晚，随进随吃，凌晨也有夜宵时段。进入自助餐厅是没有着装要求的，非常自由。餐厅内会提供水果、西方美食、中式美食、甜品等供自取，但一定要按自己的食量取食。

3. 特色餐厅

一般以某个国家或地区的特色菜点为主，提供相应的特色美食，并提供独一无二的优雅与奢华的就餐环境体验。

4. 快餐厅

邮轮上的快餐厅也就是提供特色小吃的餐厅，提供简单的食品饮料，价格相对较低。

5. 酒吧

邮轮上的酒吧是最重要的娱乐和社交场所之一，是客人们晚上消遣、放松的好去处。酒吧一般在晚上营业，酒水是收费的。

6. 咖啡馆

邮轮上的咖啡馆也是客人们最喜欢去的地方之一。相对酒吧的喧嚣，咖啡馆更适合喜欢安静的人。通常免费提供比萨、甜点、蛋糕、三明治等休闲食品。

7. 客舱送餐服务

客舱送餐服务也是邮轮上为客人提供餐饮服务的一种方式，一般不收费，但菜式品种不多，服务时间也有限。当客人需要客舱送餐服务时，可以通过电话直接点餐，也可用门把手菜单点餐。

【任务资讯】

一、餐前服务礼仪

1. 订餐服务礼仪

为前来就餐的客人提供服务，是邮轮餐饮部的重要任务。邮轮餐饮部服务对象涉及面广，客流量大，客人需求多样，服务时间长，必须照规章办事，文明服务。

（1）客人前来订餐，要拉椅让座，使用服务敬语，微笑服务。对于客人的询问，要礼貌地应答，不清楚的问题要想方设法查清，不能使用否定语或含糊不清的答复。

（2）主动介绍餐厅情况，推荐餐厅的菜点、食品；介绍餐厅的特色；明码报价；有针对性地提供适合客人口味的餐食供客人选择；主动在就餐时间和方式上方便客人。

（3）在与客人达成口头订餐协议后可请客人逐项填写订餐单。对于可能会出现的问题，要与客人讲清后再请客人填写，不要留下可能发生纠纷的隐患。特别要写清就餐标准、就餐人数、就餐时间、就餐地点、付款方式、就餐布置及要求，一并请客人签字。

2. 迎宾服务礼仪

（1）餐厅营业前10分钟，领位员站在餐厅门口的两侧或便于环顾四周、视线开阔的位置迎候客人。

（2）站姿端正，眼睛平视，环顾四周，面带微笑，时刻给客人以精神饱满、庄重自信的印象。

（3）客人到达时，上前热情问候。如果是多位客人前来用餐，应当先问候主宾，再问候其他客人。

（4）按引领客人礼仪引领客人就餐，并按规范为客人拉椅让座。拉椅时，服务员用左膝顶住椅背，双手扶住椅背上部，平稳地将椅子拉出，并伸手示意客人就座。拉椅幅度视客人的身材而定。

（5）送别客人时应当面带微笑，站姿端正，身体自然弯曲15度，向客人致谢、告别，真诚欢迎客人再次光临。

（6）目视客人离开，一旦客人回头，还可再次向客人致意。

迎客服务礼仪如图8-3所示。

图 8-3 迎客服务礼仪

3. 领位服务礼仪

（1）按引领礼仪，右手拿菜单，左手为客人指引方向。

（2）根据就餐人数及客人到来的先后次序，按顺序招待客人入座。

（3）带领客人入座时应当一步到位，避免不断地更换座位（客人要求除外）。

（4）环境幽雅、安静的双人座适合安排单身客人或情侣。

（5）餐厅中央的餐桌适合安排装扮入时的人入座。

（6）内角不妨碍通行的位置适合安排偕老带幼的客人。

（7）出入口隐蔽处较适合安排残疾人和行动不便者。

（8）利用用餐时间商谈的客人适合引领到最安静的边角位置。

（9）如餐厅空位较多，可让客人挑选他们喜欢的座位。

（10）客人对安排的座位不满意，要求立即调换的，不能借故拒绝客人。

4. 铺口布服务礼仪

（1）客人全部就座后服务员应选择合理的站位为客人松口布、铺口布。

（2）按照先宾后主、女士优先的原则提供服务。

（3）如有儿童就餐应根据家长的要求帮助儿童铺口布。

（4）铺口布时，服务员站在客人右侧，从水杯或餐盘中轻轻拿起口布，将对角打开，右手在前，左手在后，将口布轻轻铺在客人腿上或压放在餐盘下。

（5）如需要从客人左侧铺口布，服务员应站立在客人左侧，左手在先，右手轻轻铺放，目的是保持优美的服务仪态，避免把胳膊肘送到客人胸前。

5. 斟茶服务礼仪

（1）值台服务员到餐桌前，应当礼貌问候客人。

（2）如果客人忙于说话，当客人入座后再次问候客人。

（3）服务员将茶水缓缓倒入杯中。茶水不能倒得过满，约斟七八分满即可。

（4）服务时，服务员的手不能触及杯口，也不得将茶杯从桌上拿起。

（5）倒茶时，注意壶嘴不可触及杯缘或将水倒在餐桌上。

M8-2 入席礼仪

（6）第一次斟茶完毕，服务员应将茶壶放在餐桌上，放置茶壶时，壶嘴不能朝向客人。服务员巡台时可以为客人续斟茶水。

二、餐中服务礼仪

1. 点菜服务礼仪

（1）呈递菜单服务礼仪

① 餐厅应备足酒单、菜单，保证其整洁完好。菜单印刷字迹清楚，字号的大小应方便客人阅读。菜单应有一两种外文注释配主要菜肴照片，图片清晰，翻译准确。

② 餐厅所售菜品应与菜单一致，做到真实有效。

③ 领位员应选择合理的站位，目视客人，用双手呈递菜单。

④ 呈递时，应当将菜单的正面朝上，从客人右侧打开菜单第一页，双手握拿菜单，右手执菜单的右上角，左手执菜单的左下角，两臂适当内合，将手自然伸出，面带微笑，目视客人递出。

⑤ 如果客人较多，领位员应当准备相应数量的菜单，遵照先宾后主、女士优先的原则，依次将菜单送到客人手中。

⑥ 一只手拿菜单，直接将菜单放在桌面上或客人手里是不礼貌的。

（2）点菜、介绍菜品服务礼仪

① 服务员应对菜单、菜品特点、菜肴的烹制方法和主要原材料等了如指掌，以备客人询问时能及时、准确地回答。

② 宾客示意点菜后紧步上前，首先询问主人是否可以点菜："请问，先生/女士，可以点菜了吗?"得到主人首肯后站在宾客身后右侧为其点菜。

③ 根据宾客性别、年龄、口音、言谈举止等判断宾客的饮食喜好，有针对性地向宾客推介菜肴。

④ 向客人推荐时令菜肴和当日特别推荐菜时应当实事求是，态度亲切自然，一切以符合客人口味和消费水平为服务原则。

⑤ 千万不能强行兜售，特别是客人宴请朋友时，更不能强行推销。

⑥ 为客人介绍菜单中的菜品时切忌用手或手中的笔指指点点，应该掌心斜向下方、五指并拢进行介绍。

⑦ 书写食品订单时应将订单放在左手掌心站直身体书写，不能将订单放在客人餐桌上。

⑧ 点菜完毕应当重复客人所点菜品的名称，询问客人有无忌口的菜品以及对菜品的烹饪要求。

⑨ 客人点菜后5分钟之内凉菜应备齐上桌。热菜一般应在20分钟左右上桌或根据客人的要求及时上桌。在任何情况下都要记住：拖延服务是不礼貌的。

⑩ 点菜时如遇客人正在交谈，应做到不旁听、不斜视、不打断，站立一旁等候客人问话时再开始点菜。

⑪ 如有急事与客人沟通，可用适当的方式暗示客人，让客人知晓你有话要说，客人有回应后应当先说"对不起"，然后再与客人讲话。

⑫ 点菜结束后，向客人表示谢意。

2. 上菜服务礼仪

① 服务员应当事先了解宾客用餐的菜单，合理确定上菜顺序。

② 上菜时应当使用托盘，做到动作到位、行走轻盈、快慢适当、汤不外洒、菜不变形。

③ 值台服务员应当根据餐桌、餐位的实际状况合理确定上菜口。零点餐厅服务较灵活，服务员应以不打扰宾客为原则选择合适的上菜口。宴会一般选择在译陪人员之间上菜，也有的在副主人左边进行，这样有利于翻译和副主人向来宾介绍菜肴口味、名称。严禁从主人和主宾之间上菜。

④ 上菜时，应当用双手端平放稳。跟配小菜和作料的，应当与主菜一并上齐。上菜的同时报菜名，必要时向客人介绍菜品特色。报菜名时吐字清晰，音量适中。

⑤ 上菜动作轻巧，不弄出声响。

⑥ 端送盘、碟、碗时，用双手拇指指肚轻按餐具边缘，其余手指支撑底部，注意手指不可触及食物。

⑦ 在上整只鸡、鸭、整条鱼时，鸡、鸭、鱼头应朝向主人和主宾。

⑧ 把握添加饮料、酒、菜和饭的时机，避免客人等候或不断添加，引起客人反感。

⑨ 摆放菜肴应当实用美观，讲究艺术造型，并能尊重客人的选择和人们的饮食习惯。

⑩ 所有菜肴上齐后，应当告知客人菜已上齐，并请客人慢用。

3. 分菜服务礼仪

① 分菜时，服务员应站在次主人的右边，按照高级宴会先男主宾、后女主宾，一般宴会先女主宾、后男主宾、再主人和一般来宾的顺序逐个分菜。

② 应当将菜的主要部分分给主宾、女士或年长者。

③ 拿餐碟时，服务员应当用拇指指肚扣住餐碟边缘。

④ 分菜时，动作干净利索，一次到位。在保证分菜质量的前提下，用最快的速度完成分菜工作，不能分到最后一位时菜已凉了。

⑤ 服务员应当根据宾客人数将菜大致等分给每位宾客。

⑥ 每道菜应留 1/10 左右于盘中，以示菜量充裕，可随时添加。

4. 撤盘服务礼仪

① 服务员应以不打扰客人就餐为原则，选择适当的时机撤盘。一般而言，上热菜前撤第一次盘，上果盘前撤第二次盘，宴会结束后撤第三次盘。高档宴席需要随时撤盘，以保持名菜的风味，显示宴席的规格。

② 撤盘时，应当先撤后上，即先撤去已用完的菜盘，再上新的一道菜。撤盘前，一定要征得客人的同意，不询问就撤盘是不礼貌的。

③ 撤盘时，身体侧站，左手托托盘置于客人背后，千万不能将托盘托到客人面前。

④ 撤菜盘时，应当轻拿轻放，上菜不推，撤菜不拖。不可将汤汁洒在客人身上，不能损坏餐具，避免餐盘碰撞引起客人的误解。

⑤ 将剩菜用一个碗或盘装起来，同类型、同规格的盘、碗摆在一起。

⑥ 服务员应根据实际情况决定更换餐具的次数和时机，不分场合地频繁更换餐具会引起客人的反感。

5. 更换骨碟服务礼仪

① 服务员应当根据实际情况，以不打扰客人为原则，为客人更换骨碟。

② 更换骨碟时应当使用托盘。

③ 服务员左手托托盘，站在客人身后约 30 厘米处，礼貌地问："打扰了，先生/女士，可以为您换一下骨碟吗？"得到客人允许后方可更换骨碟。

④ 用右手将用过的骨碟撤下，并放到左手的托盘中。

⑤ 更换骨碟时应当尊重宾客摆放餐具的习惯，将更换后的骨碟放回原位。

⑥ 宾客没有用完菜的骨碟不能撤换。

⑦ 拿取干净骨碟时，服务员的手指指肚只能触及碟子的边缘部位，不能伸到碟子里去。

⑧ 用过的骨碟不可从客人眼前撤至托盘中，必须从客人餐位前平移到客人身后，然后放入托盘内。

三、餐后服务礼仪

1. 结账服务礼仪

① 客人用餐结束时，服务员应适时询问客人是否需要其他服务，如果客人示意结账，应尽快将结算好的账单放在账单夹中，确保账单正确无误。

② 右手持账夹右上端，左手轻托账夹下端，走到主人右侧，打开账单夹，递给主人，但不要让其他客人看到账单，更不要当众说出客人消费的价格，这是很不礼貌的。

③ 如无法判断付款人，可以将账单置放在餐桌的正中，以免造成尴尬。当一男一女进餐时，将账单递给男士。

④ 客人付账时，服务员应当与客人保持一定距离，客人准备好钱款后再上前收取。收取现金时应当当面点验。

⑤ 如果是住店客人，服务员在为客人送上账单的同时应为客人送上签字笔，礼貌地提示客人签字的方式，并向客人致谢。

⑥ 结账完毕，服务员应向客人礼貌致谢，欢迎客人再次光临。

⑦ 客人结账后继续交谈时，服务员应当继续提供服务，不能因为已结账而终止服务，这是不礼貌的。

2. 送客服务礼仪

① 客人离席时，服务员应当主动为客人拉椅，协助老人或重要客人穿上外衣，然后站在门口热情向客人致谢，欢迎客人再次光临。

② 如有客人主动握手告别，服务员应当按标准行握手礼。

③ 客人乘电梯离开时，领位员应按乘电梯服务礼仪帮助客人按下电梯按钮，送客人进入电梯，微笑着目送客人离开。

【工作任务】

掌握收费餐厅服务礼仪，完成训练。

【任务准备】

准备训练所需的餐桌椅、餐具若干套。

【任务实施】

实训安排

实训时间	0.5课时
实训目的	掌握餐厅服务的基本礼仪和技巧
实训要求	严格按照实训规范要求进行

训练标准与要求

实训内容	操作标准	基本要求
铺口布服务礼仪	(1)客人全部就座后服务员应选择合理的站位为客人松口布、铺口布； (2)按照先宾后主、女士优先的原则提供服务； (3)如有儿童就餐应根据家长的要求帮助儿童铺口布； (4)铺口布时，服务员站在客人右侧，从水杯或餐盘中轻轻拿起口布，将对角打开，右手在前，左手在后，将口布轻轻铺在客人腿上或压放在餐盘下； (5)如需要从客人左侧铺口布，服务员应站立在客人左侧，左手在先，右手轻轻铺放，目的是保持优美的服务仪态，避免把胳膊肘送到客人胸前	热情微笑主动明确

【任务评价】

训练自测评分表

项目	考核标准	满分	评分
迎接宾客	(1)恭迎宾客； (2)热情问候	10分	
引导入座	(1)引导宾客入内； (2)安排合适餐位； (3)协助宾客入座	20分	
餐前服务	(1)协助拉椅让座； (2)餐前茶水服务； (3)递送菜单服务； (4)介绍推荐菜品； (5)汇总确认菜单	20分	
餐中服务	(1)毛巾服务； (2)整理口布； (3)撤换酒杯； (4)上菜服务； (5)报出菜名； (6)斟酒服务； (7)更换骨碟	30分	
结账服务	(1)递送宾客账单； (2)接受付账钱款； (3)返回发票找零	10分	
送客服务	(1)注意提醒； (2)礼貌告别	10分	
满分		100分	

【随堂测验】

单选题

1. 每道菜应留（　　）左右于盘中，以示菜量充裕，可随时添加。

A. 十分之一　　　　B. 十分之二　　　　C. 十分之三　　　　D. 十分之四

2. 宴会上菜，严禁从主人和（　　）之间上菜。

A. 主宾　　　　　　B. 副主人　　　　　C. 女士　　　　　　D. 男士

【拓展阅读】

皇家最大邮轮如何搞定 7000 人用餐

在皇家加勒比绿洲系邮轮上，2000 多名来自 72 个国家的船员服务着近 7000 名的游客，船上的厨房每天需要为客人提供 3 万份美食，以满足这些来自全世界各地客人的味蕾。

邮轮每周需要 8 吨牛肉、7 吨鸡肉和 6 吨猪肉。厨师长管理着 250 位厨师和 100 位帮厨，所以厨师长必须保持时刻冷静，仅仅靠施加压力去管理这么大的团队是行不通的。厨师长和船上所有的员工都一样，一周要工作 7 天，他在船上连续工作 4 个月，然后休 2 个月的假。

厨师长有一项重要工作就是检查仓库，如果收到的食材质量不高，厨师长会把他们退回去，供应商将不会再收到订单。考虑到船上的需求量，厨师长不能像逛超市那么随意，光蔬菜水果他每周就需要 12 吨。比如香蕉，采购的香蕉要有三种不同的成熟度，完全成熟的、中等熟的和比较生的。有些马上就能吃，有些现在不能吃，放几天才会成熟的。这样一来，即使在 7 天航程的尾声，客人也能吃上口感最佳的香蕉。

每位厨师都要拿出今晚为客人烹饪的菜肴，厨师长会试吃，这是对今晚菜品的最终确认。船员们来自世界各地，有着不同的文化背景，他们把自己对烹饪的理念都带到这里。厨师长必须尊重来自每个国家的人，注意与人沟通的方式，学会去理解每个人是非常重要的。

绿洲系邮轮上三层楼的主餐厅可容纳 3100 名客人同时用餐。而在后厨，厨师长掌控着一切，只有当客人点单后，厨房才会安排出菜。工作人员最多有 30 分钟的时间来上第一道菜。服务生已经下了一些单，要确保他们来取的时候菜都已经准备好了，厨师长的工作就是要检查菜是否正确、菜品是否达到试吃时的水准，这非常重要，否则我们一整天的努力就白费了。每一个站点负责做一道菜。

周密的计划和细致的工作得到了回报。厨师长和他的员工们按时完成了工作，服务生很快就可以取到客人点的菜，一个半小时后，第一轮晚宴结束了，晚上 8 点 30 分左右，第二轮晚宴即将开始，工作人员又将迎来 3100 名左右用餐的客人，400 名服务生不停歇地穿梭于三层楼的餐厅和厨房之间。忙碌的一天即将过去，来自 72 个国家的船员相互尊重、理解、包容，把欢乐带给了客人，把自己的努力献给了大海上的绿洲。

（资料来源：皇家加勒比游轮公众号．）

任务二　掌握免费自助餐服务礼仪

【任务导入】

自助餐是一种由宾客自行挑选、拿取或自烹自食的一种就餐形式。这种就餐形式打破传统，自由活泼，迎合了宾客心理，使宾客的挑选性强，可以不拘礼节，正被越来越多的人所接受。此外，自助餐的收费略低于宴会，需要服务人员也少，还可以在很短的时间内供应很多人用餐。

【任务资讯】

一、自助餐的服务形式

一些简单的自助餐，几乎完全是客人自我服务。进入餐厅后，在自助餐桌的一端，客人首先拿托盘、餐盘、刀、叉、勺等餐具，然后沿着自助餐桌挑选自己所喜欢的食品，最后端到餐桌上用餐。

较高级的自助餐服务，则在客人到达之前已摆台完毕。客人到后，由服务员上开胃品或汤，同时供应饮料、面包、奶油及甜点等。客人自己去挑选所喜欢的主菜。这种服务方式远比其他服务方式更受客人欢迎，效率也更高。

自助餐根据标准不同，档次也相差很大。一般自助餐的布置、用料及菜品种类大多是西餐的焖、烩、煮类菜肴，再配上些沙拉、面包、甜点、饮料作为辅助。较高档的自助餐餐厅会安排厨师为客人进行现场烹饪，以保证火候和新鲜程度。

二、自助餐服务的要素

自助餐必须让客人方便而迅速地用上餐，因此要考虑下列因素：

(1) 就餐的人数。

(2) 食物的品种。

(3) 开餐的准确时间。

(4) 自助餐台的位置。

(5) 食物的排列和客人就餐区域的划定。

(6) 根据餐具套数和就餐区域多少确定的食物供应数量。

(7) 餐桌的数目及大小和形状。

(8) 台布的类型和颜色。

(9) 灯光和音乐。

(10) 恰当而有吸引力的装饰。

三、自助餐环境布置礼仪

自助餐场所环境布置根据自助餐的主题，利用背景装饰、餐桌布置及食品陈列来表达构想。主题可以是节日或纪念日，如圣诞节、复活节、母亲节等，也可以利用其他形式突出主题，如地方土特产品、体育节目、音乐、艺术或文艺活动等。假如是特别为某个团体而举办自助餐，可以以其产品为主题。例如给汽车商人准备的自助餐，就可以使用汽车图案或模型、生产公司的商标等。

1. 餐台布置礼仪

自助餐一般是在餐厅中间或一边设置一个大餐台，周围有若干餐桌。大餐台一般用不锈钢或铜做台脚架，台面有木头或大理石，上面铺有与桌边平行的台布。餐台上放有各种冷菜、热菜、点心、水果及餐具。

餐台食品的拼砌要讲究艺术性，对客人有吸引力。热菜要有热盆保温，凉菜在未开餐前要用保鲜纸封好，防止细菌感染，凉菜的拼砌要构图美观新颖，色泽鲜明，各种菜要搭配好，水果、点心都要布置得当。

餐台的餐具要排放整齐，基本要备的有小盆（比普通宴会上用的要略大）、筷、羹匙、小汤碗、叉、水果刀；每盆菜点旁还应放上调羹供公用。餐台旁要留出较大的空余地方，使宾客有迂回的余地，尽量避免客人排队取食。

2. 餐桌布置礼仪

（1）餐桌的安排要根据餐厅的形状大小来安排。餐椅不可安排的太密，因客人取食品需在餐厅走动，太密就会影响客人。台椅的排列要美观整齐，使客人感到舒适。

（2）台子拼合之前有必要画一张草图，标明客人就餐区域和食物种类。每个区域都应备有自助餐所供应的各种食品。在决定自助餐台子的大小和形状之前，必须首先确定就餐区域的数量，然后确定自助餐台的大小，最后考虑设计哪种形式为好。估计大小时，应始终给每盘食物安排出空间以便旋转碗或碟子。在估计摆上台子的食物数量时，应记住把不能吃的东西也计算进去，如装饰物、空碟堆、磨胡椒籽的小罐、花饰以及客人要求放的其他物品（如吉祥物或标注小旗）。

（3）桌子可拼成几座小岛，分别放不同种类的食物。例如，可以拼出一个主菜岛或者一个甜食岛，以节省空间，增强效果。桌布要长一点，能盖住桌腿，离地大约 5 厘米。

（4）有时为了方便宾客取用食品，可以将其中一部分食物放到几个地方供应。

餐桌可以根据餐厅结构和就餐环境的需要摆成"U"形、"V"形、"L"形、"C"形、"S"形、"Z"形及四分之一圆形、椭圆形等多种形状。

3. 菜肴布置礼仪

菜肴风格符合客人口味，菜肴搭配合理，烹调方法多样，味道诱人。

菜品摆放美观整齐，排序合理，客人流、服务流互不干扰。菜肴摆放位置符合客人的用餐习惯，方便客人取拿。摆台时，不能将食物放得过高，这样既不便于客人拿取，又容易弄脏客人的袖口，还会污染食物。食物也不能放在低处，让客人取餐时动作不雅既有损于客人就餐形象，又不方便客人取拿。

菜肴应按预先安排好的计划摆放在桌子上，通常菜品摆放顺序参考菜单的顺序前后排列：最靠近客人取自助餐餐具处的首先是色拉、调味品、冷盘、熏鱼、奶酪；其次是热主菜；再次是烤制食品及烧熟的主菜；然后是主食；最后为水果与点心。

为了不使供应桌过分拥挤，开胃品、饮料、甜点可放在其他桌子上，也可服务到客人桌上。

汤汁、调味品等应摆在相关菜肴的旁边，如色拉旁边放蛋黄酱、火腿旁边放酸果酱等。

布置冷盘及熟菜时，熟的主菜项目应是有限的，这与降低食品成本和减少厨房工作量关系重大。成本较高的主菜应布置在冷菜之后，客人盛满色拉、凉菜、开胃品后只得减少选择熟菜的数量。

布置菜肴时应注意使用火锅和加热炉，以保持菜肴的适宜温度，或使用冰块保护其冷度。同时服务员应注意火锅的燃烧情况和时常更换盛冰块的盘碟。蜡烛要垂直放置，避免滴油。为防止客人发生意外事故，火锅及蜡烛的摆放位置要远离客人。任何场合，所有盘碟及托盘应摆在离餐桌边缘 5 厘米的地方。

如果是自助早餐可以分为饮料区、冷菜区、热菜区、汤类点心区等。通常还设有煎煮台或煎煮区，主要用于煎蛋、煎饺、馄饨等食品的制作。

自助餐厅菜肴布置如图 8-4 所示。

图 8-4 "海洋赞礼"号帆船自助餐厅菜肴布置

四、自助餐服务礼仪

1. 工作任务

在自助餐服务中，服务员的任务一般为：

（1）像主人般地服务客人。

（2）保证菜肴及餐具的供应。

（3）切分烤肉并供给客人。

（4）检查器具保温性能，以保持菜肴应有的温度。

（5）当客人不慎把地毯或台布弄脏时应及时擦拭或清扫。

（6）及时收走客人用过的餐酒具，保持用餐环境清洁卫生。

2. 工作礼仪

（1）摆台时，操作轻盈，摆放准确，一步到位，手法卫生，手指不碰触盘、杯内侧或餐刀刀面。餐具干净整齐，无破损，符合卫生标准，数量充足，摆放有序，方便客人取拿。

（2）服务员站姿端正，微笑问候客人。按引领礼仪引领客人到达指定餐位，为客人拉椅让座，选择合理的位置为客人铺放餐巾。

（3）由宾客根据自己的品位前往大餐台，用空盘子挑选菜点，拿回餐桌食用，并可根据自己的食量多次添加。服务员要及时收去用过的餐具。餐台上的空碟、饮料杯要及时撤走，撤碟和杯要从客人左边撤取。

（4）客人用餐时，服务员应当及时巡视，随时保持餐桌整洁，能够及时撤走客人用过的餐具。撤餐具时应当礼貌示意，征得客人同意。

（5）客人取一轮食品后要增补食品，整理好餐台餐盘里零乱的食品，保持它的形格美观，并要注意热菜的保温。

（6）自助餐期间一般客人较多、集中且流动性比餐桌服务大，所以设计服务的路线必须注意尽量避免与客人冲突，特别是在菜品添加的时候尽量不要妨碍客人取用。

（7）由于自助餐的菜品大部分由客人自己选择，会出现有些菜品客人喜欢而取用多致使供应不足而有些菜品过剩的情况，所以在自助餐菜单设计的时候要充分考虑到顾客的饮食习惯和爱好，对菜品的准备数量进行调整与控制，以满足服务的需要。

（8）自助餐期间由于是客人自己取用菜品，还容易产生取用过多造成浪费的现象，所以在自助餐服务中要尽量采用合理的方式提示客人注意量力而行，既可以节约成本，又可以减少餐后垃圾的处理量。

在服务时间，服务员一般提供下列食品服务：烤肉，常常是切好后，当客人通过服务线时递给客人。客人把所需食品放入盘中，然后自己拿到餐桌坐着吃。

典型的自助餐供应家庭少见的大块烤肉，并由服务员在餐桌上切分。若干切好的烤肉片便于客人取用，而不必排队等候。

饮料、面包、黄油、甜点也可由餐厅服务员服务。在进餐过程中，饮料根据需要不断添满。

（9）脏物清扫。当客人把菜肴掉落在服务台上时，服务人员应立刻在不妨碍客人的前提下将掉下来菜肴扫进空盘中，而后用湿布轻轻地擦拭污迹，再用干净的餐巾盖在污点上面。假如客人把菜肴掉落在桌前的地毯上时，服务员应立即迅速清扫。假如客人把菜肴溅泼到自己或别人衣服上时，也要立即通知餐厅管理员采取应急措施。

（10）客人有合理的服务需求时，服务员应当尽力满足，不能满足时，应当帮助客人通过其他途径解决，并提供跟踪服务。

（11）自助餐宴会结束时，服务员应当主动为客人拉座椅，并站立在桌旁，鞠躬向客人道别，目送客人离开。客人离开后，用干净桌布和餐具等重新进行布置。

M8-3　自助餐礼仪

【工作任务】

掌握免费餐厅服务礼仪，完成训练。

【任务准备】

准备训练所需的餐台、台布若干套。

【任务实施】

实训安排

实训时间	0.5课时
实训目的	掌握包边台服务的基本礼仪和技巧
实训要求	严格按照实训规范要求进行

训练标准与要求

实训内容	操作标准	基本要求
餐台布置礼仪	（1）在餐厅中间或一边设置一个大餐台，周围有若干餐桌，上面铺有与桌边平行的台布； （2）热菜要有热盆保温，凉菜在未开餐前，要用保鲜纸封好，防止细菌感染，凉菜的拼砌要构图美观新颖，色泽鲜明； （3）餐台的餐具要排放整齐； （4）餐台旁要留出较大的空余地方，尽量避免客人排队取食	热情微笑 主动明确

【任务评价】

训练自测评分表

项目	考核标准	满分	评分
包边台服务礼仪	(1)沿着自助餐台的长度打开折叠的自助餐台桌布	10分	
	(2)站在自助餐台的任一端,打开桌布按照进行铺设,餐台的前面部分和旁边部分离开地面至少1.25厘米	20分	
	(3)站在自助餐台前面,从餐台的一角将拇指放人桌布的一角捏住远端的桌布,抬起桌布并以半圆形的动作铺设。这样会使得旁边垂落的桌布与地面成水平状	20分	
	(4)餐台上桌布折痕呈三角形,朝餐台边铺设,确保桌布上的折痕与餐台边缘成一直线	20分	
	(5)使用手背抚平折痕	10分	
	(6)在自助餐台的另一端重复同样的铺设动作	10分	
	(7)如果使用不止一块的自助餐桌布铺设整个自助餐台,重复铺设步骤即可。所有的皱褶应成一条直线	10分	
满分		100分	

【随堂测验】

多选题

1. 在自助餐服务中,服务员的任务一般为:（　　　）。

A. 保证菜肴的供应　　　　　　　　B. 保证餐具的供应

C. 以保持菜肴应有的温度　　　　　D. 及时收走客人用过的餐酒具

2. 自助早餐可以分为（　　　）等,通常还设有煎煮台或煎煮区。

A. 饮料区　　　　B. 冷菜区　　　　C. 热菜区　　　　D. 汤类点心区

【拓展阅读】

邮轮食品安全卫生标准

谈及邮轮上的公共卫生标准（USPH）,可以说包含了邮轮运营的各个方面,定期会有相关部门（VSP）进行严格的监督及检查,如有未达标项目则会被扣分。

USPH 是 United States Public Health 的简称,它对于邮轮上的公共卫生及运营制定了一系列严格的规则和标准。VSP 是美国疾病控制与预防中心的船舶卫生计划（The Vessel Sanitation Program）,它会协助邮轮行业预防和控制邮轮上胃肠道疾病的发生、传染和传播。USPH 在邮轮上的食品卫生领域有很多非常严格的标准,我们选取了大家最关心的餐饮领域的安全卫生标准给大家一一介绍

关于食品

(1) 食品和食物展示品（包含冰块）需要分开存放,食物展示品是不能再拿来食用的。

(2) 食品食用遵循先进先出的原则。

(3) 食品和生食要分开存放。

(4) 不能将食物容器嵌套或堆叠,以避免食物暴露而受到污染。

(5) 所有食物的储存距离甲板顶部至少6英寸,最好是12英寸,以保证空气流通。

(6) 在食物的储存、准备或服务区域不能存放或摆放花卉和植物。

（7）餐桌上的黄油必须放在合适的存有碎冰块的容器中以保持低温。

（8）果汁应使用原容器或果汁机，不可以用罐子或其他容器来存取果汁。

（9）食物温度储存的危险区间是 41～140 华氏度（约 5～60 摄氏度之间）。脱离温度控制的食物要立刻开始计算时间，超过 4 小时的食物无论是否被食用都需要丢弃。

关于清洁

（1）不能使用钢丝绒。

（2）不能用未清洁或无盖的容器存放面粉、糖、调味品、肉类或其他食物。

（3）用于清洁有潜在污染表面的抹布或海绵，不可以用于清洁与食物接触的物体表面。

（4）如果一个绞肉设备必须用来绞碎两种不同的肉，那在两次操作之间必须对该绞肉设备进行彻底的清洗和消毒。

（5）确保使用三桶清洁系统（红桶：肥皂水清洗，灰桶：温水漂洗，白桶：消毒水消毒）。

关于从业人员

（1）厨师不允许佩戴任何形式的珠宝，唯一的例外是制作荷包蛋的厨师被授权可以佩戴手表，因为要查看荷包蛋在水中的煮沸时间。

（2）食品加工人员在必要时要佩戴塑料手套。

（3）食品加工和服务人员要经常洗手，时刻注意避免交叉感染。

没有事先通知，VSP 会在至少每 6 个月登上邮轮进行检查并打分。一般来说邮轮的分数低于 85 分就会被认为卫生不达标，在此基础上如果邮轮无法完成相应的清洁和消毒工作，无法正确处理固体或液体废物，不能将食品保存在安全的温度内等，还将被勒令停止启航运营。这些严苛标准的背后是船员们的高度执行，只为给游客呈现安全、健康又美味的料理。

（资料来源：皇家加勒比游轮公众号．）

任务三　熟知酒吧服务礼仪

【任务导入】

酒吧是客人休闲、娱乐、交际的场所，环境优美并伴有音乐，能使客人尽情享受。因此，酒吧必须严格按照服务礼仪，为客人提供高标准的服务。

【任务资讯】

一、斟酒服务礼仪

1. 点酒服务礼仪

① 服务员应当按照递送菜单服务礼仪将酒水单呈递给宾客。

② 酒水单应当每人 1 份。如果条件不允许，应当按照先女士后男士、先客人后主人、先长辈后晚辈、先领导后下级的原则，根据饭店规定和实际情况灵活服务。

③ 客人看酒单时，服务员应当向后撤两步并稍作等待，给客人一定的空间和时间阅读菜单。

④ 服务员应当尊重客人饮食习惯，根据酒水与菜品搭配的原则，向客人适度推销酒水。

⑤ 多人点选不同饮品时应当准确到位，不能张冠李戴，否则就是最大的失礼。

⑥ 点完单后，重复客人点单内容，核对饮料类别、数量，体现高质量的服务。

2. 饮料服务礼仪

① 上饮料时，应当使用服务托盘。

② 选择合适的杯具，按照呈递酒单的顺序依次为客人服务。

③ 先将杯垫置于客人正前方，摆正，店标朝上，然后将杯子放在杯垫上。

④ 将客人所点饮料沿杯壁缓缓倒入杯中，斟倒时不能碰触杯口。

⑤ 将饮料放在杯子的右侧，用规范的手势请客人慢用。

⑥ 服务完所有饮料后应告知客人饮料已上齐，后退两步转身离开。

⑦ 服务员应当及时巡台，以不过多打扰客人为原则，适时为客人添加饮料。

⑧ 添加完毕，如果还有剩余饮料，应轻轻放回原处。如果饮料已喝完，应将包装或空瓶撤下，礼貌询问客人是否续点。

3. 示酒服务礼仪

① 服务员站在宾客右侧。

② 左手托瓶底，右手扶瓶颈。

③ 将酒标朝向点酒宾客。

④ 报酒品名称，让宾客辨识商标、品种。

⑤ 待宾客确认酒品后当众开瓶。

⑥ 如果客人点选的是葡萄酒，应首先请客人品尝，以确保酒品的质量符合要求。

4. 斟酒服务礼仪

① 斟酒前，应将瓶口擦拭干净，将酒标对着客人，先斟少许酒让主人或点酒客人品尝，经客人同意后再按礼仪次序为全桌客人斟酒。

② 斟酒时，一般按逆时针方向，先斟女宾，后斟男宾，再斟主人。如果是宴会，先斟坐在主人右边的主客，最后给主人斟倒。

③ 白葡萄酒的斟酒量一般不超过酒杯的 3/4，以使客人在品酒时能品味杯中酒的芳香。

④ 红葡萄酒一般只斟半杯或 2/3 杯，因为红酒杯较大，斟得过满是不礼貌的。

⑤ 斟倒香槟酒时，应将右手大拇指伸进香槟酒瓶下面的凹槽处，剩下四指分开从下面托住香槟酒瓶，保证倒香槟时酒瓶平稳、酒标向上。如果香槟瓶下面的凹槽较浅，可将大拇指弯曲并顶进凹槽。香槟酒应分两次斟倒，第一次先斟 1/3 杯，待泡沫平息后再斟第二次，达到 2/3 杯量或 3/4 杯量即可。

⑥ 斟倒啤酒时，应让酒液沿杯壁缓缓流下，避免产生过多泡沫。一些进口啤酒会有杂质沉淀在酒瓶底部，因此不能将酒完全倒尽。

二、咖啡服务礼仪

① 咖啡的杯盘成套，并确保咖啡设备和杯具干净。

② 保证咖啡的冲饮热度和饮用温度是咖啡服务礼仪是否到位的关键。服务前，应当事先预热咖啡用具，以保证咖啡的最佳风味，不能为了偷懒而随意减少工序。提供送餐服务时，应将咖啡放置在保温咖啡壶中，以防咖啡温度下降而影响咖啡的美味。

③ 服务时应使用托盘。

④ 服务员站在客人右侧适当距离处，按照礼仪次序按顺时针方向依次服务。

⑤ 服务时，将咖啡杯放在垫碟上，杯柄向右平行摆放。不锈钢小勺放在垫碟上，勺柄向右，与杯柄平行。

⑥ 服务过程中，手不能碰触杯口，为客人倒咖啡时，应采用桌斟法，不得将咖啡杯拿

起来斟倒。

⑦ 跟配的糖、鲜奶或淡奶应当与咖啡一并上齐。

⑧ 一般情况下任何咖啡都不续杯。客人想添加咖啡时应当为客人另外点单。

三、调酒师服务礼仪

① 调酒员将全部调酒过程在客人面前进行，使客人既能欣赏调酒技艺，又能监督调酒员准确无误地使用原材料，整个操作过程应当手法娴熟，操作卫生。

② 为客人提供调酒服务时应当彬彬有礼，不能催促客人点酒或饮酒。

③ 将调好的酒水饮料送到客人面前后，调酒员应当适时回避，听客人之间的谈话是不礼貌的。如果客人直接与调酒员交谈，应以倾听对方谈话为主，不能喧宾夺主。

④ 客人对所调制的酒水不满意时，应当向客人致歉，立即协商解决。

【工作任务】

熟知服务礼仪，完成训练。

M8-4　酒吧
服务礼仪

【任务准备】

准备训练所需的口布、酒瓶、酒杯若干套。

【任务实施】

实训安排

实训时间	0.5 课时
实训目的	掌握斟酒服务的基本礼仪和技巧
实训要求	严格按照实训规范要求进行

训练标准与要求

实训内容	操作标准	基本要求
示酒服务礼仪	(1)服务员站在宾客右侧； (2)左手托瓶底，右手扶瓶颈； (3)将酒标朝向点酒宾客； (4)报酒品名称，让宾客辨识商标、品种； (5)待宾客确认酒品后当众开瓶； (6)如果客人点选的是葡萄酒，应首先请客人品尝，以确保酒品的质量符合要求	热情微笑 主动明确

【任务评价】

训练自测评分表

项目	考核标准	满分	评分
斟酒 服务礼仪	(1)左手持一块洁净的餐巾，随时擦拭瓶口	10 分	
	(2)右手握酒瓶的下半部，将商标朝外显示给宾客	10 分	
	(3)面向宾客站其右后侧，微前倾，右脚在两椅之间	10 分	
	(4)斟酒时，瓶口距杯口 2 厘米	10 分	
	(5)抬起瓶口，手腕顺时针旋转 45 度	20 分	
	(6)用左手布巾将瓶口擦拭干净	20 分	
	(7)斟酒做到不滴不洒，不少不溢	20 分	
满分		100 分	

【随堂测验】

单选题

1. 服务饮料时，先将杯垫置于客人正前方，摆正，店标朝（　　），然后将杯子放在杯垫上。

A. 上　　　　　　B. 下　　　　　　C. 左　　　　　　D. 右

2. 香槟酒应分（　　）斟倒。

A. 一次　　　　　B. 二次　　　　　C. 三次　　　　　D. 四次

【明德强志】

90后女孩邮轮酒吧追梦

在多瑙河与莱茵河上，有一间间移动的酒廊，服务的也不只是年轻人。酒单从啤酒、葡萄酒到烈酒，从伏特加、威士忌到茅台、五粮液，一应俱全。最特别的是，这里还有专为中国客人调配的多款独家创意鸡尾酒，那都要归功于一位90后的河北姑娘——杨梦璇Mosa。

"就像画画一样，调酒也是一门艺术，一款酒外表要美观，口感要好，名字要好听，要有内涵，要有灵魂。我生来就不是一个得过且过的人，小到一杯酒，大到对自己人生的规划，都要努力追求完美。"

"我最喜欢这里的工作氛围，团队感特别强，一起打拼、互相配合真的是太爽了！我们好多好多航次都是满船，在酒廊忙得不亦乐乎，4个bartender站一排，应着钢琴师的节奏一起摇酒，这经历我大概一辈子也不会忘记！"

"我们船上的中国客人，大部分都是年龄偏大一点的，可能上船前还不了解鸡尾酒，特别是一些不太能喝酒的阿姨。调整过的鸡尾酒单，加入了不少零酒精的品种，我们就是盼着所有客人来尝一尝、试一试。"不分年龄的好奇心，正是追寻美好的源动力。谈到对船上长辈宾客的关爱，Mosa和她的同事这样说："没别的，我们自己也有爸妈，他们也会各地旅游，只希望他们遇上的各种服务人员也能跟我们一样，善待他们。"

作为调酒师，Mosa入行是在北京东隅酒店的"仙"酒吧，"开始调酒后，感觉我找到了一份可以绽放自己的工作。用心去做每一款酒，叫客人喜欢，让自己满意。"

出于偶然，Mosa在2017年初得到了维京的面试机会，她以A的评分加入了维京游轮，一晃就已经过去了三年。"虽然离家远，但这个工作多好啊，有这么多培训学习的机会，在吕德斯海姆酒庄参与酿酒，在维也纳学习餐酒课程，这都是人生的财富。"

对于未来，Mosa丝毫没有国内同龄人的迷茫，"我已经非常清楚了，餐和酒就是我一生的职业。"谈到更遥远的将来，"以后吧，应该是很多年以后，我想要开一间酒吧，不用很大，但一定要非常精致，我会用中国的白酒和米酒做中国风的鸡尾酒，当然还少不了中国味的小吃！"Mosa一脸幸福的憧憬。

（资料来源：维京游轮公众号.）

任务四　了解会议服务礼仪

【任务导入】

会议服务是伴随社会经济的发展而逐渐壮大起来的邮轮服务功能，这需要邮轮具备相当完备的会议接待服务功能和设施设备。每一个会议服务人员的礼仪素养都将体现邮轮行业的整体形象。

【任务资讯】

一、会议场所布置规范

1. 会场布置规范

（1）会标使用规范　会标，即揭示会议主要议题的文字性标志，它一般以醒目的横幅形式悬挂于会场背景墙上，或用计算机制成幻灯图片，映射于投影幕布上。会标的使用规范如下。

① 字迹规范、醒目。

② 内容言简意赅，横幅上的字以不超过 13 个为宜。

③ 会标内容应能突出会议主题。

④ 横幅悬挂位置合理，挂放端正、垂直，无褶皱、无破损。

（2）台形设计规范

① 台形设计应与会议主题相协调。

② 桌椅按区域摆放，间距一致。

③ 桌布、椅套及装饰布干净整洁，色彩搭配协调，有良好的装饰效果。

④ 一般会议选用普通桌布，在签字仪式及会谈等正式场合选用深绿色台呢。

⑤ 桌布四角直线下垂，下垂部分距地面 2 厘米左右。桌布不接触地面。

⑥ 铺好的桌布平整无皱褶、无破洞。

⑦ 使用长条形桌台的，椅子前沿与桌子边沿垂直间距 1 厘米左右。

（3）会谈台形布置规范

① 双边会谈的厅室一般布置长条桌和扶手椅，宾主相对而坐；多边会谈往往采用圆桌或方桌。

② 根据会谈人数的多少将长条桌呈横一字形或竖一字形摆放，桌子的中线应与正门的中轴线对齐。

③ 桌子两侧的扶手椅对称摆放。主宾和主人的座位居中，两侧的空当应比其他座位略宽些。

④ 会谈桌呈横一字形摆放的，主人应在背向门侧就座；如果成竖一字形布置的，以进门方向为参照，客人座位在右侧，主人座位在左侧。

⑤ 译员的座位安排在主持会谈的主宾和主人的右侧。

⑥ 记录员一般在会谈桌的后侧另行布置桌椅就座。如参加会谈的人数较少，也可以安排在会谈桌前就座。

⑦ 为了烘托会谈气氛，可在会谈桌子纵中轴线上摆几组插有鲜花的花瓶或花盘，摆放符合规范。

（4）设备、设施使用规范

① 设备齐全、状态良好，能满足与会者的使用需求。

② 设备、设施干净、无尘土，摆放有序。

③ 设备、设施由专人保管，使用时应有专人指导，能向客人耐心讲授设备、设施的安

全使用或操作方法，保证客人正确使用。

④ 音响设备摆放位置合理，测试效果符合会议要求。

⑤ 设专人负责播放相关视频或音频材料。播放前，播放人员应主动和会务组沟通，做到准确播放，保证播放效果。播放中，播放人员应坚守岗位。

会场布置规范如图 8-5 所示。

(a)　　　　　　　　　　　　　　　(b)

图 8-5　会场布置规范

2. 会议摆台规范

（1）托盘使用规范

① 会议摆台应使用托盘。

② 摆放物品前，先将托盘洗净擦干。

③ 同时装几种物品时应摆放有序，方便操作。

④ 左小臂抬起，掌心向上，五指分开，抬到与左大臂成 90 度角的位置，以五个指肚及掌缘作为支撑点托起托盘。

⑤ 托盘行走时应当头正肩平，收腹挺胸，目视前方。

⑥ 脚步轻快稳健，托盘在胸前自然摆动。

⑦ 取拿物品时应注意保持托盘平稳，避免打翻物品。

（2）便笺摆放规范

① 便笺整齐、无破损，保证用量满足会议使用需求。

② 便笺摆放位置应与客人座椅中心线对齐，便笺间距一致。

③ 桌面直径在 55 厘米以内的，便笺底部与桌沿距离为 1 厘米（相当于一指宽）；桌面直径超过 55 厘米的，便笺底部与桌沿距离为 3 厘米（相当于两指宽）。

④ 便笺上有邮轮名称或标志的，文字的看面应朝向客人。

（3）铅笔或圆珠笔摆放规范

① 将笔摆在便笺右侧 1 厘米处。

② 根据桌子直径大小，笔的尾端距离桌沿 1 厘米或 3 厘米。

③ 如有红、黑两种颜色的笔，红笔摆在里侧，黑笔摆在外侧。

④ 摆放整齐划一，笔尖朝上，笔的字面朝向客人。

（4）杯垫摆放规范　摆放杯垫的作用是端放茶杯时不会发出声响，不致影响开会。

① 将杯垫摆放在便笺右上角 3 厘米处，杯垫左边沿与内侧笔左边沿取齐。

② 杯垫正面朝上，花纹或店徽要摆正。

（5）杯具摆放规范

① 在摆放杯具前，服务员应当先洗手，并用消毒毛巾或消毒纸巾将手擦净。

② 检查杯子有无破损，是否有污迹。

③ 将杯子摆放在杯垫中心部位，杯把向右与桌沿成 70 度角，以方便客人取用。

④ 杯盖图案与杯子图案对正。图案朝向客人。

（6）名签摆放规范

① 名签的两个看面都应写上客人姓名，如果是涉外会议，还要用中英文双语设计名签。

② 名签字迹清晰，书写规范。

③ 客人姓名准确无误。写错客人的姓名是非常不礼貌的。

④ 将名签摆放在便笺中心的正上方。

⑤ 名签间距相等，摆放端正。

（7）小毛巾摆放规范

① 按照客人人数准备相应数量的小毛巾。

② 小毛巾有图案或文字的一面朝向客人。

③ 根据会场情况，将小毛巾摆放在客人面前适当位置处。以方便客人取拿，以不影响客人开会为宜。

（8）花插摆放规范

① 鲜花新鲜，无脱瓣，无虫，无不良气味。

② 每组鲜花不得少于 3 枝，花形设计紧扣会议主题。

③ 花形视觉效果美观。

④ 花插高度以不遮挡客人视线为宜。

⑤ 根据台形确定花插的摆放位置。

3. 会议设备使用规范

① 会议设备应满足市场变化的需求和参会者的使用需求，设备使用状态良好。

② 随时擦拭，定期清洁、消毒，保证设备干净、明亮，无尘土、无污迹。

③ 由专人保管设备，取用时轻拿轻放，码放整齐，不乱扔乱放。

④ 使用设备时有专人指导。指导时，态度和蔼，细致耐心，边讲授边进行操作指导，保证客人能正确使用。

⑤ 有专职人员负责播放音响设备，播放前主动与会务组沟通，掌握播放时间，保证播放效果。播放中应坚守岗位。

⑥ 使用设备前应认真检查，保证设备运转安全。

二、会议期间服务礼仪

1. 敬茶服务礼仪

一般会议，茶杯是提前摆好的，等客人陆续就座后，服务员提供倒水服务即可。在特殊会议场合，如会见、会谈时，要用盖杯按敬茶服务礼仪上茶。

① 敬茶前应当先放好茶垫。

② 敬茶时应当使用茶盘。左手托茶盘，右手递茶。

③ 客人坐在沙发上时，应面对客人服务。服务员站在距茶几一定距离处，身体稍侧，腰略弯，将茶杯放在靠近客人一侧的茶几上。茶杯有茶托的，要将茶杯连同茶托一同放在茶几上。

④ 端放茶杯时，杯底的前沿先落在杯垫上，再轻轻放稳，这样可以避免发出声响。

⑤ 将杯把转至茶几外侧，方便客人取拿的位置，微笑着示意客人用茶。注意：示意客人用茶时，以不妨碍客人交谈为原则。

⑥ 如果茶几较低，服务员应单腿弯曲，与客人平视，切不可弯腰翘臀为客人敬茶。

⑦ 用小杯敬茶时应事先过滤茶汤，以免将茶叶或杂质倒在杯中，给客人饮用造成不便。

⑧ 宾主同在的，应先给客人上茶。如客人较多，应先给主宾上茶。

2. 倒水、续水服务礼仪

① 为客人倒水前，服务员应当先洗手消毒。

② 倒水时，服务员左手拿续水壶，把右腿伸入两张相邻座椅间的空当处，侧身，腰略弯曲，用右手小指和无名指夹起杯盖，然后用大拇指、食指和中指握住杯把，将茶杯端起，转到客人身后，倒水，盖上杯盖。

③ 注意水不要倒得过快、过满，以免开水溅出杯外，烫着客人或溢到桌面上。

④ 倒完水，从相邻而坐的客人肩隙间将茶杯端放在茶垫上。

⑤ 上茶时，要把杯把一律朝向宾客方便取拿的一侧。

⑥ 第一次续水一般是在会议开始后 30 分钟左右进行，以后每隔 40 分钟左右为客人续一次茶水。具体续水次数要视会场实际情况而定，不可太教条。杯中无水是极其不礼貌的。

⑦ 续水时，如果客人用手掩杯，表明其不需要添水，服务员不必再续水。

⑧ 水倒八分满为宜。

⑨ 服务中，动作轻盈，不能挡住参会者的视线。

3. 茶歇服务礼仪

① 茶歇的台形设计应与会议主题相协调。

② 茶歇台上的食品、饮料应摆放整齐，顺序合理，符合饮食习惯，方便客人取拿。

③ 茶歇台上各式食品、饮料数量均匀，与茶歇台规模和开会人数相符。

④ 茶歇台上摆放的餐具、酒具、杯具等数量充足，清洁卫生，无破损。

⑤ 茶点名签字迹清楚、摆放到位、干净美观，能代表邮轮形象。

⑥ 服务员应随时添加茶点，用托盘撤换用过的餐具。

三、会议服务礼仪

1. 一般会议服务礼仪

① 服务员在客人到达之前以真诚的微笑、饱满的工作状态，站立迎候客人的光临。

M8-5　会议服务礼仪

② 当宾主进入会议室时，服务员应向客人点头微笑致意，按标准手势引领客人入座。

③ 根据会议桌的台形和客人就座的位置决定是否给客人拉椅让座。拉椅幅度应视客人的身材而定。

④ 按倒水及续水规范适时提供倒水和续水服务，服务适度，不打扰客人开会。

⑤ 会议时间较长时可为每位客人上一块热毛巾。

⑥ 服务员要随时留意厅内动静，宾主有事招呼时要随时回应，及时协助处理。

⑦ 服务时，服务员一律穿不带响声的工作鞋，以免影响开会。

⑧ 服务员应尽量减少进出会议厅的次数，更不能长时间待在会场。被客人"请"出会

场是一件既不礼貌又很尴尬的事情。

⑨　会议结束时，服务员应按开门礼仪和乘电梯礼仪为客人开门或叫电梯，并向客人致告别语。

2. 会见服务礼仪

会见，国际上一般称接见或拜会。凡身份高的人士会见身份低的，或是主人会见客人，称为接见或召见；凡身份低的人士会见身份高的，或是客人会见主人，称为拜会或拜见。中国统称为会见。接见和拜会后的回访称回拜。

①　客人到达前，服务员以真诚的微笑、饱满的工作状态，站立迎候客人的光临。

②　参加会见的主人一般在会议正式开始前半小时到达活动现场。这时，服务员要用小茶杯为其上茶。当宾客到达时，主人会到门口迎接并合影。利用这个间隙，服务员应迅速将用过的小茶杯撤下。敬茶礼仪应规范。

③　按照礼仪要求给客人提供上茶、续水、上小毛巾等服务。

④　服务时，服务员一律穿不带响声的工作鞋。

⑤　会议结束时，服务员应按开门礼仪和乘电梯礼仪为客人开门或叫电梯，并致告别语。

3. 会谈服务礼仪

会谈，是指双方或多方就某些重大的政治、经济、文化、军事等问题，或共同关心的问题交换意见。会谈也可以是洽谈公务，或就具体业务进行谈判，一般来说，会谈内容较为正式，政治性或专业性较强。

①　站姿规范，微笑迎候客人的光临。

②　宾主来到会谈桌前，服务员应点头微笑致意，按标准手势为客人拉椅让座。

③　会见时如需合影，应事先安排好合影位置，按主宾顺序，以主人右边为上宾位置，主客双方间隔排列。一般来说，两端均由主方人员把边。

④　记者采访、摄影之后，应按"先宾后主"的原则为宾主敬茶。

⑤　领导人之间的会谈，除陪见人和必要的译员、记录员外，旁人尽量减少进出次数。

⑥　按规范为客人提供上茶、续水、上热毛巾等服务。

⑦　服务时，服务员一律穿不带响声的工作鞋。

⑧　会议结束时，服务员应按开门礼仪和乘电梯礼仪为客人开门或叫电梯，并致告别语。

4. 签字仪式服务礼仪

签字仪式适用的场合主要有：国家间缔结政治、军事、经济及科技、文化等条约、协定或公约时；地方同外国建立友好城市关系时，要组织议定书签字仪式；大的合资项目、合作项目达成协议时也要组织签字仪式。

①　站姿规范，微笑迎候客人的光临。

②　签字双方来到大厅后，服务员应给签字人员拉椅让座，照应其他人员按顺序就位。

③　签字仪式开始后，服务员用托盘托香槟酒杯，分别站在距签字桌两侧约2米远处等候服务。杯中酒约七分满。

④　签字人员签字完毕，互相站起握手交换文本时，由2名服务员上前迅速将签字椅撤下。随后，托香槟酒的服务员立即将酒端至双方签字人员面前，然后，从桌后站立者的中间处开始，向两边依次分让。干杯后，服务员应立即上前用托盘接收酒杯。

⑤　有时，签字仪式会同时由几个签字人员分别在几个协定上签字，如果事先不掌握这些情况，当第一个人签字完毕时，服务员就上前撤椅子、让酒，那就失礼了。

⑥ 服务动作应轻稳、迅速、及时、利索。撤椅如果不及时，会影响交换文本和握手；香槟酒如果上得慢，宾主握手后会等酒杯，造成冷场，破坏气氛。

⑦ 服务时，服务员一律穿不带响声的工作鞋。

⑧ 会议结束时，服务员应按开门礼仪和乘电梯礼仪为客人开门或叫电梯并致告别语。

【工作任务】

了解会议服务礼仪，完成训练。

【任务准备】

将两个以上班级以联欢会的形式组织在一起，实际体验整体会议活动过程。

【任务实施】

实训安排

实训时间	0.5 课时
实训目的	掌握会议服务的基本礼仪和技巧
实训要求	严格按照实训规范要求进行

训练标准与要求

实训内容	操作标准	基本要求
茶歇服务礼仪	(1)茶歇的台形设计应与会议主题相协调； (2)茶歇台上的食品、饮料应摆放整齐,顺序合理,符合饮食习惯,方便客人取拿； (3)茶歇台上各式食品、饮料数量均匀,与茶歇台规模和开会人数相符； (4)茶歇台上摆放的餐具、酒具、杯具等数量充足,清洁卫生,无破损； (5)茶点名签字迹清楚、摆放到位、干净美观,能代表邮轮形象； (6)服务员应随时添加茶点,用托盘撤换用过的餐具	热情微笑 主动明确

【任务评价】

训练自测评分表

项　目	考核标准	满分	评分
会议服务礼仪	(1)做好会议前期的准备工作。结合会议主题,做好会议前期的准备工作,如时间、地点、参会人员、会议经费预算等内容	25 分	
	(2)按时组织召开会议。明确人员分工,做好会议期间的主持、接待及相关服务工作	25 分	
	(3)会议结束后的收尾工作。整理会议场地,收集信息,了解参会人员的意见反馈	25 分	
	(4)组织讨论。针对会议的整体情况分析成功与不足之处,提高会议的组织与服务能力,形成一个完整的活动过程记录	25 分	
满分		100 分	

【随堂测验】

单选题

1. 在会议茶水服务中，服务人员倒水、续水的位置一般在宾客的（　　　）。

A. 右边　　　　　B. 左边　　　　　C. 前边　　　　　D. 以上都可

2. 在会议茶水服务中，往茶杯中倒水的水量是（　　　）。

A. 倒满　　　　　B. 少量　　　　　C. 八分满　　　　　D. 以上都可

【明德强志】

艰难困苦，玉汝于成

吴佳妮，出生于1997年9月，自上海商贸旅游学校空乘专业毕业后就在中国东方航空公司工作，如今是一名头等舱乘务员，也是第45届世界技能大赛餐厅服务项目的参赛选手。

第44届世界技能大赛的最终选拔赛上，她与阿布扎比失之交臂，第二名的成绩使得她成为一名备选选手。但是在2019年3月初，突破重围的吴佳妮在上海蓝带技术学院进行了5进1的最终选拔，以第一名的成绩成为第45届征战喀山的正式世赛选手。

集训的生活并不顺利。她坦言在自创菜肴和酒吧方面，对她来说存在一些难题，且亚洲国家与欧洲国家在西餐服务的比赛上存在对标的困难，理念、生活氛围等都会对服务的精致度和优雅度的标准产生影响。另外严格的训练作息以及除却技能训练外的体能培养等内容，都使得这个姑娘产生一些疲惫感。但是吴佳妮并没有退缩，"集训中有很多困难，但我还是要努力把路走完。"用坚韧直面挑战、以精益求精的态度对待工作，这是不轻易向困难低头的吴佳妮。

空乘的专业学习和餐厅服务在服务模块上的共通性对她帮助良多，使她对待客人有着自然而又恰到好处的亲和度。从之前到现在，她一直没有停止学习的脚步，热爱使得她一直走到现在。在重庆"一带一路"的国际技能邀请赛中，她与选手们进行了友好密切的交流，这使得即将参与国际比赛的她能够更好地熟悉对手与环境。无论是在心理上还是在技能上，世赛都使她成长到更优秀的阶段。

（资料来源：上观新闻.）

【项目小结】

了解餐饮服务的礼仪规范，能运用餐饮礼仪知识为宾客提供优质服务。熟悉餐厅、酒吧和会议服务礼仪。

【自我检验】

学习了本章的：＿＿＿＿＿＿＿＿＿＿＿＿＿＿＿＿＿＿＿＿＿＿＿＿＿＿＿＿＿＿
＿＿＿＿＿＿＿＿＿＿＿＿＿＿＿＿＿＿＿＿＿＿＿＿＿＿＿＿＿＿＿＿＿＿＿＿。

其中，令我感触最深的是：＿＿＿＿＿＿＿＿＿＿＿＿＿＿＿＿＿＿＿＿＿＿＿
＿＿＿＿＿＿＿＿＿＿＿＿＿＿＿＿＿＿＿＿＿＿＿＿＿＿＿＿＿＿＿＿＿＿＿＿
＿＿＿＿＿＿＿＿＿＿＿＿＿＿＿＿＿＿＿＿＿＿＿＿＿＿＿＿＿＿＿＿＿＿＿，

过去，我的习惯是：＿＿＿＿＿＿＿＿＿＿＿＿＿＿＿＿＿＿＿＿＿＿＿＿＿＿
＿＿＿＿＿＿＿＿＿＿＿＿＿＿＿＿＿＿＿＿＿＿＿＿＿＿＿＿＿＿＿＿＿＿＿＿
＿＿＿＿＿＿＿＿＿＿＿＿＿＿＿＿＿＿＿＿＿＿。现在，我知道

了应该这样做：＿＿＿＿＿＿＿＿＿＿＿＿＿＿＿＿＿＿＿＿＿＿＿＿＿＿＿＿
＿＿＿＿＿＿＿＿＿＿＿＿＿＿＿＿＿＿＿＿＿＿＿＿＿＿＿＿＿＿＿＿＿＿＿。

因此，我制定了我的礼仪提高计划：＿＿＿＿＿＿＿＿＿＿＿＿＿＿＿＿＿＿＿
＿＿＿＿＿＿＿＿＿＿＿＿＿＿＿＿＿＿＿＿＿＿＿＿＿＿＿＿＿＿＿＿＿＿＿＿
＿＿＿＿＿＿＿＿＿＿＿＿＿＿＿＿＿＿＿＿＿＿＿＿＿＿＿＿＿＿＿＿＿＿＿＿
＿＿＿＿＿＿＿＿＿＿＿＿＿＿＿＿＿＿＿＿＿＿＿＿＿。

项目九

邮轮客舱礼仪

【学习目标】

【素质目标】

1. 通过学习客舱对客服务的各礼仪环节，帮助学生树立文明服务的意识；并通过了解客舱个性化服务礼仪要求，增强学生的岗位责任感，强化邮轮职业素养；

2. 通过学习客舱清洁服务礼仪规范，特别是掌握夜床服务的礼仪要求，培养学生一切从小事做起，注重细节，精益求精的品质；

3. 通过学习公共区域清洁服务礼仪规范，使学生树立严谨的规范意识和制度意识。

【知识目标】

1. 掌握邮轮客房部对客服务的具体项目如迎送宾客、送洗客衣、借用物品、客房送餐等的礼仪规范；

2. 了解特殊对待特殊客人如 VIP、生病宾客、醉酒宾客、残疾宾客等应把握的礼仪原则；

3. 熟悉客房部清洁卫生服务礼仪规范；掌握开夜床服务礼仪要求；

4. 了解公共区域清洁卫生工作中的礼仪规范。

【能力目标】

1. 熟练运用客舱对客服务礼仪知识为宾客提供优质的客舱服务；

2. 能够运用客舱接待特殊客人的礼仪原则，做好 VIP、生病客人、醉酒客人、残疾客人等特殊客人的接待服务；

3. 熟练运用客舱清洁服务礼仪知识为宾客提供优质的客舱服务。

任务一　掌握邮轮客舱对客服务礼仪

【任务导入】

国际邮轮客舱大多分布在阳光甲板（Sun Deck）之下的几层高层，客舱通常分为内舱房、海景房、露台海景房和其他特殊房型几种类型。

1. 内舱房 （Inside Stateroom）

内舱房是邮轮上价格最低的舱房，在船的内侧，客舱较小但设施齐全，没有窗户，舱房面积 10 平方米左右。客舱内配有两张单人床，有的可以转换成一张双人床，另外配有带淋浴的浴室、书桌、梳妆台、恒温控制的空调、直拨电话、迷你酒吧、交互式电视等客房设备。内舱房比较受普通游客的欢迎，因为乘坐一艘邮轮，票价差别主要在舱位上，其他的娱乐、餐饮等服务享受完全一样。甚至有些喜欢晚睡的客人会专门挑选内舱房，这样就不会被早晨海上的阳光影响睡眠。

2. 海景房 （Oceanview Stateroom）

海景房设有封闭式的观景舷窗，透过或方或圆的窗户可以欣赏到海景和享受海上的自然光，舱房面积在 15 平方米左右，由于可以向外观看，游客会感觉视线更加开阔。

3. 露台海景房 （Oceanview Stateroom with Balcony）

带有阳台的海景房，也称为阳台房，拥有落地玻璃移门以及 3～5 平方米不等的阳台，舱房面积在 20 平方米以上。阳台房的位置、楼层都比较好，一般设在邮轮的五、六楼以上，游客选择阳光房，就是因为打开玻璃移门能拥有自己的一片海景。

4. 其他特殊房型

套房。套房的面积更大，设施更齐全，有些套房还设有私人酒吧和钢琴，功能区的划分也更清晰。套房的价格是所有房型中最贵的，而且楼层更接近顶楼的甲板。许多邮轮最贵的套房都设在船尾，打开阳台门就可以看到风景又不会吃风。

家庭房。邮轮上的家庭房是指可以入住第三人和第四人的房间，一般设置在舱房面积较大的露台海景房和套房中。舱房内设有沙发床或者上层折叠铺位供第三个或第四个入住同一舱房的客人使用。这种房型比较适合带儿童或者老人出游的家庭，所以也称为家庭房。

国际邮轮客房部是邮轮酒店业务营运中的一个重要部门，其主要的工作任务是为宾客提供舒适、安静、优雅、安全的住宿环境，并且针对宾客的习惯和特点做好细致、便捷、周到、热诚的对客服务。客房服务中心 24 小时为游客解答疑问，每间客舱中都提供有客房服务清单，游客只需要拨打电话机旁边的有关电话号码就能得到所订的服务。

【任务资讯】

邮轮客舱对客服务主要指客房服务人员为满足客人提出的各种合理要求，向客人提供的各种服务。客舱对客服务是邮轮服务的重要组成部分，贯穿着宾客在邮轮入住客舱期间的整个过程，关系到客人基本的生活需要。客舱对客服务是否周到、细致、方便、有效在很大程度上体现了邮轮管理水平的高低，关系到邮轮的整体形象，直接影响着宾客对邮轮旅程的整体印象。

邮轮客舱对客服务主要分为迎送宾客服务、宾客旅途期间服务、特殊宾客的服务等三个部分，要求客房服务员在服务过程中以礼待客、用心服务，让宾客感受到邮轮的便捷、周到、热忱。

一、迎送宾客礼仪

迎送宾客是客房部员工最基本的对客服务项目。客房部员工热烈的欢迎、亲切的微笑，会让客人有一种回到自己家中的放松和舒适的感觉，能使邮轮的热烈气氛迅速感染客人，并且保持整个旅程的好心情；而客房部员工热情的欢送、礼貌的惜别，会使客人对邮轮满怀不舍，为客人的旅程画上一个完美的句号。

1. 迎宾服务礼仪

① 迎接宾客前服务员应该了解客人的姓名、国籍、年龄、身份、人数等基本情况，以便更好地提供针对性的服务。

② 整理好自己的仪容仪表，并进行自检和互检。

③ 在指定的楼层（地点）迎候宾客。

④ 服务员应面带微笑，见到客人微微鞠躬行礼，使用礼貌敬语主动问好："先生/女士，您好，欢迎光临。"

⑤ 与客人核对客舱号，走在客人的侧前方 2～3 步远的距离引导客人到客舱门口，注意与客人步伐保持一致；途中如果遇到转弯或障碍物，应主动侧身示意客人。

⑥ 邮轮上客人入住之前客舱门一般是敞开的，如果客舱门关闭，进房前先敲门，通报身份，然后为宾客开启客舱房门。

⑦ 站在客舱门外合适的位置，请客人先进房，并伸手礼貌示意："先生/女士，请。"

⑧ 客人进入客舱后，首先应主动向客人进行简短自我介绍，表达热情欢迎之意："先生/女士，您好！我是您的客舱服务员××，很高兴为您提供服务！"然后应视情况主动向客人简单介绍客舱内的设施、物品的使用方法和客房部的特殊服务项目；如客人不需要介绍，应主动询问客人是否需要其他服务，并祝客人旅途愉快。

M9-1　客舱
进入礼仪

⑨ 退出客舱时服务员应面向客人退后几步，再转身走出客舱，出门后面朝舱内轻轻关上房门。

2. 送客服务礼仪

① 接到客房服务中心通知后，服务员核实客人房号、姓名，落实客人是否有代办事务没有完成，查询客人在邮轮上的消费是否已从与船卡关联的国际信用卡上扣除。

② 服务员迅速到宾客舱房进行检查，不论客人是否已离开客舱，都应先敲门并报身份，然后进入客舱。

③ 如果客人仍在客舱中，服务员应主动询问客人是否需要提供整理或者运送行李服务。

④ 查看客舱内是否有客人的遗留物品，按照遗留物品处理程序进行妥善处理，如果知道客人还未离船，应设法迅速通知客人，送还物品。

⑤ 检查客人是否用过客舱内的小酒吧等房内用品，通知客房服务中心。

⑥ 服务员应该主动帮助客人提拎行李；随身小件行李物品，如女士的手袋、男士的公文包等，如果客人没有要求，不应主动帮助提拿。

⑦ 向客人微微鞠躬告别："欢迎您下次再来！"

二、客衣送洗服务礼仪

国际邮轮旅程短则三五天，长的有十几天，对于很多宾客来说，邮轮上专业、快捷的洗衣服务也是邮轮贴心服务的一种。

1. 收取客衣礼仪

① 服务员在清洁客舱时，发现装在洗衣袋内并已经填写洗衣单的客衣，或接到客人电话需要清洗客衣的，要注意及时收取。

② 进房后主动向客人问好，了解客人的洗涤要求，主动提示客人，为了安全客舱内禁止使用电熨斗，是否需要熨烫服务。

③ 收取客衣时服务员应注意核对洗衣单上客人的姓名、房号，交衣件数、时间等是否相符，并礼貌检查客衣是否有破损、污渍和遗留在衣服口袋内的物品。如果洗衣单填写有误，应该礼貌地向客人指出，并请客人重新填写，如客人要求服务员代填，填好后应请客人核对并签名；如果衣物有破损、纽扣脱落和难以清除的污渍等情况，应礼貌地向客人指出，并在洗衣单上注明；如果发现衣服口袋里有遗留物品，客人在场，应及时交还给客人；客人不在场，应及时报告领班或主管。

2. 送还客衣礼仪

① 客衣清洗好整理完毕后，服务员应及时将客衣送回客舱，送衣时按进房程序敲门进房，见到客人应主动说明："先生/女士，晚上好，您的衣服洗好了，请查收。"服务员应请客人点检清楚所有送回的衣物。

② 离开客舱时应说："打扰您了，祝您晚安，再见。"

M9-2 洗衣
服务礼仪

【思政园地】

扫码观看 M9-3 动画，思考：在客舱对客服务中是否需要个性化服务？如何提供个性化服务？

点评：在客舱服务中，遵循对客服务的礼仪规范是最基础的要求。但是，想要提高宾客的满意度，个性化服务也是必不可少的。案例中客舱服务员伊蕾娜在工作中能发现史密斯先生的潜在需求，并且在客人没有提出要求的情况下主动为他提供了洗衣服务，让客人感受到了超过预期的良好服务体验，这是因为伊蕾娜具有很强的岗位责任感，善于发现，善于思考，为客人提供个性化的服务。想要为客人提供个性化服务，需要客舱服务员具有良好的邮轮服务素养，在工作中发挥更大的主动性，想宾客之所想，急宾客之所急。

M9-3 动画
案例

三、借用物品服务礼仪

邮轮客房服务中心一般会备有睡枕、冰袋、体温计、手机充电器、电源转换器等物品，客人如有需要，可以向客房服务中心进行租借。提供借用物品服务应注意以下几点。

1. 接听服务电话礼仪

① 服务员接听服务电话应及时，电话铃响三声之内接听，接听时首先问好，并主动自报身份："您好，客房服务中心，有什么可以帮助您？"

② 客人打电话要求或者向客房服务中心提出要求借用物品时，服务员应认真做好记录，仔细询问客人租用物品的时间，认真核对客舱号。

2. 准备物品

① 找到客人需要借用的物品后，服务员应检查物品是否完好；对于长期没有使用的物品，应进行试用保证物品能正常使用，以免给客人带来不便。

② 填写好客人租借物品登记表。

3. 托盘送物礼仪

① 将客人要借用的物品摆放在托盘内送到客人客舱。

② 进入客舱前按照程序敲门，并自报身份。

③ 进入客舱后说明来意，请客人在填写好的租借物品登记表上签名，对于手机充电器、电源转换器等物品可以向客人简单介绍使用方法，询问客人是否需要帮助，提醒客人注意安全，最后礼貌提示客人物品的归还时间。

4. 收取借用物品礼仪

① 邮轮上的借用物品，一般情况下客人离船时服务员直接到客舱内收取即可，但为了方便其他客人使用，有些邮轮也规定了借用物品的归还时间。

② 接到客人电话要归还借用物品，服务员应及时上门收取物品。

③ 客人归还物品时做好详细记录，并请客人签字。

④ 如果过了租借时间客人仍未归还物品，可以主动打电话询问，但询问时要注意使用礼貌的方式，多使用征询的语气。

四、客房送餐服务礼仪

国际邮轮客舱内大多备有丰富而多元化的客房送餐菜单，并且维持二十四小时不间断的客房送餐服务，以满足宾客在客舱内享用餐食的需要。客房送餐服务一般由餐饮部的客房送餐服务组来提供，但很多时候需要客房部员工的积极配合，才能使服务快捷、周到。

1. 接听订餐电话礼仪

① 服务员接听送餐服务的订餐电话要及时，电话铃响三声之内接听，接听时首先问好，并自报身份，再询问"有什么可以帮到您的"，如果知道客人的名字，应该尊称客人姓名。

② 在客人点餐过程中服务员应主动推荐食品饮料。

③ 仔细记录客人所点菜品，有礼貌地与客人确认用餐人数、房号、要求送餐时间、有无宗教信仰、有无忌口菜品等情况。

④ 重复客人点餐的内容，主动告诉客人送餐到达的准确时间，并向客人表示感谢。

⑤ 等客人先挂电话后方可轻轻挂断电话。

2. 准备工作

① 根据客人所点的菜品准备好相应的餐具、布件、调味品等。

② 将客人所点菜品按要求整齐摆放于餐车上，点燃餐车上的保温灯，确保菜品温度。

③ 确认账单与客人所点菜品是否一致，将账单放在收银夹内。

④ 送餐前再次检查一下个人仪容仪表是否符合要求。

3. 送餐入房礼仪

① 送餐前认真核对客舱号、客人要求的送餐时间和客人所点的菜品饮料。

② 敲门征得客人同意后进入客舱，如果舱房门口挂有"请勿打扰"，则不能敲门，应该到工作间给舱房打电话，询问客人现在送餐是否方便。

③ 进入客舱后先向客人问好，征求客人意见摆放餐食。

④ 为客人拉椅，请客人用餐，询问客人是否需要餐间服务，如不需要，礼貌向客人致谢并道别。

⑤ 面向客人退出客舱，帮助客人关上房门。

4. 收餐礼仪

① 进入客舱前可打电话询问客人是否可以收餐，询问客人选择何种结账方式（大多数邮轮会将客人船上所有的消费记入船卡而不使用现金结算，这种情况则不需询问客人）。

② 敲门进房，征得客人同意后方可进入房间收餐具，收餐具要求动作轻、速度快。

③ 进房前服务员应核对账单，确认无误后用账夹送上账单，根据客人选择的方式结账。

④ 送账单时应双手奉上，如果客人签房账，应礼貌查看客人船卡，核对房号和姓名；如客人付现金应当面清点付款金额，并奉上事先准备好的找零，避免二次打扰客人。

⑤ 收餐完毕离开客舱后应走员工通道。

【工作任务】

掌握客舱对客服务礼仪，完成情景模拟训练。

【任务准备】

1. 复习邮轮客舱对客服务项目如迎送宾客服务、客衣送洗服务、借用物品服务、客房送餐服务等服务项目的礼仪细节。

2. 学生之间交流讨论。

3. 学生分组确定角色，模拟情景，准备训练所需的器材。

【任务实施】

一、客舱迎送宾客服务礼仪训练

实训安排

实训时间	0.5 小时
实训目的	掌握客舱迎送贵宾客服务礼仪和技巧
实训要求	严格按照所学礼仪规范要求进行

训练标准与要求

实训内容	操作标准	基本要求
客舱迎送宾客服务礼仪	(1)整理好仪容仪表,在楼层指定地点迎候宾客; (2)面带微笑,与宾客交谈使用礼貌敬语,引领宾客注意方位、距离和手势; (3)进房前先敲门,请客人先进房,并礼貌示意; (4)自我介绍、介绍客舱主动、热情,简短、灵活; (5)退出客舱时应面向客人退后几步,再转身走出客舱,出门后面朝舱内轻轻关上房门; (6)接到客房服务中心通知后,服务员核实客人房号、姓名,落实客人是否有代办事务没有完成,查询客人在邮轮上的消费是否已从与船卡关联的国际信用卡上扣除; (7)主动帮助客人提拎行李;随身小件行李物品,如女士的手袋、男士的公文包等,如果客人没有要求,不应主动帮助提拿; (8)向客人微微鞠躬告别:"欢迎您下次再来!"	热情微笑礼貌主动及时

二、客舱客衣送洗服务礼仪训练

实训安排

实训时间	0.5 小时
实训目的	掌握客舱客衣送洗服务礼仪和技巧
实训要求	严格按照所学礼仪规范要求进行

训练标准与要求

实训内容	操作标准	基本要求
客舱客衣送洗服务礼仪	（1）收取客衣要及时； （2）敲门进房，主动问好，了解客人的洗涤要求； （3）认真核对洗衣单和客衣信息，如信息有误，礼貌指出；与客人交谈使用礼貌用语； （4）送还客衣要及时，主动向客人说明洗涤情况； （5）离开客舱时应说："打扰您了，祝您晚安，再见。"	热情微笑礼貌主动及时

三、客舱借用物品服务礼仪训练

实训安排

实训时间	0.5 小时
实训目的	掌握客舱借用物品服务礼仪和技巧
实训要求	严格按照所学礼仪规范要求进行

训练标准与要求

实训内容	操作标准	基本要求
客舱借用物品服务礼仪	（1）接听客人电话：电话铃响 3 声之内接听，热情地报"Housekeeping"，礼貌地询问客人房号和需求； （2）认真记录客人房号，需借用物品名称、型号、借用时间；与客人核对以上内容；告诉客人物品送达时间；礼貌结束通话，待客人挂机后方可挂掉电话； （3）在工作间找到客人需借用物品，并仔细检查，保证物品能够正常使用；将客人借用物品相关信息认真填写在"借用物品单"上； （4）托盘送物：将客人需借用物品和"借用物品单"用托盘送至客人客舱门口，按照敲门入房规范操作敲门；客人开门后主动说明来意； （5）主动帮助客人使用借用物品，礼貌地提示客人借用物品使用注意事项和需归还的时间，礼貌地请客人在"借用物品单"上签字； （6）如果客人没有其他需要，退后几步转身退出客舱，礼貌地同客人打招呼后面向客人关上客舱门	热情微笑礼貌主动及时

四、客舱送餐服务礼仪训练

实训安排

实训时间	0.5 小时
实训目的	掌握客舱送餐服务礼仪和技巧
实训要求	严格按照所学礼仪规范要求进行

训练标准与要求

实训内容	操作标准	基本要求
客舱送餐服务礼仪	（1）服务员接听送餐服务的订餐电话要及时，电话铃响三声之内接听； （2）推荐餐品主动、热情，记录客人信息及所点菜品要细致、认真； （3）向客人表示感谢，等客人先挂电话后方可轻轻挂断电话； （4）送餐前仔细核对菜品，检查个人仪容仪表是否符合要求； （5）敲门征得客人同意后进入客舱，先向客人问好，征求客人意见摆放餐食； （6）为客人拉椅，请客人用餐，询问客人是否需要餐间服务； （7）收餐前先打电话询问客人是否可以收餐，并询问客人选择何种结账方式； （8）送账单时应双手奉上，如果客人签房账，应礼貌查看客人船卡，核对房号和姓名；如客人付现金应当面清点付款金额，并奉上事先准备好的找零，避免二次打扰客人； （9）退出客舱时面向客人，帮助客人关上房门	热情微笑礼貌主动及时

【任务评价】

训练自测评分表

项目	考核标准	满分	评分
迎送宾客服务	(1)良好的仪容仪表； (2)面带笑容主动问候，语言礼貌； (3)态度严谨，手势标准，信息明确	30分	
客衣送洗服务	(1)接听电话接听及时：电话铃响3声之内接听，面带微笑，语气礼貌热情； (2)认真记录：左手持话筒，右手做好记录，并与客人复核记录的房号和需求； (3)与客人核对信息使用礼貌用语，态度大方得体，叙述有条理	30分	
借用物品服务	(1)规范使用托盘； (2)按照敲门规范礼仪敲门进房；退出客舱时面向客人，帮助客人关门	20分	
客房送餐服务	(1)摆放餐品动作轻快、优美； (2)服务结束向客人礼貌致谢	20分	
满分		100分	

【随堂测验】

问答题

1. 邮轮客舱服务过程中如何把握礼仪与规范之间的关系？

2. 在为客人介绍邮轮客舱设施时如何把握合适的度？

【拓展阅读】

首艘国产豪华邮轮舱室实景图曝光

2019年9月29日，新一代国产高端模块化邮轮舱室产品在沪发布，未来将应用在首艘国产大型邮轮上。

这一产品由中船集团旗下中船邮轮科技发展有限公司在上海举行的"2020年长三角高技术成果交易会"上发布，同时发布的还有舱室内部实景图。当天挪威船级社为该产品颁发了认证证书，业内人士称，这款产品技术上已达到全球领先水平。

中船邮轮杨国兵董事长介绍，新一代国产高端模块化舱室在舒适性、防火性和轻量化等性能上有显著提升。装修整体为北欧风，色调简洁；其选材能够满足船舶最高等级的舒适性和防火标准要求；板材及防火门的降噪值达到了53分贝。

这款产品实现了模块化和陆地预制工艺的技术突破。舱室房间的预制面积从8平方米提高到了17平方米，并且90%的部件都在陆地车间的流水线上安装，最后整体吊入船舱定位安装。

采用这种模式将整体降低船舶的建造成本、提高建造质量，并且设备后期维护和更换更加方便。

总体而言，相比于传统模式，使用该型产品可减少1/3以上的安装时间和生产损耗。

（资料来源：王力．首艘国产豪华邮轮舱室实景图曝光，北欧风对你味吗．上观新闻，2020-09-29．）

任务二　掌握邮轮客舱特殊情况服务礼仪

【任务导入】

邮轮客舱对客服务除了贯穿在宾客整个邮轮旅程的日常服务外，还有一些特殊的情况：如不同的邮轮公司，根据自己的标准确定 VIP 宾客；有些客舱宾客为了休息或会客，会挂出"请勿打扰"牌；有的宾客因为不适应海上的旅途，会在途中生病；有的宾客在尽情享受邮轮时光时会醉酒；随着邮轮旅游的普及，邮轮越来越多会接待残疾宾客……这些特殊的宾客和特殊的情况，需要客房部服务员在提供日常服务的基础上，掌握各类宾客的服务要领和礼仪禁忌，才能提供更好的客舱服务。

【任务资讯】

一、VIP 客人的服务礼仪

M9-4　VIP 客舱
服务礼仪

VIP 是指邮轮的重要宾客，全称"Very Important Person"，不同的邮轮公司会有自己的 VIP 等级和类型划分。这类客人一般入住邮轮的豪华套房，往往是与邮轮的经济效益和社会效益有密切关系的人，其身份和知名度较高，因而邮轮在对 VIP 客人的接待礼仪上有别于普通客人。

① 根据预定部门下达的 VIP 客人接待通知单，了解客人的姓名、国籍、职位、年龄、宗教信仰、生活习惯等相关信息，以便提供更好的针对性服务。

② 安排经验丰富的员工将 VIP 客人入住的客舱进行彻底清扫，按照 VIP 的等级规格配备客舱内的物品，并准备好迎宾鲜花、果篮和船长问候信等。

③ 由楼层主管、客房部经理、邮轮酒店业务主管对布置好的客舱进行逐级检查，如有不足应立即改正，特别注意客舱内不要摆放客人民族和宗教信仰禁忌的物品。

④ 迎接 VIP 客人由贵宾专属通道登船，安排专人办理登船手续和行李服务。

⑤ 由相应级别的管理人员在登船口或廊桥迎接 VIP 客人，向客人介绍邮轮工作人员、服务设施和服务项目。

⑥ VIP 入住期间由专门的服务人员提供全程跟进式的贴身管家服务，负责 VIP 客舱的清扫、送餐、洗衣等服务。

⑦ 主动与客人沟通，跟进客人在邮轮上的"食、住、行、游、娱"，第一时间满足客人的需要。

⑧ VIP 客人离船时服务员应主动为客人提供行李服务，认真检查客舱内是否有客人的遗留物品，如有遗留物品，要及时联系并归还给客人。

M9-5　"请勿
打扰"客舱
服务礼仪

⑨ 由相应级别管理人员送 VIP 客人离船，向客人表示感谢，并欢迎客人再来。

二、"请勿打扰"客舱服务礼仪

① 楼层领班要注意观察挂有"请勿打扰"牌的客舱，并与楼层服务员沟通、核对，了解挂牌客舱的间数、房号和挂牌时间，做好记录。

②楼层服务员在清洁、服务工作中，要注意观察挂有"请勿打扰"牌的客舱，记下挂牌的间数、房号、挂牌时间，并及时与客房服务中心沟通。

③上午挂牌的客舱，在下午14：00之前（中午挂牌的客舱，在晚上20：00之前）不要打扰客人，并注意提醒楼层服务员保持环境安静。

④注意不要打扰客人，工作或推车经过挂牌客舱时，声音或操作要轻，以免影响客人休息。

⑤工作中发现挂牌客房已摘牌，应主动与客房服务中心沟通，由客房部领班带楼层服务员至该客舱。

⑥敲门并自报身份，首先问好，再询问是否可以进房打扫或需要什么帮助。

⑦如果出现长时间挂"请勿打扰"牌的情况，报告客房部经理，经同意后打电话到房间，询问客人是否可以进房打扫或需要什么帮助。

⑧房间电话无人接听，经上级同意后可以有礼貌地敲门，如仍无人应答，可用工作钥匙打开房门，以防发生意外。

⑨如果客人主动开门，应立即表示歉意，说明敲门原因，询问是否需要帮助或服务。

⑩记录下处理时间、处理情况等。

⑪对挂有"请勿打扰"牌的客舱要勤注意观察，既要为客人提供安静的休息环境，又不能因为客人忘记摘下牌子而影响客房清扫工作。

三、生病客人服务礼仪

如果遇到旅途中客人生病，应该给予特殊照顾，通过乐于助人和关怀的态度使客人感到温暖。

M9-6　生病
乘客服务礼仪

①旅途中发现客人生病，服务员应该主动表示关怀并且提供帮助。

②礼貌地询问客人的病情，了解病因，提醒客人可以去邮轮医疗中心就诊或请随船医生到客舱出诊。

③对于在客舱内卧病的客人，服务员应该主动把热水瓶、水杯、纸巾等备用物品放到客人床边，另外可以给客舱加送开水和热毛巾。

④如果有生病客人需要服务员代买药品，服务员应礼貌地向客人说明不能代买药品，并且推荐客人就医，或请随船医生决定是否从医疗中心为客人取药。

⑤要适时地借进房清扫或提供服务之机进入客舱询问客人有无特殊要求，提醒客人按时服药，推荐客人适合的饮食；但不宜长时间逗留在生病客人的客舱内，以免打扰客人休息和疏忽自己的其他工作；提醒生病客人如有需要可以电话联系服务员。

⑥建议并且帮助生病客人与亲朋好友取得联系。

⑦离开房间时应关上房门并留意房内动静。

⑧将生病客人的情况汇报给楼层领班或客房主管，并将客人房号和生病情况记录在工作日志本上。

⑨客房部管理人员应亲自慰问生病客人，并送鲜花、水果等，祝愿客人早日康复。

⑩如果遇到病情危重的病人，应立即逐级上报，及时与医疗中心联系，组织抢救，酒店业务经理或事务长应亲临处理；如果客人处于清醒状态，应征得客人同意。

四、醉酒客人服务礼仪

客房区域经常会遇到醉酒客人，对于醉客服务，既要耐心、周到，又要注意安全，包括客人的人身、财产安全，邮轮客舱财产安全和员工的自身安全。

① 当发现客人在客舱内不断饮酒时，服务员应该特别留意该客人动态，并且通知领班，在适当的情况下，可以与领班或当班其他服务员一起借机进房查看，以免发生意外事故，但切忌单独进房。

② 在楼层发现醉酒客人，应主动打招呼并询问客人入住的房号，通知领班或其他当班服务员帮忙，一起安置客人回到客舱休息。

M9-7　醉酒乘客服务礼仪

③ 如果客人饮酒过量，但还处于清醒状态，服务员应搀扶客人上床，并将纸篓放在客人床边，以防客人呕吐，将纸巾、漱口水等放在床头柜上，以备客人使用。

④ 安顿客人休息后，离开客舱前应该给客人留下夜灯或廊灯，防止客人发生意外状况；然后轻轻退出房间，关好房门。

⑤ 服务员在工作中应该密切注意醉酒客人客舱内的动静，防止客舱内物品受损或客人因为酒后吸烟而造成火灾。

⑥ 醉酒客人在客舱内大吵大闹的，如果没有影响其他的客人，一般服务员不予干涉；但如果发现醉酒客人因神志不清而破坏客舱内的设施、物品，应立即通知安保部和邮轮事务长；对客人已经损坏的设备、物品，服务员应做好记录，待客人清醒后按照规定协商索赔事宜。

⑦ 如果遇到客人饮酒过量倒地不省人事，或者有意外发生的迹象，比如酒精中毒，应该立即通知邮轮事务长，并同时通知邮轮医疗中心医生前来检查，以确保客人安全。

⑧ 如果遇到醉酒客人对服务员纠缠不休，服务员应机警应对，有礼貌地回避，可以请当班的男性服务员提供帮助。

⑨ 把醉酒客人的房间号、客人状况和处理措施等详细记录在工作日志本上。

五、残疾客人服务礼仪

随着邮轮旅游的普及，邮轮客舱服务员在提供服务时可能会遇到一些残疾客人，在实际工作中，这类客人数量比较少，而且大多数都有同行者，在为他们提供服务时，只需要做好一些辅助工作，为他们提供更多的便利即可。

M9-8　残疾乘客服务礼仪

① 在迎接客人之前，通过预订资料了解残疾客人的姓名、残疾的表现、生活特点、有无家人陪同以及特殊要求等基本情况，以便做好相应的准备工作。

② 迎接客人时，问候客人并主动搀扶客人进入客舱，主动帮助客人提拿行李物品等；但是要注意，有些残疾客人不希望被服务员特殊对待，可能会拒绝服务员的搀扶，服务员被拒绝后不要强行搀扶，而应该在引领客人进房时特别注意客人的情况，以便提供帮助。

③ 进入客舱后，仔细向客人介绍房间内设施和物品的配备，帮助客人熟悉客舱内的环境。

④ 旅途中应对残疾客人的进出特别加以关注，适时给予帮助，如适当的搀扶、提醒客人注意安全、小心滑倒等；当客人离开客舱去邮轮其他区域时，应及时通知有关人员给予适当的照顾。

⑤ 服务员应主动询问客人是否需要客房送餐服务，并配合餐饮部的客房送餐组工作人员做好相关服务工作。

⑥ 服务员应该尽力承办客人委托事项，并且通过与相关部门的沟通、协作，及时完成

客人的委托事项，使残疾客人在旅途中倍感方便和愉快。

⑦ 对于残疾客人的服务应当主动热情，耐心周到，针对性强，要照顾到残疾客人的自尊心，对于客人残疾的原因不应询问、打听；不要在背后议论残疾客人，以免因为言语不当使客人感到不快。

⑧ 残疾客人离船时，服务员应主动征询客人意见和要求，并且通知行李员帮助客人提拿行李，送客人离船。

【工作任务】

掌握客舱特殊情况对客服务礼仪，完成情景模拟训练。

【任务准备】

1. 复习邮轮客舱特殊宾客如 VIP、生病客人、醉酒客人、残疾客人等，及"请勿打扰"客舱等特殊情况下对客服务的礼仪细节。

2. 学生之间交流讨论。

3. 学生分组确定角色，模拟情景，准备训练所需的器材。

【任务实施】

一、VIP 宾客服务礼仪训练

实训安排

实训时间	0.5 小时
实训目的	掌握客舱 VIP 宾客服务礼仪和技巧
实训要求	严格按照所学礼仪规范要求进行

训练标准与要求

实训内容	操作标准	基本要求
客舱 VIP 宾客服务礼仪	(1)提前了解 VIP 宾客信息，布置 VIP 客人入住的客舱，并逐级检查，以便提供更好的针对性服务； (2)在贵宾专属通道迎接 VIP 宾客登船，介绍邮轮工作人员、服务设施和服务项目，安排专人办理登船手续和行李服务； (3)VIP 入住期间由专门的服务人员提供全程跟进式的贴身管家服务，主动与客人沟通，跟进客人在邮轮上的"食、住、行、游、娱"，第一时间满足客人的需要； (4)VIP 客人离船时服务员应主动为客人提供行李服务，及时归还客舱内的遗留物品； (5)由相应级别管理人员送 VIP 客人离船，向客人表示感谢并欢迎客人再来	热情微笑 礼貌主动 及时

二、"请勿打扰"客舱服务礼仪训练

实训安排

实训时间	0.5 小时
实训目的	掌握"请勿打扰"客舱服务礼仪和技巧
实训要求	严格按照所学礼仪规范要求进行

训练标准与要求

实训内容	操作标准	基本要求
"请勿打扰"客舱服务礼仪	(1)注意观察挂有"请勿打扰"牌的客舱，做好记录，保持环境安静； (2)工作中发现挂牌客房已摘牌时，敲门并自报身份，首先问好，再询问是否可以进房打扫或需要什么帮助； (3)遇到长时间挂"请勿打扰"牌的情况，报告客房部经理，经同意后打电话到房间，询问客人是否可以进房打扫或需要什么帮助； (4)房间电话无人接听，经上级同意后可以有礼貌地敲门，如仍无人应答，可用工作钥匙打开房门，以防发生意外； (5)如果客人主动开门，应立即表示歉意，说明敲门原因，询问是否需要帮助或服务	热情微笑 礼貌主动 及时

三、客舱生病客人服务礼仪训练

实训安排

实训时间	0.5 小时
实训目的	掌握客舱生病客人服务礼仪和技巧
实训要求	严格按照所学礼仪规范要求进行

训练标准与要求

实训内容	操作标准	基本要求
客舱生病服务礼仪	(1)旅途中发现客人生病，应该主动表示关怀并且提供帮助； (2)礼貌地询问客人的病情，了解病因，提醒客人可以去邮轮医疗中心就诊或请随船医生到客舱出诊； (3)对于在客舱内卧病的客人，服务员应该主动把热水瓶、水杯、纸巾等备用物品放到客人床边，另外可以给客舱加送开水和热毛巾； (4)如果有生病客人需要代买药品，应礼貌地向客人说明不能代买药品，并且推荐客人就医，或请随船医生决定是否从医疗中心为客人取药； (5)适时地借进房清扫或提供服务之机进入客舱询问客人有无特殊要求，建议并且帮助生病客人与亲朋好友取得联系； (6)离开房间时应关上房门并留意房内动静	热情微笑 礼貌主动 及时

四、客舱醉酒客人服务礼仪训练

实训安排

实训时间	0.5 小时
实训目的	掌握客舱醉酒客人服务礼仪和技巧
实训要求	严格按照所学礼仪规范要求进行

训练标准与要求

实训内容	操作标准	基本要求
客舱醉酒客人服务礼仪	(1)在楼层发现醉酒客人，应主动打招呼并询问客人入住的房号，通知领班或其他当班服务员帮忙，一起安置客人回到客舱休息； (2)搀扶客人上床并将纸篓放在客人床边，将纸巾、漱口水等放在床头柜上，以备客人使用； (3)安顿客人休息后，离开客舱前应该给客人留下夜灯或廊灯，防止客人发生意外状况；然后轻轻退出房间，关好房门； (4)服务员在工作中应该密切注意醉酒客人客舱内的动静	热情微笑 礼貌主动 及时

五、客舱残疾客人服务礼仪训练

实训安排

实训时间	0.5 小时
实训目的	掌握客舱残疾客人服务礼仪和技巧
实训要求	严格按照所学礼仪规范要求进行

训练标准与要求

实训内容	操作标准	基本要求
客舱残疾客人服务礼仪	(1)提前了解残疾客人的基本情况，以便做好相应的准备工作； (2)迎接客人时问候客人，视情况主动搀扶客人进入客舱，主动帮助客人提拿行李物品等； (3)进入客舱后，仔细向客人介绍房间内设施和物品的配备，帮助客人熟悉客舱内的环境； (4)旅途中应对残疾客人的进出特别加以关注，主动询问客人的服务需求，适时给予帮助； (5)要照顾到残疾客人的自尊心，对于客人残疾的原因不应询问、打听；不要在背后议论残疾客人； (6)残疾客人离船时，主动征询客人意见和要求，并且通知行李员帮助客人提拿行李，送客人离船	热情微笑 礼貌主动 及时

【任务评价】

训练自测评分表

项目	考核标准	满分	评分
VIP 服务	(1)良好的仪容仪表； (2)提前掌握客人信息，提供针对性服务； (3)专人服务，热情、细致	20 分	
"请勿打扰"客舱服务	(1)保持"请勿打扰"客舱楼层环境安静； (2)对于长时间挂"请勿打扰"牌的客舱，按流程汇报上级、礼貌地进行电话确认后，再提供服务，保证在不干扰宾客的休息的情况下完成工作任务	20 分	
生病客人服务	(1)主动关怀，热心帮助； (2)礼貌地建议客人就医	20 分	
醉酒客人服务	(1)主动提供帮助，热情服务； (2)对醉酒客人的无礼和破坏行为礼貌地予以制止	20 分	
残疾客人服务	(1)提前了解残疾客人的信息，做好准备提供个性化服务； (2)服务主动、热情、言语礼貌、得当，在关心残疾客人的同时保护其自尊心	20 分	
满分		100 分	

【随堂测验】

选择题

1. 在客舱楼层中遇到因醉酒而大吵大闹的客人，应（　　）。

A. 请其离开客舱区域　　　　　　　　B. 将其送回客舱休息

C. 请安保人员将其制服　　　　　　　D. 为避免发生争执，任其待在原地

2. 为残疾客人提供服务时不应（　　）。

A. 详细介绍客房内设施和物品　　　　B. 仔细询问残疾原因，以示同情

C. 主动询问其是否需要客房送餐服务　D. 将其基本信息告知邮轮其他区域服务人员

【拓展阅读】

我在阿拉斯加的邮轮上感染了新冠

目前全球范围内（除了部分国家）邮轮行业已经复航。与此同时，新冠疫情虽然已经演变到奥密克隆，但是也没有在全球范围内消失。奥密克隆隐蔽性很强，就算邮轮公司严加防范，乘客仍然有在邮轮上感染的可能性。

那么如果在邮轮上感染新冠会怎样呢？我们通过这篇文章主人公的亲身经历来了解一下。Matt 先生在其加拿大温哥华出发的七晚阿拉斯加航线上的最后一天被检测 Covid 呈阳性。

我生病了。

我的第一个症状是倒数第二天的喉咙痛，我觉得可能是因为为了观赏冰川而起得很早，在外面站了好几个小时看风景，所以着凉了。我的身体整体情况还不错，没有体温升高或任何其他症状。到了晚上，我发现自己变得很累，并再次认为这是在阿拉斯加旅行了很多天的结果。那天晚上，病情加重了，我的发烧和喉咙痛变得更加严重。到黎明时分，我再也受不了了，我找到了我带上船的家庭新冠病毒测试工具包。果然，结果是阳性的。

在这一点上，我感到很痛苦，并打电话给船上的医疗人员，告诉他们我的症状和阳性检测结果。接下来发生的事情是船上的医疗团队来到我们的船舱对船舱内的每个人进行了检测。船上的医生和护士给我们分别做一个快速的抗原检测，然后发放了药品来处理我正在经历的症状。医生听了我的呼吸，然后告诉我们很快就会有结果，可能在一小时内。他还提到所有的治疗都是免费的。差不多一个小时后，我接到电话说我是阳性的，但我的妻子和孩子都是阴性的。

出于对疫情的担心，现在的邮轮上都有专门用来做隔离的船舱。不过这次我留在了自己的船舱，主要有两个原因，一个是这是整个行程的最后一天，另一个是我们住的是一间两卧室的套房。医生解释说，如果我可以将自己隔离在其中一间卧室，我就可以待在那里。与去别处相比，这似乎是一个更好的主意。我被要求不能离开我的船舱。但是我的妻子和孩子可以离开船舱，但必须戴上口罩，并且不允许在任何餐厅用餐。我们被允许免费从客房服务订购食物。在我订了一两次后，客房服务开始主动给我打电话询问是否需要预订。就食物而言，菜单和任何其他客人可以使用的客房服务菜单完全相同。晚餐时，我们可以从主餐厅菜单点菜，这样我们可以吃些不一样的东西。

邮轮提供了获得免费的 Voom 和免费电话服务。客房服务员不再每天过来清洁。一旦检测为阳性，预计会有很多电话来检查情况。打电话来检查我并给我信息的工作人员的数量给我留下了深刻的印象，与此同时，他们也耐心回答了我所担心的所有问题。医疗团队多次打电话询问我的感受，如果我需要，他们很乐意提供更多药物。客房服务和医疗服务团队通过我也进行了相互检查，以避免工作有疏漏的地方。

因为我们在加拿大，公共卫生法规要求我在航程结束后继续隔离，所以给了我三个选择：

首先，我可以在温哥华下船并在加拿大隔离至少 10 天（自从我在我的客舱隔离一天以来，我已经隔离了 9 天）。

其次，我可以下船并乘坐我租来的汽车（我停在温哥华）回美国。

第三，留在船上进行下一次航行，如果船上有空余的舱位，可以留在船上进行下一个航程的。如果留在船上的话我需要再隔离4天，如果之后检测呈阴性，我可以在港口下船并恢复正常的邮轮活动。我的家人每天都需要进行检测，但如果检测呈阴性，他们可以在船上任何地方玩耍。

邮轮公司为那些在航行中感染新冠病毒的人提供补偿方案。如果我在酒店隔离，邮轮公司会为我提供每日津贴。此外，所有被隔离的客人及其旅行团将根据隔离时间和邮轮损失的时间按比例退还邮轮票价。

下船的那天早上，我们被指示在我们的船舱里等待，直到所有其他客人都下船。上午9点，工作人员来拿我的行李。它将与其他客人的行李分开。9点45分，一名船员来护送我们出去。他们护送我们到一间会议室，最终本次航程共有10位新冠病毒呈阳性的客人。

我们被带下船，上了一辆面包车带我们去隔离区。下车后我去取了我租来的车。最后我们选择了租用汽车并开车回了西雅图。

（资料来源：翊铭．邮轮课堂，2022-06-21.）

任务三　熟悉邮轮客舱清洁服务礼仪

【任务导入】

邮轮客房部在提供对客服务的同时，还需要给宾客提供一个干净、安静、安全、优雅、舒适的客舱环境，所以，客舱清洁工作也是客房服务员主要的日常工作。与日常的对客服务不同，客舱清洁工作大多数情况下是在宾客离开客舱用餐、观看演出、参加娱乐活动等的时候进行的，并不会与宾客直接面对面。但在清洁工作中同样要遵循一定的礼仪规范，把客舱当宾客的隐私空间，既保证客舱的卫生，又不干扰宾客的生活，才能让客人更加享受邮轮生活。

【任务资讯】

一、敲门进房礼仪

在邮轮上，客人入住后客舱属于客人的"私密空间"，工作人员进入任何客舱都必须先敲门。正确的敲门程序如下。

① 用食指关节，力度适中，缓慢而有节奏地敲门，一般每次三下，敲两次，并且用中英文自报身份："您好，客房服务员/Housekeeper"，站在房门正中位置等待客人应答。

② 当听到客人肯定的回答或者客人自己来开门，方可进入客舱，说明来意。

③ 如果客舱内无人应答，应第二次敲门，自报身份，并再次等待客人应答。

④ 如果客舱内仍然无人应答，则服务员可以用自己的工作钥匙打开房门，打开房门时不要一次完全打开或者用力过猛，以免撞伤正要开门的客人，应该将房门打开一拳的距离，再次轻敲房门，并自报身份。

⑤ 确定房内无人，则可以打开房门进入客舱。如图9-1所示。

⑥ 服务员在客舱内进行清洁卫生工作或提供客房服务时应保持房门完全打开。

图 9-1　进入客舱

二、客舱清洁服务礼仪

邮轮上每天的客舱清扫工作一般会利用客人用餐或外出游玩时进行，应客人的要求更换床单、被套及枕套，补充客房用品和消耗品，并进行客房清洁。如图 9-2、图 9-3 所示。

M9-9　客舱
清洁服务礼仪

图 9-2　补充客房用品和消耗品

图 9-3　客房清洁

1. 客人在客舱内的清扫礼仪

① 打开房门后，应礼貌问好，主动征询客人意见，得到允许后才能进入客舱进行清扫。

② 如果客人不同意清扫客舱，则应礼貌地询问客人方便清扫的时间，将房间号和客人的要求记录在工作表上。

③ 清扫时，除非是客人已经放在垃圾桶里的东西，其他物品只能替客人做简单的整理，尽量不要挪动物品位置，更不能随意丢弃。

④ 客舱内的书刊、报纸、文件等稍加整理即可，不要弄错位置，更不要随意翻看。

⑤ 客人放在床上或者搭在椅子上的衣物，如果不整齐，可以帮助客人挂到衣柜里，睡衣、内衣不要轻易翻动。

⑥ 不要触摸客人的贵重物品，如照相机、笔记本电脑、钱包等，以免引起不必要的误解和麻烦。

⑦ 客房除尘时只用擦去壁橱、书桌、床头柜等家具上的浮尘即可，一般不要随意搬动客人的行李，不要将客人的衣物搞乱、弄脏。

⑧ 清扫客舱过程中，对于客人的问询，应该有礼貌地给予应答，但不能长时间与客人

攀谈，更不能随意坐在客舱内的床上或椅子上与客人聊天。

　⑨ 房间整理完毕后，应向客人表示感谢，然后面向客人退出房间，轻轻关上房门。

2. 客人中途回房的清扫礼仪

服务员清扫无人客舱，遇到客人中途回房的情况，应注意以下事项。

　① 应主动与客人打招呼，礼貌地请客人出示船卡，核对客人是否为该客舱客人，以免发生安全事故，但要注意用语委婉。

　② 主动征求客人意见，是否可以继续清扫客舱，如果客人不允许，服务员应立即离开客舱，待到与客人约定的时间，再到客舱继续清扫工作；如果客人同意继续清扫，则服务员应该迅速将客舱清扫干净，离开时向客人表示感谢，然后面向客人退出客舱，轻轻关上房门。

3. 客人不在客舱内的清扫礼仪

　① 应将房务工作车放置在门中，表明房间在打扫，也可以防止陌生人进入房间，同时便于服务员看管工作车上的用品用具。

　② 不能在客舱内吸烟、吃东西、翻看客人的报纸、书刊、文件等。

　③ 不能使用客房内的设施，如电视、淋浴器等。

　④ 客舱物品的摆放，要注意将商标朝向客人。

　⑤ 为了表示对客人的尊重以及避免一些不必要的麻烦和误会，在清扫过程中，客舱内电话铃响不应接听。

　⑥ 清扫工作中如有损坏客人的物品，不能随意给客人留言，应立即向上级汇报，由客房主管陪同，向客人赔礼道歉，如果是贵重物品，应征求客人的意见，视具体情况予以赔偿。

三、客舱开夜床服务礼仪

邮轮上的客舱服务员几乎每天都要为宾客在晚餐后提供开夜床服务（turn-dowm servcie）。开夜床服务主要是对客舱进行一次简单的整理，并为宾客晚间就寝做好各种设施和用品上的准备，以体现出邮轮的服务水平和对宾客的礼遇。大多数邮轮的开夜床服务主要包括：客舱的简单整理、开床、卫生间整理等服务内容。如图 9-4 所示。

M9-10　客舱开夜床服务礼仪

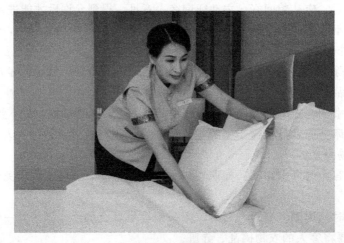

图 9-4　开夜床

客舱服务员在开夜床服务中应注意以下事项。

① 在客舱的整理过程中，客舱服务员应为宾客拉上窗帘，打开床头灯和夜灯；清理客舱内的垃圾杂物，为客人准备好拖鞋、客舱送餐菜单等物品。需要特别注意的是，如果客人已经将自己的睡衣或内衣等搭在座椅椅背或沙发上，服务员应尽量不要去触碰或移动它们。

② 开床服务的礼仪细节

为了让客人方便上床入睡，客舱服务员需要将白天在床上铺好的毛毯或被子掀开折起一角。折起的角度根据各邮轮公司的不同为 30 度或 45 度不等。

对于西式铺床的床尾，开夜床时需要将床尾紧压的毛毯向外拉出一部分并松动一下。这样在睡觉时客人的脚就不会感到被压着不舒服。

在开床方向上，如果客舱内是两张床，服务员应征求客人的意愿来开床；如果客人没有吩咐过，且不在客舱内，则按照以下原则进行操作：若只住一位女性宾客，客舱服务员应开临近卫生间的床；若只住一位男性宾客，应开靠窗户的床；若客舱住的是两位同性别的宾客，需朝窗户、同方向开床；若客舱住的是两位异性宾客，需从床头柜一侧，对向开床。特别需要注意，如果客舱内只住一位宾客，不能同时开两张床，而且每天应固定开一张床。

如果客舱里是一张大床，则按照以下原则进行操作：若只住一位宾客，客舱服务员应从放电话的床头柜一侧开床；若客舱住的是两位宾客，则从两侧开床。

如果床上摆放了很多宾客的物品，可暂不开床，但需要写下留言条，告知宾客回来后，如需要开床，将再次上门服务。

很多邮轮上，开夜床时会赠送少量的睡前零食、鲜花或晚安卡等物品，客舱服务员应在邮轮规定的位置摆放好。如果邮轮提供睡袍，开床后还应将睡袍从衣柜中取出，折好摆放在床尾。

③ 客舱服务员在整理卫生间时不应随意摆动或者窥看、更不能试用客人自带的洗漱用品和化妆品。

④ 邮轮为宾客提供的毛巾，如果被使用过，应重新整理摆放归位；如果已经打湿了，则应为宾客更换一条。

⑤ 为了客人洗澡的方便，客舱服务员应在浴缸或淋浴间外地板上铺一条地巾，这样还能防止客人滑倒。

【思政园地】

傍晚，客舱服务员丽娜在为三楼的客舱提供夜床服务。她按照规范敲门程序，敲开 308 客舱的房门，发现客舱里没有客人。丽娜按照服务流程提供客舱夜床服务，当她准备在床头摆放晚安卡时，发现晚安卡忘记带在身上，于是她回到工作间取来晚安卡。因为丽娜离开客舱前后不过三分钟，所以当她再次进入客舱时，没有按照敲门礼仪规范敲门进房，而是直接用工作房卡打开了房门。没想到，308 客舱的客人怀特先生刚刚用完晚餐回到房间，正在换衣服，对突然闯入丽娜感到非常不满，向邮轮提出了投诉。

点评：细节决定一切。在这个案例中，夜床服务本来是为了客人方便入睡，并且使客人感到礼遇。但因为丽娜第二次进房时，认定刚刚离开的这个房间里没有客人，所以忽略了敲门进房的礼仪规范，不仅没有达到夜床服务的预期效果，反而使客人感觉隐私收到侵犯。在对客服务中，注重每个细节，让工作精益求精，才能使宾客感到满意。

四、公共区域保洁服务礼仪

邮轮公共区域是邮轮的一个重要组成部分，由乘客区域（Passenger Public Area）和海员区域（Crew Public Area）两部分组成。公共区域犹如一面镜子，能够映照出一艘邮轮的档次和管理水平。公共区域的环境和卫生质量直接影响着客人对整个邮轮的印象，因此，做好公共区域的清洁保养工作具有非常重要的意义。客房部除了搞好客房卫生外，还要负责所有公共区域的清洁卫生，一般由客房部下设的公共区域组完成。公共区域涉及邮轮上客人用餐、娱乐、购物等众多活动，以及邮轮上所有员工的工作环境，所以公共区域清洁保养的服务礼仪十分重要。

① 公共区域组服务员经常需要在宾客活动区域内进行清洁工作，因此需要特别注意自身形象，统一着工作服，工作时精神饱满、表情自然、动作从容利落，为宾客营造一个整洁、舒适的公众活动环境。

② 对公共区域的清洁保养工作要有计划，尽量降低对宾客活动的影响，比如娱乐区域的清洁卫生可以选择在早上还没有开始营业前进行彻底清洁，下午和晚上进行维护和保养。

③ 公共区域组服务员在工作时，应该随时关注周围过往的宾客，见到宾客应暂时停下手头的工作，主动微笑问候"您好"，营造舒适友好的氛围。

④ 如果宾客的活动影响了自己的清洁保养工作，可以暂时避开宾客活动的区域，待宾客散去之后再进行清洁；如果自己的工作对宾客造成了影响，应主动道歉，并暂停工作。

⑤ 进行某些特殊的整理工作时，要标注提醒，避免出现意外，如清扫后水渍未干的地面，应树立防滑告示牌。

⑥ 公共区域人员流动量大，宾客活动频繁，公共区域组的服务员应在不打扰宾客的前提下循环对公共区域进行清洁保养，尽量保持公共区域的卫生。

⑦ 公共区域清洁工作时，不应与他人闲聊或大声喧哗，不要奔跑、占道，不要跟客人抢行，也不要从正在谈话的客人中间插过，与客人接触应以礼相待。

【工作任务】

掌握客舱清洁服务礼仪，完成情景模拟训练。

【任务准备】

1. 复习客舱清洁、夜床服务、公共区域清洁卫生等礼仪细节。
2. 学生之间交流讨论。
3. 学生分组确定角色，模拟情景，准备训练所需的器材。

【任务实施】

实训安排

实训时间	0.5 小时
实训目的	掌握客舱清洁服务礼仪和技巧
实训要求	严格按照实训规范要求进行

训练标准与要求

实训内容	操作标准	基本要求
客舱借用物品礼仪	（1）客舱服务员准备好客舱物品和清洁工具，按规范敲门程序敲门； （2）如客舱内无人，客舱服务员将客舱门完全打开，清扫工作车放置在客舱门口，按照规范流程进行客舱清扫工作； （3）如客舱内有人，客人开门后，主动询问客人："您好！我是客舱服务员，现在为您清扫客舱可以吗？"； （4）征得客人同意后可进入客舱，按照流程清洁客舱；注意动作要轻，速度要快，尽量不要打扰客人； （5）客舱清扫完毕后向客人表示感谢："谢谢您的配合，很高兴为您服务！"然后礼貌地向客人告别，转身退出客舱，面向客人关上房门； （6）如客人不方便清扫房间，礼貌地与客人约定打扫时间，并在工作日志本上注明；向客人道歉："对不起，打扰您了！"转身退出客舱，面向客人关上房门	热情 微笑 主动

【任务评价】

训练自测评分表

项目	考核标准	满分	评分
敲门进房	（1）良好的仪容仪表； （2）按敲门规范礼仪敲门进房	40分	
规范服务	（1）清洁客房动作轻、速度快； （2）与客人沟通使用礼貌用语，态度亲切友好； （3）按照礼仪要求处理住客房客人房间内物品	60分	
	满分	100分	

【随堂测验】

问答题

1. 清扫客舱时如果遇到客人搭讪聊天，客舱服务员应该如何应对？

2. 在人流量比较大的公共区域，服务员在清洁卫生时有哪些注意事项？

【拓展阅读】

中船嘉年华第二艘国产大型邮轮正式开工建造

中国最大的邮轮公司——中船嘉年华第二艘国产大型邮轮在中国船舶集团上海外高桥造船有限公司正式开工建造，标志着中国船舶工业已初步掌握大型邮轮设计建造关键核心技术，自此迈入了"双轮"建造时代。中船嘉年华朝着构建中国最大邮轮船队、创建中国邮轮生态体系、引领中国邮轮新纪元腾飞和发展的目标更进一步。

中船嘉年华第二艘国产大型邮轮总吨约为 14.2 万吨，基于嘉年华集团全球广泛成功使用的 Vista 级平台，总长 341 米，型宽 37.2 米，最多可容纳乘客 5232 人，拥有客房 2144 间。

中船嘉年华邮轮董事长杨国兵表示："邮轮既是科技强国、制造强国、海洋强国、交通强国的重要载体，也是人民美好生活的重要载体。我们将不忘初心，一步一个脚印地构建中国邮轮全产业链本土化能力，打造可持续发展的邮轮生态体系。"

中船嘉年华邮轮首席执行官陈然峰表示："第二艘国产大型邮轮的正式开工，是中国在大型邮轮建造的宏伟征程中又一重要里程碑，也是中船嘉年华邮轮对中国邮轮市场的信心表现。中船嘉年华邮轮和嘉年华集团将继续与外高桥造船厂、意大利芬坎蒂尼集团以及各方合作伙伴紧密合作，确保国产大型邮轮项目取得圆满成功。"

中船嘉年华邮轮作为具备市场营销、商务运营、海事运营、酒店和产品管理、新造船管理等全运营能力的中国邮轮旗舰企业，致力于创建中国邮轮自主品牌，打造以文化创新为核心的邮轮文旅新概念，构建海上新文旅生态系统。

目前，中船嘉年华邮轮旗下的首艘国产新造大型邮轮建造已全面转入设备功能调试和内装的新阶段，预计于 2023 年交付运营。

（资料来源：中船嘉年华邮轮官方网站．）

【项目小结】

邮轮客舱为客人提供以住宿为主的邮轮生活服务，是客人在邮轮上停留时间最长的地方。邮轮客舱服务的礼仪水平，体现着邮轮整体服务水平的高低，它直接影响着乘客对邮轮的印象和整趟邮轮旅程的心情。

通过本项目的学习，学生了解了邮轮客舱服务各个方面的礼仪细节、注意事项和禁忌。通过实训得以巩固和提高。以便在今后的实习和上岗工作时快速进入角色，从而能够顺利地融入邮轮运营的环境和气氛中。

【自我检验】

学习了本项目的：＿＿＿＿＿＿＿＿＿＿＿＿＿＿＿＿＿＿＿＿＿＿＿＿＿＿＿＿＿

＿＿＿＿＿＿＿＿＿＿＿＿＿＿＿＿＿＿＿＿＿＿＿＿＿＿＿＿＿＿＿＿＿＿＿＿＿。

其中，令我感触最深的是：＿＿＿＿＿＿＿＿＿＿＿＿＿＿＿＿＿＿＿＿＿＿＿＿

＿＿＿＿＿＿＿＿＿＿＿＿＿＿＿＿＿＿＿＿＿＿＿＿＿＿＿＿＿＿＿＿＿＿＿＿＿，

过去，我对邮轮乘务礼仪的理解是：＿＿＿＿＿＿＿＿＿＿＿＿＿＿＿＿＿＿＿＿

＿＿＿＿＿＿＿＿＿＿＿＿＿＿＿＿＿＿＿＿＿＿＿＿＿＿＿＿＿＿＿＿＿＿＿＿＿。

现在，我知道了应该这样做：＿＿＿＿＿＿＿＿＿＿＿＿＿＿＿＿＿＿＿＿＿＿＿

＿＿＿＿＿＿。因此，我制定了我的礼仪提高计划：＿＿＿＿＿＿＿＿＿＿＿＿＿＿

＿＿＿＿＿＿＿＿＿＿＿＿＿＿＿＿＿＿＿＿＿＿＿＿＿＿＿＿＿＿＿＿＿＿＿＿＿

＿＿＿＿＿＿＿＿＿＿＿＿＿＿＿＿＿＿＿＿＿＿＿＿＿＿＿＿＿＿＿＿＿＿＿＿＿。

项目十

国际邮轮娱乐礼仪

<<<<<<<<

【学习目标】

【素质目标】

1. 充分了解国际邮轮娱乐礼仪文化，树立正确工作态度和礼仪认知，增强文化自信；

2. 增强爱岗敬业、规范化，专业化的职业素养，在工作岗位中，全面展示自己的职业素养，加强民族自信感；

3. 深化岗位安全、责任、担当意识和规矩意识，提高思想政治修养和人文素养，树立正确的世界观、人生观、价值观。

【知识目标】

1. 掌握运动类项目服务礼仪；

2. 熟悉文娱休闲类项目服务礼仪；

3. 了解岸上观光服务礼仪。

【能力目标】

1. 能运用所学礼仪规范，进行日常邮轮娱乐项目服务礼仪工作；

2. 适应岗位需求，建立和谐的工作氛围；

3. 能够运用专业的沟通方式和技巧，处理邮轮娱乐项目服务礼仪中的疑难问题。

任务一　掌握运动类项目服务礼仪

【任务导入】

大部分邮轮都给乘客提供锻炼的场地，配有健身区，固定自行车，健身踏步器和投掷器械（图 10-1）。健身俱乐部常常与一个水疗区相连，那里提供面部按摩服务、桑拿、漩涡浴、芳香疗法，以及其他一些美容或与放松身心相关的服务。船上可能还会有慢跑跑道，篮球场和其他运动方面的设施，我们应该掌握运动类项目的服务礼仪。

图 10-1　邮轮上的运动场地

【任务资讯】

一、健身中心服务礼仪

健身中心除配有跑步机、踏步机等健身器材外，还建有攀岩、高尔夫练习场等大型娱乐健身场所。如图 10-2 所示。

图 10-2　健身中心

1. 接待礼仪

（1）迎接礼仪

您好！欢迎光临。

很高兴为您服务！你有什么需要帮助的吗？

（2）送客礼仪

感谢您的光临，希望您本次健身愉快，期待您下次光临。

2. 服务过程礼仪

（1）接待　服务员首先要求有礼貌地招呼客人，询问客人的具体要求。

（2）引导　引导客人到消费场所，并进行必要的服务。

（3）讲解　客人如对设备、器械的使用有不明白之处，服务员应作适当讲解。

（4）关注　服务员应随时注意客人的举动，以便及时提供服务。对于专业性强，技术要求高的运动项目，必须在服务过程中多提示提醒乘客注意安全，客人如对规定不理解，要耐心说明违反规定的后果，客人休息间歇，为客人准备面斤和矿泉水。

（5）安全教育　邮轮娱乐部服务人员在上岗前不仅需要接受安全教育，还要帮助游客提高自我管理、自我检测、自我防范的能力，以免在使用设施时受到损伤。

（6）交流礼仪　在与客人交流中，要注意语音语调平缓、轻柔，不与客人谈论宗教信仰与政治相关的话题。

（7）离场　快速的帮助客人办好离场手续，做好登记工作，当客人离开后及时清点物品数量并检查其是否完好。

（8）营业时间结束时　应再次清理卫生并检查和保养设备，为下一次的营业准备做好准备。

3. 预见危险

在事故还没有发生的时候，服务人员应运用各种各样的方法，采取各种各样的措施，提前做好准备，防患于未然；制订设备、设施、器械、器材、用品等安全细则，采取常规、定期、不定期等多种方法进行安全检查；合理安排服务、指导、管理等人员的工作位置，以保证有足够数量的专业人员教授服务对象正确使用设施、设备和器械等。

4. 事故处理

服务人员应具备一定救护知识，一旦发生意外事故，迅速做出正确反应，采取恰如其分的行动。例如，快速到达现场并请求援助；准确判断事故的状态，根据紧急事故手册迅速行动；及时与各有关部门联系；向客人及其家属表示慰问和歉意，迅速采取防止类似事故再次发生的措施等。

5. 总结

邮轮娱乐健身活动丰富多彩，服务人员只有热情、细致地提供服务，把游客的安全放在第一位，游客才能在邮轮上玩得愉快。

二、邮轮水上乐园服务礼仪

目前许多邮轮上都设有大型水上乐园，如划水、冲浪等（图 10-3）。这项娱乐活动吸引了许多游客，尤其是儿童。如何做好服务，让游客开心安全体验海上乐园项目呢？

M10-1　甲板
冲浪服务礼仪

（1）准备工作

戏水迎宾员（检票员、收发钥匙服务员统称迎宾员）每场提前 10 分钟到岗；清理本岗卫生，包括清洁泳池、滑道等设施。标准：无尘、无垃圾杂物。

（2）迎接工作

迎宾员面对客人站好，双手自然相握在腹前，双脚并拢，自然站好。在开场前，面带微笑处于服务状态；迎宾员要对提前到场的客人说明开场时间，请客人耐心等候。在与客人交谈时，语气、语调要平稳适中，语速不要过快过慢，声音不要过高过低。

（3）大型划水冲浪活动服务

工作人员指导客人按顺序排队，间隔 15 秒放一人滑下；工作人员需要提醒客人不要佩

图 10-3　水上乐园

戴眼镜（防水镜除外）滑梯，不要头朝下或两人以上一起滑梯。

客人有疑难时，工作人员主动帮助客人解决。客人如对规定不理解，要耐心说明违反规定的后果。

客人如有强烈的不良反应，如剧烈呕吐、休克等，应主动搀扶客人并送医务室诊治，同时服务人员应具备一定救护知识。

（4）服务结束注意事项

客人离开时，服务员应主动与其道别，营业时间结束时，应再次清理卫生并检查和保养设备，为下一次的营业准备做好准备。

（5）总结

邮轮水上乐园活动是游客向往的游乐项目，丰富了邮轮旅游。工作人员必须掌握规范的服务流程和礼仪，才能为客人提供优质的服务。

三、冒险性运动项目服务礼仪

（1）准备工作

提前到岗搞好卫生擦拭设备；检查设备电源、动力、传动、出入口，确认完好。

（2）热情饱满

到营业时间后，打开门，以饱满的热情迎接游客

（3）安全检查

服务员引导游客入座，提醒游客系好安全带，确认安全带系上后在关上舱门并别好门闩。

（4）服务客人

设备开始运行后，服务员应该注意观察社别的运行情况和游客的反应，如发现异常，应立即按下紧急制动。

【工作任务】

掌握运动类项目及服务礼仪，完成情景模拟训练。

【任务准备】

1. 复习运动类项目及服务礼仪及细节。
2. 学生之间交流讨论。
3. 学生分组确定角色，模拟情景，准备训练所需的器材。

【任务实施】

实训安排

实训时间	0.5 小时
实训目的	掌握运动类项目及服务礼仪
实训要求	严格按照所学礼仪规范要求进行

训练标准与要求

实训内容	操作标准	基本要求
运动类项目及服务礼仪	(1)与客人交流中，要注意语音语调平缓、轻柔，不与客人谈论宗教信仰、与政治相关的话题； (2)服务过程中做好引导、讲解、安全提醒等服务工作； (3)离场和营业结束时做好物品清点、卫生清理和设备保养	表述清晰，项目内容介绍完整，分析提炼特点

【任务评价】

训练自测评分表

项目	考核标准	满分	评分
热情迎接	(1)良好的仪容仪表； (2)面带笑容，主动问候； (3)礼貌用语，语速适中； (4)态度积极、主动	40分	
用心服务	(1)规范引领、热情服务； (2)巡场为需要帮助的客人提供帮助； (3)温馨提醒、主动道别； (4)服务做到耐心、热情、细致	50分	
满分		100分	

【随堂测验】

选择题

1. 邮轮健身房服务程序不包含以下哪一点：（　　）。

A. 检查各种健身器械　　　　　　B. 准备好客用毛巾、浴巾

C. 准备好中西餐食　　　　　　　D. 欢迎晚会

2. 如服务人员在检查时发现设备传动出现小问题应该怎么做：（　　）。

A. 正常营业　　　B. 立即检修　　　C. 不用检修　　　D. 送免费礼品

【拓展阅读】

邮轮的基本功能

1. 旅游交通运输功能

邮轮负担着把游客从一个地点带到另一个地点的，或在目的地间往返，以完成娱乐观光和休

闲度假的旅游过程的旅游交通运输功能。该功能由邮轮的轮机部、甲板部、酒店部共同完成。

2. 游览、休闲、度假功能

邮轮为游客提供满足其旅游观光、休闲度假等需求的服务，包括旅游活动的组织、产品线路的设计、景点导游讲解，提供游客休闲娱乐的场所和康乐健身设施，包括阳光甲板、康乐中心、舞厅、理容中心、娱乐场所等。

3. 前场

邮轮必须为游客提供集散出入和作为邮轮信息中心的前厅，包括总台、行李服务、商务中心等；供游客住宿的客舱及服务；供游客餐饮娱乐的餐厅，多功能厅等。

4. 后场

为保证邮轮安全正常运行，保证游客休闲度假及旅行生活的舒适，邮轮后台部门还要提供动力、供电、供水及冷暖气等。主要包括配电房、司炉房、冷暖机房、浆洗房、泵水房等。

因此，邮轮既具有水上运输的功能，同时又具有旅游酒店、旅行社等旅游企业为游客提供旅游组织、食、住、观光、游览、娱乐、购物等旅游服务的功能。

任务二 熟悉文娱休闲类项目服务礼仪

【任务导入】

邮轮娱乐活动类型多样，相应的服务也各有不同，但迎领、活动服务、突发事件处理等贯穿于所有项目，掌握其有关服务技巧和礼仪规范是提高服务水平的关键。

【任务资讯】

一、异国风情的文艺表演服务礼仪

各家豪华邮轮都有独家特色的异国风情表演，邮轮公司不时也会邀请世界各地著名音乐乐团或歌手在邮轮上开演唱秀，从舞台、场景、演员、服饰等各方面来说，都是高水准的演出，值得一看！娱乐部夜总会还将会举行各种主题舞会，主表演厅每天安排了百老汇歌舞、杂技表演、马戏表演、脱口秀表演、美国大片等（图10-4）。

图 10-4 文艺表演厅

1. 主持人礼仪

作为邮轮演出的主持人，在选择服装时要注意符合演出主题，大方庄重，精神饱满。主持时，应双腿并拢，腰背挺直。持稿时，右手持稿底中部，左手五指并拢自然下垂。报幕时要注意向观众行礼。

2. 演员礼仪

演员要尽心表演：恪尽职守，发挥正常，格调高雅。要尊重观众，与同事相互支持，积极合作，齐心协力完成表演。

3. 工作人员礼仪

营业期间，经理、技术员、服务员、保安员均须佩戴工作标志，幕后工作人员要严谨检查剧场内设施设备、服装和道具，确保演出顺利进行，服务员在观众进场时，要引导观众有序就座、文明观看表演。

客人进场后，迎宾员应主动上前打招呼，表示欢迎，一方面是表示对客人的尊重，另一方面也可以消除客人的陌生感和紧张感，特别是对初次来此消费的客人尤为重要。领客人就位时，应走在客人的左前方，侧部行走，并用手势引导。目光应照顾到客人，而不是只顾自己往前走，不管客人是否能跟上。

4. 处理突发事件的技巧礼仪规范

表演厅（图10-5）是人群相对密集的区域，一旦出现意外，很容易酿成重大事故。管理者要制定出周密的安全措施和应急预案；服务人员要对可能

图10-5 表演厅

出现的意外事件做好充分的心理准备，及时根据原定的应急预案进行指挥、疏导。

二、雅俗共赏的文化艺术活动服务礼仪

国际豪华邮轮是艺术画廊，这里的画都是可以拍卖的。新建的豪华邮轮上随处可见现代感极强的雕塑和艺术品。国际邮轮的装修也各具风格，意大利风情的歌诗达邮轮与银海邮轮、东南亚风情的丽星邮轮、地中海风情的地中海邮轮、加勒比风情的嘉年华邮轮和皇家加勒比游轮、北欧风情的维京邮轮，每一艘邮轮都宛若艺术殿堂，美轮美奂。如图10-6所示。

图10-6 邮轮画廊和图书馆

（1）工作人员、要热情接待客人，规范使用文明用语。

（2）跟随客人参观时，应保持一米的距离。

（3）详细的为客人介绍画作和作者，不打断客人的提问，耐心的解答客人的问题。

三、儿童中心服务礼仪

邮轮公司有专为儿童设计的游乐场所（包括游泳、运动、游戏、电影等），并按照孩子的年龄段分组由专门人员负责教导及照顾，几乎不用大人们操心。如图10-7所示。

（1）要给儿童起到良好的示范作用。

（2）在工作中，不得披散头发、留指甲，工作要化淡妆，不佩戴夸张的饰品。

（3）对待儿童要亲切温和，与儿童要视线平齐地沟通交流。

（4）在与儿童做活动时要注意一言一行，做好表率。

图10-7 儿童游乐场

四、棋牌室服务礼仪

邮轮上为老年人准备了丰富的娱乐项目和休闲场所，他们可以在棋牌室进行智慧的较量，在专业课堂上学排舞，在图书馆神游书海，在日光浴场享受暖阳……邮轮旅行拥有旅途安全、不耗体力、宁静致远等特点，十分适合老年人，事实上早期的邮轮客即以老年人为主。

（1）迎宾员面对客人站好，双手自然相握在腹前，双脚并拢，自然站好。

（2）在开场前，面带微笑处于服务状态。迎宾员要对客人说明注意事项。

（3）与客人交谈时，语气、语调要平稳适中，语速不要过快过慢，声音不要过高过低。

（4）客人离开时，迎宾员应主动向客人打招呼，用规范语言询问缘由。

（5）客人意见较大时，应主动解释、说明。然后向领班、主管汇报并把客人意见写下让主管过目。

五、邮轮拍摄礼仪

邮轮摄影师需要有较强的英语能力，邮轮公司的公共语言是英文，客人和同事都来自全世界各个地方，会说英语很重要。另一个要求就是应变能力以及性格，在工作中摄影师需要不停地与客人交流、问客人喜好、摆姿势、照片推荐等。

（1）工作人员要热情接待客人，规范使用文明用语。

（2）注意提醒游客自觉排队，文明拍摄。

（3）照看老幼远离海边等危险的地方。

（4）提醒乘客遵守拍摄场地规定，爱护公共设施。

（5）在工作中做好沟通交流，掌握客人喜好，教会客人拍摄姿势，做好照片推荐等。

（6）尊重隐私，保护游客信息。

【工作任务】

熟悉文娱休闲类项目服务礼仪，完成情景模拟训练。

【任务准备】

1. 复习文娱休闲类项目服务礼仪细节。

2. 学生之间交流讨论。

3. 学生分组确定角色，模拟情景，准备训练所需的桌椅、文件夹、清单等器材。

【任务实施】

实训安排

实操时间	0.5 小时
实操目的	掌握文娱休闲类项目服务礼仪和技巧
实操要求	严格按照实训规范要求进行

训练标准与要求

实操内容	操作标准	基本要求
文娱休闲类项目服务礼仪	(1)工作人员要热情接待客人,规范使用文明用语; (2)跟随客人参观时应保持1米的距离,耐心解答客人问题,对客人说明注意事项; (3)对待儿童要亲切温和,与儿童要视线平齐地沟通交流; (4)客人意见较大时应主动解释、说明。然后向领班、主管汇报并把客人意见写下让主管过目; (5)拍照时提醒乘客遵守拍摄场地规定,爱护公共设施; (6)服务过程中,照看老幼远离海边等危险的地方	规范,准确

【任务评价】

训练自测评分表

项目	考核标准	满分	评分
热情迎接	(1)良好的仪容仪表; (2)面带笑容,主动问候; (3)礼貌用语,语速适中; (4)态度积极、主动	40分	
用心服务	(1)注意观察,根据需要及时服务; (2)认真倾听,耐心讲解,回答明晰; (3)谈吐大方,举止得体; (4)服务做到耐心、热情、细致	60分	
满分		100分	

【随堂测验】

一、判断题

邮轮上的棋牌室均可以对所有游客开放。（　　　）

二、选择题

邮轮公司有专为儿童设计的游乐场所包括（　　　）。

A. 游泳　　　　　B. 运动　　　　　C. 游戏　　　　　D. 电影

【邮轮文化】

"海洋奇迹"号有什么全新的设施

（1）全新套房社区

套房区包括套房客人专属的阳光平台，带有一个阳光露台泳池和酒吧，以及一个私人套房客人专用餐厅（图10-8）。

图10-8　套房阳光甲板

（2）全新梅森·贾尔特色餐厅

这家餐厅专注于烧烤、河鲜和乡村美食，还有炸鸡、秋葵和甜甜圈。

（3）全新 Vue 泳池酒吧

这是一个悬臂式全景酒吧，位于主泳池平台上方。白天，你可以一边啜饮喜爱的饮料，一边欣赏海景。晚上，你可以享受酒吧上方的灯光装置，富有额外的视觉吸引力。

（4）全新 Wonder Playscape 儿童区

这是一个户外游戏空间，非常适合团队中的年轻游客，有适合儿童的攀爬墙、游戏、谜题、壁画等，可以把它想象成水上最酷的户外游乐场。如图10-9所示。

图10-9　海洋奇观游乐场景观

（资料来源：刘淄楠．博士说游轮，2022-2-16．）

任务三　了解岸上观光服务礼仪

【任务导入】

邮轮旅行分为团队项目和定制项目，团队项目在预定初期就需要选择观光路线，后期无法变更，在岸上观光活动中，邮轮停靠目的港口后，游客可以选择多种游玩方式，可以报名参加邮轮公司组织的岸上观光游，也可以自己量身定制岸上自由行。

【任务资讯】

一、经典航线及服务礼仪

（1）在上下船时要主动问候游客；

（2）回答游客询问时，时向游客提供沿途游览景点、交通工具、购物和娱乐场所、风味小吃、兑换货币等有关信息；

（3）如果游客需要代办票务工作，要按游客的要求去办，如确有困难要耐心解释；

（4）在任何情况下都不得讥笑、讽刺游客，不得与游客争辩，不允许言语粗俗，举止鲁莽；

（5）在景区游客拥挤的情况下，要注意游客的安全问题。

二、岸上观光活动中的定制项目及服务礼仪

在岸上观光活动中，邮轮停靠目的港口后游客可以选择多种游玩方式，可以报名参加邮轮公司组织的岸上观光游，也可以自己量身定制岸上自由行，签证和岸上观光均需要自行解决，或者选择继续在邮轮上度过美好时光，邮轮上会继续为大家提供餐饮服务，只是少了表演和活动，船上的朋友们可以选择甲板或者自己房间的阳台上晒晒太阳看看书，或者健身房锻炼下身体，慢节奏的享受才是邮轮生活。

（1）对于游客定制的项目，首先要遵从游客的想法，认真倾听游客的诉求，发现问题主动与游客沟通。

（2）安排旅游行程要满足游客的需求，主动关心和帮助游客，积极帮助解决旅行中的实际困难。

（3）尊重游客的宗教信仰、民族风俗和生活习惯，并主动的运用游客的礼节、礼仪，表示对游客的尊重和友好的态度。

（4）行程中，遇到危险状况时，主动提醒，要保证游客的安全。

【工作任务】

掌握上观光活动服务礼仪，完成情景模拟训练。

【任务准备】

1. 复习经岸上观光活动中的定制项目及服务礼仪。

2. 学生之间进行交流讨论。

3. 学生分组确定角色，准备训练所需的器材。

【任务实施】

实训安排

实训时间	0.5 小时
实训目的	掌握上观光活动服务礼仪
实训要求	严格按照实训规范要求进行

训练标准与要求

实训内容	操作标准	基本要求
观光活动 服务礼仪	(1)在上下船时要主动问候游客； (2)旅游行程中要满足游客的需求,主动关心和帮助游客,积极帮助解决旅行中的实际困难； (3)如果游客需要代办票务工作,要按游客的要求去办,如确有困难要耐心解释； (4)尊重游客,不得讥笑、讽刺游客,不得与游客争辩,不允许言语粗俗,举止鲁莽； (5)行程中,遇到危险状况时主动提醒,要保证游客的安全	严肃、认真、 微笑、谨慎

【任务评价】

训练自测评分表

项目	考核标准	满分	评分
热情迎送	(1)良好的仪容仪表； (2)面带笑容,主动问候； (3)礼貌用语,语速适中； (4)做到真诚、热情、得体	40 分	
用心服务	(1)准备充分,了解游客需求,熟悉目的地； (2)认真倾听,讲解准确,回答明晰； (3)服务周到,温馨提醒,安全保障； (4)服务做到专业、规范、耐心、细致	60 分	
满分		100 分	

【随堂测验】

判断题

1. 邮轮旅行因为需要提前做计划安排签证等相关业务,所以行程不方便随意改动。(　　)

2. 自助游可以单独购买船票,签证和岸上观光均需要自行解决。(　　)

【拓展阅读】

全球邮轮业强劲复苏,邮轮消费行为呈现三大新趋势

　　某集团总裁兼首席执行官在全球邮轮年度大会上分享了他对于邮轮业前景的看法:"我们预计今年下半年邮轮业务将正常化,2023 年将恢复甚至超越疫情前水平,因为届时所有邮轮都将恢复运营并实现满载。"

　　当前,全球邮轮运力已恢复至80％以上;某集团旗下超过90％的邮轮已成功重启运营。2022 年 7 月,95％的国际邮轮协会(CLIA)成员公司旗下邮轮将恢复运营。此外,包括美国、加拿大、英国、西班牙、意大利、澳大利亚、沙特阿拉伯和新加坡等在内的全球 100 多个国家和地区现已重新开放邮轮。

　　在大会上,国际邮轮行业协会(CLIA)指出尽管当前仍面临诸多挑战,但消费者对于

邮轮旅游的需求仍然强劲。CLIA 总裁兼首席执行官在一份声明中谈到了行业复苏过程，"邮轮是一种便捷且负责的旅行体验，是适合全年龄段消费者出门看世界的最佳方式。邮轮行业极具韧性，随着邮轮业的稳步复苏，预计到 2023 年底，客运量将恢复并超过 2019 年的水平，预计到 2026 年底，客运量将比疫情前水平增加 12%。"

CLIA 的消费者调研中呈现了游轮消费行为的三大趋势：

第一，邮轮旅行的意愿正在反弹，63% 已坐过邮轮或是有意向坐邮轮的消费者表示他们"非常可能"或"可能"在未来两年内乘坐邮轮。

第二，69% 从未坐过邮轮的消费者表示愿意乘坐邮轮，这一数字超过疫情前。

第三，千禧一代（出生于 1981—1996 年间）对于邮轮旅行最为期待，87% 的千禧一代表示将在未来几年内乘坐邮轮；其次是 X 世代（出生于 1965—1980 年间），85% 的 X 世代表示将在未来几年内乘坐邮轮。

【明德强志】

岸上观光活动服务礼仪

M10-2 岸上观光活动服务礼仪

【项目小结】

本项目详细介绍了国际邮轮娱乐项目及国际邮轮娱乐项目的服务礼仪，包含娱乐岗位的设置与职责，娱乐项目的服务技巧，邮轮娱乐礼仪规范等内容，为学生适应邮轮工作岗位打下坚实的理论基础和实际操作的技能。

【自我检测】

学习了本项目的：＿＿＿其中，令我感触最深的是：＿＿＿，过去，我的习惯是：＿＿＿。现在，我知道了应该这样做：＿＿。

因此，我制定了我的礼仪提高计划：＿＿。

11

项目十一
邮轮应急服务礼仪 <<<<<<<<

【学习目标】

【素质目标】

1. 树立邮轮服务安全意识和总体安全观；
2. 提升自身在邮轮对客服务工作中的职业安全修养，增强安全责任心；
3. 强化邮轮对客服务中的安全规范认识，树立应对邮轮应急事件的自信心；
4. 养成遵章守纪、服从大局、听从指挥的邮轮职业自律和行为习惯。

【知识目标】

1. 掌握国际邮轮对客服务的基本安全知识；
2. 熟悉邮轮对客应急服务的一般礼仪规范；
3. 熟悉国际邮轮服务人员在特定应急场景中应遵循的特殊礼仪与工作规范；
4. 了解有关国际海事公约及法规对邮轮应急的基本要求。

【能力目标】

1. 能运用所学礼仪规范，处理与应对一般邮轮对客应急服务工作；
2. 能够与乘客和员工建立起友好的人际关系，营造安全的工作和生活氛围；
3. 能够遵循适当的国际海事公约及法规，处理邮轮对客服务中的疑难问题。

任务一　应对安全应急事件

【任务导入】

邮轮在海上航行时，受多方面制约和影响，面临着较多风险。为有效管控船舶运营中的各种风险以及应对各种安全紧急事件，国际海事组织（IMO）协调各国政府制定并签署和颁布了很多国际公约、标准和规则，例如 SOLAS（国际海上人命安全公约）、STCW（海员培训、发证和值班标准国际公约）、ISM（国际安全管理规则）、ISPS（国际船舶和港口设计保安规则）等。这些公约、标准和规则指导并规范着各类主体在海上活动过程中的各种安全行为。作为邮轮上的对客服务人员，同样也需要遵守有关的规范以及对客服务的安全礼仪。

【任务资讯】

一、应对安全应急事件的一般礼仪

邮轮安全类的突发事件，通常对邮轮的运营影响很大，容易造成重大人员伤亡和财产损失，社会影响大，例如火灾、碰撞、搁浅、恐怖活动等。邮轮对客服务人员应对这类突发事件的一般工作礼仪规范主要有以下几点。

1. 乘客优先

当邮轮发生安全紧急事件，无论是从法规、道德还是礼仪的角度，乘客都享有应急优先权。国际邮轮乘务管理和服务人员在应对邮轮安全事件时应首先考虑乘客安危，优先保证乘客安全。

2. 严守纪律

为应对邮轮可能发生的安全紧急事件，邮轮管理当局制定了相应的应急预案。在平时，邮轮安全管理部门会不间断地对全体员工进行安全教育和演习。当邮轮真正发生安全紧急事件时，每位员工都必须严格遵守各项纪律和应急操作程序，绝不能敷衍了事，马马虎虎。

3. 不乱猜测

当邮轮发生安全紧急事件时，邮轮管理当局会通过各种正式渠道发布相关信息。当乘客前来询问某些未明确的问题时，邮轮乘务管理和服务人员切忌胡乱猜测，模棱两可，以免造成不必要的混乱和误解。正确的做法是树立乘客对邮轮应急措施的信心，并等候正式的信息发布。

4. 勇于担当

邮轮上的每一位员工都经过较为全面的安全培训，在应对安全事件时，相较于普通乘客，要更加专业和熟练。当安全事件发生，涉及乘客人身及财产安全时，邮轮员工应主动挺身而出，表明身份，运用专业的应急技能发挥应急领导力，使乘客有所依从，进而带领乘客脱落险境。

二、火灾事件

邮轮上易燃物质多、电力设备多、人员多、结构复杂、通道狭窄，火灾隐患大。一旦发生火灾，大多只能依靠船上现有人力和设备进行自救，难以获得外部的救援，容易造成重大损失。因此，根据 SOLAS、STCW 等公约和规则的要求，邮轮必须经常定期与不定期地进行有关培训和演习，以便能有效地应对可能发生的火灾事件。

作为邮轮对客服务人员，如果发现火情，首先应保持冷静，如果火势较小，应立即根据火灾类型，使用附近合适的灭火器材扑灭火灾。在确保火彻底扑灭后，立即报告邮轮驾驶台，以便后续的调查和防范工作。如果火势已经较大，应立即通过附近的火警按钮或其他方式通知邮轮驾驶台，说明具体方位和火灾类型。同时，立即疏散火灾区域的乘客和员工，关闭火灾区域的所有防火门，隔离火灾，并且为即将到来的消防人员准备好附近的灭火设备。

M11-1　发生火灾事故的处理程序

邮轮对客服务人员在应对火灾事件时，要始终听从指挥，沉着镇静，带领乘客迅速撤离火场，并制止企图使用电梯的乘客。照顾好乘客的安全和情绪，不随意散布一些未经确认的消息。向乘客解释清楚邮轮上应对火灾的流程和规范，取得乘客的配合，这样才不会引起乘客慌乱，从而更有利于火灾事件的最终处理。

三、弃船事件

M11-2　乘客安全演习

得益于现代科技的发展和应用，当今船舶的安全性已有很大的提升，尤其是当代的大型豪华邮轮。再加上 SOLAS、STCW 等公约和规则的规范，使得邮轮运营的安全性非常高。然而，海上航行始终是具有一定风险的。因此，STCW 对船员的培训、发证和值班都进行了系统性和强制性的规范。同时，对于乘客方面，SOLAS 等公约也规定乘客登船 24 小时内必须参加邮轮组织的安全和集合演习。根据 SOLAS 和 STCW 等公约和规则的规定，邮轮万一在海上发生事故，经自救失败，最后乘客和员工不得不弃船逃生时，弃船的最终决定须由船长（或其指定的人员）做出。

当邮轮服务人员收到全船集合信号时（通常由驾驶台通过全船广播系统和汽笛发出），应立即前往自己的安全部署岗位，履行规定的职责。负责疏散的邮轮服务人员，应仔细搜索其负责区域内的乘客和员工，指引其前往所属的紧急集合站。在走廊和楼梯间负责指引乘客的邮轮服务人员，应规范、明确地按照登船卡上标明的集合站编号（图 11-1），告知乘客集合的方向和场所，确保乘客抵达各自的紧急集合站。

图 11-1　登船卡上标明的集合站编号

M11-3　邮轮应急小贴士

紧急集合站内的邮轮服务人员，应迅速收集和清点本站的乘客，并向驾驶台报告。同时，紧急集合站指挥人员应站在显眼的地方或高处，组织好乘客秩序，向乘客演示和教授救生衣的正确穿着方式（儿童应穿着专用的儿童救生衣），并向乘客通报邮轮管理层发布的各种官方信息，照顾好乘客的情绪，向乘客解释邮轮有关的应急程序。为缓解个别乘客的不安和慌张，紧急集合站服务人员可以给他们布置一些小任务，以转移其注意力，以免影响到其他乘客。

M11-4　正确穿着救生衣

当接到驾驶台的撤离命令或听到弃船信号时，紧急集合站的服务人员应将乘客进行编队，分批前往救生艇集合站。每一组编队的首尾都要由邮轮服务人员担任，以确保无人掉队。到达救生艇集合站时，编队的员工应向所属救生艇指挥人员报到，并听从其指挥。当船长下达登艇弃船命令时，方可在救生艇指挥员的组织下，有序协助乘客登艇弃船逃生。根据 SOLAS、STCW

等公约和规则的规定，乘客享有应急优先权。在救生艇所属乘客全部登艇后，如果仍有空余空间，邮轮员工才能登艇。

四、落水事件

邮轮在海上航行过程中，如果发生人员落水事件，或者是发现水中有人漂浮待救时，根据 SOLAS 和 STCW 等公约和规则的规定，邮轮服务人员应按照以下规范来应对。

首先，大声呼喊"左/右舷有人落水！"引起周围人员的注意。然后，立即拿取附近的救生圈，抛向落水者附近（如果是夜晚，应使用带有自亮浮灯的救生圈）。同时，请他人立即报告邮轮驾驶台。如果周围没有其他人，发现者应自己马上通过电话或对讲机等设备报告驾驶台，说明方位、大致距离和自己的位置。邮轮服务人员应始终保持落水者在自己的视线之内，直至邮轮专门的救援人员到达后，为其指明落水者位置。

【工作任务】

了解并掌握应对邮轮安全类事件的服务规范和礼仪，完成情景模拟训练。

【任务准备】

1. 复习应对邮轮安全类事件的服务规范和礼仪细节。

2. 学生之间交流讨论。

3. 学生分组确定角色，模拟情景，准备训练所需的灭火器、对讲机、集合站名单、工作马甲、工作帽和指示牌等器材。

【任务实施】

实训安排

实训时间	0.5 小时
实训目的	掌握应对火灾和弃船事件的服务规范和礼仪技巧
实训要求	严格按照所学礼仪规范要求进行

训练标准与要求

实训内容	操作标准	基本要求
应对火灾和弃船事件的服务规范和礼仪	(1)发现火情,针对火灾类型,立即寻找附近适当的灭火器,扑救火灾; (2)火灾蔓延无法扑灭,立即通过附近墙上的手动火警报警按钮向驾驶台报警; (3)迅速疏散火场附近区域的乘客和员工; (4)关闭火场周围的防火门,隔绝火灾; (5)准备好火场外的灭火设备,等待船上消防人员到来; (6)将围观乘客带离现场,并做好解释和安抚工作; (7)由于火势继续蔓延,且无法扑灭,船长决定弃船; (8)听到驾驶台发出的全船集合信号,邮轮服务人员开始从客舱搜索并疏散乘客至紧急集合站; (9)楼梯指路员指引乘客正确的集合站路线,引导乘客集合; (10)紧急集合站员工收集乘客,点名并报告驾驶台; (11)向乘客演示穿着救生衣,并协助和检查乘客救生衣穿着情况; (12)接到驾驶台命令后将乘客编组排队,有序前往救生艇集合站,并向救生艇指挥员报告; (13)得到船长命令后,在救生艇指挥员的组织下,协助所有乘客登艇弃船	严肃镇定 主动明确

【任务评价】

训练自测评分表

项目	考核标准	满分	评分
应对火灾事件	(1)保持冷静,沉着应对; (2)选择正确的灭火器,扑救火灾; (3)态度严谨,及时报告,信息明确; (4)维护良好秩序,使用规范流程	50分	
应对弃船事件	(1)工作主动,积极负责; (2)沉着镇静,动作及手势标准; (3)耐心解释,仔细检查,听从指挥; (4)乘客优先,竭力协助	50分	
满分		100分	

【随堂测验】

一、判断题

根据 SOLAS、STCW 等公约和规则的规定,弃船的最终决定须由船长(或其指定的人员)做出。(　　)

二、选择题

应对邮轮安全类突发事件的一般工作礼仪规范主要有:(　　)。

A. 严守纪律　　　B. 乘客优先　　　C. 勇于担当　　　D. 不乱猜测

【拓展阅读】

救生艇小知识

救生艇是船上最主要的救生工具,它是舰船乘员用于自救或援救海上遇险人员的专用救生小艇。在艇内座板下装有空气箱,以确保该艇全部灌满水也不会沉没。艇上备有食品、饮水、急救药品、属具、通信设备及帆、桨、篙等推进设备,有的还备有机动的推进装置。长度不小于5米,采用桨、帆或机器推进,乘员60人以上者为机动艇。

《国际海上人命安全公约》(SOLAS)和《海船救生设备规范》对船舶救生艇的配备、强度、浮性、稳性和不沉性等均有严格规定。同时,还要求:客船上的救生艇在正常气象条件下必须能在30分钟内全部降落水中。船舶即使在不利纵倾或任何一舷横倾15°的情况下也能安全降落;救生艇的布置应不妨碍其他救生设备的操作使用,所有救生艇在应急情况下即刻可用。救生艇的艇首标明所属船名和艇号,艇尾标明船籍港。救生艇平时设置在救生甲板的吊放设备上,以便于人员登艇和迅速放至水面。

救生艇具有良好的浮性、稳性和航海性能,较其他的救生工具有更大的安全性;但它的质量较大,且所占甲板面积与空间较大。救生艇应具有自然浮力,当艇内浸水和破漏通海时,仍能将满载一切属具的救生艇浮起。

救生艇按结构形式的不同可分为开敞式、全封闭式和部分封闭式等。开敞式遇4～5级以上风浪时,乘员就会受到海水侵袭,在低温或暴晒时乘员还会受到死亡的威胁。因此,《1974年国际海上人命安全公约》(SOLAS74)要求客船应配有部分封闭式或全封闭式救生艇，货船与油船应配有全封闭式救生艇。

（来源：国际船舶网．）

任务二　应对安保应急事件

【任务导入】

在邮轮旅游过程中，偶尔会发生一些与秩序和过失相关的安保事件。一般的邮轮安保类事件主要有：乘客间的纠纷与肢体冲突、被盗、被抢、被骗、被歧视、被骚扰、恐怖威胁、财产遗失和人员失踪等。当这类偶然事件发生时，邮轮乘务管理与服务人员除了按照相关的工作规程处理外，还需注意一些特定的礼仪规范。

【任务资讯】

一、应对安保应急事件的一般礼仪

1. 及时报告

当邮轮乘务管理与服务人员发现这类突发事件时，应立即向邮轮相关部门报告，并采取措施防止事态的扩大。同时，还要配合做好维护现场，收集相关证据、证物、证人的工作。

2. 主动协助

在处理这类突发事件的过程中，通常乘客受害方需要处理一些有关的法律文书和例行流程。身处异地他乡，乘客对这方面的事务比较陌生，这就要求参与事件处理的邮轮乘务管理与服务人员，积极主动地给予乘客必要的协助，使其感受到邮轮管理当局的重视和支持。

3. 情感安慰

乘客远离家乡，又遇到这类突发的事件，免不了在身心上受到挫折，情绪悲伤低落。邮轮乘务管理与服务人员应对乘客格外关注，在情感上给予安慰，生活上提供额外的照顾。这既能维持乘客的情感，以免发生其他意外，又能体现出邮轮的服务素质与水准，树立良好的社会形象。

4. 积极沟通

发生这类突发事件后，受害乘客大多希望能够尽快解决。相关的邮轮乘务管理与服务人员需要积极与各部门沟通，了解事件处理的进度，并及时与乘客做好信息的交流。有些事件的处理很复杂，在航程结束，乘客下船时仍然无法结案。此时，邮轮乘务管理与服务人员还需与岸上的公司做好沟通与交接，以便后续的跟进。

二、治安事件

根据 SOLAS、STCW、ISPS 等国际公约和规则的规定，邮轮在公海航行期间，船长在必要的时候，可以依据邮轮船舶注册国（船旗国）的法律，行使治安管辖权。在一般情况下，大型的国际邮轮上，船长一般授权邮轮副船长担任邮轮的安保官，负责和主持全船的安保、纪律和内务工作。同时，大型国际邮轮上还设有专门的保安部，并委派一位保安经理负责管理具体的安保工作。

当邮轮服务人员发现乘客间产生纠纷与肢体冲突时，应立即报告邮轮驾驶台。在接到确切的报告后，驾驶台将发布有关的暗语信号，通知和召集有关职能的管理人员和员工前往事发地，进行紧急处置。作为发现者的员工，在确保自身安全的情况下，应与附近的其他员工一起（切忌单独行动）劝阻并隔离冲突各方，做好安抚工作，等待专职安保人员到来处置。在此期间，邮轮服务人员要避免事态扩大，并且不要随意发表个人意见，以免为后续调查和处置造成不必要的麻烦。待邮轮专职安保人员到达后，应立即交由他们处理，同时主动说明自己的姓名、职位和部门，并报告事发经过，以便后续调查和跟进。在事件处理完毕后，邮轮服务人员不要向无关人员传播和扩散相关信息，尽量减小事态的影响范围，保护乘客隐私和邮轮公司声誉。

当乘客向邮轮服务人员报告自己被盗、被抢、被骗、被歧视、被骚扰等事件时，邮轮服务人员应立即核实乘客身份，了解事发经过。然后，立即向邮轮安保部门报告。如果需要保护现场时，邮轮服务人员应与其他员工一起（切忌单独行动）保护现场。在邮轮专职安保人员到达之后，邮轮服务人员应介绍双方，说明自己的身份和事情经过，并交由安保人员接手处理。邮轮服务人员不要向无关人员传播和扩散相关信息，尽量减小事态的影响范围，保护乘客隐私和邮轮公司声誉。

当邮轮服务人员通过电话、社交软件等途径，收到对本邮轮的恐怖威胁时，应保持镇静，尽可能地了解对方的详细信息和威胁的细节，并做好书面记录，如果条件允许，应进行通话录音。如果此时身边有其他同事，可暗示他们立即报告邮轮驾驶台派专职的安保人员过来与对方沟通。如果身边没有其他人，在与对方沟通完毕后，自己应立即报告邮轮驾驶台。待专职的安保人员到来后，详细报告事发经过，并提供相关的记录证明，配合他们一起进行进一步的处置。如果是收到电子邮件或书面的恐怖威胁时，邮轮服务人员也应在第一时间进行报告，并立即将有关证据交到邮轮安保部门。在整个事件过程中，邮轮服务人员严禁私自扩散和传播相关信息，以免造成恐慌和不必要的危险及意外。

三、遗失与失踪事件

为了保护乘客的财产安全，邮轮为乘客在每一间客舱都配备了保险柜，同时邮轮前台还提供额外的贵重物品保管服务。然而，由于乘客的疏忽，不慎在邮轮上遗失财物的情况偶尔也会发生。当乘客报告在邮轮上遗失财物时，邮轮服务人员应详细了解乘客个人信息和遗失财物的详细特征和事发经过，指引或带领乘客到邮轮失物招领处（通常在邮轮前台）进行查找。如果未能找到，邮轮服务人员应协助乘客，向邮轮安保部门报告，请邮轮专职安保人员与乘客会面，了解详细情况，并请他们协助进行寻找。如果乘客下船前，最终仍然未能寻获，邮轮服务人员应向乘客说明情况。如果有乘客出于保险理赔的需要，要求进行报失或报案的，邮轮前台可以请乘客填写专门的报失证明文件，并请安保部门按照其有关程序进行处理。在处理这类事件的过程中，邮轮服务人员应主动热情地给予协助，但是切忌随意给乘客任何不实的承诺，以免造成不必要的麻烦甚至是纠纷。

如果邮轮在海上航行期间，有乘客报告其亲友长时间失联（一般应在 24 小时以上），邮轮前台服务人员应详细询问并记录报告者和失联乘客的详细信息和相互关系，同时查询电脑财务系统，查看失联乘客的最新账单状况。如果发现失联乘客在这期间存在消费记录或船上活动的报名记录，则应判断该乘客无异常情况，并告知前来报告的乘客，到有关场所耐心寻找对方。如果在报告的失联期间未发现失联乘客的任何活动记录，邮轮前台服务人员应向部门领导报告，由其协调邮轮的安保部门，通过技术手段查找失联乘客在上一个停靠港的上下船状况。若确认失联乘客已经上船，邮轮安保部门应与其他对客服务部门共同进行一次现场寻找。若寻得失联乘客，则应礼貌地做好解释工作，并通知邮轮前台。如果仍然未能找到失联乘客，在副船长的批准下，邮轮前台服务人员可以进行一次全船范围的寻人广播。若有必要，可以在半小时后再广播一次。如果失联乘客与邮轮前台取得联系，前台服务人员应礼貌地做好解释工作，并通知相关管理人员。如果仍然找不到失联乘客，在副船长的指挥下，全船应进行一次整个员工区域的搜索程序，并查看失联期间邮轮外部及两舷的监控设备，以防失联乘客意外落水。当所有办法都穷尽后，如果仍然无法找到失联乘客，船长可将该乘客列为失踪人员，向邮轮下一个抵达港口的入境管理部门和警察部门报案。

【工作任务】

了解应对邮轮安保类事件的服务规范和礼仪，掌握并完成邮轮日常对客服务中较为常见的事件，例如物品遗失等情景的模拟训练。

【任务准备】

1. 复习应对邮轮安保类事件的服务规范和礼仪细节。

2. 学生之间交流讨论。

3. 学生分组确定角色，模拟乘客物品遗失报失情景，准备训练所需的工作电话、对讲机、登船卡、报失声明表、失物招领记录簿等器材。

【任务实施】

实训安排

实训时间	0.5 小时
实训目的	掌握邮轮前台服务人员处理乘客财物遗失及报失的礼仪和技巧
实训要求	严格按照实训规范要求进行

训练标准与要求

实训内容	操作标准	基本要求
乘客财物报失处理礼仪	(1) 主动向乘客问好、打招呼，并了解来意； (2) 礼貌地请乘客出示登船卡并详细描述财物详情； (3) 请乘客稍等，取出失物招领记录簿核对是否拾获； (4) 若有发现，取出拾获物品，请乘客确认并签收； (5) 若没有拾获，征询乘客意见是否报失； (6) 取出报失声明表，请乘客详细填写并签名； (7) 电话通知安保部人员前来与乘客会面，了解遗失细节并帮助寻找； (8) 前台接待员做好记录，后期如有拾获，立即通知乘客	仔细，主动，热情，耐心，表达关切，慎用微笑

【任务评价】

训练自测评分表

项目	考核标准	满分	评分
仪容仪态	(1) 良好的仪容仪表； (2) 主动热情，语言礼貌，神情关切，慎用微笑	40 分	

续表

项目	考核标准	满分	评分
查找失物及报失处理	(1)热情主动问候乘客,并请乘客出示登船卡; (2)迅速查询失物招领记录簿,确认是否拾获; (3)礼貌征询乘客意见是否报失; (4)耐心协助乘客填写报失声明表,核对签名; (5)通知保安人员前来与乘客碰面,并按礼仪规范介绍双方; (6)向乘客表达重视,若有发现,立即告知	60分	
满分		100分	

【随堂测验】

一、判断题

当乘客与船上的亲友失联,来到邮轮前台报告时,前台服务人员应立即为其提供公众广播找人服务。(　　)

二、选择题

邮轮对客服务人员应对安保应急事件的一般礼仪规范主要有:(　　)。

A. 及时报告　　　　B. 积极沟通　　　　C. 主动协助　　　　D. 情感安慰

【拓展阅读】

邮轮纪律

国际邮轮上有严格的纪律。副船长负责全船的内务和纪律。部门领导负责向员工讲解所有的纪律条款。违反纪律条款后,上级领导或副船长会根据违纪的情节和纪律条款向员工发出口头警告(Verbal Warning)、书面警告(Written Warning)或最后警告(Final Warning)。当员工在一个合同期内获得3次警告,将被邮轮辞退或开除。

乘客在邮轮旅游期间,也需要遵守邮轮的安保制度和船旗国的法律法规。当乘客出现一般的违规违法行为时,邮轮服务人员会主动制止并解释邮轮相关的规章制度。如果乘客仍然我行我素,邮轮副船长将会约谈乘客。如果乘客依旧不改,或者乘客犯有严重的违规违法行为时,船长有权对该乘客采取强制措施,并在邮轮的下一个港口将乘客驱逐下船或转交当地警方处理。

(资料来源:徐彦明.国际邮轮海乘情景英语.武汉:武汉出版社,2014.)

任务三　应对医疗应急事件

【任务导入】

由于生活环境、生活规律、起居饮食等因素的变化和改变,邮轮旅游过程中存在着一些与乘客健康相关的风险,例如突发疾病、意外受伤甚至死亡、食物中毒和公共卫生事件等。在对这类突发事件进行应急处理时,邮轮乘务管理与服务人员除了按照相关的工作规程处理外,还需注意一些特定的礼仪规范。

【任务资讯】

一、应对医疗应急事件的一般礼仪

1. 行动迅速

这类事件往往与乘客的健康甚至生命安全相关，事态紧急。邮轮乘务管理与服务人员在发现这类事件时，应果断采取行动，立即报告相关部门，并迅速采取有效的急救措施，拯救乘客生命，稳定伤病情，为后续的治疗创造条件。

2. 保护隐私

对于发生在乘客身上的这类意外事件，参与处理的相关邮轮乘务管理与服务人员应保护好乘客的个人隐私，不向无关人员进行传播和扩散。这样既能防止不必要的混乱和恐慌，又能将事件对邮轮整体运营的影响降到最低程度，维护邮轮公司的形象。

3. 热情关怀

邮轮旅游中，乘客身处异地，突发疾病或伤害，举目无亲，思想和精神上格外需要关怀。邮轮乘务管理与服务人员在与这类乘客沟通交流时，应该热情地给予乘客关心和照顾，使乘客感受到温暖。这样不仅有利于乘客恢复健康，也有利于事件的妥善处理。

4. 协调配合

处理乘客医疗类突发事件过程中，涉及的各相关方面较多。既有邮轮船上的各方，又有岸上参与的各方。既有乘客方面，也有邮轮当局方面。参与事件处理的邮轮乘务管理与服务人员，要积极做好协调配合工作，以便顺利、妥善地处理好这类事件，既照顾到乘客的感受，又要最大限度地维护邮轮公司的声誉。

二、意外伤害

根据 SOLAS、STCW 等公约和规则的要求，当邮轮服务人员发现乘客遭受到意外伤害时，都应给予力所能及的帮助。当乘客伤势较轻、意识清醒并能自主行动时，邮轮服务人员要及时与邮轮医务人员取得联系，并由两名员工一起，将乘客送至邮轮医务室，由专业医护人员来医治乘客。如果乘客伤势严重、丧失意识、无法移动时，邮轮服务人员应立即判断伤者的生命体征，同时呼喊附近的同事立即报告邮轮驾驶台，说明具体地点和受伤情况。邮轮驾驶台接到报告后，将用暗语信号召集邮轮急救小组前往事发地点。在急救小组到达之前，现场的邮轮服务人员应依据伤者的生命体征和伤情采取一切必要的急救措施，尽最大努力挽救乘客生命、减轻痛苦，为急救小组的后续抢救争取时间和创造条件。如果周围聚集大量人员围观，现场的其他邮轮服务人员应疏散围观人群，保护受伤乘客的个人隐私。当邮轮急救小组到达后，当事员工应立即报告伤者的情况和已经采取的急救措施，并由专业的邮轮医疗急救人员接手抢救工作。

邮轮管理人员应查清受伤乘客的身份，寻找其同行的亲友，并向其亲友说明事件发生的经过和邮轮方所采取的救治过程，同时征询受伤乘客本人或亲友对后续救治的意见。邮轮方应对整个事件做好详细的书面记录，以便协助乘客后期的保险理赔、法律诉讼等方面的需要。参与抢救的邮轮服务人员不得随意向无关人员传播和扩散事件的细节，保护好乘客的隐私，同时维护邮轮公司的声誉。

三、乘客患病

当邮轮对客服务人员发现乘客生病时，应主动热情地给予关怀和照顾，并寻找乘客同行的亲友前来。如果乘客病情较轻，可指引或带领乘客前往邮轮医务室就医，并提供必要协助。如果乘客病情较重，无法行动，邮轮对客服务人员应立即向上级报告，并呼叫邮轮医务人员前来诊治（如果乘客意识还清醒，应事先征得乘客同意）。如果乘客是旧病复发，邮轮对客服务人员应马上按乘客的指示在乘客身上或行李中搜寻其随身携带的药品，并协助乘客服用，然后立即向上级报告。另外，不论在什么情况下，邮轮对客服务人员都应礼貌拒绝为乘客代买药品的要求，而应请乘客前往邮轮医务室就诊，或者由邮轮的医务人员来决定。如果乘客的病情需要上岸就医，到达港口后，邮轮乘务管理与服务人员应与当地港务代理联系，安排好车辆，在邮轮医务人员的陪同下上岸就医。乘客在客舱养病休息时，客舱服务员应保持乘客客舱周围安静并关注乘客动态，适时为乘客提供帮助。邮轮管理人员也应在不打搅乘客休息的时候看望和慰问乘客，尽可能为乘客解决一些困难，例如轮椅服务、客舱送餐等，以显示出邮轮方的关怀，树立邮轮公司的良好形象。

四、公共传染疾病

邮轮上人员复杂，各种活动繁多，空间相对狭小和封闭，容易产生一些影响公众健康的疾病风险。因此，根据 SOLAS、STCW、ISM 等公约和规则的要求，邮轮管理当局会建立应对公共卫生事件的应急预案，以应对例如食物中毒、群体性不明原因疾病、重大传染病疫情等。

在日常的邮轮旅游过程中，邮轮对客服务人员应做好自身的个人卫生和工作区域卫生工作，严把食品和饮用水安全关。按照邮轮抵达的各国港口卫生检疫部门或公共卫生疾控部门的标准，做好清洁卫生消毒工作。发现乘客进入厨房、仓库等地点，应立即劝止并带离。在上下船过程中，对乘客做好相关的宣传工作，除了有包装的食品和软饮以外，其他食品饮料都不得带上邮轮。船上的食品未经许可也不能带下船。邮轮对客服务人员如果发现乘客在客舱内制作或烹煮食物，应立即劝止，并向上级报告。一旦发现乘客出现发烧、呕吐、咳嗽、腹泻等症状时应立即上报，并根据邮轮管理人员的指示启动预防措施，对患者进行观察和隔离。对患者的舱房要彻底消毒，并为乘客提供客舱送餐和医务人员上门检查服务。对患病乘客密切接触的同行亲友，也应进行检查和问询，采取各种方式阻断可能的传播途径。

【工作任务】

了解应对邮轮医疗类事件的服务规范和礼仪，掌握并完成邮轮日常对客服务中较为常见的事件，如乘客生病等情景的模拟训练。

M11-5　邮轮
防疫隔离区

【任务准备】

1. 复习应对邮轮医疗类事件的服务规范和礼仪细节。
2. 学生之间交流讨论。
3. 学生分组确定角色，模拟乘客生病情景，准备训练所需的病床、药品、毛巾、热水、呕吐袋等器材。

【任务实施】

实训安排

实训时间	0.5 小时
实训目的	掌握邮轮客舱服务人员处理乘客生病事件的礼仪和技巧
实训要求	严格按照实训规范要求进行

训练标准与要求

实训内容	操作标准	基本要求
乘客生病事件处理礼仪	(1)按标准的客舱进入礼仪敲门进房; (2)发现乘客卧病在床,立即了解乘客患病详情; (3)乘客请求代买药品,服务人员礼貌拒绝; (4)建议乘客前往邮轮医务室就医; (5)乘客行动困难,服务人员上报管理人员; (6)征询乘客意见,通知邮轮医生上门出诊; (7)诊疗完毕后,协助乘客休息养病,并将毛巾、热水、药品、呕吐袋等物品摆放在乘客容易拿取的地方; (8)祝福乘客早日康复,退出客舱,轻关房门,保持周围安静; (9)适时查看乘客动态,及时向管理人员汇报; (10)管理人员上门慰问看望乘客,安排好乘客饮食起居	细致,主动,热情,耐心,关怀,同情

【任务评价】

训练自测评分表

项目	考核标准	满分	评分
仪容仪态	(1)良好的仪容仪表; (2)主动热情,语言礼貌,神情关切,表达同情	40分	
乘客生病事件处理礼仪	(1)热情主动询问乘客病情; (2)使用礼貌的语言,耐心说明不能为乘客代买药品; (3)建议并指引乘客前往邮轮医务室,说明具体方位; (4)乘客行动困难,立即上报,征询乘客意见,联系邮轮医生出诊; (5)为卧床乘客在身边准备好生活必需品; (6)面向乘客退出客舱,轻声关好房门	60分	
满分		100分	

【随堂测验】

一、判断题

1. 当乘客生病时,为了给予乘客照顾,邮轮服务人员应该主动帮乘客购买所需的药品。(   )

2. 为了防止传染性疾病的发生,乘客登船时,除了有包装的食品和软饮以外,其他食品饮料都不得带上邮轮。(   )

【拓展阅读】

在邮轮旅游时生病了怎么办

出门在外,如果在邮轮巡航期间发生一些突发症状无法缓解,或者紧急的病症怎么办呢？尤其是一些长航线的邮轮，十几天、二三十天，还有更长的超过一百天的邮轮，一旦有医疗需求怎么办呢？

邮轮上都设有配备了基本医疗设施的医疗服务中心，他们致力于提供紧急救治和基本医护治疗，邮轮上提供的医疗服务是针对乘客和船员的紧急医疗救护，稳定病人情况，进行合理的应急治疗；经船上的医师确诊后，将重病患者和重伤员转移。

邮轮上的医疗服务中心配有有行医执照医生、护士及医疗设施。医生拥有 3 年的临床医学经验，其中包括动小手术的能力；船上一般都是紧急治疗，若是病情严重，或是在航程中生病而医生无法在船上治疗时，会根据情况建议生病客人转入岸上的医院进行更进一步的治疗。大型邮轮上的医疗设施是比较全面的，有的还有 X 光机等医疗设备，也分不同诊室。不过这些设施都要付费的，价格不是很便宜。虽然比不上世界上最先进的中国医疗船"和平方舟号"设备那么全面和多样化，不过在危难时机也能派上用场。

由于邮轮上有不少老年游客及儿童游客，老年人的一些常发病情如高血压、关节炎、糖尿病等，以及儿童的疫苗注射、感冒发烧等常发病，健身等活动时发生的一些肌肉拉伤、擦伤等小的意外事故，这些都不用担心，邮轮上的医务室基本都能解决。

为了避免因为费用高而产生的纠纷，不管你是和旅行社一起还是个人出行，都必须购买旅游保险，以便在发生这样的意外状况下可以得到保险支付。

（来源：海岸邮轮网．）

任务四　应对经营突发事件

【任务导入】

邮轮运营中，受多方面的影响，偶然也会发生邮轮经营方面的突发事件，例如邮轮航程的突然变更和延误、船上重大活动的变更和取消、乘客掉船未归、乘客重大投诉甚至霸船行为等。在应对这类突发事件时，邮轮乘务管理与服务人员除了按照相关的工作规程处理外，还需注意一些特定的礼仪规范。

【任务资讯】

一、应对经营突发事件的一般礼仪

1. 耐心诚恳

乘客乘坐邮轮出游，主要是以休闲、娱乐、度假为目的。然而，由于某些主客观原因，甚至是不可抗拒力，导致邮轮旅游活动和品质受到影响，邮轮乘务管理与服务人员一定要诚恳地表达歉意，耐心做好各项解释工作，以求得乘客的理解和原谅。

2. 细致周到

邮轮经营类突发事件产生后，乘客的邮轮体验受到影响。邮轮乘务管理与服务人员在应对和处理过程中，一定要格外细致，考虑周全，从细节上尽量弥补乘客的损失和不满，尽可能挽回邮轮公司的声誉和形象。

3. 积极沟通

邮轮乘务管理与服务人员应积极了解乘客的有关诉求，与各有关方面沟通协调，及时将最新信息和进展传递给乘客，消除乘客的各种怀疑和顾虑，取得乘客配合和信任，从而有利于促进事件处理进程，并最终得到妥善解决。

4. 做好善后

邮轮乘务管理与服务人员是乘客在整个邮轮旅游过程中最先接触到，也是最后接触到的邮轮工作人员。因此，要特别注意经营类突发事件处置后的善后工作。他们应积极了解乘客对事件处理的态度和看法，收集乘客意见并及时反馈。同时，还要了解乘客在事件后的实际困难和需求，努力协调各方予以协助和满足，以期尽可能地降低事件对乘客的负面影响。

二、航程变更

邮轮旅游过程中，邮轮经营企业、船舶自身、外部因素，甚至是不可抗拒力的影响，都有可能造成邮轮变更原定的航程。航程变更会给乘客带来严重的影响。乘客的邮轮旅游体验感将大幅降低，甚至会提出高额赔偿。因此，在出于安全和技术等方面的全盘考虑后，邮轮方做出不得不变更航程的决定时，邮轮对客服务人员应及时通过各种途径，例如邮轮广播、邮轮日报等，将邮轮航程变更的信息、原因和后续的安排与补偿方案告知乘客。邮轮对客服务各窗口岗位应增派人员应对大量乘客的问询和诉求。始终保持耐心，诚恳地向乘客做好解释工作，消除乘客的疑惑和异议，安抚乘客的情绪，取得乘客的谅解，求得乘客的合作。如果有个别乘客情绪激动、高声叫嚷、行为过激，邮轮服务人员一定要控制个人情绪，不得采取任何可能将事态升级的行为，以免事态扩大，造成不可挽回的结果。必要时，可由邮轮管理人员出面，将乘客单独请到安静的地方坐下来，心平气和地进行坦诚沟通，尽可能地满足乘客合理合法的诉求。

三、乘客掉船

乘客掉船是指由于乘客自身某些主客观原因，未能在邮轮规定的乘客回船和起航时间前返回邮轮，邮轮按时离港后，乘客滞留在当地。在邮轮航程的各个到访港口，由于港口码头调度指挥、邮轮航程安排以及码头泊位费用等原因，一般情况下，邮轮无法等待未按时归船的乘客。因此，上岸游玩的乘客下船前需要牢记归船时间和邮轮离港时间，以免掉船。

在邮轮抵达到访港的当天，邮轮对客服务人员会在邮轮日报上明确醒目地刊登当日邮轮乘客的最迟归船时间要求，并对岸上交通、码头地址、邮轮联系电话等情况进行介绍和提示，以便乘客有所准备。同时，邮轮安保人员也会在邮轮的出口舷梯处用告示牌（图11-2）或屏

```
PORT : DANANG            DATE : 25 JUL, 2019

        CREW ONBOARD – 19:00

    PASSENGER ONBOARD– 20:00

       DEPARTURE TIME – 21:00

      NEXT PORT : SINGAPORE
```

图 11-2　国际邮轮出口告示牌

幕的形式将邮轮乘客最迟归船时间、邮轮离港时间和邮轮下一个目的港名称等信息展示给每一位上岸游玩的乘客。一般情况下，乘客的最迟归船时间为邮轮离港时间前 1 小时或半小时。每一位乘客上下船时，都需要在邮轮出入口的安保检查点刷登船卡，作为记录。

乘客掉船事件一般有两种情况，一种是乘客由于某些客观原因未能按时赶回邮轮；另一种情况则是乘客主观上蓄意非法滞留当地。不论是哪种情况，为应对乘客掉船事件，负责通关事务的邮轮乘务服务人员都应在规定的乘客最迟归船时间过后通过电脑系统检查全体乘客的归船情况。如果发现系统中存在仍未归船的乘客，应立即通过客舱电话、进房寻找、公众广播或询

问乘客亲友等方式寻找乘客，落实乘客的实际情况，以防电脑系统错误。如经多方寻找未果，邮轮通关乘务服务人员应立即上报，并试图通过其亲友或旅行社联系到该乘客。若能够联系上乘客，邮轮乘务服务人员应确定乘客的安全状况和赶回邮轮所需的时间。如果乘客能在邮轮解缆离港前返还邮轮，应立即将情况报告驾驶台，并做好接应准备。如果乘客无法在邮轮解缆离港前返还邮轮，或完全联系不上乘客，邮轮通关乘务服务人员应立即上报船长，由船长做出最后决定。同时，邮轮乘务服务人员还应取出乘客的旅行证件，交于邮轮在当地的港务代理，并由其与掉船乘客和当地移民局官员办理后续事宜。邮轮乘务服务人员应通知乘客在船上的亲友，清理好掉船乘客的行李物品，并处理好乘客账务。若乘客没有亲友在邮轮上，邮轮通关乘务服务人员应会同行李员和邮轮安保人员一起，清理好乘客行李物品，协调邮轮前台处理乘客的账务，待航程结束后，将行李和账单一并转交乘客或公司有关部门。

四、乘客霸船

乘客霸船是指在邮轮航程结束后乘客出于某种原因滞留在邮轮上拒绝离船的行为。乘客霸船事件虽然极少发生，但是一旦发生将会给邮轮的后续运营带来极大的不良影响，有的甚至是群体性的。邮轮方应竭力避免发生乘客霸船事件。乘客霸船的原因一般都是由于乘客认为自身的权益受到侵害，而邮轮方未能满足其诉求，或者对邮轮方提出的解决方案无法接受或不予信任。乘客拒绝离船，不但影响邮轮后续航次乘客的行程，同时其自身也会构成违法行为。

当邮轮对客服务人员发现乘客有霸船行为的苗头时，应立即上报，做好预警。邮轮方应就乘客的诉求进行积极沟通和坦诚协商，尽最大努力满足乘客合理合法的要求，尽可能将事态消灭在萌芽状态。然而，由于乘客的认知能力、法律意识、缺乏信任等原因，最终发生乘客霸船事件，邮轮方应立即向相关行政管理部门和公安部门报告，与他们一起与乘客进行沟通。告知乘客所拥有的合法权益，宣传相关的法律法规，以及正当、合理、合法的维权途径，积极劝止霸船行为，依法下船。当劝阻无效且必要时，相关行政管理部门和公安机关可依照有关法律采取必要强制措施，制止乘客的霸船行为。

【工作任务】

了解应对邮轮经营类事件的服务规范和礼仪，掌握并完成邮轮经营中容易发生的乘客掉船等事件的模拟训练。

【任务准备】

1. 复习应对邮轮经营类事件的服务规范和礼仪细节。

2. 学生之间交流讨论。

3. 学生分组确定角色，模拟应对乘客掉船事件，准备训练所需的告示牌、电脑、电话、广播麦克风、护照等器材。

【任务实施】

实训安排

实训时间	0.5 小时
实训目的	掌握邮轮通关服务人员处理乘客掉船事件的礼仪和技巧
实训要求	严格按照实训规范要求进行

训练标准与要求

实训内容	操作标准	基本要求
乘客掉船事件处理礼仪	(1)在邮轮出口舷梯处设立告示牌,标明乘客归船时间等信息; (2)到达归船时间后,查询电脑系统全体乘客归船状况; (3)发现系统显示2名乘客未归船; (4)立即打电话到2位乘客客舱; (5)确认1名乘客已归船,修改电脑系统; (6)派人至乘客舱房,并通过邮轮前台,进行广播,寻找另1名乘客; (7)寻找未果,立即报告上级; (8)设法通过旅行社获得乘客联系方式,并联系乘客; (9)无法联系到乘客,立即报告船长; (10)取出乘客护照,邮轮开船前,交给邮轮当地的港务代理; (11)协调前台、行李员和保安,分别处理乘客账务和行李物品	迅速,主动,仔细,准确

【任务评价】

训练自测评分表

项目	考核标准	满分	评分
系统查询	(1)严格按照规定时间查询电脑系统; (2)仔细与邮轮安保人员查询是否仍有乘客在排队登船	20分	
船上寻找	(1)打电话至乘客舱房,礼貌地表明身份,说明意图; (2)确认乘客身份后礼貌致谢; (3)准确修改电脑系统,并将未联系上的乘客信息上报; (4)经上级同意后,按照公众广播礼仪规范进行寻人广播; (5)与乘客的旅行社或亲友取得联系,查询乘客联系方式; (6)尝试与未归船乘客取得联系	50分	
部门协调	(1)及时向船长报告未归乘客情况; (2)将乘客护照交给港务代理,并签收; (3)协调邮轮前台、行李员和安保人员处理乘客账务和行李事宜	30	
满分		100分	

【随堂测验】

一、判断题

在一般情况下,乘客的最迟归船时间就是邮轮离港时间,两者没有什么区别。(　　　)

二、选择题

邮轮对客服务人员应对经营突发事件的一般礼仪规范主要有(　　　)。

A. 细致周到　　　B. 耐心诚恳　　　C. 做好善后　　　D. 积极沟通

【拓展阅读】

霸船者违反民事法律法规

邮轮上发生的一些事情会让旅客变得非常沮丧、甚至气愤,如因天气等不可抗力原因导致邮轮延迟出发或取消原定挂靠的国外港口("跳港"),又如因国外港口办理签证政策突变导致旅客无法上岸游玩。但中国旅客必需学会克制,待回国上岸之后采取法律手段向邮轮经营公司及其他相关方主张权利,绝不能自身参与或组织、教唆、胁迫他人参与霸船,或给参与者、组织者、教唆者、胁迫者（"霸船者"）提供帮助。否则，旅客将涉嫌违法、受到制裁。

霸船者因其霸船行为可能违反以下民事法律法规，须承担赔偿责任。民事法律主要包括合同和侵权两类法律。

（1）霸船者可能违反合同条款。

（2）霸船者可能违反《雅典公约》和《海商法》关于邮轮旅游运输合同的规定。

（3）霸船者可能违反《旅游法》关于邮轮旅游服务合同的规定。

（4）霸船者可能违反《合同法》。

（5）霸船者可能侵害其他方权益，应根据《侵权责任法》承担责任。

总之，霸船者行为违法，后果严重，游客应远离霸船。如有争议，游客应在下船后运用法律武器向邮轮方、旅行社主张权益，也可向交通运输、旅游主管部门及其他机构进行投诉。

（资料来源：林江. 邮轮经济法律规制研究：上海宝山实践分析. 上海：复旦大学出版社，2019.）

【项目小结】

邮轮的运营过程环节很多，受内外部众多方面的影响，如果管控不到位很容易发生各类意外和紧急情况。邮轮乘务服务工作的质量水平不仅体现在邮轮正常状态下的各项服务上，同时也体现在邮轮紧急状态下所表现出来的各种职业素养和礼仪规范。通过本项目的学习，学生了解了邮轮服务人员在应对各类紧急事件时所应遵循的工作规范、礼仪细节、注意事项和禁忌。在理论学习的基础上，通过实训得以巩固和提高，以便在今后的实习和上岗工作时快速进入角色，顺利处理工作中可能遇到的疑难问题。

【自我总结】

学习了本项目的：＿＿＿其中，令我感触最深的是：＿＿＿，过去，我的习惯是：＿＿＿。现在，我知道了应该这样做：＿＿＿。

因此，我制定了我的礼仪提高计划：＿＿＿。

项目十二

主要客源国礼仪及禁忌 ‹‹‹‹‹‹‹‹

12

【学习目标】

【素质目标】

1. 了解我国相较于其他国家的优势与差距，增强学生的民族自豪感和文化自信；

2. 通过学习掌握主要客源国礼仪与禁忌，提升跨文化交际能力，为我国邮轮产业发展添砖加瓦。

【知识目标】

1. 熟悉主要客源国在饮食习惯、风俗民情、礼貌礼节等方面存在的区别；

2. 掌握主要客源国的礼仪与禁忌。

【能力目标】

1. 能够在邮轮工作岗位中根据不同地区礼仪要求为客人提供优质服务；

2. 提高个性化服务水平，增强职业变化的适应能力和应变能力。

任务一　熟知亚洲部分国家习俗

【任务导入】

亚洲（Asia）是世界上面积最大的洲，也是人口最多的一个洲，人口45亿多（2020年统计），大致分为亚细亚和亚利安两大人种。亚洲是世界三大宗教的发源地，现在亚洲国家很多居民信奉佛教，其次是伊斯兰教，也有一部分信奉基督教。亚洲地区的主要客源国有日本、韩国、印度、泰国、新加坡、菲律宾、印度尼西亚等。在历史上亚洲国家之间交往频繁，关系密切，因此彼此影响，许多国家民族的文化风俗、礼节礼仪有相近之处。现在亚洲地区是全球邮轮旅游市场中发展最快的地区，亚洲国家和地区参加邮轮旅游的人数每年递增，因此，对于亚洲地区一些主要国家的礼仪习俗需要有些了解，以便更好地开展邮轮旅游服务工作。

【任务资讯】

一、日本

1. 简介

日本国是亚洲东部的一个群岛国家，陆地面积约 37.8 万平方公里，包括北海道、本州、四国、九州四个大岛和其它 6800 多个小岛屿，人口约 1 亿 2536 万（2021 年 7 月）。首都东京（Tokyo）。日本的国旗为白色，正中绘有一轮圆形红日。国歌为《君之代》。国花为樱花。国语为日语。货币名称为日元。1972 年 9 月 29 日同中国建交。

日本民间有很多传统节日，元旦（1 月 1 日）；成人节（1 月的第二个星期一），年满 20 岁的男女穿着盛装举行成人仪式；女童节（3 月 3 日），即偶人节；男童节（5 月 5 日），又称"子供日"；天皇诞辰日：12 月 23 日（明仁天皇生于 1933 年 12 月 23 日）。每逢佳节，人们都要举行庆典活动和各种仪式。

2. 礼貌礼节

日本人见面时要互致问候，行鞠躬礼，15 度是一般礼节，30 度是普通礼节，45 度是最尊敬礼节。鞠躬要脱帽，眼睛向下，表示诚恳、亲切。初次见面，要行 90 度鞠躬礼，鞠躬礼的时间还很长，直到被送的客人离开视线才离开。交换名片，一般不握手；如果是老朋友或比较熟悉的人就主动握手，甚至拥抱。如遇女宾，女方主动伸手才可握手，但不要用力握或长时间握手。见面时常说"拜托您了""请多关照"等话。

日本人一般不用香烟待客，如客人要吸烟，应先征得主人的同意，以示尊重。当以酒待客时，他们以为让客人自己斟酒是失礼的，应由主人或侍者斟酒为妥，在斟酒时壶嘴不能碰杯口。客人以右手持杯、左手托杯底接受斟酒为礼。一般情况下，客人要接受第一杯酒，而第二杯酒可以谢绝。如不喝酒时，不可独自将酒杯向下扣放，应等众人喝完后才可一起扣放，否则就是失礼的行为。

M12-1　初到日本的小美

日本人拜访他人时一般避开清晨、深夜及用餐等时间。在进日本式房屋时要先脱鞋，脱下的鞋要整齐放好，鞋尖向着房间门的方向，这在日本是尤其重要的。日本人在拜访他人时时常带些礼物，盛行送礼。"不给别人添麻烦"是日本人的生活准则。在公共场所很少有人大声喧哗或吵闹。在一般场合，日本人谈话声音轻，很少大笑，特别是女性，即使是遇到很高兴的事也往往用手掩嘴轻轻微笑，否则会被认为是失态、少教养的行为。日本人在正式场合，一般穿礼服。即使在一般场合，光穿背心或赤脚也是失礼的。日本女性爱化妆，大多数女性不化妆不出门，即使在校大学生也不例外。

日本茶道和花道盛行。日本人赋予饮茶以丰富的内涵，并逐渐形成了具有日本民族特色的文化形式。日本的茶道为款待尊贵的客人而举行，讲究高雅简朴，和敬清寂，一般在面积不大的茶室进行。由茶师按一定规程用竹制小匙把茶叶放在碗里，沸水冲泡后依次递给宾客品茶。花道是一种插花艺术，是日本的室内装饰艺术，是一种富有乐趣的民间技艺。茶道和花道不仅是款待客人的礼仪和装点生活环境的情趣，而且还显示了日本妇女所具备的文化修养。

3. 饮食习惯

日本人以熟食为主，也喜生食。著名的日本风味食品有生鱼片、寿司和鸡素烧等。一日三餐中重视晚餐，喜喝酒，以啤酒、清酒为主，偶尔也喝中国的绍兴酒、茅台酒、英国的威士忌、法国的白兰地等。讲究餐具的美观和功能，除用陶瓷、金银、木制器外大量使用较保温的漆器。请客时第一个开始用餐的不是主人而是主宾，其他客人和主人要等主宾拿起筷子才能进餐。喜欢餐前餐后喝一杯茶，特别喜欢喝绿茶。日本人早餐喜欢喝热牛奶、吃面包、稀饭等。午餐和晚餐吃大米饭，副食品主要是蔬菜和海鲜。日本人爱吃鱼，鱼的吃法很多，但都要把鱼刺去掉，无论怎样吃都不能用刀子把鱼切碎，只能一口吃下。还有吃生鱼片的习惯，吃时一定要配辣根，以便解腥杀菌。每逢喜事，日本人爱吃红豆饭，不加任何调料，只在碗里撒一些芝麻盐，十分清香适口。"便当"和"寿司"在日本是受欢迎的两种传统方便食品。"便当"就是盒饭，"寿司"就是人们在逢年过节时才吃的"四喜饭"。日本人喜欢吃清淡、油腻少、味鲜带甜的菜肴。还爱吃牛肉、清水大蟹、海带、精猪肉、豆腐等，但不喜欢吃羊肉、肥肉和猪内脏。喜欢吃中国的广东菜、北京菜、上海菜。日本人吃水果偏爱瓜类，如西瓜、哈密瓜、白兰瓜等。

4. 禁忌

（1）送礼时，忌送玻璃、陶瓷等易碎物品，也不将有狐狸、獾、菊花等图案的物品送人。菊花是日本皇族的标志，尤其是黄色16瓣的菊花，被认为是日本皇族的徽号，一般不能用来送礼。日语"梳子"和"苦死"谐音，因此也不以梳子送礼。

（2）忌"9""4"等数字，因日语中"4"发音近"死"，所以住饭店不要把他们安排在四号楼四层或第四餐桌等；"9"发音与"苦"相似。日本商人忌2月和8月，因为这两个月是营业淡季。送日本人婚礼时礼金要避免偶数，因为他们认为偶数是2的倍数，容易导致夫妻分裂。

（3）忌绿色，认为绿色是不祥之兆；忌紫色，认为紫色不牢靠。

（4）忌倒贴邮票，因为这表示绝交。忌三人并排合影，认为中间的人有受制于人之嫌，是不幸的预兆。

（5）讨厌金银眼的猫，认为看到这种猫的人要倒霉。

（6）日本人用筷有八忌，忌舔筷、迷筷、移筷、扭筷、剔筷、插筷、跨筷、掏筷。

（7）忌讳在用餐的过程中整理自己的衣服或用手抚摸、整理头发，因为这是不卫生和不礼貌的举止。

二、韩国

1. 简介

韩国位于亚洲东北部、朝鲜半岛南部，与我国山东半岛隔海相望，面积10.329万平方公里，人口约5200万。为单一民族，通用韩国语。国旗是太极旗。国歌为《爱国歌》。国花为木槿花。货币名称为韩元。1992年8月24日同中国建交。

2. 礼貌礼节

与韩国人初次见面常以交换名片相识。晚辈见长辈、下级对上级规矩很严格：握手时，应以左手轻置右手腕处，躬身相握，以示恭敬；与长辈同坐，要挺胸端坐，绝不能懒散；用餐时，不可先于长者动筷；若想抽烟，须征求在场的长辈同意。在公共场所不大声说话，颇为稳重有礼。

在韩国，如应邀去韩国人家里做客，要先约定时间并准时赴约，进入室内时将鞋子脱下留在门口是不可疏忽的礼仪。按习惯要带一束鲜花或一份小礼物，并用双手奉上。韩国人很爱面子，不能当面指责他们，不能使用"不"来拒绝他们，需婉转地表达不同意见。

3. 饮食习惯

主食为米饭和打糕，爱吃辣椒、泡菜、大蒜，讲究喝狗肉汤，吃烤肉、明太鱼干等高热量的食物。韩国人早餐不吃稀饭。他们爱吃辣，为有热气腾腾的辛辣食物而自豪。韩国人平时喜食干香绿豆芽、肉丝炒蛋、肉末线粉、干烧鳜鱼、辣子鸡丁、四生火锅等菜肴。对他们来说，汤是每餐必不可少的。最爱吃的是"炖汤"，这是用辣椒酱配以豆腐、鱼片、泡菜或其他肉类和蔬菜等烹制而成。酱是韩国各种菜汤的基本佐料。韩国人喜欢吃牛肉、精猪肉、鸡和海味，不爱吃羊肉、鸭和肥猪肉。此外，也爱吃用腊肉调成的生拌凉菜。许多年轻人偏爱吃西餐。

4. 禁忌

（1）韩国人忌讳的数字是"4"。"4"在朝鲜语中的发音、拼音与"死"字完全相同，许多楼房的编号严忌"4"字，军队、医院、餐馆等也不用"4"编号。在饮茶或饮酒时，主人总是以1、3、5、7的数字来敬酒、献茶、布菜，并力避以双数停杯罢盏。

（2）韩国人不以食品作礼物，一般不能当面打开礼品盒。

（3）与韩国人交谈，要避免议论有关社会政治等话题。

（4）韩国人进门脱鞋，忌脚尖朝外。

三、印度

1. 简介

印度是南亚次大陆最大国家。东北部同中国、尼泊尔、不丹接壤，孟加拉国夹在东北国土之间，东部与缅甸为邻，东南部与斯里兰卡隔海相望，西北部与巴基斯坦交界。东临孟加拉湾，西濒阿拉伯海，海岸线长5560公里。人口13.9亿，居世界第2位。首都新德里。国旗呈长方形，长与宽之比为3∶2，自上而下由橙、白、绿三个相等的横长方形组成，白色长方形中心绘有24根轴条的蓝色法轮。国歌为《人民的意志》。国花为荷花。印地语为国语，英语为官方语言。货币名称为印度卢比。1950年4月1日同中国建交。印度的国庆日（共和国日）为1月26日（1950年）。

2. 礼貌礼节

印度是一个东西方文化共存的国家，有的印度人见到外国人用英语问候"您好"，有的则双手合十。男人相见或分别时有时也握手，但不能和印度妇女握手。晚辈为表示对长辈的尊敬，常在行礼时弯腰摸长者的脚。妻子送丈夫出远门，最高的礼节是摸脚跟和吻脚。迎接贵宾时，主人献上花环，套在客人的颈上，花环的大小视客人的身份而异。

印度人在交谈时，用摇头或歪头表示"是"，点头表示"不是"。许多印度妇女在他们额部靠近两眉中间涂饰一个彩色的圆点，印度人称之为"贡姆贡姆"，我国人称之为"吉祥点"。

3. 饮食习惯

印度人以米饭为主食，也喜欢吃印度烙饼，副食有鸡、鸭、鱼、虾、蛋及蔬菜。特别爱吃马铃薯（土豆），认为是菜中佳品。口味清淡，不喜油腻。不吃菇类、笋类及木耳。咖喱是饭菜离不开的调料。印度人吃素食者较多。印度人一般不喝酒，甚至有的人对酒相当反感。印度人喜欢饮茶，其饮茶方式别具一格，一般把茶斟入盘中，用舌头舔饮。

4. 禁忌

（1）印度人忌白色，认为白色象征着内心的悲哀，所以人们习惯于用百合花作悼念品，黑色亦被认为是不祥的颜色。

（2）把1、3、7视为不吉利的数字。

（3）忌用澡盆给孩子洗澡，认为盆中之水是"死水"，用澡盆给孩子洗澡是不人道的行为。

四、泰国

1. 简介

泰国位于中南半岛中部，自然条件得天独厚，地形以平原为主。泰国地处热带，绝大部分地区属热带季风气候。泰国盛产大象，尤以白象为珍贵，故有"白象国"之称。泰国面积51.3万平方公里，人口6619万（泰政府2020年发布统计公告）。首都曼谷。国旗呈长方形，长与宽之比为3：2，由红、白、蓝三色的五个横长方形平行排列构成。国花为睡莲。泰语为国语。货币名称为泰铢。1975年7月1日同中国建交。

泰国的国庆日为12月5日（1927年，国王普密蓬·阿杜德诞辰）。泰国的主要节日有：元旦，庆祝活动十分隆重。送干节（泰历4月3～16日），"送干"在泰语中是"求雨"的意思，因泰国的送干节内容和缅甸的泼水节相似，故又称"泼水节"。水灯节，又称佛光节（泰历12月15日），是泰国传统节日之一，它不仅是喜庆丰收、感谢河神的节日，也是青年男女追求爱情和祈求神佑的欢乐日子。春耕礼（泰历5月），是由国王亲自主持的宫廷大典之一。泰国民间在农闲时还有斗鸡的习俗。每年11月的第三个周末是象节。

2. 礼貌礼节

泰国人见面时不握手，而是双手合十为礼。双手抬得越高，越表示对客人的尊重，但双手的高度不超过双眼。受礼方也应以合十礼相还。如晚辈向长辈行礼时，双手合十要举过前额，长辈合十回礼时双手不必高过前胸。朋友相见，双手合十于鼻尖处，稍稍低头，互相问好。握手礼只在政府官员、学者和知识分子中盛行，男女之间不行握手礼。泰国人一般用名字来称呼对方，如"建国先生""秀兰女士"等。在泰国，若有位尊者或长者在座，晚辈只能坐在地上，或者蹲跪。以免高于长辈头部，否则是极大的失礼。

泰国男子穿衬衫、长裤；女子上着长袖短衫，常披帷幔，下着筒裙，今天喜穿裤子的妇女日渐增多。泰国人习惯用右手吃饭，左手用来拿一些不太清洁的东西，因此给别人递东西时用右手，表示尊敬。给长者递东西必须用双手，一般人递东西要用右手，表示尊敬，如不得已用左手时，要说一声"请原谅，左手"。逢喜庆节日喜欢请9人聚会。泰文中"9"是吉祥之音，是向上、兴旺、发达的意思，同时泰文中"9"像一头大象，是吉祥的象征。

3. 饮食习惯

泰国人以米为主食，副食主要是鱼和蔬菜。早餐多吃西餐，午餐和晚餐爱吃中国的广东菜和四川菜。特别爱吃辣椒，"没有辣椒不算菜"。不喜欢酱油，不爱吃牛肉和红烧的菜肴，也不习惯放糖。泰国"竹筒饭"远近闻名，是把糯米和椰酱放在里面，在火上烧烤。吃饭不用匙筷，喜欢用右手抓着吃。泰国人特别喜欢喝啤酒，也爱喝白兰地兑苏打水。喝咖啡、红茶时，爱吃小蛋糕和干点心。饭后有吃苹果、鸭梨等习惯，但不吃香蕉。吃西瓜、菠萝时习惯蘸盐末或辣椒末，别有风味。槟榔和榴梿是他们爱吃的水果。

4. 禁忌

（1）泰国人最忌讳触摸别人的头部，认为头颅是智慧所在，神圣不可侵犯。

（2）睡觉时忌头朝西，因为日落西方象征死亡。人坐着，忌他人拿东西从头上掠过。住宅门口忌悬挂衣物，特别是内裤。

（3）忌用红笔签名，因为人死后用红笔将其姓名写在棺木上。

（4）孕妇不能参加火葬仪式，不能探望重病人。禁止丑陋之人或残疾人尾随孕妇。

（5）脚被认为是低下的，忌把脚伸到别人跟前。就座时，最忌跷腿，把鞋底对着别人，这样被认为是把别人踩在脚底下，是一种侮辱性的举止。

（6）到泰国朋友家做客，万不可踏门槛，因为泰国人认为门槛下住着神灵，踩下去是万万不行的。

五、新加坡

1. 简介

新加坡位于东南亚，是马来半岛最南端的一个热带城市岛国。面积为 728.6 平方公里（2021 年），总人口 568.6 万（2021 年），公民和永久居民 404.4 万。马来语为国语，英语、华语、马来语、泰米尔语为官方语言，英语为行政用语。

首都新加坡。国旗由上红下白两个相等的横长方形组成，长与宽之比为 3∶2，左上角有一弯白色新月和五颗白色五角星。国歌为《前进吧，新加坡！》。国花为卓锦·万代兰（兰花的一种）。货币名称为新加坡元。1990 年 10 月 3 日同中国建交。

8 月 9 日是新加坡的独立日；新加坡的重要节日有华人新年：每年 1 月或 2 月的农历新年；中秋节：农历八月十五；开斋节：回历 10 月新月出现之时；泰米尔新年：4、5 月间；大宝森节：泰米尔历的 1、2 月间；食品节：4 月 17 日；蹈火节：10、11 月间；卫塞节：5 月的月圆日；圣诞节：12 月 25 日；复活节：3 月 21 日月圆后的周日。

2. 礼貌礼节

新加坡华人见面时作揖、鞠躬或握手，印度血统的人仍保持印度的礼节和习俗，马来血统、巴基斯坦血统的人则按他们的礼节行事。他们的礼貌口号是"真诚微笑"，生活信条是"人人讲礼貌，生活更美好"。新加坡人崇尚尊老敬贤，父母或长辈讲话时不能插话。新加坡重视礼貌教育，自 1979 年起，新加坡每年都开展为期两个月的礼貌运动，文化总署印发了《礼貌手册》。新加坡人在服饰上具有华夏遗风，与我国南方一些地区的着装习惯很相似。华人衣着清爽，女士们大多穿裙子，男士文职人员着装较规范，学生穿校服。

3. 饮食习惯

主食为米饭、包子；也爱吃花卷、银丝卷，不吃馒头；下午常吃点心；副食主要为鱼虾等海鲜，如炒鱼片、炒虾仁、油炸鱼等，喜爱吃牛肉、羊肉、鸡肉等。他们讲究吃快餐，注重菜品的营养成分，喜欢清淡带甜的口味，不信佛教的人喜欢吃咖喱牛肉；爱吃桃子、荔枝、梨等水果。早餐喜欢吃西餐，午餐和晚餐偏爱中国广东菜。流传饮食歌谣："潮州果条福建面，广府叉烧海南鸡，北方水饺湖南辣，客家狗肉上海糕。"

4. 禁忌

（1）新加坡人忌黑色和黄色。

（2）数字上忌讳 4、7、8、13、37 和 69。

（3）忌乌龟图案，认为是不祥的动物。

（4）忌说"恭喜发财"之类的话，认为这有教唆他人发"横财"和"不义之财"的意思。大年初一忌扫地，认为这一天扫地会把好运气扫走。

（5）和新加坡人谈话，一般忌谈宗教与政治。

（6）在新加坡，嘴里叼着香烟走路，以及随地吐痰、吐唾沫、扔垃圾等要罚款。

（7）忌把吃了一半的鱼翻过来。

（8）忌男子留胡须、留长发。

六、印度尼西亚

1. 简介

印度尼西亚位于亚洲东南部，地跨赤道，是世界上最大的群岛国家，由太平洋和印度洋之间 17508 个大小岛屿组成，其中约 6000 个有人居住。陆地面积为 1913578.68 平方公里，海洋面积 3166163 平方千米（不包括专属经济区），素称千岛之国。人口 2.71 亿（2020 年 12 月），世界第四人口大国。官方语言为印尼语。

首都雅加达。国旗旗面由上红下白两个相等的横长方形构成，长与宽之比为 3∶2。国歌为原印尼民族党党歌。国花为茉莉花。货币名称为盾。1950 年 4 月 13 日，印度尼西亚同中国建交。

印度尼西亚的国庆日为 8 月 17 日。其他节日有：元旦（1 月 1 日）；全国体育节（9 月 9 日）；母亲节（11 月 12 日）；开斋节（公历二三月间）；静居日（巴厘历十月初一）。

2. 礼貌礼节

与印度尼西亚人见面可以握手，也可以点头示意。宾主初次见面一般要交换名片。印尼人懂礼貌，重深交，讲旧情，老朋友在一起可以推心置腹，但决不讲别人的坏话。印度尼西亚人十分尊重老人和妇女，遇到行动不便的长者时都能主动上前搀扶。在递送物品时要用右手而不能用左手，也不用双手。

3. 饮食习惯

印尼人喜欢吃大米饭和中国菜，早餐一般喜欢吃西餐。副食喜欢吃牛、羊、鱼、鸡之类的肉与内脏。爱吃中国菜，如香酥鸡、宫保鸡丁、虾酱牛肉、咖喱羊肉、炸大虾、青椒肉片等。爱饮红茶和葡萄酒、香槟等果酒饮料。一般不宜介绍猪肉食品，带骨的菜肴也不受欢迎，印尼无论是肉类、鱼类都要加上很多的辣椒或胡椒为佐料。

4. 禁忌

（1）忌食猪肉，忌饮烈性酒，也不吃带骨带汁的菜和鱼肚等。

（2）爪哇人忌夜间吹口哨，认为会招来游荡的幽灵或挨打。

（3）在印尼人家里切莫抚摸小孩的头，否则对方会翻脸。

（4）忌讳乌龟，认为乌龟给人以"丑陋""污辱"等极坏的印象。

七、菲律宾

1. 简介

菲律宾位于亚洲东南部，北隔巴士海峡与中国台湾地区遥遥相对，南和西南隔苏拉威西海、巴拉巴克海峡与印度尼西亚、马来西亚相望，东临太平洋，西濒南中国海。由 7107 个大小岛屿组成，总面积 29.97 万平方千米。人口约 1.1 亿（2021 年）。国语是以他加禄语为基础的菲律宾语，英语为官方语言。

首都马尼拉。国旗呈横长方形，长与宽之比为 2：1，靠旗杆一侧为白色等边三角形，中间是放射着八束光芒的黄色太阳，三颗黄色的五角星分别在三角形的三个角上。国歌为《马达洛菲律宾进行曲》。国花为"三巴吉塔"茉莉花。他加禄语为国语，英语为通用语言。货币名称为比索。1975 年 6 月 9 日同中国建交。

菲律宾的重要节日有国庆日：6 月 12 日（1898 年）；自由日：2 月 25 日；巴丹日：4 月 9 日（纪念二战阵亡战士）；五月花节：5 月最后一个星期日；国家英雄日：8 月 27 日；英雄节（纪念民族英雄黎刹就义）：12 月 30 日。

2. 礼貌礼节

菲律宾人日常见面无论男女都握手，男人之间有时也拍肩膀。遇见长辈时，要吻长辈的手背，或者拿起长者的右手碰自己的前额，以示尊敬。若有长辈和长者在场，不能将双脚交叉跷起或分开。若有女子在座，男子更要稳重有规矩。菲律宾人常把茉莉花串成花环套在宾客的脖子上以示尊敬。

3. 饮食习惯

菲律宾人的饮食一般以大米、玉米为主。农民煮饭前才舂米。米饭是放在瓦罐或竹筒里煮，用手抓饭进食。菲律宾人最喜欢吃的是椰子汁煮木薯、椰子汁煮饭。玉米作为食物，先是晒干，磨成粉，然后做成各种食品。城市中上层人大多吃西餐。菲律宾的名菜有烤乳猪，即烤小猪；巴鲁特，即煮熟的孵化到一半的鸡蛋；阿恰拉，即炒番木瓜、洋葱、蔬菜片加胡椒；鲁必亚，将虾、鸡肉、猪肉和可可混合烧煮而成；阿道包，将蘸了醋的鸡肉或猪肉焖透，使得肉本身又滑又烂；还有烤猪腿、香蕉心炒牛肚，等等。菜常用香醋、糖、辣椒等调味。他们最喜欢喝啤酒。

4. 禁忌

（1）菲律宾人忌讳"13"，认为"13"是凶神，是厄运和灾难的象征。

（2）忌用左手取食或传递物品。

（3）菲律宾马来族人忌用手摸他们的头部和背部，认为触摸头部不尊敬，触摸背部会给人带来厄运。

（4）忌茶色和红色。

（5）忌谈政治、宗教等敏感话题。

八、马来西亚

1. 简介

马来西亚面积约 33 万平方公里，人口 3270 万。马来语为国语，通用英语，华语使用较广泛。首都吉隆坡。国旗呈横长方形，长与宽之比为 2：1，主体部分由 14 道红白相间、宽度相等的横条组成。左上方有一深蓝色的长方形，上有一弯黄色新月和一颗 14 个尖角的黄色星。国歌为《月光》。国花为木槿。货币为林吉特。1974 年 5 月 31 日同中国建交。

8 月 31 日是国庆日即独立日。主要节日有：开斋节、春节、花卉节、国庆节、哈吉节、屠妖节、圣诞节、圣纪年、"五·一"节、卫塞节、最高元首（在任）诞辰。

2. 礼貌礼节

马来西亚人见面时行鞠躬礼。男子行礼时，右手抚于胸前鞠躬，以示敬意。去访问做客时，衣冠整洁，按时赴约。马来人的内厅是祈祷和做礼拜的地方，因此进屋应脱鞋。传统服装宽大舒适，遮手盖脚，平时男子穿长至足踝的布质纱笼，外再套一件衣袖宽松的无领衬衫"巴汝"，逢年过节腰上围一条"三宾"短纱笼，头戴一项白色无边帽，叫"送谷"，脚穿皮鞋。女子穿无领长袖的连衣裙。今天马来人上班都穿轻便西装，但休息时还是喜欢穿传统的民族服装。马来人外出时一般都佩戴一把 12 英寸～15 英寸的短剑。赴马来西亚从事商务活动，夏天适宜穿白衬衫、打领带和着长西裤，冬天适宜穿保守式样的正式西装。

3. 饮食习惯

大多数马来西亚人喜食牛、羊肉，饮食口味清淡，怕油腻；爱吃的其他副食还有鱼、虾等海鲜和鸡、鸭等家禽以及新鲜蔬菜。马来西亚人爱吃椰子、椰子油和椰子汁。他们用椰子油烹调菜肴，并用咖喱粉作调料。他们善于用烤、炸、爆、炒、煎等烹饪方式做菜。口味甜中带辣。欣赏中国的广东菜、四川菜。由于此处是热带，盛产水果，马来西亚人餐餐都吃各种水果。马来人进餐时，食物摆在地上的草席上或餐毯上，辣椒等佐料放在椰壳做的碗里，男子或年长妇女盘坐于地，年轻女子则屈腿而坐，均用洗净的右手抓饭菜吃。千万不可使用左手，免得被人讥笑。

4. 禁忌

（1）忌讳谈及猪、狗的话题。忌食狗肉、猪肉，忌讳使用猪皮革制品，忌用漆筷，因漆筷制作过程中使用猪血。

（2）忌用左手为别人传递东西，认为左手是不干净的。在公共场合，不论男女，衣着不得露出胳膊和腿部。

（3）忌用黄色，不穿黄色衣服，因黄色是马来西亚王公贵族的专用色。忌用白色包装纸，因这与办丧事有关。单独使用黑色认为是消极的。

（4）忌讳数字："0""4""13"。

（5）在马来西亚是禁酒的，因此在用餐时不用酒来招待客人。

（6）忌摸别人头部，因他们认为头部是神圣不可侵犯的。

（7）在首都吉隆坡，严禁男女在公开场合接吻，违者会被处以 2000 林吉特（约 530 美元）罚款或一年囚禁。

【工作任务】

熟知亚洲部分国家的习俗礼仪，完成情景模拟训练。

【任务准备】

1. 复习亚洲部分国家的习俗礼仪及禁忌。

2. 学生之间进行交流讨论。

3. 学生分组确定角色，模拟情景，熟知客源国见面礼。

【任务实施】

实训安排

实训时间	亚洲主要客源国见面礼仪训练共计 0.5 小时
实训目的	掌握亚洲主要客源国见面的基本礼仪
实训要求	严格按照实训规范要求进行

训练标准与要求

实训内容	操作标准	基本要求
亚洲主要客源国见面礼仪	(1)每组两名同学分别演示日本、马来西亚通行的鞠躬礼,泰国、印度通行的合十礼,以及亚洲其他国家通行的握手礼; (2)每组其他同学对本小组的演示进行讲解,介绍该种见面礼仪适用的国家、适用的注意事项等; (3)其他小组同学对表演进行挑错,老师点评	热情,礼貌

【任务评价】

训练自测评分表

项目	考核标准	满分	评分
日本	(1)见面时要互致问候,行鞠躬礼; (2)15度是一般礼节,30度是普通礼节,45度是最尊敬礼节; (3)鞠躬要脱帽,眼睛向下,表示诚恳、亲切; (4)初次见面,要行90度鞠躬礼,鞠躬礼的时间还很长,直到被送的客人离开视线才离开	20分	
韩国	(1)与韩国人初次见面常以交换名片相识; (2)晚辈见长辈、下级对上级规矩很严格; (3)握手时,应以左手轻置右手腕处,躬身相握,以示恭敬	15分	
印度	(1)双手合十; (2)男人相见或分别时有时也握手,但不能和印度妇女握手	10分	
泰国	(1)双手合十为礼,受礼方也应以合十礼相还,双手抬得越高,越表示对客人的尊重,但双手的高度不超过双眼; (2)如晚辈向长辈行礼时,双手合十要举过前额,长辈合十回礼时双手不必高过前胸; (3)握手礼只在政府官员、学者和知识分子中盛行,男女之间不行握手礼	15分	
新加坡	(1)华人见面时作揖、鞠躬或握手; (2)印度血统的人仍保持印度的礼节和习俗,马来血统、巴基斯坦血统的人则按他们的礼节行事	10分	
印度尼西亚	(1)与印度尼西亚人见面可以握手,也可以点头示意; (2)宾主初次见面一般要交换名片	10分	
菲律宾	(1)菲律宾人日常见面无论男女都握手,男人之间有时也拍肩膀; (2)遇见长辈时,要吻长辈的手背,或者拿起长者的右手碰自己的前额,以示尊敬	10分	
马来西亚	(1)见面时行鞠躬礼; (2)男子行礼时,右手抚于胸前鞠躬,以示敬意	10分	
满分		100分	

【随堂测验】

一、单项选择题

1. 下列哪个国家的人们忌讳说"恭喜发财"(　　)。

A. 马来西亚　　　　B. 新加坡　　　　C. 印度　　　　D. 菲律宾

2. 韩国人忌讳的数字是(　　)。

A. 4　　　　B. 6　　　　C. 9　　　　D. 13

二、多项选择题

1. 以下属于日本禁忌的有(　　)。

A. 忌绿色，认为绿色是不祥之兆；忌紫色，认为紫色不牢靠

B. 忌倒贴邮票，因为这表示绝交

C. 忌三人并排合影，认为中间的人有受制于人之嫌，是不幸的预兆

D. 讨厌金银眼的猫，认为看到这种猫的人要倒霉

2. 印度人忌讳的颜色是（　　　）。

A. 白色　　　　　　B. 黑色　　　　　　C. 紫色　　　　　　D. 绿色

【拓展阅读】

韩国的商务礼俗

前往韩国进行商务访问的最适宜时间是每年 2～6 月、9 月、11 月，尽量避开多节的 10 月以及 7 月到 8 月中旬、12 月中下旬。

韩国商务人士与不了解的人来往，要有一位双方都尊敬的第三者介绍和委托，否则不容易得到对方的信赖。为了介绍方便，要准备好名片，中英文和韩文均可，但要避免在名片上使用日文。到公司拜会，必须事先约好。会谈的时间最好安排在上午 10 点到 11 点左右，下午 2 点或 3 点也可。

韩国商人不喜欢直说或听到"不"字，所以常用"是"字表达他们有时是否定的意思。在商务交往中，韩国人比较敏感，也比较看重感情，只要感到对方稍有不尊，生意就会告吹。韩国人重视业务中的接待，宴请一般在饭店举行。吃饭时所有的菜一次上齐。

【明德强志】

中国已成亚洲最大、全球第二大邮轮客源国市场

近年来，随着人们生活水平的提高和消费需求升级，邮轮旅游需求规模迅速扩大，邮轮产业得到快速发展。以中国为代表的亚太地区邮轮市场需求激增，正在推动以大型豪华邮轮为代表的邮轮产业进入到一个"黄金时期"。同时，邮轮业产业链长、经济带动性强，发展邮轮经济对提升我国现代装备制造业、现代服务业发展具有重要促进作用，是推动制造强国、交通强国建设的重要支撑。

最近一段时间，天津的韩女士特别忙碌，她和几个老姐妹一起报了邮轮旅行团，正在准备各种出境材料。自从两年前跟女儿坐了一次邮轮，她就喜欢上了这种休假方式。"手续比出国游简单，吃住一体不用操心，价格不贵还没有强制消费，特别适合全家或者朋友结伴出游。"韩女士说。

邮轮起源于 19 世纪的欧洲，经过百余年发展，逐渐成为以大型豪华客船为载体，集吃、住、行、游、购、娱为一体的休闲旅游方式。近年来，随着我国经济社会发展、居民消费水平提高，邮轮旅游需求规模迅速扩大，邮轮业得到快速发展。

市场规模扩展快

"国际经验表明，人均 GDP 达到 5000 美元时，邮轮市场开始起步发展；人均 GDP 达到 10000 美元至 40000 美元时，邮轮市场将会快速发展。"交通运输部规划院水运所经济室主任田佳表示，近年来我国经济持续发展，2017 年人均 GDP 约合 8600 美元，北京、天津、上海、广东等 9 省市人均 GDP 均超过 10000 美元。从经济社会发展环境看，我国具备了支

撑邮轮市场快速发展的经济基础。

近年来，国际邮轮市场"东移"特征明显，亚洲及大洋洲邮轮市场规模增速远超欧美地区。以中国为代表的亚太地区邮轮市场需求激增，正在推动以大型豪华邮轮为代表的邮轮产业进入到一个"黄金时期"。

从实际情况看，过去10多年，主要是我国消费者对邮轮度假的认识阶段，是传播邮轮知识、文化的阶段。在这个阶段，市场培育已经逐步成熟，我国消费者对邮轮的接受度越来越高，尤其是家庭式、团队式出游渐成风尚。这些情况促使我国邮轮市场规模快速扩大。田佳介绍，2017年我国沿海港口共接待邮轮1049艘次，邮轮旅客运输量达到243万人次，是2010年的11倍。目前，我国已成为亚洲最大、全球第二大邮轮客源国市场。

同时，我国沿海地区也初步形成了大连、天津、青岛、上海、宁波—舟山、厦门、广州、深圳、三亚和海口等邮轮始发港。其中，上海依托良好的区位优势和客源市场，在市场中占据主导地位，占全国沿海邮轮旅客量的60%左右，旅客规模位居亚洲第一、全球第四。

据介绍，国际知名邮轮公司也已全面进入中国市场。皇家加勒比、歌诗达、丽星邮轮、地中海邮轮、公主邮轮纷纷将大型豪华邮轮布局在我国沿海港口，开辟始发出境游航线，如皇家加勒比的"海洋量子号""海洋赞礼号"、被誉为海上头等舱的"诺唯真喜悦号"等。

"在此过程中，我国形成了以东亚、东北亚为主要目的地的较成熟邮轮航线，并逐步向东南亚等地区拓展。同时，在邮轮市场发展的带动下，开始探索发展国内南海邮轮市场、转型升级长江游轮市场。"田佳说。

全产业链共同发展

"邮轮经济是以邮轮旅游为核心，以运输和旅游为纽带，集船舶制造、交通运输、港口服务、船舶供应、游览观光、餐饮酒店、金融保险、房地产、加工制造等相关产业活动于一体的经济形态。"田佳表示，邮轮业产业链长、经济带动性强，发展邮轮经济对提升我国现代装备制造业、现代服务业发展具有重要促进作用，是落实供给侧结构性改革、加快培育经济发展新动能，推动制造强国、交通强国建设的重要支撑。

目前，伴随我国邮轮市场不断壮大，港口口岸服务功能、物资供应、邮轮船队、邮轮修造、旅游组织、票务销售等相关环节也加快发展，逐步成为我国经济发展的新亮点。

在口岸服务功能方面，上海等港口城市围绕邮轮码头建设集口岸服务、餐饮酒店、滨海休闲娱乐、免税店、进口商品展销中心等功能为一体的邮轮城，为邮轮旅客提供多样化的服务体验外，也形成了一定规模的商贸经济体，较好地推进了城市商贸、旅游经济的发展。

在邮轮船供业务方面，上海等地的邮轮船供业务开始起步，目前全部新鲜果蔬、大部分冻品以及60%左右的干杂货都已实现国内采购，采购物品达到了250多种。2017年，上海邮轮物资本地采购规模达到2亿～3亿元人民币规模。大型邮轮每航次食品、酒店用品等采购规模近600万元（不含邮轮维修备品备件等）。但是，在我国采购的比例仅为10%，我国邮轮物资供应市场还有更大的潜力可挖。

在邮轮制造方面，包括中船重工、中远船务、厦船重工以及招商局工业集团等纷纷通过合资合作等方式，发展邮轮制造业，为推进我国船舶制造业转型升级、提升邮轮制造业竞争力提供了机遇。2017年中船重工与嘉年华集团、芬坎蒂尼集团签署了我国首艘邮轮建造备忘协议，计划于2023年交付第一艘豪华邮轮。招商重工于2017年4月份与Sunstone公司签订4+6艘极地探险邮轮建造合同，2019年9月份交付第一艘探险邮轮。外高桥船厂、中远舟山船厂已开展邮轮维修业务。

本土化开始起步

2015 年，我国发布了《全国沿海邮轮港口布局规划方案》，计划 2030 年前，全国沿海形成以 2 个至 3 个邮轮母港为引领、始发港为主体、访问港为补充的港口布局。"突破豪华邮轮设计建造技术""加快实现邮轮自主设计和建造"也是我国制造业发展的重点任务。

近几年来，包括海航、携程、渤海轮渡、太湖国际等中资企业通过购置二手邮轮，采取在境外注册企业，邮轮悬挂方便旗方式，纷纷拓展邮轮运营业务。目前，渤海轮渡的"中华泰山"号、太湖国际的"辉煌"号和携程的"天海新世纪"号等 3 艘邮轮仍在运营国内港口始发的母港航线，为我国本土邮轮船队的发展奠定了良好基础。

尽管我国邮轮业取得了长足发展，但总体上看，与国际成熟邮轮市场相比，尚处于起步阶段。从制造来看，中国还没有自主建造的邮轮；从运营来看，主要从事一些国外承接与港口服务，在邮轮经济中占比较低；从竞争来看，包船模式导致了中国邮轮市场长期处于低价运行状态，不利于提升品质。

"近期，邮轮公司将部分运力调整出中国市场，预示着我国邮轮市场进入了优化调整期。"田佳认为，未来随着我国邮轮市场加快发展，以及产业政策逐步完善，我国邮轮经济规模也将稳步发展。按照 2035 年我国邮轮市场规模将达 1400 万人次的判断，比照欧美邮轮经济规模简单测算，预计到 2035 年，我国邮轮经济规模将达到 4600 亿元，其中邮轮设计建造、物资供应、邮轮公司运营将分别占 25％、20％和 25％。

（资料来源：齐慧．我国已成为亚洲最大、全球第二大邮轮客源国市场——邮轮产业成经济发展新风口．经济日报，2018-8-8.）

任务二　熟知欧洲部分国家的习俗

【任务导入】

欧洲国家众多，人口相当密集，民族较多，语言各不相同。习惯上，人们把欧洲细分为东、西、南、北、中五个区域。欧洲大部分国家工业发达，国民生活水平高，吸引世界各地游客去欧洲观光游览，同时每年大量的欧洲游客也涌向世界各地，它是世界上最大的客源地区。对我国来说，欧洲的主要客源国有英国、法国、德国、意大利、俄罗斯、西班牙、瑞士、瑞典等。全球邮轮旅游产业起源于欧美贵族上层社会，欧洲市场一直都是邮轮旅游的主要客源地。

【任务资讯】

一、英国

1. 简介

英国，位于欧洲西部、大西洋的不列颠群岛上，面积 24.41 万平方公里（包括内陆水域）。人口 6708.1 万（2020 年）。官方语言为英语。首都伦敦。国旗呈横长方形，长与宽之比为 2∶1。为"米"字旗，由深蓝底色和红、白色"米"字组成。国歌为《上帝保佑女王》。官方和通用语均为英语。货币名称为英镑。

英国的节日通常有：新年，指圣诞节的 12 天假期；情人节（2 月 14 日）；愚人节（4 月

1 日）；复活节（春分月圆后的第一个星期日）。

2. 礼貌礼节

英国人很少在公共场合表露自己的感情，庄重、含蓄、自谦、富幽默感，视夸夸其谈为缺乏教养。与英国人谈话不能指手画脚，否则是不礼貌的举动，同时微笑是必需的。英国人初次相识时，一般都要握手，而平时相见则很少握手，只彼此寒暄几句，或对变化无常的天气略加评论，有时只是举一下帽子略示致意而已。在称呼方面，英国人一般对初识的人根据不同情况采取不同的称呼方式，对地位较高或年龄较长的男女，称为 Sir（先生）或 Madam（夫人），而不带姓，这是正式并带有敬意的称呼。一般情况下则使用 Mr（先生）、Mrs（夫人）或 Miss（小姐），并带上对方的姓。

英国人在日常交谈中，常使用"请""谢谢""对不起"等礼貌用语，即使家庭成员之间也是如此。"女士优先"是英国男子崇尚的绅士风度，在社交场合必须遵循的原则。在社交中英国人很注意服饰打扮，什么场合穿什么衣服都有讲究。

若请英国人吃饭，必须提前通知，不可临时匆匆邀请。到英国人家去赴宴，不能早到，以防主人还未准备好，导致失礼。

英国人从不直截了当说"上厕所"，而是说"请原谅几分钟"或"我想洗洗手"。会见要事先约定，休假日、圣诞节、复活节不要安排其他活动。送礼不要过重，晚间送礼可以送名酒、鲜花、巧克力，但不可带商标，对有公司标记的纪念品不感兴趣。英国人下班是不谈公事的，最讨厌的是在就餐时还议论公事。

3. 饮食习惯

英国人是一日四餐，即早餐、午餐、午后茶点和晚餐。英国人口味清淡，不喜吃辣。早餐喜欢吃麦片、三明治、奶油点心、煮鸡蛋、果汁或牛奶；午、晚餐以牛肉、鸡肉为主，也吃猪、羊、鱼肉。调味品放在餐桌上，任进餐者选用。英国人吃东西比较节制，狼吞虎咽或打饱嗝等都被认为是失礼的行为。他们讲究座次排列，就餐时对服饰、用餐方式等都有规定。英国人每餐都要吃水果，午、晚餐爱喝咖啡，夏天吃各种水果冻、冰淇淋，冬天则吃隔水蒸的布丁。还喜欢喝冰过的威士忌苏打水，也喝葡萄酒和香槟酒，很少喝啤酒。

英国人爱喝茶，把喝茶当做每天必不可少的享受。早晨喜欢喝红茶，他们称之为"床茶"；上午 10 时左右再喝一次名为"早茶"；下午 4 时左右喝"下午茶"；晚饭后也要来一次"晚饭茶"。英国人喝茶的习惯不同于中国，倒茶前要先往杯子里倒入冷牛奶或鲜柠檬，加点糖，主要是为了防止茶锈沾到杯子上。茶壶除了女主人外，谁都不要动。如果先倒茶后倒牛奶会被认为缺乏教养。英国人不善烹调，但英国有一些风味佳肴富于特色，如被叫做"国菜"的"烤牛肉加约克郡布丁"和"炸鱼薯片"。目前素食主义者逐渐增加。

4. 禁忌

（1）绝大多数英国人忌讳数字"13"，认为这个数字不吉利。还忌"3"，特别忌用打火机或同一根火柴同时为三个人点烟。他们相信这样做厄运一定会降临到抽第三支香烟的人身上。

（2）忌问别人的私事，如职业、收入、婚姻、存款、女子的年龄等，也不要问别人属于哪个党派。

（3）吃饭时忌刀叉与水杯相碰，如果碰响后不及时中止，将会带来不幸。

（4）忌用大象、孔雀图案，英国人认为大象是蠢笨的象征；孔雀是淫鸡、祸鸟，连孔雀开屏也被认为是自我炫耀的表现。忌用人像做服饰图案和商品的装潢。

（5）忌送百合花，认为百合花意味着死亡。

二、法国

1. 简介

法国位于欧洲大陆的西部，面积为 55 万平方公里（不含海外领地），是欧盟面积最大国家。人口 6524 万（不含海外领地）。首都巴黎。国旗呈长方形，长与宽之比为 3∶2，旗面由三个平行且相等的竖长方形构成，从左至右分别为蓝、白、红三色。国歌为《马赛曲》。国花为鸢尾花。法语为国语。

法国的国庆日为 7 月 14 日；诸圣日（也称万灵节）11 月 1 日，祭奠亲人，缅怀先烈；狂欢节在 3 月。

2. 礼貌礼节

法国人重视服饰，具有良好的社交风范，讲话开门见山，爱滔滔不绝的讲话，说话时爱用手势加强语气。与他们约会需约定时间，准时赴约是有礼貌的表现，但迟到则是习以为常。传统的法国公司职员习惯别人称呼其姓而不是名。法国人见面通行握手礼，不论什么场合都要握手。握手时间不长。但男女见面时，男子要待女子先伸出手后才能与之相握。亲朋好友相遇，以亲吻礼和拥抱礼代替握手礼。对女子表示谦恭礼貌是法国人的传统，尤其在公共场合和社交场合，男子都严格遵循"女士优先"的礼貌规则。

法国人十分注重谈话的礼貌，与人交谈时态度热情大方，语气自然和蔼。听别人讲话时，眼睛平视对方，不轻易打断别人的话。在公共场合，男子不能当众提裤子，女子不能隔着衣裙提袜子。男女一起看节目，女子坐中间，男子坐两边。喜欢有文化价值和美学价值的礼品，送鲜花给法国人是很好的礼品。

3. 饮食习惯

法国的烹调技术和菜肴居欧洲之首，他们重视烹调技艺，以煎、炸、煮、烤、熏制作的法国大菜名扬世界。法国人早餐一般喜欢吃面包、黄油、牛奶、浓咖啡等；午餐喜欢吃炖牛肉、炖鸡、炖鱼、焖龙虾等；晚餐很讲究，多吃肥嫩的猪、牛、羊肉和鸡、鱼、虾、海鲜，但忌食无鳞鱼。也爱吃新鲜蔬菜，爱吃冷盘。牛排和土豆丝是法国人的家常菜。他们还喜欢吃冷菜，且习惯自己切着吃。法国人烹调时，肉类菜不烧得太熟，如牛排三四分熟即可，有的肉最多七八分熟；牡蛎一般都喜欢生吃。

法国人口味特点喜肥浓、鲜嫩，配料爱用大蒜头、丁香、香草、洋葱、芹菜、胡萝卜等。在调味上，用酒较重。法国人爱喝啤酒、葡萄酒、苹果酒、牛奶、咖啡、红茶等。法国家家餐桌上都有葡萄酒，个人自选饮料，无劝酒的习惯。法国人不吃辣的食品，喜食清汤及酥类点心；爱吃各种水果。法国的干鲜奶酪世界闻名，它是法国人午、晚餐必不可少的食品，每人每年平均消费 18.6 千克，居世界首位。

4. 禁忌

（1）法国人交谈时忌问别人的隐私。

（2）忌黄色的花和菊花，因为人们通常把黄色的菊花放在墓前吊唁死者。

（3）忌墨绿色，因第二次世界大战期间德国纳粹军服是墨绿色。

（4）忌黑桃图案，认为不吉祥；也忌仙鹤图案，认为仙鹤是愚汉和淫妇的代称。

（5）忌送香水和化妆品给女人，因为它有过分亲热或图谋不轨之嫌。

（6）忌 13 这个数字，因此往往以 14A 或 12B 来代替。

三、德国

1. 简介

德国位于中欧西部,是欧洲邻国最多的国家。面积为 357582 平方公里,居欧盟第四。人口 8319 万,是欧盟人口最多的国家,每平方公里人口密度 233 人,是欧洲人口最稠密的国家之一。通用德语。国歌为《德意志之歌》。国花为矢车菊。首都柏林。国旗呈长方形,长与宽之比为 3∶2,旗面自上而下由黑、红、金三个平行相等的横长方形组成。德语是国语。1972 年 10 月 11 日同中国建交。

德国的国庆日是 7 月 14 日。传统节日:狂欢节,每年的 11 月 11 日 11 点起至第二年的复活节前 40 天止,持续 2～3 个月,但高潮仅是最后一周。狂欢节结束前一天一定是"疯狂的星期一",这天主要是化装大游行和大型狂欢集会和舞会。啤酒节,每年 5 月开幕,9 月最后一周进入高潮,持续到 10 月的第一周结束,也称"十月节"。此外还有新年、圣诞节、教师节、贝多芬音乐节等。

2. 礼貌礼节

德国人见面时一般也行握手礼,只有夫妻和情侣见面时才行拥抱、接吻礼。称呼习惯要称头衔,不喜欢直呼姓名。德国人在交往中准时赴约被看得很重。被德国人邀请到家中做客,尽管通常是简便的自助餐形式,但这被视为一种特殊的礼遇。被邀者可送一束鲜花给主人,鲜花中可附一张表示谢意的便条。按照德国人送礼的习俗,若送刀剑、刀叉、餐具,则应请对方送一个硬币给你,以免所送的礼物伤害你们之间的友谊。送高质量的物品,即使礼物很小,对方也会喜欢。接电话时要首先将姓名告诉对方。宴会上,一般男子要坐在妇女和职位高的人的左侧,女士离开和返回餐桌时,男子要起立,以示礼貌。与他们交谈最好谈原野风光和有关德国的及个人业余爱好和体育足球之类的运动,不要谈及篮球、垒球和美式橄榄球等运动。

3. 饮食习惯

德国是一个具有悠久饮食文化的国家,对食品的制作及就餐程序十分讲究。德国人饮食口味较重,讲究食物的含热量。德国人早餐简单,一般只吃面包、喝咖啡。午餐是主餐,喜欢吃土豆、鸡蛋、牛肉和瘦猪肉,不大吃羊肉、鱼虾、海味和动物内脏。主食是面包、蛋糕,也吃面条、米饭。晚餐一般吃冷餐,还喜欢吃甜点心和各种水果。

德国人特别爱喝啤酒,啤酒杯一般很大,一般情况下不碰杯,一旦碰杯,则需一口气将杯中酒喝光。德国人在外聚餐,在不讲明的情况下要各自付钱。

4. 禁忌

(1) 德国人最禁忌的符号是纳粹党的标志。

(2) 在颜色方面忌讳茶色、红色、深蓝色和黑色做包装色的物品。

(3) 忌吃核桃,忌送玫瑰花。

四、意大利

1. 简介

意大利大部分国土位于欧洲南部亚平宁半岛上,还包括西西里岛和撒丁岛等,面积 301333 平方公里。人口 5926 万。首都罗马。国旗呈长方形,长与宽之比为 3∶2,旗面由三个平行相等的竖长方形相连构成,从左至右依次为绿、白、红三色。国歌为《马梅利之歌》。

国花为雏菊、玫瑰，民间公认紫罗兰。意大利语为官方语言。1970 年 11 月 6 日同中国建交。

意大利节日有：1 月 6 日主显节，亦称显现节；2～3 月狂欢节，亦称谢肉节；11 月 2 日万圣节；12 月 25 日圣诞节；1 月 1 日元旦，亦称新年；2 月 14 日情人节；4 月 25 日意大利解放日；6 月 2 日国庆节；9 月第一个星期天威尼斯赛船节。

2. 礼貌礼节

意大利人同事见面常行握手礼，熟人、友人之间见面还行拥抱礼，男女之间见面通常贴面颊。谈话时习惯保持 40 厘米左右的礼节性距离。对长者、有地位和不太熟悉的人须称呼其姓，并冠以"先生""太太""小姐"和荣誉职称。

3. 饮食习惯

意大利人喜欢吃通心粉、馄饨、葱卷等面食。菜肴特点是味浓、香、烂，尤以原汁原味闻名。烹调以炒、煎、炸、红焖著称。爱吃牛、羊、猪肉和鸡、鸭、鱼虾等。饭后爱吃苹果、葡萄、橄榄等。吃饭离不开饮料和酒，连喝咖啡时也喜欢兑一些酒。意大利旅游者对我国粤菜、川菜比较喜欢。

4. 禁忌

（1）意大利人普遍忌讳菊花，他们视菊花为墓地之花。

（2）意大利人不喜欢谈论美国的橄榄球和美国政治。

五、西班牙

1. 简介

西班牙位于欧洲西南部伊比利亚半岛。面积为 50.6 万平方公里 505925 平方千米。人口 4735 万人。首都马德里。国旗呈长方形，长与宽之比为 3∶2，旗面由三个平行的横长方形组成，上下均为红色，各占旗面的 1/4；中间为黄色。黄色部分偏左侧绘有西班牙国徽。国歌为《皇家进行曲》。国花为石榴花。官方语言和全国通用语言为卡斯蒂利亚语，即西班牙语。1973 年 3 月 9 日同中国建交。

西班牙的国庆日是 10 月 12 日。宪法日，12 月 6 日。

2. 礼貌礼节

西班牙人相见时握手和拥抱同样普遍，朋友间通常是男性相互抱肩膀，女性轻轻搂抱并吻双颊。在西班牙，人们经常需要交换名片，这是一种有礼貌的表示。交谈时，只称呼父姓，绝不会加上其母亲家族的姓，但写信时必须加上。对于约会，西班牙人只有在斗牛时才准时到达。

西班牙人有利用午休会友的习惯，故午休时间较长。他们喜欢谈论政治、体育和旅行。西班牙人喜欢夜生活。因此，他们同朋友通电话或聊天最合适的时间是晚上 12∶00 至凌晨 1∶00 之间。

3. 饮食习惯

西班牙人喜欢食鸡、鱼、虾及水果、蔬菜。有的喜生食圆葱、西红柿和辣椒。口味偏厚重浓郁。爱饮啤酒和葡萄酒。

西班牙人喜爱美食，一年十二个月，月月有大饱口福的节日：1 月 17 日为口福节，当日夜晚人们围坐在篝火边，依次吃软米饭、鳗鱼馅饼、香肠面包等，一直吃到天亮；2 月的狂欢节，要吃奶蜜面包卷和薄烧饼；3 月的烹调节，要吃蜗牛佳肴；4 月的复活节，要吃烧小猪、羊肉；5 月的苹果节，要尽情吃苹果；6 月的拉萨卡节，在广场的篝火旁吃烤牛肉；7 月的葡萄节，可畅饮葡萄酒；8 月的螃蟹节，要吃螃蟹；9 月的鲜果节，要品尝各类水果；10 月 15 日是全国的烹调日；11 月的丰收节和 12 月的除夕等更是大吃特吃。

4. 禁忌

(1) 在西班牙，不能送给亲友菊花和大丽花，因为他们与死亡有关。

(2) 谈话时，西班牙人不喜欢谈论宗教、家庭和工作。

六、俄罗斯

1. 简介

俄罗斯位于欧洲东部和亚洲北部，面积 1709.82 万平方公里，居世界第一位。人口 1.46 亿人。俄语是俄罗斯联邦全境内的官方语言。首都莫斯科。国旗呈横长方形，长与宽之比约为 3：2，旗面由三个平行且相等的横长方形相连而成，自上而下分别为白、蓝、红三色。国花为向日葵。货币名称为卢布。

主要传统节日：谢肉节是俄罗斯传统节日中最古老、最欢快的节日，是庆祝太阳复活的节日，时间在复活节前 43 天。俄罗斯人在 2 月末 3 月初严冬快结束时要欢庆快活的"送冬节"。在 3 月初还要过"报春节"。此外还有复活节、圣诞节、洗礼节、旧历年等。

2. 礼貌礼节

俄罗斯人见面时总是先问好、再握手致意，朋友间则拥抱和亲吻面颊。特别是亲人和好友，要在面颊上按左、右、左顺序连吻三下。称呼俄罗斯人要称本人名和父名，不能只称其姓。他们尊重女性，在社交场合，男性帮助女性拉门、脱大衣，餐桌上为女性分菜等。俄罗斯人很守时，爱整洁，不随便在公共场所扔东西。

俄罗斯人十分好客。他们有向客人敬献盐和面包的习俗，这是因为盐和面包在俄罗斯人生活中是最重要的东西，用这两样东西待客即表示最高的礼遇。应邀到俄罗斯人家做客时，先应向女主人鞠躬问好，然后再向男主人和其他人问好，在告别时，不要忘记赞扬一下主人的盛情款待。俄罗斯人在参加舞会、听音乐会、看歌剧时，讲究衣着打扮整齐，男士均西装革履，女士则穿上自己最好的衣服。男子外出活动时，十分注重仪容仪表，一定要把胡子刮净。俄罗斯人酷爱鲜花，平时做客时可以赠送主人鲜花。

3. 饮食习惯

俄罗斯人的饮食讲究餐台设计，注重菜品要量大、实惠；口味一般以咸、酸、辣、油为适口。俄罗斯人以面包为主食，肉、鱼、禽、蛋和蔬菜为副食。喜食牛、羊肉，爱吃带酸味的食品。口味较咸，油腻较大。早餐简单，几片黑面包，一杯酸奶即可；午、晚餐较讲究，爱吃红烧牛肉、烤羊肉串、红烩鸡、烤山鸡等；对青菜、黄瓜、西红柿、土豆、萝卜、洋葱、水果等特别喜爱。烹调方法喜欢焖、煮、烩，也吃烤、炸的菜。俄罗斯人爱吃许多中国菜肴，尤爱吃北京烤鸭。不爱吃海参、海蜇、木耳。凉菜小吃中，俄罗斯人喜欢吃生西红柿、生洋葱、酸黄瓜、酸白菜、酸奶渣、酸奶油沙拉、猪头肉冻等。

俄罗斯人爱喝酒，特别喜欢名酒伏特加，也喝啤酒以佐餐，对中国烈性酒很感兴趣，酒量一般很大，不喝葡萄酒。爱喝红茶并加糖和柠檬，不爱喝绿茶。

4. 禁忌

(1) 俄罗斯人忌黑色，认为它是不吉利的颜色；忌黄色，认为是背叛、分手的象征，所以送花一般不送黄色的花。

（2）与俄罗斯人交谈，要坦诚相待，不能在背后议论第三者，不要说俄罗斯人小气，不要问初次结识的俄罗斯人私事及妇女的年龄和个人问题。

（3）如果打碎镜子，意味着灵魂的毁灭，个人生活中将出现不幸；而打碎杯子和碗，特别是盘子和碟子，则意味着富贵和幸福。

（4）忌讳兔子，认为兔子胆小无能。

（5）送花一般送单数，最好三或五枝，不单送一枝花，参加葬礼时才送双数花。

（6）忌"13"这个数字，认为是凶险和死亡的象征。

（7）俄罗斯有左手主凶的观念，所以握手时不可伸出左手，递送物品也不宜用左手，甚至上班、出门离家时，最好左脚不要先迈出门。

【工作任务】

熟知欧洲部分国家的习俗礼仪，并完成情景模拟训练。

【任务准备】

1. 复习欧洲部分国家的习俗礼仪禁忌。

2. 学生之间进行交流讨论。

3. 学生分组确定角色，模拟情景，准备训练所需的器材。

【任务实施】

实训安排

实训时间	欧洲主要客源国见面礼仪训练共计 0.5 小时
实训目的	掌握欧洲主要客源国见面的基本礼仪和注意事项
实训要求	严格按照实训规范要求进行

训练标准与要求

实训内容	操作标准	基本要求
亚洲主要客源国见面礼仪	(1)每组两名同学分别演示英国、法国、德国、意大利、西班牙和俄罗斯的见面礼仪； (2)每组其他同学对本小组的演示进行讲解，介绍欧洲主要客源国的见面礼仪以及注意事项等； (3)其他小组同学对表演进行挑错，老师点评	热情,礼貌

【任务评价】

训练自测评分表

项目	考核标准	满分	评分
英国	(1)初次相识时，一般都要握手，而平时相见则很少握手，只彼此寒暄几句，或对变化无常的天气略加评论，有时只是举一下帽子略示致意而已； (2)与英国人谈话不能指手画脚，否则是不礼貌的举动，同时微笑是必需的； (3)在称呼方面，英国人一般对初识的人根据不同情况采取不同的称呼方式，对地位较高或年龄较长的男女，称为 Sir(先生)或 Madam(夫人)，而不带姓，这是正式并带敬意的称呼，一般情况下则使用 Mr(先生)、Mrs(夫人)或 Miss(小姐)，并带上对方的姓； (4)在日常交谈中，常使用"请""谢谢""对不起"等礼貌用语，即使家庭成员之间也是如此	20 分	

续表

项目	考核标准	满分	评分
法国	(1)见面通行握手礼,握手时间不长; (2)男女见面时,男子要待女子先伸出手后才能与之相握,亲朋好友相遇,以亲吻礼和拥抱礼代替握手礼; (3)传统的法国公司职员习惯别人称呼其姓而不是名; (4)对女子表示谦恭礼貌是法国人的传统,尤其在公共场合和社交场合,男子都严格遵循"女士优先"的礼貌规则	20分	
德国	(1)待人接物严肃拘谨,即使是对亲朋好友、熟人,见面时一般也行握手礼,只有夫妻和情侣见面时才行拥抱、接吻礼; (2)称呼习惯要称头衔,不喜欢直呼姓名; (3)在交往中时间观念十分强,准时赴约被看得很重	15分	
意大利	(1)同事见面常行握手礼,熟人、友人之间见面还行拥抱礼,男女之间见面通常贴面颊; (2)谈话时习惯保持40厘米左右的礼节性距离; (3)对长者、有地位和不太熟悉的人须称呼其姓,并冠以"先生""太太""小姐"和荣誉职称	15分	
西班牙	(1)相见时握手和拥抱同样普遍,朋友间通常是男性相互抱肩膀,女性轻轻搂抱并吻双颊; (2)交换名片,这是一种有礼貌的表示; (3)交谈时,只称呼父姓,绝不会加上其母亲家族的姓,但写信时必须加上	15分	
俄罗斯	(1)见面时总是先问好、再握手致意,朋友间则拥抱和亲吻面颊,特别是亲人和好友,要在面颊上按左、右、左顺序连吻三下; (2)称呼俄罗斯人要称本人名和父名,不能只称其姓; (3)尊重女性,在社交场合,男性帮助女性拉门、脱大衣,餐桌上为女性分菜等	15分	
满分		100分	

【随堂测验】

一、判断题

在俄罗斯送花一般送单数,最好三或五枝,不单送一枝花,而参加葬礼时才送双数花。
(   )

二、选择题

1. (   )烹调技术和菜肴居欧洲之首,被誉为"烹调之国"。

A. 法国   B. 英国   C. 德国   D. 意大利

2. 意大利人普遍忌讳(   )。

A. 荷花   B. 菊花   C. 百合花   D. 玫瑰花

3. 送英国人礼物可以选择送(   )。

A. 名酒   B. 鲜花   C. 巧克力   D. 百合花

4. 在与法国人社交中,应该注意(   )。

A. 忌黄色的花和菊花   B. 忌墨绿色

C. 忌黑桃和仙鹤图案   D. 忌13这个数字

【拓展阅读】

俄罗斯人的商务礼仪

俄罗斯商人有着俄罗斯人特有的冷漠与热情两重性。商人们初次交往时,往往非常认真、客气，见面或道别时一般要握手或拥抱以示友好。俄罗斯商人非常看重自己的名片，一般不轻易散发自己的名片，除非确信对方的身份值得信赖或是自己的业务伙伴时才会递上名片。

在进行商业谈判时，俄罗斯商人对合作方的举止细节很在意。站立时，身体不能靠在别的东西上，而且最好是挺胸收腹；坐下时，两腿不能抖动不停。在谈判前，最好不要吃散发异味的实物。在谈判休息时可以稍微放松，但不能做一些有失庄重的小动作，比如说伸懒腰、掏耳朵、挖鼻孔或修指甲等，更不能乱丢果皮、烟蒂和吐痰。

许多俄罗斯商人的思维方式比较古板，固执而不易变通，所以，在谈判时要保持平和宁静，不要轻易下最后通牒，不要就想着速战速决。

对商品的看法，俄罗斯商人认为，商品质量的好坏及用途是最重要的，买卖那些能够吸引和满足广大消费者一般购买力的商品是很好的生财之道。

大多数俄罗斯商人做生意的节奏缓慢，讲究温文尔雅，因此，在商业交往时宜穿庄重、保守的西服，而且最好不要是黑色的，俄罗斯人较偏爱灰色、青色。衣着服饰考究与否，在俄罗斯商人眼里不仅是身份的体现，而且还是此次生意是否重要的主要判断标志之一。

俄罗斯商人认为礼物不在重而在于别致，太贵重的礼物反而使受礼方过意不去，常会误认为送礼者另有企图。俄罗斯商人对喝酒吃饭也不拒绝，但他们并不在意排场是否大、菜肴是否珍贵，而主要看是否能尽兴。俄罗斯商人十分注重建立长期关系，尤其是私人关系，在酒桌上，这种关系最容易建立。千万要记住，女士在俄罗斯礼仪上是优先照顾的。

俄罗斯特别忌讳"13"这个数字，认为它是凶险和死亡的象征。认为"7"意味着幸福和成功。俄罗斯人不喜欢黑猫，认为它不会带来好运气。俄罗斯人认为镜子是神圣的物品，打碎镜子意味着灵魂的毁灭。但是如果打碎杯、碟、盘则意味着富贵和幸福，因此在喜筵、寿筵和其他隆重的场合，他们还特意打碎一些碟盘表示庆贺。俄罗斯人通常认为马能驱邪，会给人带来好运气，尤其相信马掌是表示祥瑞的物体，认为马掌即代表威力，又具有降妖的魔力。遇见熟人不能伸出左手去握手问好，学生在考场不要用左手抽考签等。

任务三　熟知美洲和大洋洲部分国家习俗

【任务导入】

美洲分为北美洲和南美洲。美洲地区的美国是世界第一旅游大国，是中国的第二大客源国。大洋洲是世界第七大洲，由澳大利亚、新西兰等许多岛屿组成。在澳大利亚拥有世界珍稀动物袋鼠、鸵鸟、鸭嘴兽和黑天鹅。

【任务资讯】

一、美国

1. 简介

美国位于北美洲中部，领土还包括北美洲西北部的阿拉斯加和太平洋中部的夏威夷群岛。北与加拿大接壤，南靠墨西哥和墨西哥湾，西临太平洋，东濒大西洋。面积937万平方公里，人口约3.33亿（截至2021年8月15日）。首都华盛顿。国旗为星条旗。国歌为《星条旗永不落》。国花为玫瑰花。通用英语。货币名称为美元。

美国的传统节日有感恩节，每年11月的第4个星期四是美国人的感恩节，是感谢上帝的恩赐和印第安人的真诚帮助的节日，也是美国人最久远的传统节日；母亲节是在1914年由美国国会正式通过决议确定的，时间是每年5月的第二个星期日；父亲节，是美国国会于1972年正式规定的一个节日，节日的时间是每年6月的第三个星期天；劳动节，美国全国性的节日，时间为每年9月的第一个星期一。此外还有植树节、复活节、圣诞节、新年、情人节、万圣节、圣帕特里克节等节日。

2. 礼貌礼节

美国人初次见面时，常直呼对方的名字，不一定以握手为礼。有时只是笑一笑，说一声"嘿"或"哈啰"。在分手时也不一定跟别人道别或握手，而是向大家挥挥手，或者说声"明天见""再见"。如果别人向他们行礼，他们也用相应的礼节，如握手、点头、注目礼、吻手礼等。美国人讲话中礼貌用语很多，如"对不起""请原谅""谢谢""请"等，显得很有教养。在美国崇尚"女士第一"，在社会生活中，"女士优先"是文明礼貌的体现。美国人喜好和善于写信，他们在接到礼物、应邀参加宴会、得到朋友帮助时，都要写信致谢，显得很有礼貌。美国人与人交往时间观念强，很少迟到。美国人一般不送名片给别人，只是在想保持联系时才送。在美国人面前抽烟要先征得对方的同意。美国人习惯于晚睡晚起。在交谈中常打手势，表情丰富，如果是站立谈话，习惯与对方保持五十厘米左右的距离，不然会被看做失礼。穿衣一般比较随便，年轻人常穿牛仔裤，但仍遵守不同场合穿不同的衣服的规范和要求。

前往美国人家中做客时最好还要带上一些礼物，但不要太贵重。例如给主人的孩子带去一些巧克力糖果或是有中国特色的东西如剪纸、茶叶、书签即可。如果礼物太贵重了，对方就会很难为情，场面十分尴尬。送礼时千万不要送一些便宜的项链之类的饰品，否则对方认为你看不起他。特别忌讳送带有公司标志的便宜东西，会被认为在为公司做广告，或者是认为你是一位舍不得为朋友花钱并爱占公家便宜的小气之人。商务活动中的送礼则更要讲究送礼的时机、场合以及送礼的方式方法，否则会事与愿违。

3. 饮食习惯

美国人在饮食上不注重形式，但却极为讲究饮食结构，各种海味和蔬菜越来越受到人们的青睐。美国人不习惯厨师在烹调中多用调料，而习惯在餐桌上备有调料自行调味。美国人口味特点是咸中带甜，多数吃西餐，也爱吃中国的川菜和粤菜，还喜欢吃中国北方的甜面酱和南方的耗油、海鲜酱等。美国人喜爱的食品有糖醋鱼、炸牛排、炸仔鸡、炸鱼、拔丝苹果等。快餐是典型的美国饮食文化。美国人不喜欢吃奇形怪状的东西，如鸡爪、猪蹄、海参等，不爱吃动物内脏，不爱吃肥肉、红烧和蒸的食物。烹调以煎、炸、炒、烤为主，菜的特点是生、冷、淡，就是热汤也不烫。

美国人一般不爱喝茶，而爱喝冰水和矿泉水、可口可乐、啤酒等，喜欢把威士忌、白兰地等酒类当做平时的饮料；喜喝咖啡。喝饮料喜欢放冰块。美国人喝酒一般不就菜，有时只吃点炸薯条或干果类食品，喝烈性酒时通常要掺上苏打水并加满冰块。

4. 禁忌

（1）一般情况下送礼忌送厚礼，忌对妇女送香水、化妆品或衣物（可送头巾）。

（2）美国人对"13"这个数字最为忌讳，也忌讳"星期五""六六六"这些数字。

（3）美国人讨厌蝙蝠，认为是凶神恶煞的象征，因此，忌用蝙蝠作图案的商品、包装品。还忌讳黑色的猫，认为黑色的猫会给人带来厄运。

（4）忌讳穿着睡衣出门或会客，因为他们认为穿睡衣会客等于没有穿衣服，是一种没有礼貌的行为。

（5）美国人十分重视隐私权，最忌打听别人的私事。

二、加拿大

1. 简介

加拿大位于北美洲北部，面积为 998 万平方公里，居世界第二位，其中陆地面积 909 万平方公里，淡水覆盖面积 89 万平方公里。人口 3813 万（2021 年 6 月）。首都渥太华。国旗呈横长方形，长与宽之比为 2∶1，旗面中间为白色正方形，内有一片 11 个角的红色枫树叶；两侧为两个相等的红色竖长方形。国花为枫叶。英语和法语同为官方语言。货币名称为加元。1970 年 10 月 13 日同中国建交。

7 月 1 日是加拿大的国庆日。传统节日有：冰雕节，每年 2 月在山城魁北克举行。在首都渥太华每年 2 月初举行为期 10 天的冰上狂欢节，冬天还有隆重的艺术祭雪节。此外，枫糖节于每年的 3、4 月举行。

2. 礼貌礼节

加拿大人相见和分别时通常是握手。加拿大人讲究实事求是，与他们交往不必过于自谦，不然会被误认为虚伪和无能。加拿大人遵守时间。交往中，他们衣着、待人接物都比较正统。公务时间内加拿大人很注意个人仪表与卫生，因此他们希望所遇到的客人也能如此。如果被邀到别人家做客，送点鲜花是一种受人尊重的礼节。居住在北极圈附近的因纽特人审美观点和西方人不同，喜欢小鼻子，他们心目中的美女就是鼻子最小的姑娘。青年男女表示爱慕的方法不是接吻，而是互相摩擦鼻子。

加拿大人在公共场所讲究文明礼让，自觉遵守交通规则。谈话中喜欢听到对方能多谈一些有关他们国家和人民的优点和长处。加拿大人大多数是英、法的移民及后裔，所以大体保留了英法两国的基本传统和特点。从总体上看，较讲究服饰整洁和美观，平时衣着以欧式服装为主，衣着随便，但上班、进剧院、赴宴等正式场合则着装整齐庄重。

3. 饮食习惯

大多数加拿大人口味与英、美、法相似，偏重甜酸，喜欢清淡。菜肴中很少用调料，而把调味品放在餐桌上自行添加。爱吃炸鱼虾、煎牛排和羊排、鸡鸭、糖醋鱼、咕噜肉等。早餐爱吃西餐，晚餐爱喝清汤。加拿大人极喜欢吃烤牛排，这是加拿大的名菜，也是家常菜。很多加拿大人喜欢吃带血丝的嫩牛排。加拿大人吃肉讲究少而瘦，吃鸡鸭要去皮，喝牛奶要脱脂，喜吃豆制品，比较注重营养的均衡。加拿大人喜欢喝下午茶，点心喜欢吃苹果派、香桃派等。由于天气寒冷的缘故，不少加拿大人嗜好饮酒，十分喜爱威士忌、红葡萄酒、樱桃白兰地、香槟酒等。

4. 禁忌

（1）交谈时忌讳谈及死亡、灾难、性等方面的话题，也不要就魁北克的独立问题随便表态，更不要对加拿大分成法语区和英语区两部分的问题发表意见。

（2）忌送白色的百合花，因为加拿大人只有在葬礼上才使用这种花。一般也不喜欢黑色和紫色。

（3）忌食各种动物的内脏，也不爱吃肥肉。

（4）忌"13"和"星期五"。

三、巴西

1. 简介

巴西位于南美洲东南部，东濒大西洋，面积 851.49 万平方公里（来源：巴西地理统计局），是拉丁美洲面积最大的国家。人口 2.1 亿（2020 年）。首都巴西利亚。国旗呈长方形，长与宽之比为 10：7。旗地为绿色，中间是一个黄色菱形，其四个顶点与旗边的距离均相等。菱形中间是一个蓝色天球仪，其上有一条拱形白带。国花为毛蟹爪兰花。葡萄牙语为官方语言。货币名称为新克鲁扎多。1974 年 8 月 15 日同中国建交。

巴西的独立日（国庆日）是 9 月 7 日。每年的 2 月中、下旬均举办连续 3 天的传统狂欢节。每年的 2 月 2 日是巴西的"海神节"。

2. 礼貌礼节

巴西人相见时，往往以拳礼相互表示问好致敬。行此礼时先要握紧拳头，然后向着上空伸出拇指。

洗澡是巴西印第安人生活中重要的内容之一，他们对宾客最尊敬的礼节是请宾客同主人一起洗澡，洗澡次数越多，表示越客气。这样，一天往往洗澡十多次。

巴西人在接受别人送礼时，总是当面打开礼品包装，然后致谢，把礼品收下。拿到礼品后要把原来包扎的纸剪掉一点，因为他们认为包扎纸是管运气的，剪掉一点就不会把别人的好运气带走。

3. 饮食习惯

巴西人以欧式西菜为主，中菜也吃。他们通常以黑豆饭为主食，也爱吃蛋糕、煎饼之类的甜点心。他们对蔬菜的数量要求不多，但质量要高。喜欢吃的肉类以牛、羊、猪肉和水产品为主，煎、炸、烤、烩的菜较多，爱吃干烧鱼、糖醋鳜鱼、辣子鸡丁、炒里脊、黄瓜余里脊片汤；蔬菜有西红柿、白菜、黄瓜、辣椒、土豆等。早上喝红茶，面包要现烤。午、晚餐要喝咖啡，喜食甜点心，爱吃香蕉，平时爱喝葡萄酒。巴西人与咖啡结下了不解之缘，无论在什么场合中都离不开饮咖啡，特别是在款待客人时，巴西人通常以饮咖啡来表达主人的深厚情谊。

4. 禁忌

（1）忌棕黄色，认为是"凶祸"的象征，如人死去好比黄叶落下。巴西人对颜色有许多的忌讳，他们忌讳紫色、棕黄色、深咖啡色等。

（2）送礼不送手帕，认为会引起吵嘴。

（3）"OK"手势在巴西被认为是一种极不文明的表示，他们忌讳用拇指和食指联成圆圈，并将其余三指向上伸开。

四、墨西哥

1. 简介

墨西哥位于北美洲西南部，面积 196.44 万平方公里，是拉美第三大国，为中美洲最大的国家。人口 1.28 亿（2020 年）。首都墨西哥城。国旗呈长方形，长与宽之比为 7：4。从左至右由绿、白、红三个平行相等的竖长方形组成，白色部分中间绘有墨西哥国徽。国花为仙人掌。官方语言为西班牙语。货币名称为比索。

9月16日是墨西哥的独立日。墨西哥传统的节日大体可分为以下几种：一种是与宗教有关的节日，如三圣节、圣周、圣船节、亡灵节、圣母节、客店节和圣诞节等；另一种是与历史事件和人物有关的节日，如宪法日、国旗日、石油国有化纪念日、胡亚雷斯诞辰日、普埃布拉抗法保卫战胜利日、"独立呼声"纪念日、独立纪念日、种族节、墨西哥革命纪念日等；此外，还有与收获季节有关的玉米节、棉花节、土豆节、图纳（仙人掌果）节；以产品交流为目的的银器节、吉他节、特吉拉（龙舌兰酒）酒节、莫莱节；以文化交流为宗旨的电影节、音乐节、舞蹈节；以馈赠礼物为主要活动内容的友谊节、儿童节、母亲节、父亲节、情人节。

2. 礼貌礼节

墨西哥人对老人和妇女十分尊重。墨西哥人通常的问候方式是微笑和握手，在亲朋好友之间也施亲吻礼和拥抱礼，但却忌讳不熟悉的男女之间互相亲吻。墨西哥人的姓名一般由教名、父姓、母姓三部分组成。在一般场合可用略称形式，即只用教名和父姓，妇女婚后改为夫姓，夫姓之前须加一个德字表示从属关系。在墨西哥，除官方人士外，一般都不说英语。因此，如果与墨西哥人交往，能用西班牙语与之交流会被看做是一种礼貌。墨西哥人认为在公共场所男子穿短裤、妇女穿长裤都是不适宜的，因此到墨西哥的旅游观光者，男子应当穿长裤，妇女应当穿裙子才符合当地习俗。

在墨西哥，大部分商人在私下都会亲切交往。但是一旦谈起生意，顿时就会严肃起来。除7、8月及12月不宜访外，其他时间均宜往访。圣诞节及复活节前后两星期最好不要去。

墨西哥人不喜欢外人用手势来比划小孩的身高，他们认为这种手势只适用于表示动物的高矮，用在人身上，就有侮辱的意味。在墨西哥市区，难以见到男女并排在街上走。他们的习俗是男子跟随在妻子后面。并且，在舞会上通常只能女人邀请男人，而不能相反。

墨西哥人喜欢邀请朋友到家中作客，用民族膳食招待。在墨西哥人家进餐，宾主围坐在一张长方形桌子周围，主人坐在桌子正座一头，主要客人坐在对着主人的长桌另一端，另外的人按主人的安排在桌子两侧就座。进餐过程中，手臂不能放在餐桌上，身体活动幅度不宜太大，坐姿要端正。吃东西时不可狼吞虎咽，不要发出"叭叭"的响声，嘴里嚼食物时不要说话，也不要坐着发愣，以免主人难堪。汤或饮料如果太热，待凉后再用，不可用口吹气降温。盘中的菜最好吃净，剩有一星半点可以留在盘子里，不可用手抓或用面包片擦。面包要掰成小块放入嘴里，不可整个咬食。水果要用刀切成小块吃，果皮、果核不可扔在桌子上或地上，应放在盘子里。吃完饭，主人先离座，客人再起身离座，并向主人道谢。

3. 饮食习惯

墨西哥的传统食物是玉米、菜豆和辣椒。人们说玉米是墨西哥人的面包。墨西哥可以用玉米制作出各种各样的食品。另外，墨西哥有仙人掌之国的美称，当地人喜食仙人掌，他们把它与菠萝、西瓜并列，当做一种水果食用，并用它配制成各种家常菜肴。在食用昆虫方面，墨西哥也是世界上消耗量最大的国家。墨西哥人口味清淡，喜欢咸中带甜酸味，烹调以煎、炒、炸为主。大多数人吃西餐，也爱吃中国的粤菜。早餐爱吃牛奶、各种水果汁和烤面包。爱喝冰水、矿泉水、可口可乐、啤酒、威士忌和白兰地。

4. 禁忌

(1) 墨西哥人忌黄色和红色花，认为黄色花意味死亡，红色花会给人带来晦气。也忌菊花，认为是"妖花"，只有在人死亡后才拿它放在灵前祭奠。

(2) 忌送手帕和刀剪，因为手帕与眼泪联系在一起，刀剪是友谊破裂的象征。

(3) 交谈时，墨西哥人不喜欢听别人说他们受到美国的影响而取得进步，更不喜欢听到别人对墨西哥不平等和贫困的社会状况加以评论。

五、澳大利亚

1. 简介

澳大利亚位于太平洋西南部和印度洋之间，面积 769.2 万平方公里。人口 2569 万（2020 年 9 月）。官方语言为英语，汉语为除英语外第二大使用语言。首都堪培拉。国旗呈横长方形，长与宽之比为 2∶1。旗地为深蓝色，左上方是红、白"米"字，"米"字下面为一颗较大的白色七角星。旗地右边为五颗白色的星，其中一颗小星为五角，其余均为七角。国歌为《澳大利亚，前进》。国花为金合欢花。货币名称为澳元。

澳大利亚的国庆日是 1 月 26 日。主要节日有：墨尔本市每年 3 月第一个星期二举行的蒙巴节；每年 4 月 25 日的安札斯节；此外澳大利亚每年也欢度圣诞节。

2. 礼貌礼节

澳大利亚人见面时行握手礼，握手时非常热烈地彼此称呼名字，表示亲热。关系亲密的男性相见时可亲热地拍打对方的后背，女性密友相逢常行亲吻礼。

澳大利亚人喜欢与人交往，乐于与陌生人主动聊天。澳大利亚人真诚、踏实，与人交谈时不喜欢自夸与吹牛，且交谈的语气平和，声音高低适度，不喜欢转弯抹角、拖泥带水。他们时间观念强，准时守约。

3. 饮食习惯

澳大利亚人口味与英国人大致相同。菜要清淡，对中国菜很感兴趣。悉尼牡蛎、澳大利亚牛排等都是当地有名的风味小吃。爱吃各种煎蛋、炒蛋、火腿、虾、鱼、牛肉等。不爱吃辣味的食品。无论中西餐，他们都喜欢用很多调味品。澳大利亚人喜欢喝啤酒、葡萄酒，也喜欢茶和咖啡，喝茶也可和喝咖啡一样加牛奶和糖。

4. 禁忌

(1) 澳大利亚人忌讳数字"13"，对"星期五"普遍反感。

(2) 谈话时忌谈工会、宗教与个人问题，也不谈澳大利亚土著社会与现代人社会的关系和袋鼠数量的控制等敏感话题。

(3) 忌讳兔子，澳大利亚人认为兔子是不吉祥的动物，人们看到它会倒霉。

六、新西兰

1. 简介

新西兰位于太平洋西南部，介于南极洲和赤道之间。面积约 27 万平方公里。人口511.6 万（2021 年 3 月）。首都惠灵顿。国旗呈横长方形，长与宽之比为 2∶1。旗地为深蓝色，左上方为英国国旗红、白色的"米"字图案，右边有四颗镶白边的红色五角星，四颗星排列均不对称。国歌为《上帝保护新西兰》。国花为银蕨。官方语言为英语和毛利语。货币名称为新西兰元。1972 年 12 月 22 日同中国建交。

新西兰的国庆日是2月6日，又称"威坦哲日"。其他节日有：新年（1月1日）；复活节（4月14～17日）；女王诞辰日（6月5日）；劳动节（10月25日）；圣诞节（12月25日）；节礼日（12月26日）。

2. 礼貌礼节

新西兰人见面和分别时都握手。和妇女相见时，要等对方先伸出手来再握手。对于与自己身份相同的人，在称呼姓氏时应冠以"先生""夫人"或"小姐"；但熟人间可直呼对方名字，这样更为亲切。新西兰的毛利人善歌舞、讲礼仪，当远方客人来访时，致以"碰鼻礼"，碰鼻的次数越多，时间越长，说明礼遇越高。

新西兰人说话很轻。街上遇见朋友，老远就挥手。他们不喜欢用V手势表示胜利，当众嚼口香糖或用牙签被视为不文明的举止；当众闲聊等是很失礼的行为。女子以抖手等手势来表达自己的情感。

新西兰人追求平等，他们反感把人划分为等级，商人第一次见面或业务会谈时，一般不互送礼品，但可以在生意谈成后宴请有关人士以表谢意。新西兰的商业气氛比较接近伦敦，在新西兰，凡是当地能生产和制造的产品都不准进口。与其谈生意时，最好有点板球等方面的知识，这样他们对你会有好感。

3. 饮食习惯

新西兰人饮食上以米饭为主，口味喜欢清淡，平时喜欢吃以炒、煎、烤、炸方式烹制的菜肴，传统风味有番茄牛肉、脆皮鸡、烤肉等。制作菜肴时一般很少加入调料。平时他们喜欢将调味品放在餐桌上，用餐者按自己的口味自行调味。他们特别爱吃水果，尤其喜欢一种叫"几维果"的名贵水果。

新西兰人的基本饮食习惯还是与其祖先英国移民一致，喜欢吃西餐，特别爱喝啤酒。新西兰人嗜好喝茶，一般每天喝7次茶（早茶、早餐茶、午餐茶、午后茶、下午茶、晚餐茶和晚茶）。很多工作单位都有喝茶的专用时间。茶店和茶馆几乎遍及新西兰各地。由于盛产乳制品和牛羊肉，所以新西兰人的饮食中少不了这些食物。毛利人在饮食上有自己的民族特色，他们平时喜欢吃"烧石冷饭"。

4. 禁忌

（1）在交谈时，不要把新西兰和澳大利亚混为一谈。他们也不愿谈及种族问题。忌讳询问对方的政治立场、工资收入等私人事情。

（2）在新西兰，聚会厅是毛利人祭祀祖先、送葬死者，以及喜庆节日举行集会的神圣场所，平时不准外人进入。

（3）忌讳男女同场活动，即使是看电影或看戏，通常也要实行男女分开。

（4）当众咀嚼口香糖、剔牙、抓头皮等举止是极不文明的。

【工作任务】

熟知美洲和大洋洲部分国家的习俗，完成情景模拟训练。

【任务准备】

1. 复习熟知美洲和大洋洲部分国家的习俗礼仪细节。

2. 学生之间进行交流讨论。

3. 学生分组确定角色，将若干情景串联模拟，准备训练所需的器材。

【任务实施】

实训安排

实训时间	美洲和大洋洲主要客源国见面礼仪训练共计 0.5 小时
实训目的	掌握美洲和大洋洲主要客源国见面的基本礼仪和注意事项
实训要求	严格按照实训规范要求进行

训练标准与要求

实训内容	操作标准	基本要求
美洲和大洋洲主要客源国见面礼仪	(1)每组两名同学分别演示美国、加拿大、巴西、墨西哥、澳大利亚和新西兰的见面礼仪； (2)每组其他同学对本小组的演示进行讲解,介绍美洲和大洋洲主要客源国的见面礼仪以及注意事项等； (3)其他小组同学对表演进行挑错,老师点评	热情,礼貌

【任务评价】

训练自测评分表

项目	考核标准	满分	评分
美国	(1)初次见面时,常直呼对方的名字,不一定以握手为礼,有时只是笑一笑,说一声"嘿"或"哈啰"； (2)如果别人向他们行礼,他们也用相应的礼节,如握手、点头、注目礼、吻手礼等； (3)美国人讲话中礼貌用语很多,如"对不起""请原谅""谢谢""请"等； (4)在交谈中常打手势,表情丰富,如果是站立谈话,习惯与对方保持五十厘米左右的距离	20 分	
加拿大	(1)相见和分别时通常是握手； (2)讲究实事求是,与他们交往不必过于自谦,不然会被误认为虚伪和无能； (3)很注意个人仪表与卫生,因此他们希望所遇到的客人也能如此； (4)如果被邀到别人家做客,送点鲜花是一种受人尊重的礼节	20 分	
巴西	(1)时间观念强,相见时,往往以拳礼相互表示问好致敬,行此礼时先要握紧拳头,然后向着上空伸出拇指； (2). 对宾客最尊敬的礼节是请宾客同主人一起洗澡,洗澡次数越多,表示越客气； (3)当面打开礼品包装,然后致谢,把礼品收下,拿到礼品后要把原来包扎的纸剪掉一点	15 分	
墨西哥	(1)通常的问候方式是微笑和握手,在亲朋好友之间也施亲吻礼和拥抱礼,但却忌讳不熟悉的男女之间互相亲吻； (2)墨西哥人的姓名一般由教名、父姓、母姓三部分组成,在一般场合可用略称形式,即只用教名和父姓,妇女婚后须改为夫姓,夫姓之前须加一个德字表示从属关系； (3)能用西班牙语与之交流会被看做是一种礼貌	15 分	
澳大利亚	(1)见面时行握手礼,握手时非常热烈地彼此称呼名字,表示亲热； (2)关系密切的男性相见时可亲热地拍打对方的后背,女性密友相逢常行亲吻礼； (3)时间观念强,准时守约	15 分	
新西兰	(1)见面和分别时都握手,和妇女相见时,要等对方先伸出手来再握手； (2)对于与自己身份相同的人,在称呼姓氏时应冠以"先生""夫人"或"小姐",但熟人间可直呼对方名字,这样更为亲切； (3)新西兰的毛利人善歌舞、讲礼仪,当远方客人来访时,致以"碰鼻礼",碰鼻的次数越多,时间越长,说明礼遇越高	15 分	
满分		100 分	

【随堂测验】

选择题

1. 在与美国人交往中，应该注意的禁忌有（　　　）。

A. 忌用蝙蝠作图案的商品、包装品

B. 忌讳穿着睡衣出门或会客

C. 忌讳黑色的猫

D. 忌打听别人的私事

2. 关于巴西社交礼仪，下列说法正确的有（　　　）。

A. 送礼喜欢送手帕

B. OK 手势表示确认

C. 当面打开礼品包装

D. 剪掉一点礼品包装纸

3. 忌送白色的（　　　），因为加拿大人只有在葬礼上才使用这种花。

A. 菊花　　　　　B. 百合花　　　　　C. 玫瑰花　　　　　D. 木槿花

4. 澳大利亚人忌讳（　　　），认为是不吉祥的动物，人们看到它会倒霉。

A. 孔雀　　　　　B. 兔子　　　　　C. 仙鹤　　　　　D. 龟

【拓展阅读】

美国人的商务往来礼节

在业务交往中，美国人特别讲守时，会晤时间需预先约定。在所有的商务交往及大多数的私人交往中，互换名片是一个非常必要的礼仪。在美国进行商务洽谈活动时宜穿西服。

美国的政府和企业均是五天工作日，休息星期六和星期日两天。还要注意避免在圣诞节前后两周内进行业务洽谈。洽谈业务多在午餐时进行。洽谈时宜直截了当，对方乐意尽快把事情敲定。

在美国，第一次见面就送商务性礼物是愚蠢的行为。在业务交往中，怕沾上受贿之嫌，在下列两种场合可送些并不贵重的礼物以表示祝贺和友好：一是每年 12 月 25 日的圣诞节，另一个送礼的场合是到达美国或离开美国的日子。最合适的礼物是来自你家乡的东西。一般送礼不要在公开场合。

任务四　了解非洲部分国家习俗

【任务导入】

非洲是世界文明的发源地之一。非洲人勤劳智慧。非洲人大体分黑种人和白种人。黑种人大多信仰原始宗教、拜物教；而白种人则以信奉伊斯兰教为主。他们的礼俗往往是由宗教信仰决定的。尽管目前从非洲来华的旅游者不多，但仍然有必要去了解一些非洲国家的礼俗，以便热情友好地接待来自远方的朋友。

【任务资讯】

一、埃及

1. 简介

埃及面积 100.1 万平方公里。跨亚、非两洲，大部分位于非洲东北部，一小部分领土（苏伊士运河以东的西奈半岛）位于亚洲西南部。人口约 1 亿。

首都开罗。国旗呈长方形，长与宽之比为 3∶2，自上而下由红、白、黑三个平行相等的横长方形组成，白色部分中间有国徽图案。国花为莲花。官方语言为阿拉伯语，中上层通用英语，法语次之。货币名称为埃镑。

埃及的国庆日是 7 月 23 日。埃及的节日大多与穆斯林的节日有关，主要有开斋节、宰牲节、圣纪节，合称三大节。其他节日还有：尼罗河泛滥节，6 月 17、18 日；闻风节，每年 4 月，又叫春天的节日，是埃及最古老、最传统的节日；母亲节，3 月最后一个星期五。

2. 礼貌礼节

埃及人见面介绍行握手礼，有时也行亲吻礼，在打招呼时往往以"先生""夫人"和头衔称呼对方。人们最广泛使用的问候是"祝你平安"。

埃及人把绿色比喻为吉祥之色，把白色视为"快乐"之色。一般人都比较喜欢"5""7"，认为"5"会给人们带来吉祥，"7"是个受人崇拜的完整的数字。和埃及人交谈，他们喜欢谈埃及有名的棉花和古老的文明。

接送东西时要用双手或右手，千万不能用左手。避免谈论中东政治及宗教，可谈及埃及领导人的威望及埃及古老的文明。忌讳浪费食物，尤其浪费面饼，他们认为是对神的亵渎。

女子外出活动，一般要戴耳环、项链、戒指、手镯等，农村妇女还讲究戴脚镯。

3. 饮食习惯

埃及人主食为不发酵的面饼。副食爱吃豌豆、洋葱、萝卜、茄子、西红柿、卷心菜、土豆等蔬菜。忌食猪肉、海味以及奇形怪状的食物，忌饮酒。他们喜欢吃甜食，喜欢喝红茶和咖啡。

4. 禁忌

（1）埃及人忌蓝色和黄色，认为蓝色是恶魔，黄色是不幸的象征。

（2）针在埃及是贬义词，每日下午 3～5 时是严禁买针和卖针的时间，以避"贫苦"和"灾祸"。

（3）忌熊猫，因为它的形体近似肥猪。

二、苏丹

1. 简介

苏丹位于非洲东北部，红海西岸，面积 188 万平方公里。人口约 4435 万（2020 年）。阿拉伯语为官方语言。通用英语。首都喀土穆。国旗呈横长方形，长与宽之比为 2∶1，靠旗杆一侧为绿色等腰三角形，右侧为三个平行且宽度相等的宽条，自上而下依次为红、白、黑三色。货币名称为苏丹镑。

苏丹的国庆日是1月1日；救国革命日：6月30日；建军节：8月14日。

2. 礼貌礼节

苏丹友人相遇，特别是老朋友久别重逢，彼此握手拥抱，亲切问候，从个人问好一直问到对方的家属和朋友等，历时数分钟之久。一旦有宾客临门，往往要现宰肥羊，把生羊肝切成片，撒上一些辣椒和香料，端上桌子，盛情款待客人。他们新年习惯互相馈赠核桃，以此来相互祝愿幸福。他们有文面、文身的习俗，认为在面部、手臂、身上文出图案既能增加人的美观，还可以避邪。苏丹南部的游牧民族努尔人对牛倍加喜爱，他们视牛为宝。牛奶是他们的主要饮料；牛肉是他们的美食；牛皮是他们制鼓、被褥和杯、盘、碗的主要原料；牛角是他们制号、汤勺和手镯的原料；牛尾是他们制饰物的原料；牛粪既是燃料，又是房屋墙壁的建筑材料；牛还是他们最重的彩礼；牛又是他们显示贫富的主要标志。苏丹贝贾族女性地位和威信高于男性。如个人或家庭之间发生斗殴，只要有成年妇女走上前去席地而坐并摘下头巾，殴斗的双方就会自动放下武器终止斗殴。苏丹阿拉伯妇女遇到陌生人时有用包在头上的披巾遮一下面，以示礼貌的习俗。他们非常喜欢白颜色，视白色为光明、幸福的象征，并以其代表纯洁和坦率。苏丹希卢克人有敬蛇为神的习惯，他们不仅不伤害蛇，还常说服他人要敬蛇。

3. 饮食习惯

苏丹人以吃欧式西菜为主，喜食中国的川菜。一般以面食为主，也常把肉当主食。喜食牛肉、羊肉、骆驼肉、鸡、鸭、蛋品等；常吃蔬菜有西红柿、洋葱、黄瓜、土豆、豌豆等；调料爱用辣椒、胡椒粉、芝麻等。爱酸辣味。喜食煎、烤、炸和辣味食品，也爱喝牛奶和咖啡。爱吃香蕉、桃子和西瓜。喜欢果子汁和冷开水。

4. 禁忌

（1）苏丹人忌食猪肉、海鲜及虾、蟹等奇形怪状的食品。

（2）忌用狗的图案作商标。

（3）苏丹妇女忌讳挤奶，因为挤奶是男人的事。妇女挤奶，让人看到了将是莫大的耻辱，会成为别人的笑柄。

（4）苏丹的别扎部落，男人不准提及母亲和姐妹的名字，否则便被认为没有教养。

三、摩洛哥

1. 简介

摩洛哥位于非洲西北端，面积45.9万平方公里（不包括西撒哈拉26.6万平方公里）。人口3621万人（2021年）。首都拉巴特。国旗呈长方形，长与宽之比为3∶2，旗地为红色，中央有一颗由五根绿色线条交叉组成的五角星。国歌为《摩洛哥颂》。阿拉伯语为国语，通用法语。货币名称为迪拉姆。1958年11月1日同中国建交。

3月3日是摩洛哥的国庆日。其他节日有：每年1月22日的献羊节；9月份的新娘节。

2. 礼貌礼节

摩洛哥人与客人相见和告别时一般施行拥抱礼，握手礼也较为普及。摩洛哥妇女与宾客见面行屈膝礼。摩洛哥人待客热情，亲朋远来，端上一杯甜的新鲜薄荷叶的绿茶是主人表示敬意的礼节。即使是招待各国贵宾，也用这种茶代替酒类。饭后要饮茶三道。

和摩洛哥人谈生意，对他们约会时迟到要有充分的思想准备，并且在其迟到后不能有责怪的表示。他们认为这是一种社交风度。在商业会谈开始前，最好送上你的名片，名片宜用英文、法文印制。

在摩洛哥，城市和乡村的服饰有明显区别。城里女子多穿白色、灰色长袍。男子常全身披裹白色或黑色的斗篷。摩洛哥人多用宽大的盖头布作头饰，需要时可以遮脸。在摩洛哥，人们穿着什么样颜色的服装，便可表示他们的身份和职业。

在摩洛哥旅游，行路、坐车、购物、参观过程中最好不与陌生的女子搭话。如果在游览、住宿时遇到热情好客的阿拉伯人，一般年长一些的喊阿蒙，如果称年长的店主哈吉，他会更热情的接待你。摩洛哥人不饮酒，也很少抽烟。未经主人许可，不脱鞋不得进入其宅居。他们宴请宾客一般要上茶三次，客人若谢绝，会被认为不礼貌。

3. 饮食习惯

摩洛哥人饮食简单，普通人一日三餐除面包外便是几杯香甜可口的绿茶和几粒用盐渍过的橄榄果。摩洛哥人喜欢吃羊肉，每逢传统的献羊节，家家户户都要设羊宴以示庆贺。自从茶叶传入北非，摩洛哥人就普遍开始饮用。中国的绿茶在摩洛哥享有盛誉，在当地的街头巷尾，茶叶店比比皆是。

4. 禁忌

（1）摩洛哥人忌白色，认为是"贫穷"的象征。

（2）忌讳"13"，认为"13"是个消极的数字。也忌讳六角形和猫头鹰图案。

四、坦桑尼亚

1. 简介

坦桑尼亚位于非洲东部，东临印度洋。面积94.5万平方公里，其中桑给巴尔2657平方公里。人口5910万。斯瓦希里语为国语，与英语同为官方通用语。首都多多马。国旗呈长方形，长与宽之比为3∶2，旗面由绿、蓝、黑、黄四色构成，左上方和右下方为绿色和蓝色的两个相等的直角三角形，带黄边的黑色宽条从左下角斜贯至右上角。国花为丁香。货币名称为先令。

4月26日是国庆日。

2. 礼貌礼节

坦桑尼亚人无论被介绍给谁，都要与对方握手问好，客人和主人之间互称"某某先生"。不要称呼他们为"黑人"而应称"非洲人"，否则是对他们的蔑视和不礼貌。他们视自己的父母是最可亲可信的人，通常尊称男客人为"爸爸"，女客人为"妈妈"。同时客人还会受到热情地招待。妇女遇见外宾时，握手后便围着女外宾转圈，嘴里还发出阵阵尖叫，认为这是对客人最亲热最友好的表示。会谈时要稳重，不要心急，要讲文明礼貌，不要谈论当地的政治，可谈论坦桑尼亚国家公园、非洲文化和国际政治。

坦桑尼亚部族众多，风俗习惯也各异。如马萨伊族，女子一律剃发，男子则留小辫子，还用牛血洗头染发，故该族的男子都黑脸红头发，女子颈上有许多珠环，珠环的圈数表示年龄。他们的穿着也很简单，男子只用一块又长又宽的布从肩围到腰，从腰部搭下来遮身。妇女们有用头顶东西的习惯。该族规定，通婚只限于本族内，与外族通婚要严厉惩罚，并有指腹为婚的习惯。男子向女子求爱的方式是杀死一头狮子类猛兽，不然姑娘是不会垂青他的。

3. 饮食习惯

坦桑尼亚部族众多，饮食习惯各异。有的以牛、羊肉为主食，有的以吃鱼、虾为生，也有的以香蕉代饭。大多数坦桑尼亚人以羊肉为主要副食品。还爱吃带汁的豆豉鱼、辣味鱼、咖喱牛肉、咖喱鸡等。由于坦桑尼亚原属英国殖民地，有的还带有英国人的饮食习惯。

坦桑尼亚人通常以面食为主，他们习惯用米面加糖、椰子油做成民族传统的"乌伯瓦伯瓦"手抓饭，也喜欢吃米饭，尤以羊肉大米饭为好；喜爱吃的肉类以牛、羊、蛇、鱼、鸡肉为主；蔬菜有茄子、西红柿、葱头、黄瓜、辣椒等；他们喜欢清淡的口味，通常用煎、炸、烤等方法制作菜肴；喜爱吃的菜有五香酱牛肉、烤羊肉、五彩炒蛇丝、脆皮鸡、樟茶鸭子、干烧鸡脯等，也爱吃中国菜；爱吃的水果有香蕉、芒果、木瓜等；爱喝的饮料有啤酒、咖啡、可可、绿茶等。

4. 禁忌

（1）坦桑尼亚人忌食猪肉、动物内脏以及鱿鱼、甲鱼等奇形怪状的食物。

（2）忌讳"13"。

【工作任务】

熟知非洲部分国家的习俗，完成情景模拟训练。

【任务准备】

1. 复习熟知非洲部分国家的习俗礼仪细节。

2. 学生之间进行交流讨论。

3. 学生分组确定角色，将若干情景串联模拟，准备训练所需的器材。

【任务实施】

实训安排

实训时间	非洲主要客源国见面礼仪训练共计 0.5 小时
实训目的	掌握非洲主要客源国见面的基本礼仪和注意事项
实训要求	严格按照实训规范要求进行

训练标准与要求

实训内容	操作标准	基本要求
非洲主要 客源国 见面礼仪	(1)每组两名同学分别演示埃及、苏丹、摩洛哥、坦桑尼亚见面礼仪； (2)每组其他同学对本小组的演示进行讲解，介绍非洲主要客源国的见面礼仪以及注意事项等； (3)其他小组同学对表演进行挑错，老师点评	热情，礼貌

【任务评价】

训练自测评分表

项目	考核标准	满分	评分
埃及	(1)见面介绍行握手礼，有时也行亲吻礼； (2)在打招呼时往往以"先生""夫人"和头衔称呼对方； (3)人们最广泛使用的问候是"祝你平安"，当斋月来临时，人们常问候"斋月是慷慨的"，回答是"真主更慷慨"	30分	
苏丹	(1)友人相遇，特别是老朋友久别重逢，彼此握手拥抱，亲切问候，从个人问好一直问到对方的家属和朋友等，历时数分钟之久； (2)一旦有宾客临门，往往要现宰肥羊，把生羊肝切成片，撒上一些辣椒和香料，端上桌子，盛情款待客人	20分	

续表

项目	考核标准	满分	评分
摩洛哥	(1)与客人相见和告别时一般施行拥抱礼,握手礼也较为普及,摩洛哥妇女与宾客见面行屈膝礼; (2)摩洛哥人待客热情,亲朋远来,端上一杯甜的新鲜薄荷叶的绿茶是主人表示敬意的礼节; (3)和摩洛哥人谈生意,对他们约会时迟到要有充分的思想准备,并且在其迟到后不能有责怪的表示。他们认为这是一种社交风度。在商业会谈开始前,最好送上你的名片,名片宜用英文、法文印制	30分	
坦桑尼亚	(1)无论被介绍给谁,都要与对方握手问好,客人和主人之间互称"某某先生",不要称呼他们为"黑人"而应称"非洲人",否则是对他们的蔑视和不礼貌,他们视自己的父母是最可亲可信的人,通常尊称男客人为"爸爸",女客人为"妈妈"; (2)妇女遇见外宾时,握手后便围着女外宾转圈,嘴里还发出阵阵尖叫,认为这是对客人最亲热最友好的表示	20分	
满分		100分	

【随堂测验】

选择题

1. 在与埃及人交往中,应该注意(　　)。

A. 接送东西时要用双手或右手,千万不能用左手

B. 避免谈论中东政治及宗教

C. 忌讳浪费食物,尤其浪费面饼

D. 忌讳数字5和7

2. 忌数字13的国家有(　　)。

A. 美国　　　　B. 英国　　　　C. 澳大利亚　　　　D. 法国　　　　E. 坦桑尼亚

【拓展阅读】

怎样礼貌地和非洲人交往

和非洲人交往时,千万不能用左手递物品,而要用右手;不要与他们谈及政治;他们做礼拜时不能打扰。表示友好时可行握手礼,并要显得落落大方。对黑人不能直呼其"黑人",而应该称非洲或某国人,否则他们会认为这种称呼是对他们的歧视,不礼貌。所以,我们要注意他们所属民族和原属哪个国家殖民地,以便了解他们使用的语言和基本习俗。非洲人大多爱好音乐、舞蹈,即兴时会手舞足蹈,对此不要表露出吃惊的神态,而应理解和尊重他们。由于历史上的缘故,非洲人很注意别人对他们的尊重程度,所以礼貌服务有着特殊意义。

世界六大旅游区

世界六大旅游区是以旅游市场和地理条件来划分的,它是指:欧洲地区,为目前世界最大的旅游市场;美洲地区,为世界第二大旅游市场;非洲地区;东亚和太平洋地区,为目前

增长速度最快的旅游市场；南亚地区；中东地区。世界旅游组织也设有六个相应的地区委员会。

【项目小结】

本项目较系统、清晰地介绍了亚洲地区、欧洲地区、美洲及大西洋地区和非洲地区等主要客源地区的基本概况、礼貌礼节、饮食习惯和禁忌。本章告诉我们，一个民族一个国家各具特色的传统和习俗是经过长期的文化积淀而形成的，是不易改变的。为了使旅游接待与交际达到更高的层次，了解这方面的知识，尊重接待对象的礼仪习俗和禁忌是非常重要的。

【自我总结】

学习了本项目的：_____

其中，令我感触最深的是：_____

_____，

过去，我的习惯是：_____

_____。现在，我知道了应该这样做：_____

_____。

因此，我制定了我的礼仪提高计划：_____

_____

_____。

参 考 文 献

[1] 金正昆. 国际礼仪. 北京：北京大学出版社，2005.

[2] 金正昆. 涉外礼仪教程. 北京：中国人民大学出版社，1999.

[3] 李晶. 现代国际礼仪. 武汉：武汉大学出版社，2008.

[4] 周国宝，等. 现代国际礼仪. 北京：北京师范大学出版社，2012.

[5] 鄢向荣，等. 旅游服务礼仪. 北京：北京交通大学出版社，2006.

[6] 陈萍. 最新礼仪规范. 北京：线装书局出版社，2004.

[7] 李祝舜. 旅游服务礼仪技能实训. 北京：机械工业出版社，2008.

[8] 王明景. 旅游服务礼仪. 北京：科学出版社，2006.

[9] 王思斌. 社会学教程. 北京：北京大学出版社，2010.

[10] 王小静. 酒店服务礼仪. 北京：北京交通大学出版社，2014.

[11] 李俊，赵雪情. 旅游服务礼仪. 武汉：武汉大学出版社，2012.

[12] 雅瑟. 社交与礼仪知识全知道. 北京：企业管理出版社，2013.

[13] 陈钢平. 旅游社交礼仪. 北京：旅游教育出版社，2006.

[14] 麻美英. 现代服务礼仪. 杭州：浙江大学出版社，2005.

[15] 范荧. 国际礼仪指导. 上海：学林出版社，2007.

[16] 杨杰，刘艳. 邮轮运营实务. 北京：对外经济贸易大学出版社，2012.

[17] 刘一兵. 面试宝典. 北京：北京工业大学出版社，2014.

[18] 张大生. 现代礼仪全书. 合肥：黄山书，2012.

[19] 金正昆. 接待礼仪. 2 版. 北京：中国人民大学出版社，2015.

[20] 陈晓毛. 服务礼仪. 武汉：华中科技大学出版社，2010.

[21] 唐树伶，王炎. 服务礼仪. 北京：北京交通大学出版社，2012.

[22] 金正昆. 服务礼仪. 北京：中国人民大学出版社，2005.

[23] 杨萍. 酒店服务礼仪. 北京：南海出版公司，2009.

[24] 王伟. 中国饭店行业服务礼仪规范（试行）指南. 北京：旅游教育出版社，2012.

[25] 纪亚飞. 优雅得体中西餐礼仪. 北京：中国纺织出版社，2014.

[26] 周丽. 酒店服务礼仪. 桂林：广西师范大学出版社，2015.

[27] 苏枫. 邮轮概论. 上海：上海交通大学出版社，2014.

[28] 刘红专. 客房服务与管理. 桂林：广西师范大学出版社，2014.

[29] 韩军，翟运涛. 客房服务与管理. 上海：上海交通大学出版社，2011.

[30] 彭蝶飞，李蓉. 酒店服务礼仪. 上海：上海交通大学出版社，2011.

[31] 金丽娟. 旅游礼仪. 天津：天津大学出版社，2011.

[32] 陆永庆，王春林等. 旅游交际礼仪. 2 版. 大连：东北财经大学出版社，2001.

[33] 舒伯阳，刘名俭. 旅游礼貌礼仪. 天津：南开大学出版社，2000.

[34] 詹晓娟，李萍. 社交技巧·礼仪. 北京：人民日报出版社，2000.

[35] 熊经浴. 现代实用社交礼仪. 北京：金盾出版社，2003.

[36] 陈刚平，周晓梅. 旅游社交礼仪. 北京：旅游教育出版社，2003.

[37] 段建国，李莉. 旅游接待礼仪. 北京：中国人民大学出版社，2001.

[38] 王春林. 旅游接待礼仪. 上海：上海人民出版社，2002.

[39] 黄海燕，王培英. 旅游服务礼仪. 天津：南开大学出版社，2006.

[40] 史晟，周荣. 导游口才. 西安：西北大学出版社，2002.

[41] 王玉成，舒艳. 导游基础. 北京：中国旅游出版社，2003.

[42] 国家旅游局人事劳动教育司. 导游基础知识. 北京：旅游教育出版社，2003.

［43］ 孙乐中．导游实用礼仪．北京：中国旅游出版社，2005.
［44］ 毛福禄，樊志勇．导游概论．天津：南开大学出版社，2003.
［45］ 金正坤．社交礼仪教程．2 版．北京：中国人民大学出版社，2005.
［46］ 陈鸣．实用旅游美学．广州：华南理工大学出版社，2004.
［47］ 常建坤．现代礼仪教程．天津：天津科学技术出版社，1998.
［48］ 陈家刚．中国旅游客源国概况．天津：南开大学出版社，2005.